이해와 실천을 위한

경영학원론 2판

임우진 · 장선구

Principles of Management

비앤엠북스

제2판 머리말

졸저 『이해와 실천을 위한 경영학원론』이 출간된 지 어느덧 2년이 지났다. 초판에 대한 과분한 관심과 기대에 감사드리며, 이에 좀 더 부응하고자 개정판을 내기로 결심하였다. 경영학은 빠르게 변화하는 현실을 반영해야 할 뿐만 아니라, 이론적인 내용을 체계적으로 알기 쉽게 정리해야 한다고 생각한다. 이러한 의지에 따라 몇 가지 노력을 하였는데, 다음과 같은 내용들이 개정판에 추가 또는 수정, 보완되었다.

첫째, 경영전략 부문은 완전히 새롭게 쓴다는 생각으로 전체적인 구성을 다시 짜고 체계를 잡았다. 또한 디지털 경영환경과 e-비즈니스 부문은 목차를 비롯하여 내용에 대폭 수정을 가하였다. 일례를 들면 기존에 경제학적으로 접근했던 것을 경영학적인 측면에 초점을 맞추어 e-비즈니스의 특징과 진화과정에 역점을 두었다. 그리고 M&A 부문에서도 현실적인 문제들을 추가 정리하였으며, 각 장마다 내용을 조금씩 추가하고 수정, 보완하였다.

둘째, 독자들의 이해를 돕기 위해 중요한 논점들을 양 여백에 돌출시켜 부가 설명을 하였다.

셋째, 현실의 생생한 경영환경과 기업의 변화를 보여주기 위해서 신문과 경제주간지, 경제연구소의 자료를 각 장의 말미에 추가하였다. 급변하는 경영환경하에서 기업이 활동하는 영역과 혁신내용 등이 어떻게 변화하고 있는지를 가장 쉽게 파악할 수 있는 자료가 이러한 읽을거리가 아닌가 싶다. 저자는 이 책의 독자들이 이러한 읽을거리에 관심을 갖고, 이론의 이해와 관련하여 현실적으로 적용되는 내용들을 꼼꼼히 분석하는 자세를 가졌으면 하는 생각이다. 수업이 진행되는 과정 속에서도 변화하는 경영환경을 이해하기 위해서 이러한 읽을거리들을 숙독하는 습관을 몸에 익히기 바란다.

넷째, 경영학을 이해하기 위해 추천할 만한 책들이 많이 있다. 저자는 수많은 경영 관련 책들 중에서 꼭 읽어봤으면 하는 책들을 엄선하여 각 장마다 간단한 소개와 함께 내용을 첨부하였다. 시간을 내어서 일독해보기를 권하는 바이다.

이상으로 저자가 제2판을 준비하면서 역점을 두었던 몇 가지 사항을 설명하였다. 비록 혁신적이라고 할 수는 없고 여전히 많은 오류와 부족한 점이 남아 있지만, 독자들에게 경영학의 기본 원리를 이해하고 실천하는 데 조금이나마 도움이 되었으면 하는 바람이다.

이 책이 출간되기까지 많은 분들의 도움을 받았다. 먼저 어려운 여건 속에서도 개정판을 추진해주신 비앤엠북스의 정광식 사장님과 정경식 부장님께 심심한 감사의 말씀을 드리고 싶다. 또한 참신한 편집과 더불어 내용의 전반적인 개선을 위해서 힘써 주신 비앤엠북스의 박미영 디자이너와 관계자 분들께도 지면을 빌어 감사의 뜻을 전하고 싶다. 그리고 항상 사랑과 용기로 힘을 실어준 가족들은 이 책의 또 다른 저자임을 부인할 수 없을 것이다. 더불어 이 책을 기다려주고, 교재로 사용하면서 개선할 점에 대해서 지적해주신 많은 교수님들과 이 책을 읽고 많은 격려와 편지를 보내준 독자들에게도 감사를 드리며, 앞으로 더 나은 모습으로 계속 진화해 나갈 것을 약속드린다.

2009년 2월에

저자

머리말

경영학을 강의하면서 수업 첫 시간에는 학생들과 보다 친숙해지는 수단으로 자신을 하나의 기업이라고 생각하고 그동안 어떻게 경영을 해왔는지 그리고 미래에는 어떠한 방향과 방법으로 자신을 경영해 나갈 생각인지에 대해서 써 보라고 한다. 많은 학생들은 다음과 같이 시작한다. "나"라는 기업은 지금까지 부도 직전의 기업이라느니, 경쟁에서 뒤처진 기업이라느니 혹은 지금까지는 제대로 된 계획과 전략이 없었기 때문에 잘 운영되지 않았다라고 반성하는 글들이 대부분이었다. 인간은 언제나 자신이 가진 것은 평가절하하고 남이 가진 것을 더 크게 생각하는 경향이 있는데다가, 그동안 입시교육에 얽매어 온 젊은이들에게는 "나"라는 기업이 어디로 가야할지 고민을 해 본적이 없기 때문에 어떻게 운영을 해야 할지 모른다는 것은 어쩌면 당연할 수 있을 것이다.

하지만 현재는 나침반과 지도 없이 길을 잃어버린 방황하는 배의 선장일지라도, 자신의 미래를 설계하고 "나"라는 기업이 앞으로 어떻게 해쳐나가야 할 것인가에 대한 신념과 의지만 있다면 목표를 향한 새로운 이상향에 도달할 수 있을 것이다. 나락으로 떨어지는 부실한 기업을 회생시킨 진취적인 경영자의 모습을 통해 우리는 인생의 긴 항해를 헤쳐 나갈 새로운 아이디어를 얻을 수 있을 것이다. 다시 말해 자신이 처한 환경적 제약을 고려하여 주어진 능력과 역량을 최대한 끌어올려 최대의 목표를 달성하고 성과를 도출하며 사회의 구성원으로써 자신의 책임을 제대로 수행하는 과정은 경영학에서의 기업의 비전달성과 사회적 책임 수행과 일맥상통하는 면이 있다. 우리는 기업이 어떻게 돌아가며 어떻게 성공하고 실패하는지를 거울삼아 우리 인생의 좌표로 삼을 수 있을 것이다.

지금까지 출간된 경영학 관련 책들은 무수히 많고, 관련 교양 도서까지 포함하면 셀 수 없을 정도이다. 이런 와중에 저자들은 과연 경영학과 관련한 책을 추가로 출간하는 충분조건이 성립하는지에 대해 의구심을 갖지 않을 수 없었다. 하지만 대학에서 경영학원론을 강의하면서 기존의 경영학원론 책들은 때로는 학생들이 소화하기에는 지나치게 어렵거나 혹은 지나치게 쉬운 것이 많다는 것을 깨달았다. 원론이기 때문에 기본적인 용어 흐름만 파악하고, 상세한 부분에 대해서는 차후에 각론에서 깊이 배울 수 있을 것이라는 생각으로 중요한 핵심은 다루지 않고 생략하는 경우가 많다. 그 결과 나중에 신문이나 뉴스에서 필요에 의해서 관련된 중요한 내용을 경영학원론 책에서 찾고자하면 빠져 있는 경우가 많이 있다. 이처럼 보통의 경우에는 가르치는 사람과 학생간에 쌍방의 요구를 충족하기 어렵다. 저자들은 이러한 간격을 어느 정도 채우고자 이 책을 구상하게 되었다.

이 책의 특징을 간단히 살펴보면 기존의 경영학원론의 체계를 존중하면서 한 학기 강의용으로 가장 필요한 내용들로만 구성되어 있다고 생각한다. 기업의 사회적 책임, M&A, Entrepreneurship, 창업, 디지털경제와 e-비즈니스, 경영혁신 등 최신의 트렌드에 따른 토픽들에 대한 적절한 사례와 방안들에 대한 많은 내용들을 다루고 있다. 경영학에 대한 기본이론과 더불어 실제 경영의 실천 방안들을 함께 소개하고자 하였다. 이 책은 대학에서 강의용뿐만 아니라 필요한 내용에 따라서는 경영에 대한 기본 지침서로서도 활용할 수 있을 것으로 사료된다. 또한 좀 더 학습하고자 하는 학생들에게는 도전이 될 만한 수준의 내용도 다루고 있기에 이 책의 내용을 잘 소화를 한다면 다른 각론 수준의 책까지 볼 필요도 없도록 하였다. 강의하시는 교수님들께서는 제공되는 강의안과 더불어 수준을 적절하게 조절하여 활용하신다면 한 학기 교재로서 충분히 그 역할은 수행할 수 있다고 생각한다.

이 책의 오류나 부족한 점은 전적으로 저자들의 얕은 학문적 깊이와 불찰 때문에 일어난 것임으로 미리 밝혀둔다. 하지만 기업이나 인간은 점차 발전적으로 진화하듯이, 이 책도 처음에는 미약할지라도 내용을 다듬고 많은 분들의 의견과 비판을 수용하여 차후에는 더 좋은 모습으로 개선될 것임에 의심치 않는다.

이 책을 쓰는데 많은 분들의 도움과 격려를 받았다. 이 책을 집필하는 과정에 글의 흐름을 교정해 주신 선임과 선영 그리고 장진영 선생님에게 감사를 드린다. 또한 이 책의 출판을 독려해 주시고 보다 나은 책으로 세상의 빛을 볼 수 있도록 애쓰신 비엔앰북스의 정광식 사장님과 정경식 부장님, 멋진 편집과 디자인을 담당해 주신 최은경 디자이너에게도 심심한 감사를 드린다. 그리고 항상 이해심과 애정으로 용기를 주는 가족에게 고마움을 전한다.

2006년 가을

저 자

차 례

제1장 경영과 경영자

01 경영학이란 무엇인가

우리 주위에는 매일 수많은 기업들이 생겨나고 문을 닫기도 한다. 그 기업의 형태는 마이크로소프트(Microsoft)나 LG 등의 오프라인에서부터 아마존(Amazon), 옥션 등과 같은 온라인에 이르기까지 혹은 다국적기업인 도요타, 삼성전자 등의 대기업에서부터 규모가 작은 중소기업에 이르기까지 다양하다. 치열한 경쟁 환경 속에서 기업은 어떻게 생겨나게 되었으며, 어떻게 운영되었기 때문에 성공을 했는지에 대한 비결은 매우 큰 관심사가 아닐 수 없다. 이와 같이 기업이 어떻게 운영되는가에 대한 총제적인 운영원리에 대해서 공부를 하는 것이 바로 경영이다.

1.1 경영학의 의의

경영학이란 기업을 연구대상으로 하는 학문으로 기업과 관련된 모든 활동을 합리적으로 수행하기 위한 법칙들을 연구하는 것이라고 할 수 있다. 즉 기업이 추구하는 목표를 달성하기 위해서 효율적이고 효과적인 방법을 연구하여 이를 바탕으로 좀 더 나은 미래의 기업의 관리 방안을 제시하는 것이다.

경영학
기업을 연구대상으로 하는 학문으로 기업과 관련된 모든 활동을 합리적으로 수행하기 위한 법칙들을 연구하는 것

경영학의 관심대상은 기존에는 기업에 국한되어 초점이 맞추어졌지만 기업을 둘러싼 외부적인 환경이 서로 상호작용으로 연관을 맺고 있으며, 기술의

발전 속도와 더불어 정치 · 경제 · 문화적인 요소들이 모두 빠르게 변화하면서 연구의 범위도 확대되고 있다. 순간의 선택이 평생을 좌우한다는 말이 있듯이 우리뿐만 아니라 기업도 매 순간 어떤 선택을 하는가에 따라서 미래가 결정된다. 결정의 순간에 이르렀을 때 얼마나 신속하게 최적의 의사결정을 내리느냐 하는 것은 기업의 경영자가 해야 할 중요한 일이다. 특히 급변하는 환경 속에서 자칫 순간의 잘못된 판단은 기업의 생존에 엄청난 결과를 초래할 수도 있다.

경영은 사회과학의 한 분야로서 기업을 둘러싼 외부환경을 잘 살펴서 공통적인 보편타당한 법칙을 발견하는 이론적인 측면뿐만 아니라 현실에서 직면하고 있는 기업의 실제적인 문제를 해결하기 위해서 올바른 결정을 신속하게 내려야 하는 실천적인 측면을 동시에 지니고 있다고 할 수 있다. 이를 경영의 양면성이라고 한다.

1.2 경영학과 인접 학문과의 관계

경영학은 현실적으로 매우 복잡하고 다양한 측면으로 둘러싸여 있는 기업을 연구대상으로 하고 있기 때문에 다양한 분야의 학문과 밀접한 관련을 맺고 있다. 특히 경제학은 개별경제주체들인 가계, 기업, 정부 중의 하나인 기업은 소비자들의 선호를 고려하여 어떤 상품을 생산할지를 결정하고, 주어진 산출량을 최소의 비용으로 생산하고자 하는 것을 연구한다. 또한 기업들의 경쟁을 연구하는 시장이론에서는 다양한 기업들의 전략적인 행동에 대한 이론적인 바탕을 제시해 준다. 상품에 대한 가격설정 방법, 제품차별화, 광고, 또는 기업들간의 전략적인 공동행위인 담합이나 비협조적인 행위에 대해서 배울 수 있다. 특히 최근에는 게임이론(game theory)이 각광을 받으면서 경영전략에 응용되는 모습을 볼 수 있다. 기업의 외부환경적인 측면이라고 할 수 있는 경제성장과 경기변동, 소비, 투자 등에 대한 기본적인 이해도를 높여주기 때문에 기업을 경영하는 데 있어서는 매우 중요한 도움이 된다. 또한 사회, 조직, 집단을 연구의 단위로 인간의 행동과 조직 내에서 권력적인 역학관계, 상호작용에 대한 지식을 제공하는 사회학, 소비자들의 구매심리나 조직 구성원들 간의 인간관계가 성과에 미치는 영향, 경영자의 특성, 동기부여 등의 측면에서 경영을 이해하는 데 도움을 주는 심리학, 그 외에 통계학이나 수학적인 계량적 분석 방법은 기업을 경영하는 과정에서 훨씬 분석적인 의사결정을 내리는 데 도움을 준다.

02

경영과 경영자

2.1 경영의 개념

경영
기업의 활동에 대해서 연구하는 학문

경영이란 기업의 활동에 대해서 연구하는 학문이다. 전통적으로 신고전학파의 미시경제학에서는 기업을 투입물을 산출물로 변환시키는 하나의 기술적인 변환과정(transformation process)이라고 정의할 뿐 별다른 의미를 제시하고 있지 못하다. 단순히 기업은 이윤을 극대화하기 위한 조직이라고 이야기할 뿐이다. 그러나 현실에서 기업의 활동은 다양한데 이를 전통적인 경제학의 기업관에 맞추어 좀 더 분해를 하면 <그림 1-1>과 같다. 투입물이라고 할 수 있는 노동력과 자본, 정보 등을 고객만족, 조직 구성원들의 만족, 사회적 책임의 수행

그림 1-1 기업의 경영활동

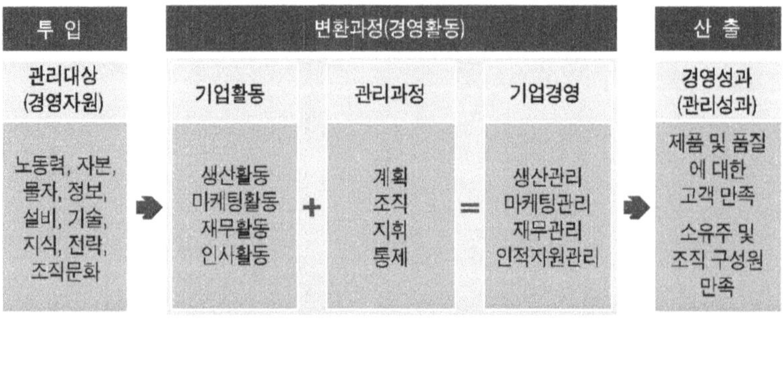

이라는 기업의 성과를 이루기 위해서 적절하게 관리하는 중간의 변환과정을 **경영활동**이라고 한다. 경영활동에는 기능적인 측면의 기업의 생산, 마케팅, 재무, 인사, 정보, 회계활동과 관리적인 측면의 계획, 조직, 지휘, 통제가 잘 조화를 이루게 된다.

경영활동
기업의 성과를 이루기 위해서 적절하게 관리하는 중간의 변환과정

통상적으로 단순한 동네의 구멍가게를 운영하는 것과 달리, 기업경영은 이윤을 창출하는 목표와 비전이 중요한 요소라고 할 수 있다. 포드 자동차를 설립한 포드의 경우는 당시 매우 고가였기 때문에 보통 사람들이 구입할 엄두를 내지도 못하던 자동차를 모든 가정에 하나씩 구입할 수 있는 저렴한 자동차를 생산하겠다는 비전을 가지고 있었고, 마이크로소프트사의 빌 게이츠도 모든 사람들의 책상 앞에 하나의 컴퓨터를 제공하겠다는 야망이 있었다. 당시에 이러한 꿈들은 이구동성으로 허황된 것이라고 무시를 당했다. 그러나 이 모든 일이 현재는 실현되어 있지 않은가? 최근에 관심과 기대를 한 몸에 받고 있는 구글(google)의 경우는 세상의 모든 지식과 정보를 하나로 데이터베이스화하겠다는 꿈을 꾸고 이를 실현시키려고 노력하고 있다. 결국 이러한 꿈을 실현시키기 위한 기업의 활동을 경영이라고 할 수 있고, 궁극적으로 그 성과가 바로 이윤으로 나타나게 된다.

2.2 경영의 과정

모든 경영자들은 올바른 결정을 내리고 적절한 행동을 취하기 위해서 성과와 기회를 인식할 수 있는 역량을 가지고 있어야 한다. 경영자들은 어떤 성과를 이뤄내기 위해 계획-조직-지휘-통제라는 과정을 통해 자원을 활용하게 되는데 이를 경영활동 혹은 경영과정이라고 한다.

<그림 1-2>에서 보여주는 바와 같이 계획-조직-지휘-통제라는 4가지의 기능이 서로 관계를 맺고 있다. 모든 경영자들은 직책, 직위, 유형, 조직 형태에 상관없이 전체적인 운영 결과에 책임을 진다. 그러나 대부분 그 운영과정이

그림 1-2 경영의 4가지 기능

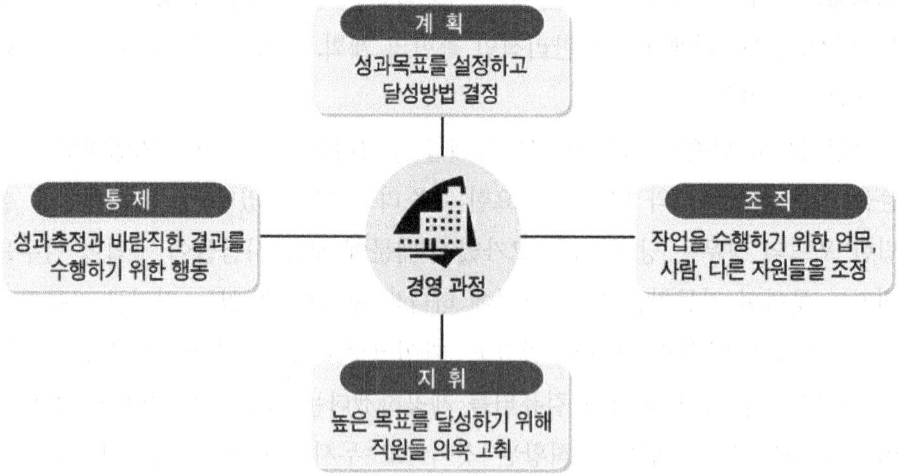

획일적이고 단계적으로 이루어지는 것은 아니다.

경영의 실제는 그 기능이 지속적으로 목표달성을 위해 자원들을 배치하는 과정과 관련이 있다.

1. 계획(Planning)

계획
달성할 목적을 설정하고, 그러한 성과를 달성하기 위해서 어떤 행동이 이루어져야 하는가를 결정하는 과정

계획이란 달성할 목적을 설정하고, 그러한 성과를 달성하기 위해서 어떤 행동이 이루어져야 하는가를 결정하는 과정이다. 계획을 통해서 경영자는 바람직한 과업의 결과를 확인하고 달성하는 방법을 인식한다.

2. 조직(Organizing)

조직
부과된 과업을 이루기 위해서 자원을 배분하고 계획을 실행하기 위해서 개인과 그룹의 행동을 조정하고 조율하는 과정

조직은 부과된 과업을 이루기 위해서 자원을 배분하고 계획을 실행하기 위해서 개인과 그룹의 행동을 조정하고 조율하는 과정이다. 조직을 통해서 경영자는 직무를 규정하고, 인사를 배치하고, 기술과 자원을 지원해주고, 계획에 따라 실행에 옮기게 된다.

3. 지휘(Leading)

지휘는 사람들의 열정을 끌어내어 계획을 성취하기 위해 직원들이 더 열심히 일하도록 의욕을 고취하고 주어진 목적을 달성하게 하는 과정이다. 지휘를 통해서 경영자는 목표에 맞추어 행동하고, 최선의 작업을 할 수 있게 조직에 영향을 미치게 된다.

지휘
사람들의 열정을 끌어내어 계획을 성취하기 위해 직원들이 더 열심히 일하도록 의욕을 고취하고 주어진 목적을 달성하게 하는 과정

4. 통제(Control)

통제는 목적의 결과와 비교하여 전체적인 측면에서 일의 성과를 측정하는 과정이다. 경영자들은 통제라는 과정을 통하여 조직 내의 구성원들과 역동적인 관계를 유지하고 성과에 대한 정보를 수집하고 분석하여 좀 더 발전적인 행동으로 설계할 수 있게 된다.

통제
목적의 결과와 비교하여 전체적인 측면에서 일의 성과를 측정하는 과정

2.3 경영자란 누구인가

경영자는 다른 사람들의 작업성과를 책임지고 지원해주는 역할을 하는 사람이다. 팀 리더, 부서의 장, 부사장 등 다양한 직함을 지닌 지위에서 경영자는 조직의 임무를 달성하기 위해서 적절하게 인력과 자원을 배치하는 일을 담당한다. 이러한 일련의 과정은 계획, 조직, 지위, 통제라는 경영의 과정을 통해서 달성된다. 민츠버그(H. Mintzberg)는 이러한 적절한 인적・물적 자원의 배치를 중시하여 다음과 같이 말한 바 있다. "경영자의 역할보다 우리 사회에서 중요한 직업은 없다. 우리에게 도움을 주기 위해서 인적 재능과 자원을 낭비하지 않도록 결정적인 역할을 하는 사람이 바로 경영자이다." 기업 속에서 활동하는 모든 사람들은 가치를 창출하여 고객에게 봉사를 하고 궁극적으로는 이윤을 획득하게 된다. 이러한 측면에서 볼 때 경영자는 기업의 조직 속에서 분명한 목표와 비전을 제시하고 구체적인 전략을 세워 기업이 나아가야 할 방향을

경영자
다른 사람들의 작업성과를 책임지고 지원해주는 역할을 하는 사람

정하게 된다. 그 결과 팀장이나 중간경영자들은 직원들이 현장에서 작업을 원만하게 수행할 수 있도록 도와주게 되고, 고객과 클라이언트들과 직접적인 접촉 면에 있는 일선의 운영 담당자들은 기업의 최종적인 수혜자라고 할 수 있는 고객들에게 봉사를 하게 되는 것이다. 이러한 경영자의 활동은 <그림 1-3>과 같이 역삼각형의 피라미드 형태로 나타낼 수 있다.

기업조직 내에서 역피라미드에 속하여 각각의 개별 지위에 해당하는 업무를 수행하는 사람들 모두가 그 수준에서는 경영자의 역할을 담당한다고 할 수 있다. 이렇게 수직적인 위계절서에 따라서 최고경영자, 중간경영자, 하위경영자로 크게 나눌 수 있다.

최고경영자는 CEO를 비롯한 많은 임원들로 구성되고 기업의 중장기적인 목표를 수립하고, 이를 실천하기 위한 전략적인 방안을 강구하게 된다. 또한 최고경영자는 외부환경에 특별한 관심을 가지고 잠재적이고 장기적인 문제와 기회를 포착하기 위해서 경각심을 갖고 관련 문제를 해결하기 위해서 적절한 방법을 제시하게 된다. 결국 유능한 최고경영자는 미래에 초점을 둔 전략가로서

그림 1-3 기업조직의 역피라미드 형태

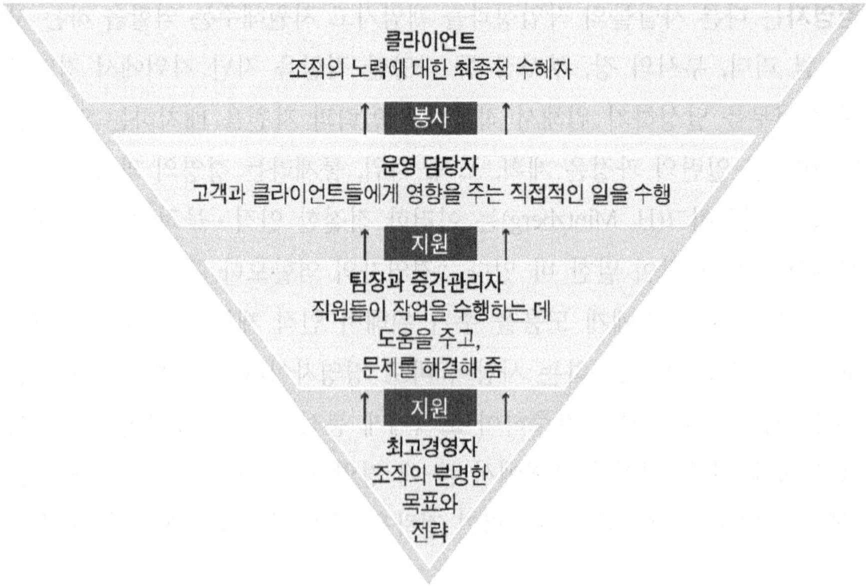

치열한 경쟁과 불확실한 조건하에서 적절한 의사결정을 하는 사람이다.

팀장을 비롯한 중간경영자는 거대한 부서에서 작은 사업 단위로 구성된 하나의 사업부를 담당한다. 병원에서의 청결 담당 관리자, 대학의 학장, 마케팅 부서의 관리자, 공장장, 자회사의 판매관리자를 그 예로 들 수 있다. 중간경영자의 역할은 최고경영자에게 업무를 보고하거나 조직의 목표에 일치하는 계획을 발전시키고, 행동을 실행에 옮기는 것이다. 중간경영자는 팀 지향적이어야 하고 조직 간의 협조를 잘 이끌어내기 위해서 동료들과 잘 화합해야 한다. 또한 다른 많은 조직들 간의 역할을 조정하면서 사업을 이끌어 나가야 한다. 결국 최고경영자와 하위 직원들 간의 관계를 잘 유지하고 최고경영자의 비전과 전략이 실행에 잘 옮겨질 수 있도록 리더로서의 역할을 담당하게 된다.

하위경영자는 일선 작업현장에서 볼 수 있는 감독자나 작업반장과 같이 직접적으로 업무를 수행하는 직원까지가 모두 해당된다고 할 수 있다. 처음에는 단순기술, 판매와 관련된 업무를 수행하지만 얼마 후에는 점차 책임이 높은 관리적인 단계로 올라가게 된다.

일반적인 경영자의 행동과 역할에 대해서 살펴보면 어떤 경우에는 경영과정이 단순해 보일지 몰라도 그 내부에는 매우 복잡한 다양한 과정들로 이루어져 있다. 전통적으로 기업의 최고경영자에 대해서 민츠버그(H. Mintzberg)는 "근무시간 동안 쉬지 않고 계속해서 퇴근할 때까지 우편물, 전화, 미팅들을 거의 매일 아침부터 계속 체크해야만 한다"고 말했다. 오늘날에는 인터넷의 등장으로 인해서 이메일을 수시로 확인하는 것이 매우 중요해졌다. 민츠버그의 견해에 의하면 경영자는 거의 자유시간이 없고, 계속되는 회의와 예상하지 못한 문제에 직면하기 때문에 항상 신경을 쓰고 있어야 한다. 또한 경영에 대한 성과를 향상시키기 위해서 책임감도 지니고 있어야 한다. 최고경영자뿐만 아니라 일선에서 책임을 지는 개별 수준에서의 경영자도 귀 기울여 해결해야 할 요구사항과 업무가 많기 때문에 평소에도 스트레스를 받게 된다. 더 나아가서 기업의 활동과 관련한 다양한 대중매체들도 상대해야 한다.

경영자가 하는 일을 체계적으로 설명하기 위해서 <그림 1-4>에서는 그 역할을 10가지로 분류하고 세분화하여 3가지로 묶었다. 먼저 회사의 내・외부의

그림 1-4 경영자의 역할

대인관계 역할	다른 사람과의 관계를 개선시키고 좋게 유지하는 역할 〈예〉 대표자, 리더, 교신자
정보관리 역할	정보를 수집하고 가공하는 역할 〈예〉 모니터, 판단자, 대변인
의사결정 역할	의사결정에 있어 정보 활용과 문제 해결, 기회 제공하는 역할 〈예〉 모험가, 문제 해결자, 자원 배분자, 협상가

사람들과 상호관련성을 맺는 것은 대인관계의 역할이고, 정보의 배포, 수집, 분석은 정보관리 역할이고, 관련된 정보를 활용해서 의사결정을 내리고 문제를 해결하며, 기회를 제공하는 것은 의사결정의 역할이다.

2.4 경영자가 갖추어야 할 능력

21세기 디지털 글로벌 경영환경에서 기업을 운영하기 위해서 경영자가 갖추어야 할 자질과 능력으로는 다양한 것들을 제시할 수 있다. 작은 것에 치중하기보다는 크고 장기적인 비전에 집중을 해야 하고, 때로는 과감한 결단력과 추진력을 발휘해야 할 때도 있다. 1980년대에 많은 기업들이 반도체에 대한 투자를 꺼려 할 즈음 삼성의 이병철 전 회장은 수원의 기흥 지역에 국내 반도체를 육성하기로 결정했다. 이때 일본의 경쟁업체들은 삼성이 얼마 안 가서 순간의 판단 실수를 후회할 것이라고 샴페인을 터뜨리며 자축했지만, 지금의 시점에서 반추해보면 그때의 판단이 얼마나 과감했으며 앞을 내다보는 판단이었나를 깨달을 수 있다. MS사의 빌 게이츠는 경영자도 경영기술을 갖추어야 할 것을 설파하면서 글로벌 감각과 국경 없는 경쟁시대에는 각 분야에서 영향력이 있는 최고 전문가와 네트워크를 형성하고 지속적인 유대관계를 형성하는 것도 빼놓을 수 없다고 하였다. 가장 존경받는 경영인 중에서 대표적인 사람인 GE의 잭 웰치(Jack Welch)는 그의 저서에서 "현실을 직시하고, 변화를 두려워하지 말고, 관료주의를 타파하고, 벽 없는 조직을 구축하고, 직원의 두뇌를 활용하라"는 자신의 철학을 밝힌다. 이를 본 한 경영학과 교수는 "웰치는 대기업을 중소기업의 스피드와 더불어 신속성을 지닌 조직으로 탈바꿈시킬 수 있다는 것을 실제로 보여준 인물"이라고 격찬하였다.

기업을 운영하는 경영능력은 자신이 알고 있는 지식을 행동으로 옮겨 바람직한 성과를 이루어 나가는 기술이다. 경영과 관련한 도전적인 일을 해결하는 데 있어 다양한 많은 기술들이 필요하다. 가장 중요한 능력 중의 하나가 다른 사람들의 협조를 얻어내어 높은 성과를 달성하는 것이다. 카츠(R. Katz)는 경영자의 일을 기술, 사람, 개념의 3가지로 분류하고, 이 3가지 모두는 경영자에게 필수적인 요소이지만 경영자의 역할이 어느 수준에 있는가에 따라서 <그림 1-5>에서 보여주는 바와 같이 다르게 된다고 하였다.

기술적 능력은 특정한 과업을 수행하기 위해서 특수한 기량과 전문성을 사용할 수 있는 능력을 말한다. 회계사, 엔지니어, 시장조사역, 컴퓨터 전문가들은 이러한 측면의 기술적 능력을 보유하고 있다. 처음에는 공식적인 교육을 통해서 배우게 되고, 점차 훈련과 직무의 경험을 축적하면서 보다 전문성을 쌓아가는 것이다. 이러한 능력은 가장 낮은 단계에서 그 비중이 크다고 할 수 있다.

그림 1-5 수준별로 경영자가 지녀야 할 기술

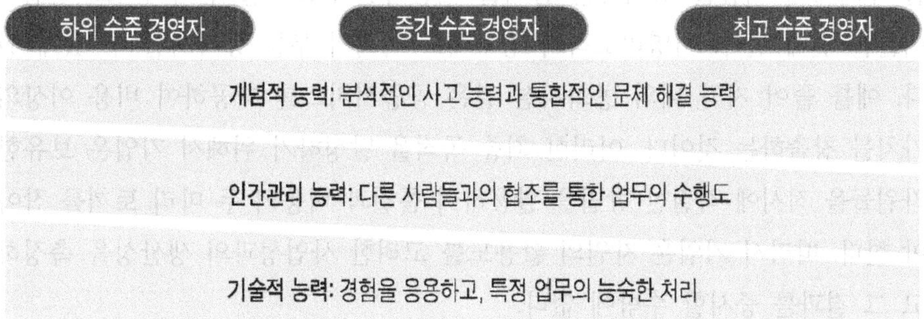

다음 단계로 인간관리 능력은 다른 사람과 잘 협조하는 능력이다. 작업장에서 신뢰, 열정 그리고 대인관계에서의 순수함으로 나타난다. 인간 관리를 잘하는 경영자는 다른 사람의 감정과 느낌을 이해하는 넓은 포용력과 감성을 지니고 있다. 따라서 다른 사람의 감정을 잘 이해하여 효과적으로 업무를 처리하고 관련있는 동기부여를 통해 구성원들 간의 갈등관계도 원만하게 해결한다.

가장 상위 단계의 경영자 능력은 모든 경영과 관리를 활용하고, 조정과 통합을 할 수 있는 개념적 성격의 측면이 강하다. 분석적인 사고 능력과 더불어 통합적으로 문제를 해결할 수 있는 기술로서 당면한 문제를 작은 부분으로 쪼개서 부분 간의 연결고리를 찾아내고 다른 문제들과 연결지어 핵심을 인식하게 된다. 경영자로서 조직에서 더 높은 책임의식을 지니게 될 때 장기적으로 볼 때 애매한 문제들을 잘 다루고 해결할 수 있는데, 이것은 최상의 수준에 위치한 경영자에게 요구되는 능력이다.

2.5 경영의 성과

1. 생산성과 효율성

기업이 좋은 성과를 거둔다는 것은 자원을 잘 활용하여 고객들에게 좋은 서비스를 제공하는 것이다. 부가가치(value-added)를 창출한다는 의미는 이러한 맥락에서 매우 중요하다. 패스트푸드 레스토랑은 투입된 자원의 원가에 가치를 추가하여 비용을 상회하는 음식을 제공하면서 고객을 만족시키고 기업은 이윤을 얻게 된다. 비영리조직의 경우에도 사회의 부를 증가시킬 수 있게 된다. 예를 들어 지역 내의 방화시설 같은 공공서비스를 제공하여 비용 이상의 가치를 창출하는 것이다. 이러한 최종 목적을 달성하기 위해서 기업은 보유한 자원들을 적시에 적절한 방법을 활용하여 품질과 비용의 두 마리 토끼를 잡아야 한다. 따라서 기업은 자원의 활용도를 고려한 사업성과의 생산성을 측정하고 그 결과를 중시할 수밖에 없다.

그림 1-6 생산성과 조직의 성과

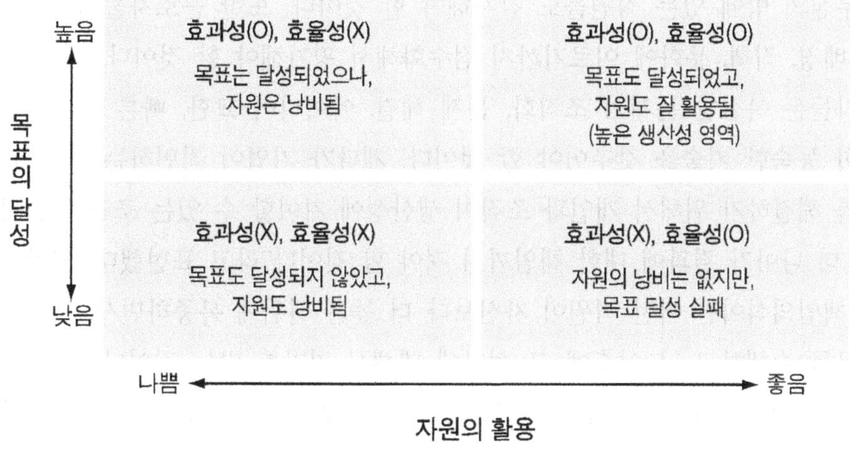

<그림 1-6>에서와 같이 높은 생산성은 효과성과 효율성의 두 측면에서 바라본 성과의 조합으로 나타낼 수 있다. 성과로서 효과성은 사업의 결과 혹은 목적의 달성 정도를 나타낸 것으로 최종적인 고객 서비스와 만족에 직결된다. 예를 들어 컴퓨터 회사의 입장에서는 조립하는 키보드의 생산량과 품질의 측면에서 미리 설정한 목표를 달성하는 것을 의미한다. 이렇게 하여 기업은 생산 계획을 전체적으로 운영하고, 적시에 높은 품질의 상품을 전달받고자 하는 고객의 욕구를 충족시킨다. 성과의 다른 측면인 효율성은 목적 달성과 관련된 자원의 비용을 의미한다. 다시 말하면 소요된 투입에 대비하여 실현된 산출물로 측정된다. 컴퓨터 어셈블리를 예로 들면 효율적인 생산은 투입요소를 최저의 비용을 가지고 유기적으로 결합하는 것이다. 만일 컴퓨터 키보드를 가능한 수준보다 더 적게 생산한다면, 이것은 조직의 성과 측면에서는 비효율적이라고 할 수 있다. 물론 더 낮은 품질 또는 다른 조직에게 비용을 부담시킬 수 있는 비효율적인 작업도 마찬가지로 자원의 낭비라고 할 수 있다.

2. 책임의식

경영자가 하는 일의 성격은 항상 시간에 따른 조직의 변화와 발전에 맞추어

진화한다. 이러한 변화를 <월스트리트저널>에서는 "오래지 않아서 경영자들은 사무실의 밖에 있는 직원들도 감시해야 할 것이다. 또한 근로자들의 서로 다른 배경, 직책, 문화에 이르기까지 점수화해서 평가해야 할 것이다. 새로운 경영자들은 복잡한 문제의 조직화, 문제 해결, 아이디어 교환, 빠른 의사결정을 위한 능숙한 기술을 갖추어야 할 것이다. 게다가 기업이 직면하는 공통의 문제를 해결하기 위해서 개인과 조직이 생산성에 기여할 수 있는 조건을 설정하고, 더 나아가 결과에 대한 책임까지 져야 할 것이다"라고 표현했다. 일반적으로 책임의식이란 어떤 직원이 자신보다 더 높은 권위에 복종하면서, 부여받은 업무를 수행하고 난 이후에 그 성과에 대해서 평가를 받는 것이다.

모든 경영자의 일상적인 도전은 팀 혹은 작업 단위로 해결하고 그 결과에 대해 성과의 책임감을 달성하는 것이다. 이러한 과정 속에서 모든 관리자는 다른 사람의 성과에 의존할 수밖에 없게 된다. 진정으로 성과 있는 관리자가 되기 위해서는 조직의 자원들을 활용하여 높은 수준의 성과와 만족을 달성하고, 이를 위한 책임의식을 갖추어야 한다.

근무생활 여건

생산성은 높은 성과를 측정하기 위한 수단인 반면에 근무생활 여건은 종종 전반적인 작업장에서 구성원들의 경험을 반영한다. 근무생활 여건의 개선이란 작업장에서 근로자들이 진정으로 기대하는 것이고 작업 만족에 대한 요구를 의미한다. 실제적인 측면에서 보면 높은 수준의 근무환경은 개인들에게 공평한 임금 지불, 안전한 근무조건, 재능의 인정, 학습과 신기술의 습득기회, 경력의 향상, 개인 권리의 보장, 일에 대한 자부심 등을 포함한다. 경영자가 가지는 책임의식의 일부에는 실제로 높은 성과의 결과에 도달하기 위한 새로운 방식과 최적의 근무 여건까지 포함되어야 한다.

다양성의 가치

근무환경에서 중요한 사항 중의 하나는 다양성이다. 조직에서 인적 구성원들의 다양성은 작업장의 구성원들 같은 인구통계학적인 특성으로, 나이, 성별, 인종, 민족, 신체적 특성, 종교 등을 예로 들 수 있다. 오늘날에는 인구통계학적인 요소뿐만 아니라 문화적인 전통과 라이프사이클 측면에서도 더욱 다양해지고 있다. 이러한 현상은 잠재적인 성과를 끌어낼 수 있다는 측면에서 기회가 될 수 있지만 반대로 장애가 되기도 한다. 경영자는 모든 사람의 잠재력을 완전히 끌어낼 수 있기 위해서 다양성에 대한 가치를 이해해야 하며, 의식적으로 모든 사람들이 차별 없이 환경에 동등하게 참여하고 기여를 할 수 있게끔 주위환경을 조성해야 한다. 다양성의 장벽은 조직에서 편견, 비합리적이고 부정적인 태도와 연결되어 조직 구성원들의 일부에게 불이익을 줄 수 있다. 이처럼 보이지 않는 편견은 특정 구성원들을 배제하여 일정 수준의 이상으로 책임을 맡기기를 꺼리게 한다. 결국 이러한 보이지 않는 장벽이 존재할 경우에는 인적자원을 적절하게 활용하지 못하게 된다.

03 기업경영과 환경

기업
경영활동을 통해서 외부환경과 계속적인 피드백 작용을 하면서 진화해 나가는 유기체

기업은 경영활동을 통해서 외부환경과 계속적인 피드백 작용을 하면서 진화해 나가는 유기체라고 할 수 있다. 따라서 기업을 둘러싼 환경에 수동적으로 적응하기보다는 환경 변화를 미리 예측하고 이에 능동적으로 대처해야 하는 것도 중요하다. 특히 급변하는 외부의 환경에 적절하게 대처하지 못한다면 기업은 경영전략을 다시 수정해야 할 수도 있고, 때로는 생존 자체가 어려워질 수도 있다. 최근에는 기업에게 이윤 창출이라는 전통적인 목적 이외에 사회적인 윤리적 책임까지 요구하고 있으며, 환경오염의 방지 의무나 근로자들에 대해 평등고용과 합리적인 임금의 보장, 더 나아가 소비자의 보호에 이르기까지 그 압력을 계속 강화하고 있는 추세이다.

3.1 기술발전

마이크로소프트사의 회장 빌 게이츠는 기업의 환경이 빛의 속도로 그리고 전반적으로 변화하고 있다고 설파했는데, 우리 주위를 둘러보면 정보통신 분야를 선두로 하여 기술이 가히 하루가 다르게 급변하는 것을 쉽게 느낄 수 있다. 지난 10년간 인터넷 기술의 발전과 성장은 기업과 소비자의 경제적 행동에 많은 변화를 가져왔다. 특히 인터넷의 등장은 기업의 운영방식과 소비자들

의 구매방식을 완전히 바꾸어 나가고 있으며, 이 변화에 적절히 대응하여 생산성의 향상으로 연결하지 못하는 기업은 다른 경쟁업체에 점차 뒤처지게 된다. 은행이나 금융시장의 경우는 전 세계를 하나로 묶어 다른 국가의 경제적인 상황이 빠르게 영향을 미치게 되었고, 제조업에서도 생산라인의 자동화에 컴퓨터를 통한 신축적인 제조시스템과 CAD/CAM(computer assisted design/computer assisted manufacturing)의 도입으로 새로운 생산의 변화를 가져오게 되었다. 유명한 의류업체인 베네통(Benetton)의 밝고 선명한 색깔의 스웨터나 티셔츠는 염색과정에 그 비밀이 있다. 바로 컴퓨터 프로그램화된 기계를 사용하여 어떤 특정 색에서 다른 색으로 생산을 바꿀 때 최소의 조정비용으로 전환이 가능하다는 점이다. 기존에는 스웨터의 색깔을 변경시킬 때마다 생산을 중단하고 염색기계를 재조정해야 했지만 이제는 그럴 필요성이 없어지게 되었고, 색을 쉽게 전환할 수 있게 되었으며, 소량의 주문 생산에도 빠르게 대응할 수 있게 되었다.

3.2 글로벌 경쟁

오늘날의 경제는 하나의 지구촌으로 묶여 국가 간, 지역 간의 장벽이 점차 사라지고 그야말로 무한 경쟁의 시대로 들어서게 되었다. 자유무역을 위한 WTO 체제, OECD 가입과 FTA의 협상에서 볼 수 있듯이 글로벌 경제에서는 경쟁우위에 있는 제품에 생산을 특화하고 국가 간 교역을 통해서 모두 이득을 얻는 윈-윈(win-win) 결과를 얻을 수 있다. 물론 시장의 자유화를 통한 폐해도 있겠지만 이는 하나의 시대적인 대세이기 때문에 얼마나 개인들과 기업들이 이에 잘 대처해 나가는가의 문제가 바로 미래의 성과에 직결된다고 볼 수 있다.

3.3 인구통계학적 변화

기업의 입장에서는 사람이 매우 중요하다. 왜냐하면 기업이 관계를 맺는 잠재소비자와 잠재노동력에 대한 특성을 알아야 어떤 물건이 잘 팔릴 것이며, 어떤 노동자들을 고용할 것인가에 대한 의사결정을 내릴 수 있기 때문이다.

미국에서는 1946년에서 1964년 사이에 출생한 세대를 베이비붐 세대라고 하는데, 이들은 이제 자녀를 양육하는 부담에서 벗어나서 개인의 취미활동과 고급 살림살이의 구입이나 직접 집을 수리하는 데 많은 시간을 투자하고 있다. 이제 그들은 60세의 나이를 넘어서 실버시장(silver market)이라는 연령대에 들어섰다. 대다수가 은퇴를 해서 고정된 수입은 없지만 과거에 축적해둔 저축을 포함하여 연금수입이 있기 때문에 아직까지는 전체 구매력의 80% 이상을 차지할 수 있을 것이다. 이러한 변화에 발맞추어 기업들은 신속하게 대응해야 할 필요성이 있다.

또한 1979년에서 1994년 사이에 출생한 사람들을 Y세대라고 한다. 이들은 기업의 마케팅 측면에서 매우 큰 영향력을 행사하였다. Y세대 덕분에 장난감, 비디오, 소프트웨어, 아동 의류업체가 한동안 큰 호황을 보게 되었다. 이들을 겨냥한 광고는 브랜드와 패션에 매우 민감하고 변덕스러운 취향에 적응하기 위해서 직접적인 방식에서 간접적인 방식인 인터넷이나 소문에 의존하고 있다.

3.4 사회·문화적 변화

사회 · 문화적 환경은 기업이 속해 있는 사회구성원들의 전통이나 문화, 사회적인 제도 등을 포괄하는 개념이다. 자본주의의 시장경제 체제라고 할지라도 서구식의 개인주의적인 방식과 동양의 유교문화권에 기반을 둔 가족주의적인 사고방식은 때로는 기업 간의 오해와 갈등을 불러오는 원인이 되기도 한다. 그러나 이러한 사회 · 문화적인 환경도 매우 급변하고 있어 앞으로 어떻게 나아갈지에 대해서 미리 예측한다는 것은 대단히 어려운 일이다. 개개인의 삶에 대한 태도와 추구하는 가치, 생활양식은 구매하려는 상품의 종류와 가격, 구매시점, 구매방법에 영향을 미치고 이를 반영하려는 기업의 광고형태를 바꾸기도 한다. 최근에는 서구식 생활양식이 우리에게 익숙해지면서 퇴근 후 가족과 함께 단란한 시간을 보내던 과거의 생활양식이 사회의 다변화와 더불어 개인의 활동 영역이 확대되면서 인라인 스케이트 동호회라든지 댄스, 헬스, 에어로빅 등의 다양한 생활양식을 경험하고자 노력하는 추세로 바뀌고 있다. 이러한 복합적인 생활양식을 컴포넌트 생활양식(component lifestyle)이라고 한다. 그 결과 소비자의 구매 형태도 복잡하고 다양하게 변화하게 되어 점심은 햄버거로 간단히 요기하지만 저녁에는 비싼 고급 와인을 마시면서 하루를 정리하는 새로운 소비행태도 등장하게 되었다.

또한 맞벌이 가정이 증가하면서 개인들의 소득 수준도 높아지고, 여성의 사회 진출도 활발해지면서 여성은 보다 중요한 고객이 되었다. 일본의 도요타 자동차는 10대의 자동차 중에서 거의 8대나 여성고객들이 구매 영향력을 행사한다는 것을 파악하고 여성전용 상담전화를 설치하기도 하였다. 또한 여성전용의 별도 웹사이트도 개설하여 남성 위주의 딱딱한 용어대신 부드럽고 다양한 정보를 제공하면서 안전수칙과 자동차의 유지·보수 방법에 대한 정보를 제공하고 있다.

베이비붐 세대 은퇴… 주택 수요 내리막

서울 신월동에서 1억1000만원짜리 전세 아파트에 사는 회사원 홍민기(37) 씨는 당분간 집을 살 생각이 없다. 최근 집값이 떨어졌다지만 그가 감당하기엔 여전히 버겁다. 저출산이 이어져 인구가 줄면 자신이 은퇴할 때쯤엔 집값이 뚝 떨어질 거란 게 그의 생각이다.

통계청이 20일 발표한 '향후 10년간 사회변화 요인 분석 및 시사점' 보고서에 따르면 홍 씨의 판단이 맞을 것 같다. 한국 경제의 중추 역할을 담당해온 베이비붐 세대가 은퇴를 시작하면서 35~54세 인구는 앞으로 2년 뒤부터 점점 줄어들 전망이다. 자연히 주택 수요도 감소할 수밖에 없다. 달라지는 것은 집값뿐만이 아니다. 대학에 진학할 학생도 줄고, 군대 갈 사람도 줄어든다. 이명박 정부의 국가 발전 전략이 과거 정부와 완전히 달라져야 하는 이유다. 통계청은 최근 이 보고서를 대통령 직속 국민경제자문회의에 보고했다.

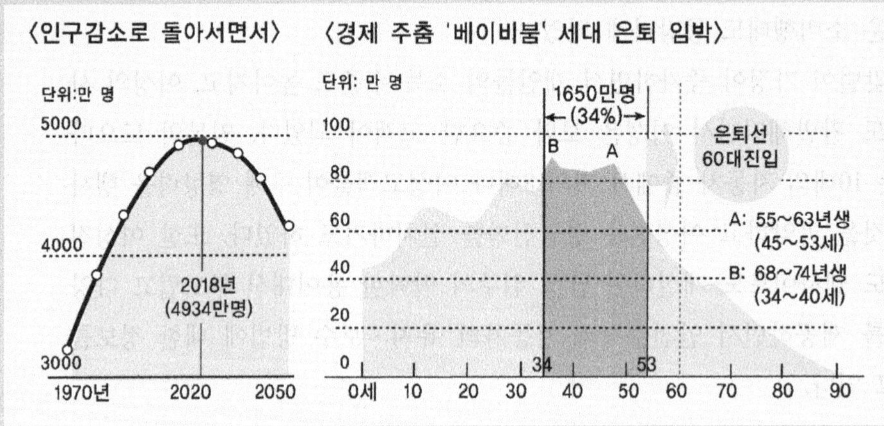

◆ **늙어가는 대한민국**=통계청은 한국 인구가 2018년 4934만 명을 정점으로 줄어들 것으로 내다봤다. 더 심각한 문제는 고령화다. 생산가능인구(15~64세)는 지금부터 7년 뒤인 2016년부터 감소할 전망이다. 국가 경제를 떠받치는 30~40대 인구는 이미 2006년부터 줄고 있다. 한국의 고령화 속도는 세계적으로 유례를 찾기 힘들 정도다. 65세 이상 인구가 전체의 7%면 고령화사회, 20%면 초고령사회로 분류한다. 독일은 고령화사회에서 초고령사회까지 77년이 걸렸다. 프랑스는 154년, 미국은 94년이 걸릴 것으로 예상된다. 하지만 한국은

26년 만에 초고령사회에 진입할 것으로 전망된다.

고령화가 낳는 문제는 헤아릴 수 없을 정도다. 지난해의 경우 생산가능인구 7명이 노인 1명을 부양했지만 2036년엔 단 두 명이 짐을 나눠져야 한다. 대학에 진학할 때가 된 인구는 이미 2002년부터 입학정원 밑으로 떨어졌다. 통계청 김영노 분석통계팀장은 "현 대학 정원이 유지된다면 2015년엔 대학들이 심각한 구조조정 위협에 직면할 것"이라고 말했다. 군 입대 자원도 3년 뒤부터 급격히 줄어들 전망이다.

◆ **국가 개조 나서야**=인구 감소와 고령화 문제를 해결하려면 무역·고용·주택·보육 등 모든 정책을 새 틀에서 고민해야 한다. 통계청은 보고서에서 "이제는 매년 주택을 50만 채씩 짓는 식의 주택정책은 바뀌어야 한다"고 제안했다. "도심 재개발·재건축을 통해 1~2인 가구를 위한 소형 주택 위주로 공급해야 한다"는 것이다.

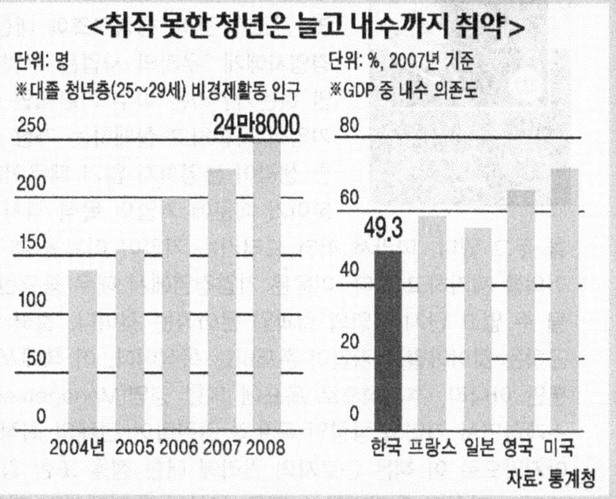

종합부동산세 등 부동산 투기를 전제로 만든 세제도 다시 뜯어볼 필요가 있다. 여성·고령 인력 활용 방안도 시급하다. 한국의 여성 경제활동 참여율(54.8%)은 아직 경제협력개발기구(OECD) 평균(61.1%)에 비해 낮은 편이다. 정년 연장과 임금피크제를 통해 고령자 고용도 더 늘려야 한다.

가장 중요한 문제는 인구 감소로 위축될 내수를 어떻게 벌충할 것이냐다. 우리나라의 내수 의존도는 49.3%로 미국(72%)·일본(55.8%)에 비해 턱없이 낮다.

김대기 통계청장은 "베이비붐 세대가 은퇴하면 가뜩이나 약한 내수가 더 쪼그라들 것"이라며 "자유무역협정(FTA)을 체결해 외국에 물건을 많이 파는 수밖에 없다"고 말했다. 자영업자 비중도 낮춰야 한다. 음식점 1개당 인구 수가 우리는 85명인 데 반해 미국은 606명이다. 인구 감소로 수요가 점점 줄어들 게 뻔한 상황에서 이들을 임금 받고 일하는 근로자가 될 수 있도록 해줘야 한다는 얘기다. 삼성경제연구소 권순우 거시경제실장은 "국가의 사활을 걸고 법률·의료·교육·관광 같은 지식기반 서비스 산업을 육성하는 수밖에 없다"고 말했다. <중앙일보>

경영학원론 추천도서

경영의 실제(The Practice of Management, Peter F. Drucker)

1954년에 출간된『경영의 실제』는 기업과 경영에 대한 피터 드러커의 위대한 저서 중의 하나로, 시어스백화점, 포드, IBM 등 그가 직접 경험하고 관찰한 기업의 사례들을 중심으로 사업경영, 경영자 관리, 근로자 관리, 경영구조에 대한 생각을 담고 있다. 이 책에서 그는 경영자에게 "우리의 사업은 무엇인가?", "우리의 사업은 무엇이어야만 하는가?"라는 아주 기본적인 질문을 던지며 출발하고 있다. 그는 기업이 좌절하고 실패하는 가장 큰 이유는 사업의 목적과 내용에 대한 생각이 분명하지 않기 때문이라고 본다. 즉, 기업은 사회의 한 부분이기 때문에 기업의 목적 역시 사회에 있어야 한다는 생각에 기반을 두고 있다. 따라서 피터 드러커는 기업이 이윤을 추구하는 조직이라는 일반적인 명제에 이의를 제기하고 있다. 이윤은 기업경영에서 매우 중요한 주제이지만, 이윤이 기업의 목적은 될 수 없고 단지 경영의 결과일 뿐이라는 것이다. 결국 기업이 고객을 창출하고, 가치를 제공하는 것이야말로 기업이 존재하는 목적이다. 이 책에서 저자는 경영자 관리에 관심을 가질 뿐만 아니라, 추가적으로 목표에 의한 경영(Management By Objectives: MBO)의 개념을 소개하면서 기업의 방향인 목표와 관련하여 전체의 최적화를 위해서 노력할 것을 당부한다. 마지막으로 이 책은 근로자의 관리에 대한 점을 또한 강조한다. 이전의 테일러 방식으로 대표되는 과학적 관리법은 노동을 생산성 측면에서만 다루었다면, 오늘날에는 지식근로자의 등장으로 조직의 구성원들을 어떻게 다루고 수행하는 직무가 무엇인가를 파악하는 것이 중요해졌다. 즉, 사람을 통제하는 것이 아닌 사람을 이끌어 나가면서, 각 개인이 지니고 있는 특유한 강점을 생산적으로 만드는 것에 관심을 두는 것이다.

결론적으로 기업의 존재 이유는 고객이고, 기업의 목적은 시장을 창조하는 것이다. 따라서 경영은 단순히 제품을 판매하는 것이 아니라, 고객이 원하는 만족과 가치를 창출하는 것으로 경영자는 항상 "우리의 사업이 무엇인가?"에 대한 자문을 던져야 한다는 경종을 울려주고 있다.

제2장
경영환경과 이론의 발달

01 | 최근의 경영환경 변화
02 | 경영이론의 발달

01 최근의 경영환경 변화

1.1 세계화와 국제경영

최근의 화두는 세계화라고 할 수 있다. 교통과 통신의 발달, 더 나아가 인터넷의 등장은 경영환경의 상호 의존성을 보다 높이는 계기가 되었다. 변화하는 환경 속에서 성공하기 위해 기업들은, 글로벌화되는 환경 변화를 잘 이해하고 과거와 현재의 성공과 실패 사례를 기반으로 조직의 역량을 끌어올려야 한다.

1. 국제적 사업 환경

국제적 사업이란 글로벌 무역을 바탕으로 원료, 제품, 서비스가 국경을 초월하여 거래되고, 이를 통해 기업이 이윤을 추구하는 것을 말한다. <그림 2-1>에서는 다양한 국제적 사업의 형태를 보여주고 있는데 다른 나라의 시장에 진입하는 방법에서부터 직접투자까지 다양한 형태가 있음을 알 수 있다. <그림 2-1>에서 화살표 방향을 따라 오른쪽으로 갈수록 운영에 대한 소유와 통제를 이용한 개입의 정도는 강해진다.

국제적 사업
글로벌 무역을 바탕으로 원료, 제품, 서비스가 국경을 초월하여 거래되고, 이를 통해 기업이 이윤을 추구하는 일

국제적 사업의 형태 중 가장 느슨한 것은 전 세계시장에서 부품을 조달하여 조립・생산하는 **글로벌 소싱**(global sourcing)이다. 이것은 국제적인 노동의 분업을 통해서 가장 낮은 비용으로 생산을 할 수 있는 국가를 이용하는 것이다.

글로벌 소싱
전 세계시장에서 부품을 조달하여 조립・생산하는 활동

예를 들어 자동차를 미국에서 조립하는 경우에 멕시코에서 방풍유리, 의자, 연료탱크를 조달하고, 한국에서는 미끄럼방지를 위한 브레이크 시스템을 위한 전자기기를 들여와 제품을 만드는 것이다.

두 번째 형태로는 수출과 수입이 있는데, 수출(exporting)은 자국에서 만든 제품을 외국에 판매하는 것을 말하고, 수입(importing)은 외국에서 만든 상품을 국내시장에서 파는 것을 말한다. 정부는 무역수지의 균형을 맞추기 위해서 종종 수출 산업을 육성하기도 한다.

라이선스 협정
일정한 수수료를 지불하고 라이선스가 있는 제품을 만들어서 판매할 수 있는 권리를 획득하는 계약

그 다음으로는 **라이선스 협정**(licensing agreement)이 있다. 이것은 일정한 수수료를 지불하고 라이선스가 있는 제품을 만들어서 판매할 수 있는 권리를 획득하는 것을 말하는데, 독특한 제조기술, 특허 혹은 라이선스 보유자가 지닌 상표권을 사용할 수 있는 권한을 얻는 것이다.

프랜차이즈
라이선스를 취득한 자에게만 필요한 자원을 독점적으로 공급하는 방식으로, 완전한 패키지의 형태로 운영을 위한 모든 제반시설을 제공함

프랜차이즈(Franchising)는 라이선스의 한 형태로 맥도날드처럼 라이선스를 취득한 자에게만 필요한 자원을 독점적으로 공급하는 완전한 패키지의 형태로 운영을 위한 모든 제반시설을 제공하는 방식이다.

조인트 벤처
현지 지역의 파트너 기업 간에 이루어지는 공공소유협정

지분 구입을 통해서 혹은 외국 파트너에 대한 직접적 투자를 하기 위한 직접투자 전략으로는 외국기업과 현지 지역의 파트너 기업 간에 공공소유협정을 체결하는 **조인트 벤처**(joint ventures)가 있다. 국제적 조인트 벤처는 전략적 제휴(strategic alliance)로 참여 기업들이 혼자서는 달성하기 어려운 현지의 사정과 정보에 대한 조언을 통해 새로운 시장을 개척하는 데 도움을 주는 것이다. 투자에 대한 대가로 지역 파트너는 새로운 기술뿐만 아니라 고용자들을 조인

그림 2-1 시장진입에서부터 직접투자 전략에 이르는 국제경영의 유형

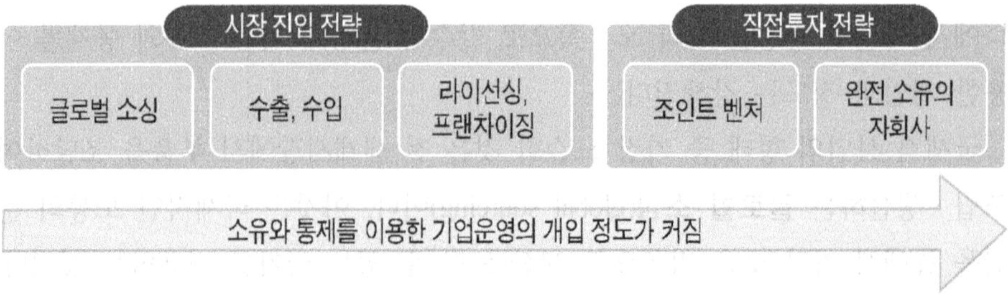

트로 운영하여 신기술을 습득할 수 있는 기회를 얻게 된다.

자회사를 통한 형태는 외국기업이 완전히 소유하고 통제하는 지역적 운영방식이다. 그러한 투자는 외국기업이 전적으로 사업 리스크를 부담해야 하기 때문에 새로운 환경에서 사업을 성공적으로 경영할 수 있는 전문가를 확보한 연후에 실행하는 것이 바람직하다.

2. 다국적기업의 경영

최근에 많은 기업들은 국경을 넘어서 사업하는 것을 당연시 여기고 있는데, 한 국가 이상에 걸쳐서 광범위하게 국제적으로 운영을 하고 있는 기업을 다국적기업(Multinational Corporation: MNC)이라고 한다. <포춘(Fortune)>, <비즈니스위크(Business Week)>, <월스트리트저널(Wall Street Journal)>에서 찾아볼 수 있는 세계에서 가장 큰 대표적인 다국적기업들로는 미국의 GE(General Electric), 엑슨(Exxon Mobil Corporation), 마이크로소프트(Microsoft)가 있고, 일본의 미츠비시UFJ금융그룹(Mitsubishi Bank), 토요다(Toyota), 네덜란드와 영국의 로열더치셸그룹(Royal Dutch/Shell)이 있다.

그리고 비영리적인 목적으로 유사한 운영을 하는 다국적 조직(Multinational Organization: MNOs)이 있는데 국제적십자사(International Red Cross), 유엔(the United Nations), 세계은행(World Bank)이 있다.

경쟁이 보다 치열해지면서 국경을 초월한 기업(transnational corporations)들은 전 세계를 대상으로 하여 자원을 획득하고, 생산시설을 지정하여, 상품과 서비스를 제공하고 있다.

3. 국제경영과 윤리적 문제

글로벌 기업들은 최근 들어 부패나 노동력 착취, 성차별 등의 윤리적인 측면에 특별한 관심을 기울이고 있다. 부패는 특정 기업이 사업의 이익을 더 많이 얻기 위해서 불법과 연관된 행위를 하는 것이다. 미국은 사업의 특혜를 얻기 위해서 대가성으로 외국 공무원에게 과도한 커미션이나 뇌물을 주는 행동을 부패로 규정하고 법률에서 엄격하게 금지하고 있다. 또한 불법적인 행위에 가담한 사실을 알거나 연루된 경영자를 처벌하고 있으며, 관련된 세부적인 회계 기록을 요구할 수 있도록 규정하고 있다. 그러나 일부 비판자들은 이러한 법을 제정하는 것은 원칙적으로 자국 기업에만 너무 엄격한 규율을 적용하기 때문에 다른 외국기업과 비교하여 상대적으로 역차별을 받는다는 점을 지적하고 더 나아가 그 실효성에도 의문을 제기하고 있다.

또 다른 관심사는 많은 글로벌 기업들이 매우 낮은 임금을 지급하고 열악한 환경 속에서 노동력을 착취하고 있다는 사실이다. 일부 국제적 대기업들은 인도네시아, 스리랑카, 베트남에서 국제적인 노동기준에 훨씬 못 미치는 낮은 임금으로 노동자들을 고용하고 있다고 비난을 받기도 한다. 다국적기업인 나이키(Nike)는 미성년자들의 노동력을 착취하여 비난을 받기도 했었지만 최근에는 자사의 홈페이지에 다음과 같이 공지하고 있다. "나이키는 제품을 생산하는 모든 근로자들을 위해서 작업장을 지속적으로 개선하기 위해 노력하고 현지의 생산 파트너와 책임을 공유할 것입니다." 이처럼 전 세계적으로 협력업체의 명단을 공개하면서, 외부적으로 윤리적 경영을 강조하고 있는 기업들이 증가하고 있다.

지구 온난화를 비롯한 환경오염 사태도 세계적인 관심을 불러일으키고 있다. 사람들은 글로벌 기업들이 항상 자연환경을 존중하고, 보존해줄 것이라고 기대한다. 다국적기업들은 세계시민의 일원으로 도시의 산업오염, 위해한 폐기물, 열대우림과 천연자원의 고갈 등의 문제를 해결하기 위해서 언제 어디서나 관심을 가지고 노력해야 할 것이다.

1.2 외부환경과 경쟁우위

21세기는 훨씬 치열해진 경쟁상황과 빠른 IT 기술변화로 복잡성(complexity)이 증대하고 있다. 앞으로 이러한 동태적(dynamic)인 환경 변화 속에서 경쟁우위(competitive advantages)를 창출하고 유지할 수 있는 기업이 승자가 될 것이다. 따라서 기업에 영향을 주는 외부환경을 잘 파악하는 것은 매우 중요하다. 경영에 중대한 영향을 미치는 외부환경은 일반적인 환경과 구체적인 환경으로 나눌 수 있다.

1. 일반적 환경

일반적인 환경(general environment)이란 조직의 환경과 관련한 모든 조건들을 통칭한다. 경영자의 의사결정에 영향을 주는 주요 외부환경 요소들을 살펴보면 다음과 같다.

- **경제적 조건**: 인플레이션, GDP, 실업과 같은 경제상태
- **사회-문화적 조건**: 인간의 권리, 교육 관련 사회제도, 동아시아적 가치
- **법적-정치적 조건**: 법률과 정부의 규제, 정치적인 집단과 정당의 사상과 목적
- **기술조건**: 과학의 진보, 기술발전과 유용성
- **자연환경 조건**: 천연자원, 환경에 대한 관심

성공적인 기업을 운영하기 위해서는 그 지역의 상황에 맞게 운영방식을 조정해야 하기 때문에 구체적인 활동을 하는 데 있어 외부환경적 차이점을 잘 이해하여야 한다.

2. 구체적 환경

구체적 환경(specific environment)은 과업환경(task environment)이라고도 하는데, 기업이 생존과 번영을 위해서 상호작용을 해야 하는 실제적인 조직, 조직의 성과에 영향을 미치는 이해관계자들(stakeholder)과의 관계를 말한다. 일반적으로 기업이 외부환경에서 관련을 맺는 다양한 이해관계자들을 열거하면 다음과 같다.

그림 2-2 조직의 외부환경에 영향을 미치는 다양한 이해관계자

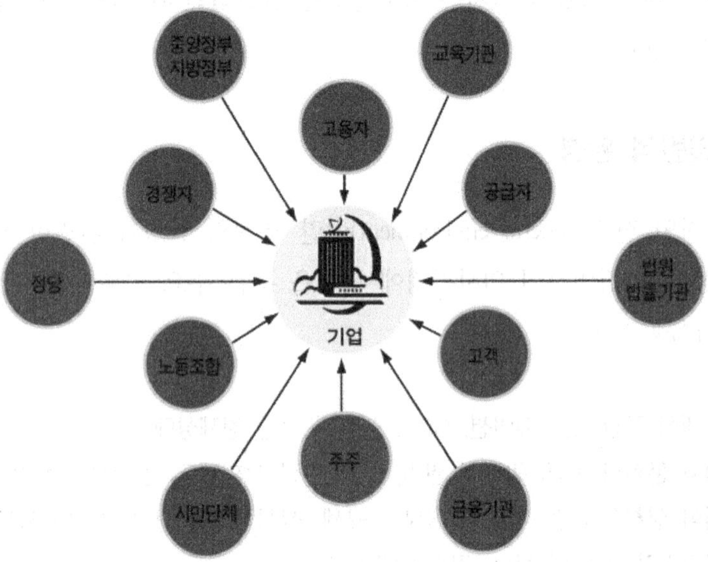

- **고　객:** 특정한 소비자와 클라이언트 집단, 개인 등
- **공급자:** 조직의 운영에 필요한 인적자원, 정보, 천연자원, 금융자본 등
- **경쟁자:** 동일한 혹은 유사한 제품과 서비스를 제공하는 특정 조직
- **규제자:** 법률과 규제를 담당하는 특정 정부기관

1.3 내부환경과 다양성

다양성이란 직장 내에서 사람들 간의 나이, 인종, 성별, 신체적인 조건 등으로 인해 발생하는 차이점으로 종교적 신념, 교육 정도, 가정의 상태 등을 모두 포함하는 광범위한 개념이다. 다양성으로 말미암아 사람들은 상대방을 존중하거나 배척하여 갈등을 유발하게 되는데 그 결과 조직문화에 직접적인 영향을 미치게 된다.

따라서 내부환경의 다양성을 잘 활용하면 조직에서 경쟁우위의 잠재적인 원

천으로서 급변하는 현재의 불확실성과 복잡성을 다루기 위한 재능과 식견을 얻는 데 도움이 된다.

1. 포괄성과 다문화주의

조직의 내부환경에서 주요한 이슈 중의 하나인 포괄성(inclusivity)은 조직문화가 인종, 성별, 성적 취향 등에 관계없이 사람들 모두에게 얼마나 개방적인가의 정도를 말한다. **다문화주의**(multiculturalism)는 기업조직 내에서 다양성을 존중하는 다원론을 의미한다. 지금까지의 연구결과에 의하면 많은 기업들이 왜 조직 내에서 핵심가치를 서로 교환하지 못하고, 민주적인 문화의 다양성을 존중하는 방향으로 나아가지 못하는지에 대한 확실한 해답을 찾지 못했다. 편견이란 다양한 집단의 구성원들에 대해서 부정적이고 비합리적인 견해나 태도를 말하는데, 이러한 편견은 차별의 형태로 이어져 조직의 구성원 중의 일부에 대해서 부당하게 대우하거나 정당한 혜택을 받지 못하게 한다. 예를 들어 여성과 소수 인종에 대해서 승진의 상한선을 두는 보이지 않는 장벽의 형태가 있다. 다양성에 대한 개념의 밑바탕에는 차별의 존재를 인정한다. 오늘날 조직이 변화한다고 할지라도 거대 기업의 최고경영자는 나이가 지긋한 남성인 경우가 대부분이고 조직의 중하위 단계로 갈수록 보다 다양성의 정도가 높은 것이 일반적이다. 예를 들어 인종의 도가니라고 불리는 미국을 예로 들면 여성과 흑인 같은 소수파는 전통적으로 다수라 할 수 있는 백인 남성의 문화에 지배를 받는 경우가 많이 있다.

다문화주의
기업조직 내에서 다양성을 존중하는 다원론을 의미

2. 다양성을 활용한 경영

조직에서 소수파에 속한 종업원들이 원하는 것은 모든 사람들이 원하는 것과 별반 차이가 없다. 자신들의 재능을 존중해주고, 잠재력을 완전하게 발휘할 수 있도록 여건을 마련해달라는 것뿐이다. 다양성을 고려한 리더십은 조직의 모든 단계에서 이와 같은 기대를 잘 충족시켜줄 수 있다. 토마스(R. Thomas Jr.)는 다양성을 고려한 경영이란 모든 사람을 위해서 작업환경을 개선하는 과정이라고 정의한

그림 2-3 다원주의 조직을 위한 경영의 방법

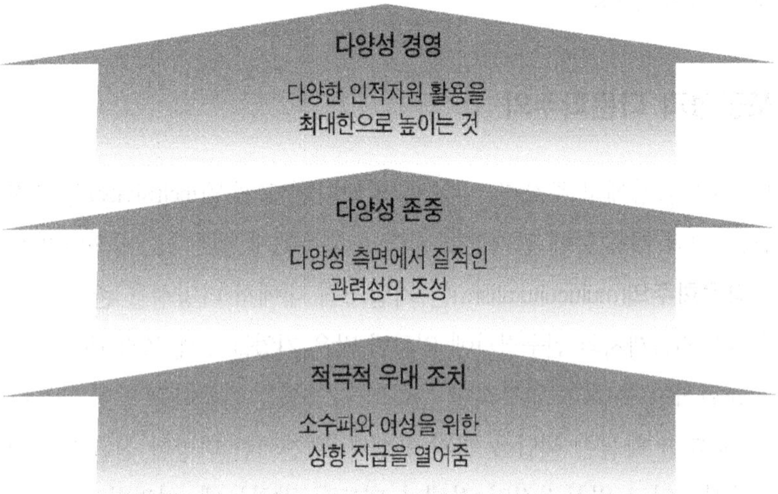

다. 조직의 목표를 위해서 여러 종류의 사람들이 자신의 잠재력을 완전하게 발휘하도록 내부환경을 조성해주는 것이다.

적극적 우대 조치
조직 내에 소수 인종이나 여성을 고용하고 승진할 수 있도록 허용

<그림 2-3>에서는 다양성을 고려한 경영을 성숙 정도에 따라서 리더십의 접근방법으로 나누었다. 차별 철폐조치의 하나로 **적극적 우대 조치**(affirmative action)는 조직 내에 소수 인종이나 여성을 고용하고 승진할 수 있도록 허용하는 것이다. 다양성을 존중하는 것은 리더십을 통해서 개인의 차이를 보다 잘 이해하고 존중할 수 있도록 교육이나 훈련 프로그램을 만드는 것이다. 마지막으로 모든 사람들에게 권한을 배분하고 참여시키는 조직문화로 이행하는 것이 다양성 경영(managing diversity)이다. 이 다양성 경영은 경쟁우위 측면에서도 가장 큰 가치를 창출한다. 매우 치열한 경쟁과 불확실한 환경 속에서 기업들은 복잡하게 얽힌 문제를 해결하는 데 다양한 작업환경 속에서 나온 재능, 아이디어, 혜안을 가지고 해법을 얻을 수 있다. 이러한 다양성을 관리할 수 있는 리더의 능력은 다양한 문화를 활용하여 기업의 보이지 않은 자산(intangible asset)인 다양한 고객, 공급자들에 대한 기대와 필요를 좀 더 잘 충족시킬 수도 있다.

1.4 고객 중심의 경영

1. 고객이 원하는 것

고객은 항상 품질이 좋은 상품과 서비스를 원한다. 그렇지 않으면 등을 돌려 버린다. 소비자에 대한 지속적인 관심은 성공을 하기 위한 가장 중요한 요소라는 것은 이제 당연시되었다. 기업들은 보다 낮은 가격으로 더 좋은 품질의 상품을 고객이 원하는 때에 맞추어 원하는 장소에 제공해주어야 한다. 이러한 관심에 초점을 두고 있는 경영이론의 한 분과로 투입자원을 최종 상품과 서비스로 전환시키는 행동과 의사결정을 생산관리(operation management)라고 한다. <그림 2-4>는 고객 중심으로 운영된다는 것이 어떤 것인지를 보여주고 있다. 기업은 고객들이 원하는 것은 무엇이며, 언제, 어디서 원하는가에 대한 문제에 적절한 대응을 하기 위해서 필요한 자원을 적재적소에 배치한다. 다시 말해서 생산관리란 사람들과 기술, 자원, 조직형태를 잘 조합하여 새로운 가치를 창출하는 행동이다. 그러나 이러한 행동은 고객이 원하는 높은 품질, 저렴한 가격, 적시의 배송을 고려한 특수한 운영 목적을 중심으로 잘 조정되어야만 한다.

2. 품질향상을 위한 지속적인 노력

품질향상을 위해서는 근로자들의 참여 정도가 매우 중요하다. **전사적 품질**

그림 2-4 고객 중심 경영

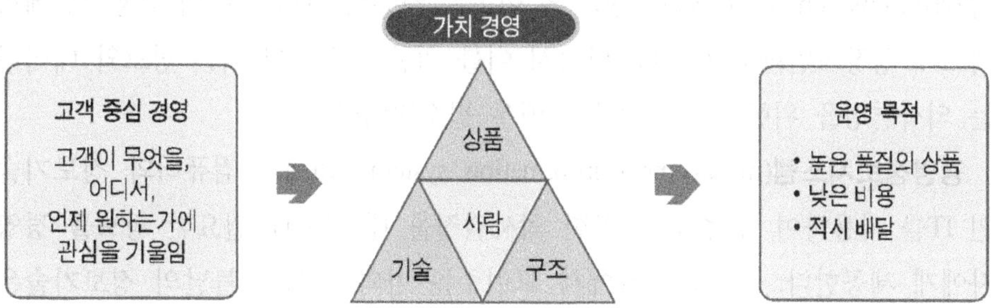

전사적 품질경영
제품이나 서비스의 품질뿐만 아니라 경영과 업무, 조직 구성원의 자질까지도 품질 개념에 넣어 관리해야 한다는 것

경영(Total quality Management: TQM)이란 제품이나 서비스의 품질뿐만 아니라 경영과 업무, 조직 구성원의 자질까지도 품질 개념에 넣어 관리해야 한다는 것으로 세계적인 기업들이 경쟁에서 승리하기 위해서 도입하고 있는 경영방식이다.

품질 표준으로는 1987년에 국제표준화기구(ISO)가 제정한 품질관리와 품질보증을 위한 국제규격이 있다. 이것은 구입자 측면에서 볼 때 제품의 품질을 좀 더 확실하게 하기 위해 공급자가 제조하는 과정에서 품질을 확실하게 유지하기 위해서 품질관리의 요구사항을 규격화하는 것이다. 대표적인 예로 설계·개발에서 제품 설치, 애프터서비스를 내용으로 한 ISO 9001, 제조, 설치와 관련한 ISO 9002, 제품의 최종 검사 및 시험인 ISO 9003이 있으며, 그 외에 공급자가 내부 품질관리를 실시하는 데 적용해야 할 기본적인 요소들을 정리한 것으로 ISO 9004가 있다. 이러한 품질 개선을 위한 노력은 현재의 성과를 개선하기 위해서 새로운 방법을 찾으려는 시도의 일환이다.

1.5 급속한 정보기술

1. 정보와 경영

최근에 컴퓨터와 정보통신기술은 급속하게 변화하고 있으며, 그에 따라서 관련 기술을 유용하게 사용할 수 있는 능력을 보유한 지식 근로자(knowledge workers)에 대한 수요도 꾸준히 증가하고 있다. 산업화 경제에서 정보 기반의 경제(information-based economy)로의 이동은 컴퓨터 관련 직종의 고용시장에서 빠르게 성장·변화하고 있다. 따라서 이를 위한 뒷받침이 되는 정보와 데이터는 의사결정을 위한 경영과정에서 매우 필수적이다.

경영정보시스템
컴퓨터와 정보기술인 IT를 사용하여 매 순간 다양한 의사결정을 내리는 데 필요한 정보를 경영자에게 제공

경영정보시스템(management information system: MIS)은 컴퓨터와 정보기술인 IT를 사용하여 매 순간 다양한 의사결정을 내리는 데 필요한 정보를 경영자에게 제공한다. <그림 2-5>에서 보여주는 바와 같이 오늘날의 정보기술은

그림 2-5 정보기술이 조직에 미친 영향

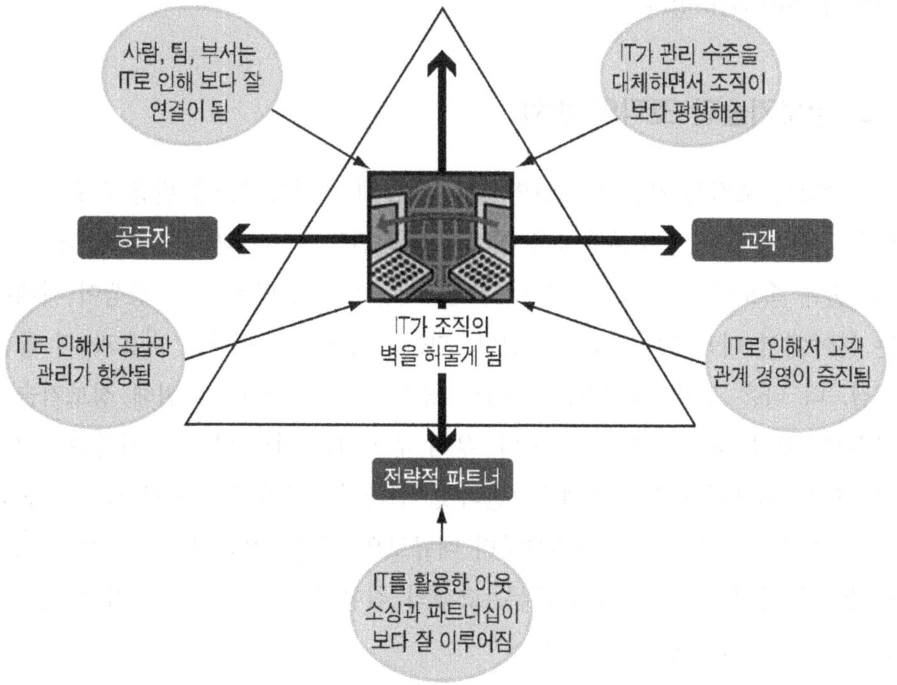

조직의 외부적 · 내부적인 욕구를 이전보다 잘 충족시켜줄 수 있다.

정보를 통해서 외부환경으로부터 조직 내에 보다 쉽게 접근이 가능하게 되었고, 성공적으로 조직과 환경을 관리할 수 있게 되었다. 이러한 지식정보는 경쟁기업과 정부기관, 공급자, 주주들과 같은 외부 관계자들과의 효과적이고 원활한 거래를 위해 필요하다. 피터 드러커(P. Drucker)는 "정보화 시대에 기업의 성공적인 전략을 위해서는 외부환경의 상황에 대한 충분하고 정확한 정보를 얻어야 한다. 또한 외부에서 획득한 정보를 분석하기 위한 엄밀한 방법을 가지고 있어야 한다"고 강조했다.

조직 내에서는 사람들이 의사결정을 하고 일상의 문제를 해결하기 위한 많은 정보를 이용하는데 직위가 높은 경영자일수록 전략적인 계획을 세우기 위해서 정보의 활용이 필요하다. 반면에 중간 · 하위 단계의 관리자는 설립된 계획을 실행하기 위해 운영 측면에 초점을 두게 된다. 결국 근로자들 모두는 내부와 외부의 고객 욕구를 충족시키기 위해서 정보를 수집하고, 저장, 분배하는 활동에 관여하고 있다.

2. 정보기술과 조직의 변화

성장하는 조직은 가능한 최선의 방법을 통해서 정보기술을 활용해 원활하게 일을 진행하고, 운영의 효율성을 향상시켜 전반적으로 성과를 높이고 있다. 정보기술은 속도에 민감하기 때문에, 빠른 대응이 요구되는 속도 경쟁이 지배하는 분야에서 더욱 빛을 발하게 된다. 최근 기업들은 더 낮은 비용과 더 좋은 품질, 더 나은 고객 서비스를 통해서 경쟁우위를 추구하기 위해 정보기술에 지속적으로 투자를 많이 하고 있다. 우리 주변에는 벌써 바코드, 자동현금지급기(ATM), 텔레마케팅, 전자메일, 인터넷, 전자상거래가 익숙하게 자리를 잡았다. 정보기술은 소규모 사업에서부터 대규모의 다국적기업에 이르기까지 재고관리에서 판매 거래, 공급의 주문, 고객의 취향 분석에 이르기까지 없어서는 안 될 필수적인 수단이 되었다.

정보기술이 조직의 변화에 미친 가장 큰 부분은 조직 간의 벽을 허물어 의사소통이 보다 쉽게 될 수 있도록 만들었다는 점이다. 정보기술은 조직 내의 벽을 제거하는 것뿐만 아니라 외부환경과의 경계를 제거하여 조직은 보다 효율적 · 효과적이 되었고, 프로세스에 있어서도 보다 경쟁적이 되었다. 조직 내에서는 서로 다른 부서와 직위, 다른 지역에서 일하는 개인과 팀이 보다 쉽게 의사소통을 하여 서로 다른 사람과 전자적으로 공유할 수 있게 되었다. 또한 중간관리자의 역할을 줄여 정보의 흐름을 보다 빠르게 하는 데 기여하였다. 이러한 조직 내의 변화는 전통적인 조직에 비해서 중간 단계를 대폭 줄여서 평평한 조직으로 만들었고, 보다 신축적인 운영과 빠른 속도의 의사결정으로 인해 많은 기회를 확보할 수 있게 되었다. 또한 보다 적절한 정보를 활용하여, 관련 담당자들과 협력을 얻어내는 데 도움이 되었다.

외부환경과 관련하여 정보기술은 고객관리경영 측면에서 고객의 선호와 원하는 바에 부합하는 의사결정을 빠르고 정확하게 내리는 데 도움을 준다. 공급망 형태와 관련해서는 모든 단계, 즉 물류의 구매단계에서 배송, 최종적인 사용에 이르기까지 비용을 관리하고 통제하는 데 있어서도 정보기술은 많은 기여를 하고 있다.

1.6 지식경영과 학습조직

1. 지식경영

경영학 이론의 그루인 피터 드러커(P. Drucker)는 지식을 경쟁적 사회의 원천이 되는 자원이라고 생각하고, 지식이 마모되는 것을 경고하였다. 지식자본은 매우 중요한 자원이고, 지식근로자(knowledge workers)에 체화되어 공유되는 중요한 자산이다. 우리는 지식경영과 학습에 대한 가치가 중시되는 전환기에 살고 있다. **지식경영**(knowledge management)이란 기업의 조직이 발달하면서 경쟁우위를 얻기 위해서 지식을 공유하는 과정을 말한다. 다시 말해서 지적자산의 확산을 의미한다. 전략적인 측면에서뿐만 아니라 조직을 통합하는 힘으로서 지식경영은 최근에 등장한 지식경영자(Chief Knowledge Officer: CKO)의 직책에서도 그 중요성을 쉽게 알 수 있다. CKO의 직위는 조직의 지적 자산의 포트폴리오와 지식의 전체 풀을 잘 관리하고 지속해서 재생산하는 것이다. 더욱이 지적 자산은 특허권, 지식재산권, 영업비밀 같은 특별한 프로세스와 기법에만 국한된 것이 아니고, 축적된 지식과 전체적인 작업 공정의 이해까지 포함된다.

지식경영
기업의 조직이 발달하면서 경쟁우위를 얻기 위해서 지식을 공유하는 과정

2. 학습조직

학습이란 급격하게 변화하는 환경에 적응할 수 있는 기업의 능력을 말한다. 주주들에게 추가적인 가치를 창출해주기 위해서 기업은 경쟁사들보다 더 많은 학습을 하는 데 앞장서야 하고, 보다 더 광범위하고 빠르게 지식을 적용해야

한다. 학습조직(learning organization)은 경험의 교훈에서 얻어지는 성과를 보다 향상시키고 계속해서 변화시킬 수 있다. 오늘날 모든 유형의 조직과 근로자는 장기간 동안 생존과 성장을 위해서 새로운 상황에서 계속 적응해야 한다.

학습조직의 핵심요소로서 피터 센게(P. Senge)는 다음의 5가지 원칙을 제시한다.

- **멘탈모형(Mental model)**: 뿌리 깊게 박혀 있는 오래된 생각이나 방식의 제거
- **개인적 통제(Personal mastery)**: 스스로의 생활 인식과 다른 사람에게 개방
- **시스템적 사고(System thinking)**: 조직이 전체적으로 어떻게 작동하는가를 학습
- **공유된 비전(Shared vision)**: 행동의 계획을 숙지하고 이해
- **팀 학습(Team learning)**: 계획을 수행하기 위한 공동 작업

센게의 학습조직에 대한 개념은 학습능력을 개발하는 데 매우 가치가 있고, 모든 조직 구성원들이 지속적으로 활용할 수 있도록 한다. 조직은 다양한 방식을 통해서뿐만 아니라 스스로의 경험을 통해서도 학습을 할 수 있다. 또한 이해관계자들인 계약 당사자들, 공급자들, 파트너들이나 고객으로부터 배울 수도 있고, 관련 없는 사업 분야에서 배우기도 한다.

물론 무엇인가를 얻고자 하는 의지와 가치 있는 작업을 수행하는 과정 속에서 정보를 공유하려는 노력에 의해 성과는 달라진다. GE의 CEO인 잭 웰치(Jack Welch)는 "글로벌 사업에서 목적은 어느 곳에서든지 최고의 아이디어를 얻어내는 것"이라고 강조하면서 우리 기업문화는 어느 한 장소에서 다른 장소로 아이디어를 공유하여 서로 도움을 주고받으면서 상호 존중하도록 유도하는 것이라고 하였다.

02

경영이론의 발달

2.1 근대 이전의 경영

조직적인 행동과 경영은 수천 년 이전부터 존재해왔다. 이집트의 피라미드와 중국의 만리장성은 수천만 명의 사람들을 동원하여 건설된 대표적인 대규모 프로젝트였다. 피라미드 하나만 해도 몇 십년간 수천 명의 사람들을 동원한 것으로 보인다. 그렇다면 과연 누가 개별 노동자들에게 무엇을 해야 할지 지시를 내렸을까? 어떻게 노동자들이 계속 바쁘게 충분한 돌을 사용할 수 있게 관리를 잘했을까? 이러한 질문에 대한 해답을 제시하는 것이 경영이다. 경영이 무슨 이름으로 불렸던 간에 누군가는 무엇을 해야 하는가에 대한 계획을 세우고, 사람들과 자재들을 동원하고, 구체적인 지시를 내려야 한다.

미켈란젤로(Michelangelo)란 이름을 들었을 때 어떤 생각이 드는가? 르네상스의 예술가? 천재? 그런 것 말고 혹시 경영자라는 생각을 해본 적은 있는가? 최근의 연구에 의하면, 미켈란젤로 하면 떠오르는 고통과 환희 가운데 서 있는 고독한 천재, 야외무대의 뒤편에서 혼자의 힘으로 바티칸의 시스틴 성당(Sistine Chapel)의 천정벽화를 그리는 모습, 이 모든 것은 전부 상상일 뿐이다. 482년 이전에 미켈란젤로는 실제로 어느 정도 규모의 사업을 운영했다. 성당의 천정에 그림을 그리기 위해서 13명의 직원을 뽑았고, 플로렌스에 있는 메디치 성당의 경이로운 무덤을 조각하기 위해서도 20여 명의 사람들을 선발하였다. 미켈란젤로가 스스로 일꾼을 직접 선발하고, 훈련시키고, 팀을 조직했다는 자세한 관리 기록이 남아 있다. 그는 고용된 사람들의 이름, 날짜, 직업, 임금에 대해서 상세히 기록하면서, 분쟁이 발생하면 이를 잘 조정하는 역할을 하기도 했다. 매일 그는 일꾼들의 진행 상황을 체크하였는데, 이러한 역사적인 일례는 조직화된 행동과 경영자가 오래 전부터 우리 가까이 존재했다는 것을 보여준다. 그러나 경영은 과거 수백 년 전부터 있었지만 20세기에 들어와서야 체계적인 조사와 지식을 보유한 공통 집단을 구성하고 외형적인 훈련이 가능해졌다. <그림 2-6>에서 보여주듯이 1400년경 이탈리아의 베니스에서는 초기 형태의 기업이 설립되어 표준 제품을 생산하는 기업라인과 창고, 재고시스템, 회계시스템 같은 작업관리 능력을 보유하고 있었던 것으로 알려져 있다.

그 후 아담 스미스(A. Smith)는 1776년에 『국부론(Wealth of Nations)』에서 노동의 분업을 강조하였다. 그가 예로 든 핀 제조공장의 경우를 살펴보면 10명의 노동자들이 각각 분업을 하여 전문화하면 하루에 4만 8,000개의 핀을 생산

그림 2-6 근대 이전의 경영 발전

미켈란젤로

Venice: Palazzo Ducale

1400년대-이탈리아 베네치아
초기 형태의 기업 설립

- 표준품 생산 기업라인
- 구성품을 저장할 창고와 재고시스템
- 작업자 관리를 위한 인적자원 기능
- 수익과 비용의 회계시스템

활동을 조직, 지도, 계획, 통제하는 책임자의 조직적인 노력-수천 년 동안 지속

특 징

효율에 관심이 없음
경영행위는 그다지
문제되지 않음

할 수 있었지만, 따로 독립하여 일을 하면 잘해야 200여 개 정도 심지어 10개밖에 생산하지 못했다. 스미스는 노동의 분업화는 변화하는 업무에서 공통적으로 낭비되는 시간을 절약할 수 있게 해주고 숙련을 통해 생산성을 증가시킨다고 하였다. 이와 같이 직업의 전문화는 200년 이전부터 경제적 이점으로 의심 없이 받아들여지고 있다. <그림 2-7>은 아담 스미스에서 현대의 대기업의 출현에 이르기까지의 과정을 보여준다. 점차 경제가 발전함에 따라 가내수공업은 공장제 기계공업으로 바뀌어갔으며, 규모가 큰 공장을 효율적으로 가동하게 되었다. 이때는 수요의 예측과 자재의 관리, 그리고 일정 계획을 수립하는 것이 전체적인 운영에서 매우 중요한 역할이었다.

20세기 이전에 경영에 가장 큰 영향을 준 사건은 바로 산업혁명(Industrial Revolution)이다. 18세기 후반 영국에서 일어난 산업혁명은 미국으로 건너가게 되었다. 기계의 힘은 인간의 노동력을 급격하게 대체해갔다. 기계의 힘이 등장하고 대량생산, 운송비용의 절감은 철도의 급격한 확장과 정부의 규제완

그림 2-7 아담 스미스에서 산업혁명까지 경영 발전

경영 관행은 수천 년 전부터 진행되었지만 경영원리 개발의 필요성은
산업혁명 이후 대규모의 공장 설립과 함께 제품 생산의 효율적 운영으로 시작됨

화에 힘입어 대기업과 같은 커다란 조직의 발전을 촉진시켰다. 록펠러(J.D. Rockefeller)는 스탠더드 오일사(Standard Oil)를 독점화할 수 있었고, 카네기(A. Canagie)는 철강산업의 2/3의 통제권을 얻었다.

2.2 고전적 접근법

경영에 대한 고전적 접근법은 크게 과학적 관리법, 관리상의 원칙, 관료제 조직으로 나눌 수 있다. 이들 접근법은 사람들이 합리적으로 행동한다는 가정 하에서 주로 경제적인 요인에 의해서 영향을 받는다고 보았다.

1. 과학적 관리법

1911년 테일러(F. Taylor)는 『과학적 관리원칙(The Principles of Scientific Management)』에서 경영의 기본원칙은 고용주뿐만 아니라 노동자들에게 최대한의 번영을 보장해주어야 한다고 하였다.

테일러는 과학적 관리법의 아버지라고 불리는데, 그는 많은 근로자들이 자

그림 2-8 과학적 관리법의 선구자 테일러

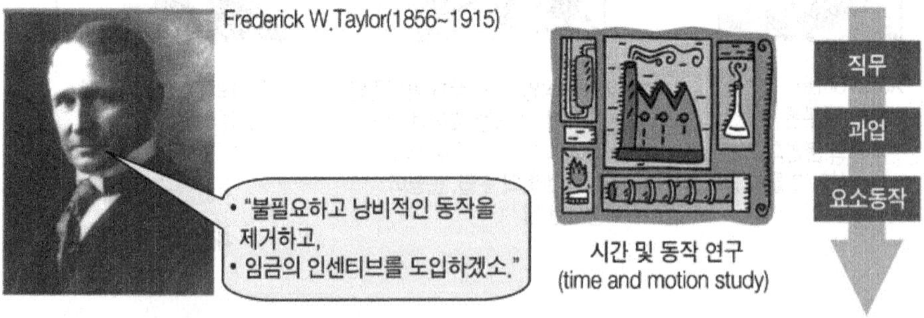

시간동작연구(time-and-motion study)
하나의 작업 또는 일련의 작업의 여러 다른 동작을 수행하는 데 소모되는 시간을 분석하여 생산성을 평가하는 방법

기 나름대로의 방식에 따라 원칙 없이 일을 해왔다는 것을 지적하였다. 그리고 이로 인한 문제들은 만일 근로자들이 훈련을 받고 감독자의 지시에 따라 그들의 업무를 수행한다면 해결될 것이라고 믿었다. 그는 시간연구(time study)라는 개념을 도입하여 어떤 작업에서 필요한 동작과 업무를 분석해보면 가장 효율적으로 일을 수행하는 방법이 있을 것이라고 생각했다. 테일러가 제시한 과학적 관리법의 4가지 원칙은 다음과 같다.

- 행동, 표준화된 작업 실행, 적당한 근무조건의 원칙을 포함한 체계적인 기량을 모든 직업에 적용
- 직무에 적당한 능력을 지닌 근로자를 주의 깊게 선택
- 근로자들은 훈련시키고 직무기술과 관련하여 협조할 적당한 유인을 제공
- 일을 잘 계획하고 직무에 대해서 그들의 방향대로 쉽게 하여 근로자들을 지원

테일러는 과학적 기술을 통해서 작업현장에서 생산성을 증진시키고자 노력하였다. 이러한 생각은 오늘날의 많은 경영환경에서 발견할 수 있다. 이것이 주는 실제적인 교훈은 다음과 같다.

- 성과 인센티브를 통한 결과 지향적인 보상
- 효율적인 작업 방법으로 직무를 잘 설계
- 직무를 수행할 수 있는 능력을 지닌 근로자를 주의 깊게 선발
- 능력을 최고로 발휘할 수 있도록 근로자들을 훈련
- 감독자를 훈련시켜 근로자들이 능력을 가장 잘 수행할 수 있게 함

그림 2-9 경영에 대한 고전적 접근법

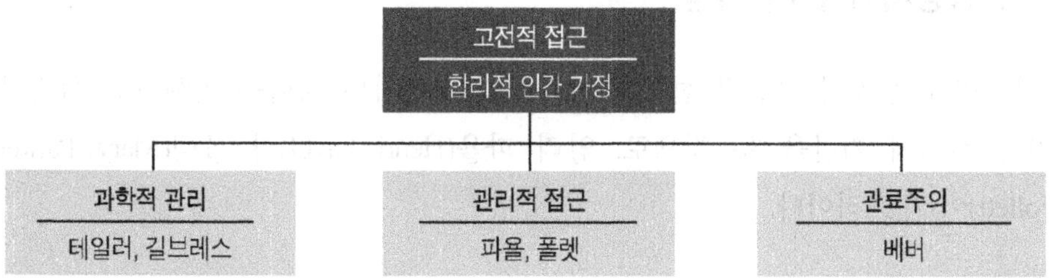

그림 2-10 프랭크와 릴리안 길브레스의 과학적 관리법

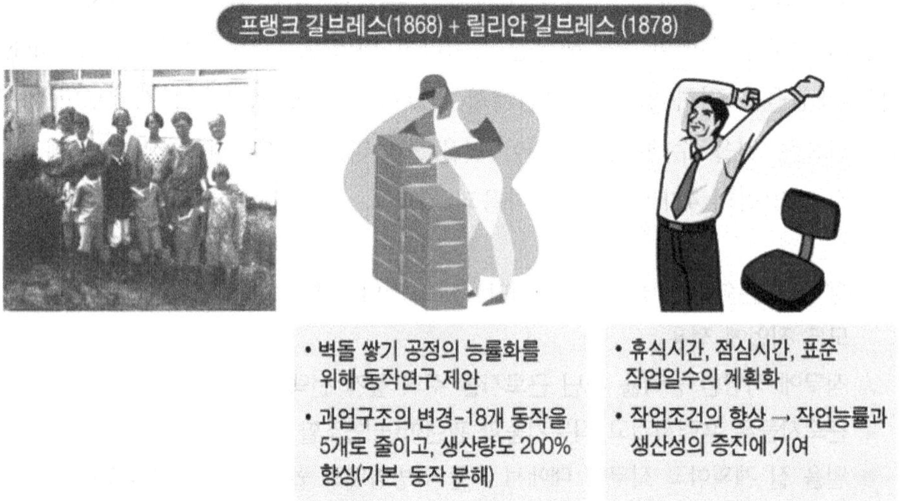

또한 테일러가 제시한 동작연구(motion study)는 기본 신체적 동작을 통해서 일과 업무를 줄이는 과학적 연구이다.

테일러와 마찬가지로 프랭크 길브레스(Frank Gillbreth)와 릴리안 길브레스(Lillian Gillbreth)는 관리기법으로서 동작연구의 선구자이다. 한 가지 예로 벽돌을 쌓는 데 필요한 동작의 수를 18개의 동작에서 5개로 대폭 줄여 생산성을 200% 이상 증가시켰다. 길브레스의 작업은 오늘날에도 여전히 적용되어 일의 단순화, 작업의 표준화, 인센티브 임금 설계의 분야에서 기초가 되고 있다. 휴식시간이나 점심시간도 계획에 포함시키고, 작업 조건의 향상을 통해 능률과 생산성의 증가를 꾀하였다.

2. 경영자의 관리 지침

두 번째 경영의 고전적 접근은 성공적인 경영자의 경험을 이해하고 설명하려는 시도에 기반을 둔 것으로, 앙리 파욜(Henri Fayol)과 폴렛(Mary Parker Follett)이 대표적이다.

앙리 파욜의 경영관리 지침

경력관리자, 학자, 작가였던 앙리 파욜의 초기 작업은 관리적 원칙의 학파로 대변된다. 1916년 프랑스 산업현장에서 경력을 쌓은 후에 그는 『산업 및 일반 경영관리론(Administration Industrielle et Generale)』을 내고, 조직과 사람에 대한 올바른 관리법에 대한 견해를 제시하였다. 파욜 책에서는 다음의 경영자의 5가지 지침과 14개 원칙을 설명하고 있는데, 이것은 오늘날의 계획, 조직, 지휘, 통제라는 경영의 4대 기능과 매우 유사하다.

- **계획(Planning)**: 미래를 대비해 행동의 계획을 수립
- **조직(Organization)**: 계획을 실행하기 위해서 자원을 제공하고 배치
- **명령(Command)**: 계획에 따라 최적의 성과를 얻기 위해서 근로자를 지휘, 선발 평가
- **조정(Coordination)**: 분산된 노력을 합치고, 정보가 공유되고 문제가 해결되도록 보장
- **통제(Control)**: 계획에 따라 일이 진행되도록 하고, 필요에 의해 행동을 하도록 유도

그림 2-11 앙리 파욜의 경영관리 지침

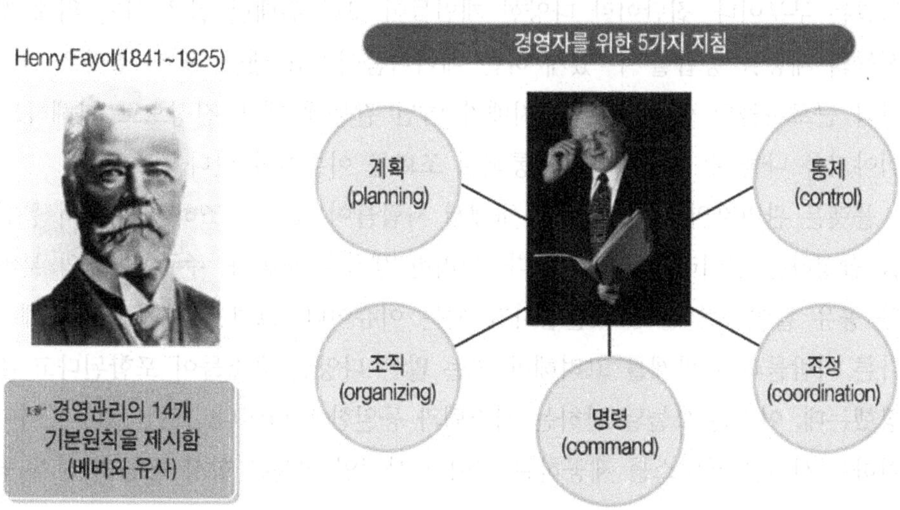

앙리 파욜은 어떻게 관리하는가의 방법에 따라서 학습이 가능하다고 생각했다. 그는 관리의 질적인 향상에 대해서 관심이 많았고, 경영자들을 올바른 길로 인도하기 위해서 많은 지침들을 제시하였다. 이들 중에 일부는 오늘날에도 받아들여지고 있는데 대표적으로 다음의 3가지가 있다.

- **계층연쇄원칙(scalar chain principle)**: 조직의 최고경영자의 위치인 꼭지점에서부터 밑바닥인 현장에서 일하는 감독자에 이르기까지 분명하고 끊어지지 않은 의사소통의 길이 있어야 한다는 것
- **명령체계의 단일화(the unit of command principle)**: 개별 사람들은 오직 한 사람의 상관으로부터 명령을 받아야 한다는 것
- **지시원칙의 단일화(the unit of direction principle)**: 한 사람이 동일한 성과 목표를 지닌 모든 행동에 대해서 책임을 져야 한다는 것

폴렛

관리적 원칙 학파의 또 다른 기여자는 폴렛(Mary Parker Follett)이다. 그녀는 세상을 떠난 이후인 1933년부터 사회학의 분야에서 여성 미국인 가운데 가장 중요한 사람 중의 한 사람으로 칭송받고 있다. 사업과 조직에 대한 그녀의 견해는 집단에 대한 이해와 인간 협조에 깊이 있는 연구로 오늘날에도 높게 인정받는 부분이다. 집단이란 다양한 개인들이 보다 위대한 일을 하기 위해 자신들의 재능을 통합할 수 있게 하는 메커니즘이라고 했다. 또한 조직은 관리자와 근로자들의 어느 일방의 지배가 아닌 갈등에 대해 진정으로 화해하고, 이야기를 나눌 수 있는 기회를 통해서 조화를 이루어야 한다고 보았다.

폴렛은 관리자의 직무는 조직 내에서 사람들이 상호 협조하여 이해의 통합을 달성하는 것이라고 생각하였다. 이러한 생각은 노동자, 주주, 이익의 분배와 공유 같이 오늘날에도 관심사가 되는 이슈이다. 그녀는 사업상의 문제는 다른 사람들과의 관계를 고려해야 하는 많은 다양한 요소들이 포함된다고 주장했는데, 이것은 오늘날 말하는 시스템과 동일한 맥락이다. 또한 그녀가 이야기하는 사업은 서비스를 제공하는 것이고 사적인 이윤은 항상 공공의 선과 병

행하여 고려되어야 한다고 하였는데, 이는 오늘날의 경영자 윤리, 기업의 사회적 책임의 논리와 유사하다.

3. 관료주의 조직

막스 베버(Max Weber)는 19세기 후반의 독일 지식인으로 경영과 사회학의 조직 분야에 막대한 영향을 끼친 사람이다. 그의 생각은 당시 조직의 성과가 부족했던 점에서 시작되었다. 사람들은 직무와 관련한 역량이 아닌 사회적 수준 혹은 특권에 의해서 얻어진 권위에 관심을 가진다고 보았다. 이러한 이유로 인해서 조직은 대개 목표하고자 하는 성과에 도달하는 데 실패하게 된다. 베버는 구체적인 조직 형태인 관료제가 이러한 문제점을 해결할 수 있다고 생각했으며, 관료제의 의도적이며 합리적·효율적인 조직 형태는 논리, 명령, 지시, 합법적 권위의 원칙에 기반을 둔 이상적인 형태라고 하였다. 베버의 조직은 관료제를 통해서 높은 성과를 얻을 수 있고, 자원의 이용 측면에서 효율성뿐만 아니라, 사람들에 대해서도 공평하고 동등하게 대우할 수 있다는 측면에서 장점을 지니고 있다.

베버가 제기한 관료제 조직의 특성을 간단하게 정의하면 다음과 같다.

- **명백한 노동의 분업**: 잘 정의된 직무와 이를 달성하기 위한 고도의 기술을 지닌 숙련된 근로자들로 업무 간 분업
- **분명한 권위의 위계질서**: 권위와 책임에 대해서 각 지위 단계별로 구분하여 낮은 지위는 보다 높은 지위의 업무와 관련해서 보고함
- **공식적인 규정과 절차**: 문서화된 가이드라인은 직무에서 행위자와 의사결정을 지시해주고, 기록으로 남김
- **비인격성**: 규정과 절차는 누구도 특혜를 받지 않게 편견 없이, 동일하게 적용
- **장점에 기반 둔 경력**: 근로자는 능력과 성과에 따라서 선발·승진·배치

이러한 이상적인 관료제의 조건들 외에 관료주의의 특성과 리더가 합법성을 획득하는 방법에 대해서는 <그림 2-12>에서 잘 제시해주고 있다.

그림 2-12 베버와 관료제 이론

Max Weber
(1864~1920)

- 독일에서 산업혁명 당시 효율적인 조직관리에 관심
- 조직구조, 리더십, 합리성

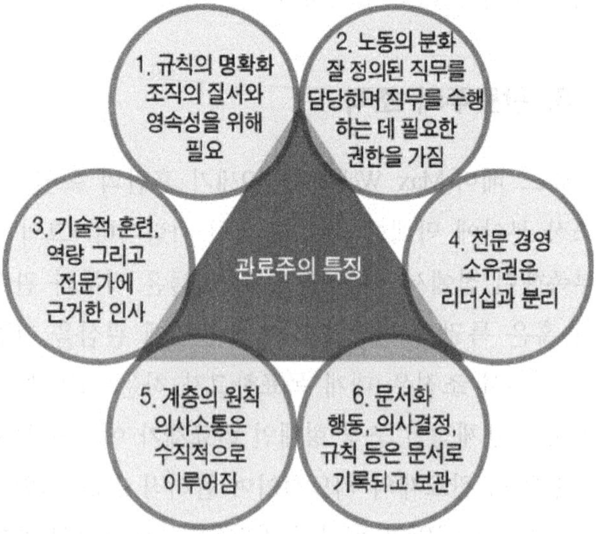

- 구조화 원칙: 업무는 효율적이면서 갈등이 최소화되도록 설계, 모든 것이 명확히 규정되고 개발
- 관료제 모델의 근간: 권한과 합리적 통제(조직 내 모든 행위는 권한과 책임을 수반)
- 합법성을 획득하는 방법
  - 전통적: 전통이나 관습
  - 카리스마: 인간적 매력에 의해
  - 관료적: 전문성과 법적으로 정의된 자격요건

그러나 관료제란 용어는 오늘날에 부정적인 의미로 더 많이 사용되고 있다. 과도한 문서주의 혹은 형식주의로, 일을 처리하는 절차가 느리고 고객과 의뢰인의 요구에 귀를 기울이는데 있어서 경직적이며, 변화를 거부하고 고용자들에게는 무관심한 경우에 사용된다. 따라서 오늘날처럼 동태적인 조직 환경 속에서는 신축적이고 빨리 변화하는 환경에 적응해야 하는 조직에 걸림돌이 되기도 한다. 결국 관료제와 관련한 관심사는 언제, 어떠한 조건하에서 관료주의가 가장 잘 작동하는가, 혹은 관료제의 대안은 무엇인가를 제시하는데 있다.

2.3 인적자원 접근법

1920년대에 현장에서의 실험을 통해서 얻어진 인간적인 측면에 대한 강조는 경영적 사고에 큰 전환을 가져왔다. 대표적인 연구로는 메이요(E. Mayo)의 호손연구(Hawthorne Studies)와 매슬로우(Maslow)의 인간욕구이론, 맥그리거(D. McGregor)의 X이론 – Y이론을 들 수 있다.

인적자원 접근법은 <그림 2-13>에서 보여주는 바와 같이 사람들이 사회적이고, 자아 실현적이라고 주장한다. 작업현장에서 사람들은 사회적 관계도 중시하고 더불어 그 속에서 개인적인 성취를 얻으려고 한다고 생각한다.

1. 호손연구

1924년 오늘날의 루슨트테크놀로지스(Lucent Technologies)의 전신인 웨스턴일렉트릭은 시카고에 위치한 호손 작업장에서 개인적인 측면에서의 생산성에 대한 연구 프로그램을 수행하였다. 초기의 호손연구는 과학적 관리 관점에서 경제적 인센티브와 작업장의 근무조건이 종업원들의 산출량에 어떻게 영향을 미치는지를 알아보고자 했다. 처음에는 제조단계의 설비에서 조명의 밝기 수준에 초점을 맞춰, 만일 조명이 점차 밝아지는 환경이 되면 성과도 높아질 것이라는 기대를 가지고 있었다. 그러나 연구 결과는 조명과 성과 간에는 아무런 관련성이 없는 것으로 나왔다. 연구자들이 내린 결론은 보이지 않는 '심리

그림 2-13 경영의 인적자원 접근법

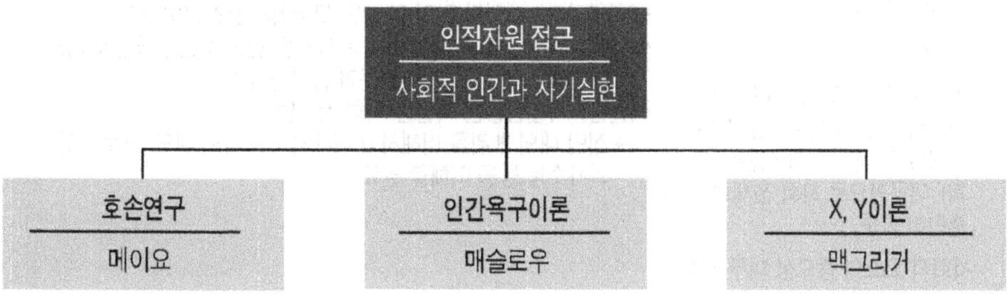

적인 요소'가 더 중요한 영향을 미칠 것이라고 하였다. 즉 실험 대상자들인 종업원 대다수가 여성이었는데, 이들은 실험을 담당한 연구원들이 유능하고 지적인 남자들이어서 이들에게 심리적으로 잘 보이고자 하는 태도가 더 큰 영향을 미쳤기 때문이라고 생각했다. 이러한 호손연구의 결과는 작업현장에서 인간의 상호작용에 관심을 불러일으켰다.

1927년에 하버드의 메이요(E. Mayo)가 이끄는 연구팀은 종업원들의 성과를 떨어뜨리는 요인을 보다 심도 있게 연구하기 시작하였다.

이전의 조명연구에서 복합적으로 고려되었던 심리적인 영향을 제거하기 위해서 과학적으로 실험을 재설계하였다. 특별한 실험실에서 6명의 교대 근무자를 대상으로 적절한 휴식과 근무를 제공하면서 동시에 근무일수도 다양하게 할 경우 생산성이 어떻게 변화하는가를 측정하였다. 그러나 연구자들은 근무조건의 변화와 생산성 간의 직접적인 관계를 발견하려는 데 또다시 실패하였다. 결국 메이요와 동료 연구가들은 실험실에서의 새로운 상황설정이 생산성의 증가에 영향을 미친다고 결론을 내렸다. 그중 몇 가지 요소 중 집단의 분위기가 매우 의미가 있었다. 종업원은 다른 사람들과의 사회적 관계를 통해서 즐거움을 공유하고 일을 잘 수행하기를 원한다는 것이다. 또 다른 한 가지는

그림 2-14 호손연구와 그 의미

▶1920년대와 1930년대 조직의 거대화, 기술에 대한 의존성의 심화(조직 내 사회적 집단의 붕괴), 대공황으로 사회 전체의 혼란이 가중

☞사회적 요소의 중요성 대두 시작

- 1920년 중반에 시카고 외곽
- 웨스턴 전기회사(Western Electronic Co.)의 호손 공장
- 〈연구목적〉 조명의 강도가 생산성에 미치는 영향을 결정
  - 여성 종업원을 집단으로 나누어서
  - 한 집단은 일정한 조명의 강도 밑에서 작업을 수행
  - 다른 집단은 조명의 강도를 체계적으로 변화시키면서 작업을 수행
- 〈실험결과〉 예상과 달리 양 집단 모두에서 생산성이 증가
- 이러한 수수께끼를 풀기 위하여 웨스턴 전기의 간부들은 메이요(Mayo)를 책임자로 하는 전문가 집단을 구성
- 〈발견〉 작업상황은 복잡한 사회 시스템
  → 집단 내의 행위를 이해하기 위해서 근로자의 태도, 근로자의 의사소통 등을 이해할 필요

참가자들에 대한 관심이었다. 실험실의 종업원들은 모니터링 당하는 과정에서 스스로가 존중받는다는 느낌을 가졌고, 그들의 견해를 들으려고 하는 자세는 업무에 많은 영향을 미쳤다.

메이요의 연구는 계속되어 1932년 대공황으로 인해서 경제여건이 나빠질 때까지 계속 이러한 요소들을 점검하였다. 특히 고용자의 태도, 개인 간 그리고 집단 간의 관계에 대해서 관심을 가지게 되었다. 은행의 배전실에서 이루어진 최종적인 호손연구는 작업집단의 역할에 초점을 맞추었다. 여기서 발견한 놀랄 만한 결과는 개인적으로는 열심히 노력을 하여 생산량을 증가시키면 개인적으로는 추가적인 임금을 더 받아 좋지만 그것보다도 누군가가 해고당해서 집단 전체적으로는 피해를 입을 수 있다는 두려움으로 스스로 생산량을 제한할 수도 있다는 것이다. 따라서 집단적인 분위기가 개인별 생산성에 때로는 강하게 긍정적 혹은 부정적인 영향을 동시에 미칠 수 있다는 것을 보여주었다.

물론 호손연구의 계획이나 방법이 매우 조악한 수준이었고 이러한 결론을 뒷받침할 만한 실증적인 증거도 부족했기 때문에 연구자들이 몇 가지 사실을

그림 2-15 호손연구와 인간관계이론

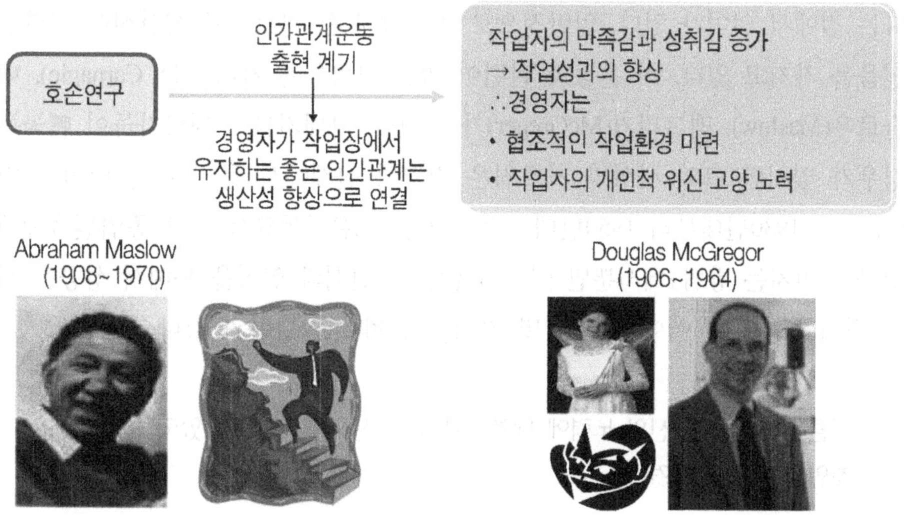

통해서 성급하게 일반화하는 오류를 범했을 수 있다. 그러나 이 연구는 경영적 사고가 변화하는 전환점으로서 의미가 있다. 호손연구는 생산성의 주요한 원인으로 경영자들과 관련 연구자들이 사용하던 기존의 고전적 접근법과 기술적이고 구조적인 관점에서 벗어나 사회적이고 인간적인 측면에 초점을 맞추는 계기가 되었다. 즉 사람들의 감정, 태도와 동료들 사이의 관계는 경영뿐만 아니라, 작업집단의 중요성이 강조된 것이다.

호손연구는 1950년대와 60년대에 경영적 사고에 중요한 영향을 미친 인간관계운동(human relations movement)의 등장에 기여를 하였다. 이 운동은 주로 작업현장에서 좋은 인간관계를 유지하는 경영자들이 높은 생산성을 달성할 것이라는 가정에 기초를 두고 있다. 더욱이 인간관계운동의 통찰력은 조직 내에서의 개인과 집단에 대해 연구하는 분야인 조직행동(organization behavior)의 영역으로 발전하였다.

2. 인간욕구이론

인간관계운동 중에서 특히 매슬로우(Maslow)의 인간욕구이론은 많은 중요한 함의를 제시하였다.

경영학에서 인적자원 접근법은 인간에 대해서 더 많은 관심을 가지게 되었다는 점에서 의미가 있다. 일반적으로 만족감이 큰 근로자가 생산성이 크다는 믿음을 가지고 있다. 이 운동과 관련이 있는 사람들은 카네기(D. Carnagie), 매슬로우(Maslow), 맥그리거(McGreger)가 있었다. 카네기를 경영학자들이 빼놓는 경우가 있지만 그의 사상과 가르침은 경영의 실제에서 큰 영향을 미치고 있다. 그는 1930년대부터 1950년대까지 인기를 모은 『동료를 얻고 종업원들에게 영향을 미치는 방법』에서뿐만 아니라 많은 강연회와 연설을 통해서 성공을 하는 방법에 대해서 이야기했다. 몇 가지를 살펴보면 다음과 같다.

- 다른 사람들이 자신의 노력에 대해 진심으로 찬사를 보낼 수 있도록 하라
- 첫인상을 좋게 남겨라

그림 2-16 매슬로우의 인간욕구의 계층

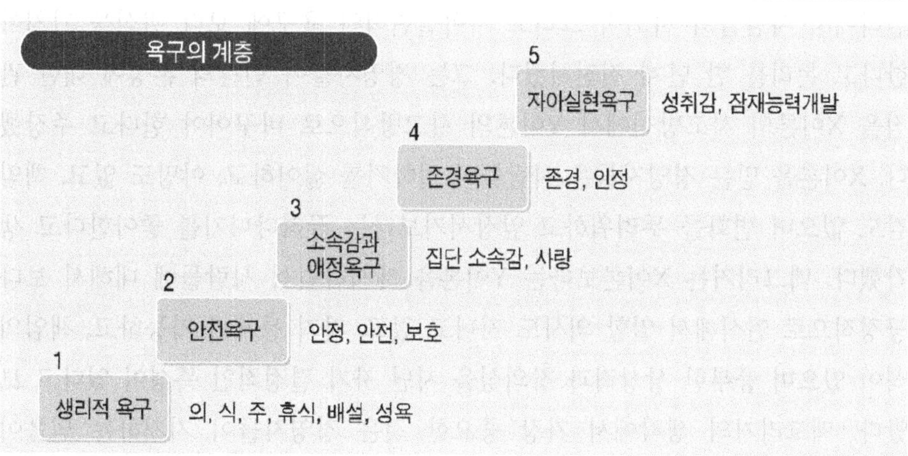

- 다른 사람의 이야기를 듣고 공감하면서 당신의 사고방식에 따르도록 유도하되 절대 잘못되었다고 지적하지는 마라
- 장점을 창출하고 자신을 비난하는 사람에게 사과할 기회를 주어 다른 사람을 감동시키고 변화시켜라

매슬로우는 5가지 인간의 욕구에 대해서 위계질서화하여 <그림 2-16>에서 보여주는 바와 같이 제1단계는 생리적 욕구(physiological needs), 제2단계는 안전욕구(safety needs), 제3단계는 소속감과 애정욕구(belongingingness and love needs), 제4단계는 존경욕구(esteem needs), 제5단계는 자아실현욕구(self-actualization needs)로 나누었다. 매슬로우는 인간은 욕구를 순서대로 기본적인 제1단계의 욕구에서 점차 높은 단계로의 욕구를 충족시키려 한다고 생각했다. 따라서 이러한 인간의 욕구를 잘 충족시켜주는 경영자가 보다 높은 생산성을 이끌어낼 수 있다고 하였다.

3. 맥그리거의 X-Y이론

맥그리거는 호손연구와 매슬로우에게 가장 큰 영향을 받은 사람이다. 그의 저서 『인간적인 측면의 기업(The Human Side of Enterprise)』에서 경영자들은 일터에서 사람들의 사회적 그리고 자아실현적인 욕구에 보다 관심을 가져야 한다고 논리를 한 단계 진전시켰다. 그는 경영자들이 인간의 본성에 대한 관점을 X이론의 사고방식에서 Y이론의 사고방식으로 바꾸어야 한다고 주장했다. X이론을 믿는 경영자들은 사람들이 일하기를 싫어하고, 야망도 없고, 책임감도 없으며 변화를 두려워하고 앞장서기보다는 끌려다니기를 좋아한다고 생각했다. 맥그리거는 X이론보다는 Y이론을 제시하면서 사람들에 대해서 보다 긍정적으로 인식해서 일할 의사도 지니고 있고, 자기 통제가 가능하고, 책임의식이 있으며 풍부한 상상력과 창의성을 지닌 자기 결정적인 특성이 있다고 보았다. 맥그리거의 생각에서 가장 중요한 것은 경영자들이 지지하는 믿음이 "자기실현적인 예언(self-fulfilling prophecies)"을 통해서 이루어진다는 것이다. 즉 부하직원에 대한 굳은 신뢰와 지속적인 지원이 있을 때 부하직원들은 자신들의 기대를 저버리지 않고 최선을 다할 것이라는 것이다. X이론이 옳다고 생

그림 2-17 맥그리거의 X이론과 Y이론

비판적이고 부정적 시각, 게으르고, 의욕 없고, 위협과 협박, 안정만 추구
→ 발언권 인정 않고, 직접 명령 통제하는 식(당근, 채찍)

X이론

- 작업자는 일을 싫어하고 일을 피하려고 한다.
- 경영자들은 작업자들이 열심히 일을 하도록 감시하고 통제하고 강요하고 위협해야 한다.
- 작업자들은 지시받기를 좋아하고 책임을 회피하며 야망을 갖지 않고 다만 직업 안정을 원한다.

Y이론

- 작업자들은 일을 싫어하지 않고 오히려 생활의 일부라고 생각한다.
- 작업자들은 목적을 달성하기 위해 자극을 받는 것을 허용한다.
- 작업자들은 목표를 달성하였을 때 받게 되는 보상수준에 맞는 목표를 달성하려 한다.
- 작업자들은 좋은 조건하에서는 책임을 맡으려 한다.
- 작업자들은 조직의 문제를 창조적으로 해결할 능력을 갖는다.
- 작업자들은 유능하지만 그들의 능력을 충분히 발휘하지 않는다.

긍정적, 창조적, 혁신적, 달성하기 어려운 높은 수준 요구 지님
→ 작업자의 참여와 자유, 책임 부여

각하는 경영자는 명령과 통제의 방식으로 지시적이고 사무적인 명령을 내리고 개인적인 주변 일에 대해서는 관심이 없다. 이러한 관리적인 행동은 수동적이고 의존적이어서 시키는 대로 또는 해야만 하는 일에 대해서 마지못한 복종을 하게 만든다.

반면에 Y이론에 입각한 경영자는 부하직원들이 일에 보다 몰두하고 자유와 책임감을 느끼면서 일에 적극적으로 참여하여 긍지와 자아실현의 욕구를 충족할 수 있도록, 근로자들로 하여금 창의적이고 높은 성과를 달성할 수 있도록 한다. 이때에 자기실현적인 예언은 긍정적으로 작용한다. Y이론의 사상은 새로운 환경의 작업현장에 부합하고 작업장의 대변화에 많은 의미를 지닌다. 또한 근로자들은 참여와 관여, 권한 부여와 자기관리의 측면에서 매우 중요한 역할을 한다.

2.4 최근 등장한 경영학의 접근법

경영학에서 최근에 등장한 접근법은 고전적 접근법과 인적자원 접근법을 모두 인정하지만 공통적으로 적용 가능한 모형은 없다고 생각한다. 따라서 조직과 경영자들은 실제의 다양성을 지닌 개인적인 차별성에 맞추어 전략을 세워야 한다.

1. 시스템적 접근법

조직은 투입 자원을 최종 제품과 서비스의 산출물로 전환시키는 지속적인 과정이고, 개방시스템(open system)이다. 개방시스템이란 조직이 외부환경과 많은 영향을 주고 받으며, 특히 고객에 대한 반응이 기업의 운영과 결과에 대한 실질적인 영향을 미친다는 의미이다. 환경으로부터의 피드백을 통해서 조직은 고객과 사회의 니즈를 어떻게 충족시키게 되는지를 알게 된다. 기업이 생산하는 제품과 서비스에 대한 고객의 의사를 무시한다면 장기적으로 사업을 운영하거나 유지하기 어렵게 될 것이다. 따라서 조직의 개방시스템은 고객의 관심에 언제나 귀를 기울여야 한다. 내부적으로 고객은 공통의 목적을 달성하기 위해서 상호 연결된 하부 시스템의 집합으로서 함께 기능해야 한다.

예를 들어 지역의 전력 시설의 경우를 보면, 조직의 복잡한 하부 시스템 네트워크 속의 모든 요소들은 협력을 이루어 기업이 고객에서 전력을 생산, 제공할 수 있게 한다. 이를 운영하는 데는 사장과 부사장의 역할이 중요하고, 유능한 하부 시스템 관리자는 이러한 조화가 가능하도록 활동한다. 그들은 구매, 전력의 생산, 배분, 회계 등을 통해서 궁극적으로 생산성을 높이기 위한 역할을 담당해야 한다. 결국 경영자들은 자신이 책임을 지는 시스템에 직접적인 영향을 주고 다른 부서 경영자들의 시스템에도 간접적인 영향을 미친다는 점을 인식해야 한다. 추가로 하나의 예를 더 들면 기업에서 재고수준을 낮추고자 하는 것은 재고부의 입장에서 보면 비용을 감축하기 때문에 바람직한 일이지만, 판매부에서 보면 판매 가능한 수량의 감소로 이어질 수도 있기 때문에 판매량을 감축시킬 수도 있고, 생산부에서 보면 생산량 감소로 인해 일자리를 상실할 수 있다고 생각할 수도 있다. 즉, 조직의 각 하부 시스템은 상호 의존관계를 맺고 있어 재고관리자의 결정은 시스템적으로 판매관리자와 생산 수준의 결정에도 영향을 미친다.

2. 상황 적합적 접근법

상황 적합적 접근법은 기업이 직면하는 문제와 기회에 대해 경영자는 이에 반응하여 개인의 상황적인 차이를 고려하여 노력하는 것을 말한다. 최근의 경영학 접근법의 흐름은 가장 최선의 방법을 하나 선택하여 모든 상황에 동일하게 적용하기보다는 경영자들이 상황적 차이점을 인식하고, 이를 고려하여 적절한 방법으로 대응하는 것이다.

상황 적합적 접근법은 오늘날 경영에서 매우 중요한 위치를 차지하고 있으며 그 의미는 경영 기능의 전반에 걸쳐 녹아 있다. 예를 들어 베버의 관료주의는 경직적인 형태지만 유일한 방안이었듯이, 주어진 상황에서 최선의 조직형태로 전환하는 것은 환경의 불확실성이나 조직의 전략에 따른 다양한 가능성에 의존한다. 만일 환경이 상대적으로 안정적이고 운영이 예측 가능하다면 관료적인 방법이 적합할 것이다. 그러나 그렇지 않은 상황에서는 다른 형태의 대안적 구조가 필요하다. 상황 적합적 접근법은 한 조직에 잘 맞는 구조가 다른 모든 조직에도 잘 맞아 작동될 수 없다고 본다. 지금까지 일을 잘한 근로자가 상황이 달라질 미래에도 계속 잘할지의 여부는 알 수 없다는 것이다.

3. 프로세스 접근법

1961년에 쿤츠(H. Koontz)는 경영학의 접근방법에 대해서 이론이 너무 많고 다양하다고 해서 '정글'에 비유하였다. 이러한 다양한 접근방법은 나름대로 경영이론에 중요한 의미를 제공해준다. 하지만 당시의 다양한 생각을 담은 통합적인 성격을 가지고 있는 것을 프로세스 접근법이라고 할 수 있다.

프로세스 접근법은 원래 앙리 파욜(H. Fayol)의 경영활동에 기반을 두고 있다는 점에서 유사하다. <그림 2-18>에서 보여주는 바와 같이 계획화, 조직화,

그림 2-18 조직과 환경에 대한 프로세스 접근법

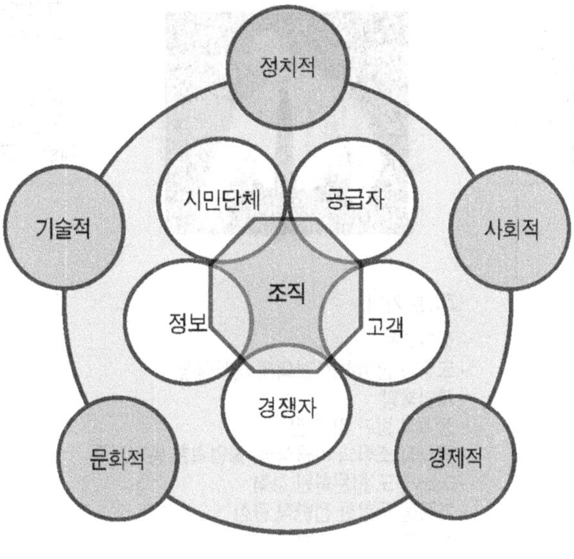

지휘, 통제의 활동에 대한 성과는 연속적이고 순환적인 형태를 지닌다.

4. Z이론과 성공한 기업의 벤치마킹 이론

오우치(William Ouchi)는 일본기업과 미국기업의 특징을 분석하여 둘의 장점을 모두 가진 Z이론의 기업을 제시하였다. Z이론에서는, 일본 기업의 특성으로 종신고용, 집단적인 의사결정과 그에 따른 집단적인 책임, 평가와 승진에 대한 장기적인 관점, 경력관리에 있어서 비전문화, 통제기구의 불명확, 그리고 종업원에 대해서 인간적으로 대우하는 것을 들었다. 미국 기업의 경우는 단기적인 고용형태와 개인적인 의사결정, 그에 대한 개별적인 책임, 단기적인 성과와 평가, 경력의 전문화와 명확한 통제기구의 존재, 더불어 종업원을 인간적으로 대하는 것이 부족한 것을 특징으로 지적했다. 이 둘의 상이한 특성에서 바람직한 것으로 모은 것을 Z이론이라고 한다.

그림 2-19 오우치의 Z이론 기업

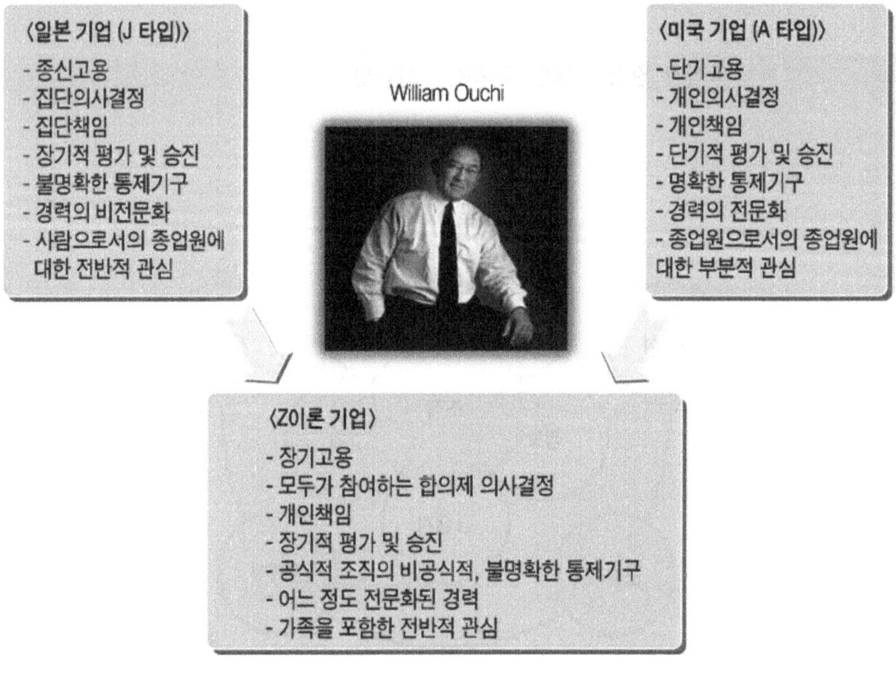

그리고 기업을 어떻게 성공적으로 경영할 것인가의 해법을 찾기 위해서 성공한 기업들을 잘 분석하여 그 비결과 우수성을 찾아내어 벤치마킹할 수도 있다. 톰 피터스(Tom Peters)와 로버트 워터맨(Robert Waterman)은 그들의 저서 『초우량 기업의 조건(In Search of Excellence)』에서 미국의 성공적인 기업의 8가지 특성을 제시했는데, 그 내용의 일부를 간추리면 다음 <그림 2-20>과 같다.

그림 2-20 미국의 성공적인 기업의 8가지 특성

피터스와 워터먼

미국의 성공적인 기업의 8가지 특성

- 행동의 경향: 실패를 두려워 말고 어떤 아이디어든 실행하고 실험
- 고객에의 접근: 고객의 목소리에 귀 기울이고, 원하는 것을 제품에 담음
- 자율과 기업가의 정신: 위험부담과 혁신을 권장하고 실패는 참는다
- 사람을 통한 생산성: 개인의 권위와 존경이 보장
- 적극적 참여 경영, 가치중시: 회사의 철학과 개인의 가치가 논의되고 중시
- 관계사업에의 전념: 가장 잘 알고 있는 사업에만 전념, 합병이 아니라 내부 성장 강조
- 단순한 조직과 소수 정예: 명령계통이 분명하고 단순한 조직과 권한의 이양이 강조
- 집중화와 분산화의 동시 추구: 전반적인 전략적, 재무적 통제는 집중화되고 권한, 자율, 창의력을 위한 기회는 분산

[Weekly BIZ] 생체모방·反온난화·아프리카·P2P금융… 한발 앞서 보라

〈하버드비즈니스리뷰〉의 '올해 주목해야 할 경영·기술 아이디어' 10選

경제 위기를 돌파할 새로운 아이디어가 없을까? <하버드비즈니스리뷰>가 내놓은, 올해 주목해야 할 경영, 기술 아이디어 중 10개를 뽑아 소개한다.

1. 나의 24시간을 몽땅 녹화한다: 안경 등에 탑재된 녹화·녹음 장치 첫선

삶의 기억들을 잊지 않고 완전히 간직하는 것은 인류의 오랜 꿈 중 하나다. '브레인스톰(Brainstorm)', '토탈 리콜(Total recall)'을 비롯한 많은 SF 영화가 기억을 기록해주는 장치를 선보이고 있다. 최근 이런 꿈을 이뤄주는 장치가 현실로 다가오고 있다. 이른바 '완전 기억 시스템(TRS·total recall system)'이다. 쉽게 말해 '개인용 블랙박스'다. 인체에 디지털 장치를 휴대해 하루 동안 일어난 일을 모두 녹화·녹음하는 것이다. 예를 들어 소형 녹화·녹음 장치가 탑재된 안경을 착용하면 쉽게 하루의 정보를 담을 수 있다.

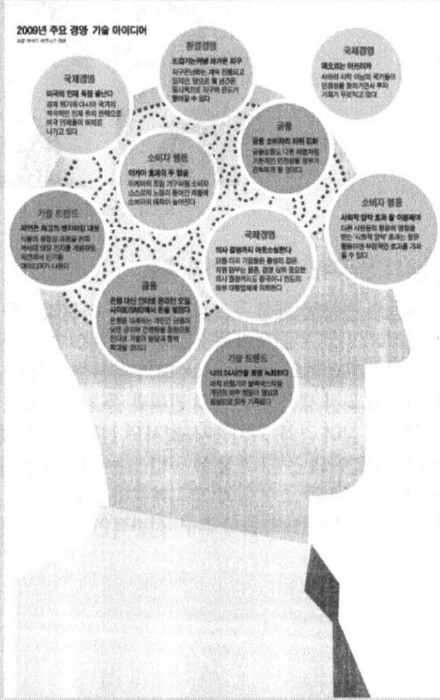

▲ 그래픽=박상훈기자 ps@chosun.com

거딥 싱 팔(Pall) 마이크로소프트(MS) 부사장과 리타 건터 맥그레이스(Mcgrath) 컬럼비아 경영대학원 교수는 <하버드비즈니스리뷰> 기고를 통해 "앞으로 기업이 TRS를 다양하게 활용하게 될 것"이라고 전망했다. 예를 들어 중요한 회의에 피치 못할 사정이 있어 불참해도 걱정할 필요가 없다. 참석자의 TRS를 통해 실시간으로 전송되는 회의 영상을 회사 사이트에서 보면 된다. 물론 TRS는 사생활 침해 등 부작용 우려도 있다. 그러나 불완전한 기억을 보완해주는 장점 때문에 적지 않은 기업들이 TRS 개발과 활용에 착수할 전망이다. 예를 들어 MS는 기억상실증 환자들을 위해 옷에 부착한 뒤 저해상도의 사진을 30초마다 촬영하는 디지털 사진기를 시험적으로 보급하고 있다.

2. 이케아 효과(IKEA effect)의 두 얼굴: 스스로 조립한 것에 애착… 지나치면 병

마이클 노튼(Norton) 하버드 경영대학원 교수는 스웨덴의 가구회사 '이케아(IKEA)'의 제품 판매 방식을 본받을 것을 추천했다. 이케아는 제품을 반조립 상태로 판매해 소비자가 일부 직접 조립하도록 하는데, 이것이 소비자들에게 제품에 대한 애착을 높여준다는 것이다. 소비자는 자신의 노동이 들어간 제품에 애착을 느낀다는 분석이다. 이 같은 판매 방식을 통해 이케아는 인건비를 절감하면서 소비자 충성도도 높일 수 있었다. 다만 지나치게 조립을 어렵게 만들 경우 오히려 소비자의 제품 구매율을 떨어뜨릴 수 있다. 노튼 교수는 그러나 경영상의 의사결정 과정에서 '이케아 효과'가 자기도 모르게 작용하는 데 주의해야 한다고 조언했다. 예를 들어 기업은 스스로 아이디어를 내고 노력을 들여 개발한 사업에 대해 필요 이상 애착을 가지고 가치를 부여할 수 있다는 것이다. 그 결과 외부의 좋은 사업 구상이 쉽게 외면받을 수 있다.

3. 자연은 최고의 벤치마킹 대상: 식물·동물에서 아이디어 얻은 제품 인기

자연이 최고의 벤치마킹 대상으로 떠오르고 있다. 살아있는 식물·동물에서 영감을 얻어 제품 생산에 응용하는 '생체 모방 공학(Biomimicry)'의 성공 사례가 잇따르고 있기 때문이다. 재닌 베뉴스(Benyus) 미술라 생체모방연구소 이사장과 건터 파울리(Pauli) 탄소제로배출연구회(ZERI) 이사는 "실용적인 용도의 기존 발명품들은 환경에 해롭고 에너지를 많이 쓰는 경우가 많다"며 "자연의 현상을 잘 관찰하면 이를 대체할 수 있는 효율적이고 환경 친화적인 기술을 개발할 수 있다"고 말했다. 예를 들어 차세대 태양전지(DSSC·염료 감응형)는 하와이에서 자라는 코키아 쿠케이(Kokia cookei)라는 식물의 광합성 과정을 연구해 개발됐다. 이 잎은 해가 조금이라도 떠 있는 시간에는 모든 방향에서 에너지를 흡수할 수 있다. 이 잎의 구조를 반영해 설계된 차세대 태양전지는 태양광에 대한 감도가 뛰어나고, 제조 단가도 실리콘 전지의 5분의 1 수준으로 저렴하다. 모래게(sandcrab)의 굴착 기술을 모방해 기존보다 효율적으로 땅을 파고 흙을 제거할 수 있는 굴착기 개발을 추진하기도 한다. 한국에서는 홍합을 본떠 수술 시간을 줄여주고 흉터도 많이 남지 않는 접착 소재를 개발하고 있다. 홍합이 분비하는 접착 단백질은 기존 화학 접착제보다 2배나 강력한 것으로 알려져 있다.

4. 경영 의사결정도 아웃소싱: "내부에서 못 보는 것 본다"… 대행업 확산

인도나 중국에 미국 기업이 콜센터나 지원 업무를 아웃소싱한 역사는 수십년에 이른다. 하지만 최근에는 미국 기업들이 경영상의 중요한 의사결정까지 아웃소싱하고 있다는 게 토머스 데이븐포트(Davenport) 웰슬리 경영대학원 교수의 분석이다.

의사결정 대행 회사는 젠팩트(Genpact), 무 시그마(Mu sigma), 마켓RX(Market RX) 등이며 주로 인도, 중국, 동유럽 등에 산재해 있다. 이들의 취급 업무는 핵심적이고 다양하다. 이들은 대형 보험사가 고객층에 따라 어떤 이자율로 보험료를 설정하는 게 좋을지, 대형 제약사가 영업 인력을 어떻게 배치하면 좋을지, 대형 사무용품업체가 어떤 고객층에 어떤 제품을 제공하면 좋을지를 결정한다. 물론 일부 업체들은 사업의 운명을 좌우하는 의사결정을 외부 업체에 맡기는 데 저항감을 느끼고 있다. 그럼에도 의사결정 아웃소싱은 계속 확산되고 있다. 객관성 있는 시각으로 내부 업체가 보지 못한 부분을 분석해주기 때문이다. 최근에는 인포시스(Infosys) 같은 IT업체들도 자체 모델을 개발해 의사결정 대행사업에 뛰어드는 형편이다. 다만 데이븐포트 교수는 결정 사항의 효율적인 집행을 위해 프로젝트별로 의사결정 대행업체와 내부 인력의 혼합 팀을 만드는 것이 적절하다고 조언했다. 팀 구성은 의사결정 대행업체 4명, 외부 컨설팅 업체 1명, 내부 인력 1명의 비율을 추천했다.

5. 아프리카에 투자하라: 올 성장률 6~8% 전망… 저렴한 노동력의 힘

폴 콜리어(Collier) 옥스퍼드대 경제학 교수는 사하라 이남 아프리카의 성장이 본격화되고 있다고 지적했다. IMF의 2009년 전망에 따르면 사하라 이남 아프리카 국가들의 경제성장률 전망은 6.3%에 달하며, 그중에서도 우간다, 탄자니아, 나이지리아는 8%가 넘는다는 것이다. 이는 나이지리아가 금융 시스템을 정비하는 등 아프리카 각국의 정치·경제 시스템이 안정을 찾아가고, 면세를 비롯한 무역 진흥책을 실시하고 있기 때문이다. 2002년부터 2007년까지 콜리어 교수의 연구에 따르면 아프리카에 기반을 둔 회사들은 중국, 인도에 기반을 둔 회사보다 연평균 투자수익률이 65~70%가량 높았다. 저렴한 노동력이 가장 큰 원인이다. 콜리어 교수는 "많은 연구 기관들이 아프리카 경제를 연구해왔지만 지금이야말로 투자 여건이 성숙한 시점"이라고 말했다.

6. 뜨겁기는커녕 차가워지는 지구: 기온 하강 가능성… 온난화 회의론 나올 수도

일반적인 상식과 달리 적어도 앞으로 수년 동안엔 지구의 평균 기온이 올라가기는커녕 떨어질 것이라는 관측이 나오고 있다. 피터 슈월츠(Schwartz) 글로벌비즈니스네트워크 회장은 최근 평균 기온이 2005년보다 낮으며, 앞으로 수년간 기온이 더 떨어질 가능성이 있다고 내다봤다. 이로 인해 내년부터는 탄소 배출 저감 활동에 대해 논란이 일 것으로 그는 전망했다. 기온이 떨어지면 그동안 시민단체나 정부기관들이 지구 온난화에 대해 지나치게 위험을 강조했다는 불평이 나올 수 있다는 것이다. 기업의 탄소배출 절감 활동에 대해 회의론이 제기될 수도 있을 것으로 그는 봤다. 그러나 그는 그렇다고 해서 기업이 탄소 배출 절감 활동을 게을리 할 경우 치명적인 실수가 될 수 있다고 경고했다. 지난 35년간의 기후 변화 양상을 보면 지구는 수년간의 냉각기 후 장기간의 기온 상승이 이어졌다는 것이다. 2009년 이후에도 동일한 패턴이 반복될 경우, 환경 규제가 강화돼 결국 친환경 투자를 소홀히 한 기업은 피해를 볼 전망이다.

7. 은행 대신 '인터넷 모임'서 돈 빌린다: 은행 불신… 개인 간 금융 활성화될 듯

금융 위기로 소비자들이 은행과 같은 전통적 금융기관을 불신하면서 개인 간(P2P) 금융이 활성화될 것이라는 전망도 나왔다. P2P 금융이란 인적 네트워크를 통해 개인이 개인에게 돈을 빌려주는 서비스다. 한국의 계(契)가 여기에 포함된다. 최근 P2P 금융은 인터넷을 통해 이뤄지는 추세인데, 참여자의 신용도를 보장하기 어렵다는 단점이 있지만, 간편한 절차와 낮은 금리가 매력적이다. 실제로 은행은 대부분 예금 이자를 적게 주고 대출 이자를 높게 매겨 차익을 얻지만, P2P 금융 네트워크는 예금과 대출 이자가 비슷한 수준으로 낮게 매겨지는 경우가 많다. 인터넷과 온라인 모임 사이트(SNS)는 P2P 금융의 확산에 중대한 발판이 된다. 예를 들어 상호 부조 클럽이 조직되면 회원들의 신용도를 전통적인 방식으로 점수화하고, 여기에 덧붙여 클럽 내부에서의 명성도 평가받게 된다. 장차 은행들이 이런 클럽의 우수 회원들을 고객으로 영입하려고 노력함으로써 개인 간 금융이 전통적인 금융과 융합되는 상황도 예상할 수 있다.

8. 금융소비자의 지위 강화: 정부의 금융 규제 강화… 소비자 중심으로

그동안 금융 거래에 있어 소비자는 300년 전과 다름없는 불리한 지위에 있었다. 이를테면 소비자는 금융 거래 시 숙련된 변호사도 해석하기 힘든 약관을 읽어야 한다. 그리고 금융상품에 손실이 나면 대부분 소비자가 책임을 지며, 금융상품에 문제가 있었는지는 대부분 소비자가 입증해야 한다. 그러나 글로벌 금융위기로 금융 규제 강화가 논의되고 있어 조만간 양상이 크게 바뀔 수 있다. 미국에서는 금융을 제외하고는 모든 제품에 대해 기본적인 안전성을 소비자제품안전위원회(CPSC)라는 정부 기관이 감독해왔는데, 앞으로 금융거래에도 이와 비슷한 감독이 도입돼야 한다고 엘리자베스 워렌(Warren) 하버드 로스쿨 교수가 <하버드비즈니스리뷰>를 통해 주장했다. 이렇게 금융 소비자의 지위를 강화시킬 경우 중산층의 금융상품에 대한 불신과 부담을 덜어 소비자, 투자자는 물론 세계 경제의 안정에도 도움을 줄 것이라는 주장이다.

9. 미국의 인재 독점 끝난다: 亞국가들 유치 작전… 고급 인력 빠져나가

폴 사포(Saffo) IT산업 분석가는 더 이상 미국이 예전 같은 '인재의 천국'이 아니라고 지적했다. 미국에 있던 인재들이 경제 위기와 아시아 국가들의 유치 작전으로 인해 해외로 빠져나가고 있다는 것이다. 싱가포르가 가장 적극적이다. 칼텍(Caltech)에서 일하던 세계 일류의 지진학자와 국립보건원의 두번째 지위의 과학자가 싱가포르로 옮겼다. 실리콘밸리의 IT 인력들은 꾸준히 중국으로 유입되고 있으며, 미국 중서부의 농민들은 토지가 저렴한 브라질로 떠나 자신들의 선진 농법을 시험하고 있다. 미국 정부는 이 같은 추세에 맞서 고급 기술을 갖춘 기업과 해외 학생 유치를 적극적으로 추진할 것이다. 그럼에도 미국의 인재 독점이 서서히 종말로 치달을 것이라고 사포는 진단했다. 중국·인도 등 미국에 인재를 공급해온 주요 국가에서는 자국에서 일하겠다는 인재들의 비율이 높아지고 있다. 인도의 경우 1995년 10명의 인재 중 3명만 국내 잔류 의사를 보였지만, 2006년 조사에서는 6.8명으로 두 배 이상 늘었다. 이 같은 추세는 결국 미국의 성장 잠재력을 떨어뜨릴 것이라는 관측이다.

10. '사회적 압박'의 부정적 효과: 타인의 행동 인용하는 마케팅에 신중해야

'올해의 인기 제품', '유명인이 쓰는 제품'이라는 문구는 마케터들이 제품을 팔 때 흔히 쓰는 문구다. 이렇게 주변 사람들의 행동을 인용해 소비자들에게 구매를 부추기는 마케팅을 '사회적 압박' 마케팅이라고 한다. '사회적 압박' 마케팅은 그동안 주로 제품 판매에 활용돼왔지만, 최근 새로운 사실이 밝혀지고 있다. '사회적 압박' 마케팅이 의도와 달리 소비자의 부정적인 행위를 부추기는 경우도 있다는 것이다. 사회 심리학자인 로버트 치알디니(Cialdini)의 연구에 따르면 미국 애리조나의 페트리파이드 포레스트 국립공원은 표지판을 잘못 달았다가 낭패를 봤다. 이 국립공원의 명물인 규화목(나무화석) 도난을 막기 위해 "많은 방문자들이 규화목을 훔쳐가 심히 유감"이라는 내용을 게시했더니 오히려 표지판이 없을 때보다 도난 건수가 늘어난 것이다. 미국 캘리포니아 주에서도 비슷한 일이 일어났다. 전기를 적게 쓰는 일부 가구에 '에너지 절약 동참에 감사한다. 다른 집보다 전기를 덜 쓰고 있다'는 통지를 한 뒤 해당 가구의 전기 사용량이 오히려 8.6% 늘어난 것이다. <조선일보>

경영학원론 추천도서

톰 피터스의 미래를 경영하라
(Re-imagine!: Business Excellence in a Disruptive Age, Tom Peters)

톰 피터스는 고정관념을 깨는 파격적인 주장을 많이 한다. 1982년 로버트 워터먼과 함께 쓴 초기 저술 『초우량 기업의 조건』은 톰 피터스를 일약 스타로 만들어주었다. 현실 기업과 환경에 대한 뛰어난 통찰력은 경영컨설턴트로서뿐만 아니라, 경영혁신의 전도사로서 그의 입지를 굳게 자리 매김하는 데 기여하였다. 그의 대표적인 저서들의 총집합체라고 할 수 있는 『미래를 경영하라』는 미래 초경쟁시대에서는 강력한 브랜드와 뛰어난 디자인과 인재를 가진 기업만이 살아남게 될 것이라고 한다. 즉 미래 경영의 출발점은 '파괴'에서 시작된다고 생각하고 있다. 이 책에서 그는 기존의 낡은 사고방식을 파괴하고, 세상을 재창조해야 한다고 주문한다. 21세기의 지식 기반 사회는 엄청난 변화와 혁신을 가져왔고, 기존의 구태의연한 사고의 얽매이게 되면 더 이상의 변화와 혁신의 소용돌이를 헤쳐나갈 수 없다고 보았다. 현재 화이트칼라의 직종 중 최소한 80%가 완전히 사라지거나 알아볼 수 없는 것으로 바뀐다고 그는 예언한다. 따라서 앞으로 기업의 최고책임자를 의미하는 CEO란 말은 이제 CDO(Chief Destruction Officer)로 바뀔 것이다. 결국 지금까지의 경영관행은 완전히 파괴될 것이다. 미래의 기업이 살아남기 위해서는 거대 조직을 해체하고, 현재의 파괴를 통해서 점진적인 발전이 아닌 혁신적인 재창조를 통해서 해결해 나가야 한다. 이제 평생직장의 개념이 무너진 지는 오래되었다. 대기업도 더 이상 안정된 직장이 아니다. 평균 6개의 직장과 2~3개의 직업을 갖는 시대가 올 것이다. 따라서 자신이 원하는 시간에 원하는 장소에서 원하는 만큼의 조건으로 원하는 사람을 위해서 일하는 사람인 프리에이전트로 이주할 것을 독자들에게 주문한다.

경영학원론 추천도서

Next Society(Managing in the Next Society, Peter F. Drucker)

『Next Society』는 세계에서 가장 영향력이 있는 경영의 대가 피터 드러커가 다음 사회의 모습을 구체적으로 조망한 책으로, 넥스트 소사이어티에서는 경제가 사회를 바꾸는 것이 아닌 사회가 경제를 바꾼다고 말하고 있다. 또한 앞으로 다가올 세상은 돈이 아닌 지식이 지배하는 사회가 될 것이라고 예견한다. 따라서 돈을 지배하는 것보다는 지식을 지배하는 것이 더 큰 영향력을 가지게 될 것으로 보았다. 그리고 '지식 근로자'라는 중요한 용어를 제시하면서 그 중요성을 강조하고 있다. 새로운 인구구조와 노동력, 제조업의 변화 등과 같은 전체적인 모습을 예견하고, 정보통신혁명 이후 지식근로자 시대의 도래와 인터넷이 가져올 폭발적인 세계의 변화 등을 설명하고 있다. 또한 다음 사회에 비즈니스 기회를 맞이할 수 있는 기본 지식을 제공하고, 변화하는 세계 경제 속에서 조직이 어떠한 모습으로 유지하고 발전할지를 보여주고 있다. 그는 넥스트 소사이어티의 특징을 크게 3가지로 요약하고 있다. 첫째, 지식은 지금보다 더 쉽게 이동할 수 있기 때문에 아무런 경계가 없는 사회, 둘째, 누구에게나 교육의 기회가 주어지기 때문에 신분상승이 자유로운 사회, 셋째, 누구나 '생산수단', 즉 어떤 직무의 수행에 필요한 지식을 쉽게 습득할 수 있지만, 그렇다고 해서 모두 성공할 수 있는 것은 아니기 때문에 성공과 실패가 공존하는 사회라고 하였다. 지금까지 지식근로자는 의사, 변호사, 교사, 회계사 등 고등교육과 수준 높은 지식을 지닌 일부 사람들에게 국한되었지만, 이제는 신종 지식 기술자가 급격히 증가하고 있다고 지적하였다. 대표적인 예로 X선 기술자, 초음파 전문가, 물리치료사, 치과 기공사 등, 더 나아가 소프트웨어 디자이너, 법률 전문가 등을 들고 있다. 지식 근로자의 특징은 ① 성별에 관계없다. 남녀 모두 평등하고, 중성적이다. ② 전문적인 지식을 가지고 있기 때문에 전문 영역 내에서의 이동이 수월하다. ③ 과거의 육체노동자는 해야 할 일을 지시 받았지만, 지식 근로자는 자신의 전문 분야에서 스스로의 의사결정을 수행한다. ④ 의욕의 원천은 돈이 아닌 다른 곳에 있기 때문에 금전적인 안정보다는 자신의 사회적 지위에 더 만족감을 느낀다. ⑤ 일을 삶의 보람이라고 여긴다. 이러한 지식사회로의 이행에 대비하여 기업이 깨달아야 할 변화는 지식만이 주요 생산수단이자, 자본이 된다는 점 그리고 임시직, 시간제, 계약직, 컨설턴트직 등이 증가하는 추세, 지속적인 학습과 지식의 재충전이 필요하며, 공급자인 기업과 수요자인 소비자의 정보력이 역전되는 현상 등을 들고 있다. 또한 기술과 산업의 경계가 허물어져 모든 기술이 특정 산업에 속하지 않게 되었다는 점을 강조한다. 결국 다음 사회의 변화를 이해하고 미리 준비하는 경영자만 살아남는 기업을 이끌 수 있다고 예견하고 있다. 피터 드러커 교수는 1909년 오스트리아 빈에서 태어나 27세인 1937년에 미국으로 이주했다. 29세에 『경제인의 종말』을 출간하고, 그 후 당시 세계 최대의 기업인 GM을 집중 조명한 『기업의 개념』을 통해 화제를 불러일으켰다. 2005년 95세로 세상을 떠나기 전까지 수많은 책과 강연을 통해 '20세기를 대표하는 지식의 거장', '경영학의 아버지'라고 일컬어졌다.

이해와 실천을 위한

경영학원론

제3장
기업의 사회적 책임과 윤리경영

Principles of Management

기업의 사회적 책임(CSR)이 경제계의 새로운 이슈로 떠오르고 있다. 엔론과 월드컴 등 미국 기업과 국내 일부 대기업의 회계 부정사건은 기업의 사회적 책임의 중요성을 새삼 일깨워주고 있다. <포춘>이 선정하는 "미국에서 가장 존경받는 기업"의 에너지 부분에서 지난 1999년, 2000년 연속으로 1위를 차지했던 엔론사가 2002년에는 가장 '가장 존경받지 못하는 기업'으로 전락한 사례는 시사하는 바가 크다. 기업의 경영성과가 아무리 좋더라도 임직원들의 윤리의식이 부족해 시장과 사회로부터 신뢰를 잃는다면 성장은 말할 것도 없고 생존조차 어려울 수 있다. 하지만 투명경영과 윤리경영에 충실하기만 해서는 초우량기업이 될 수 없다. 국민들이 기업에 바라는 기대의 눈높이가 한층 더 높아지고 있고 주주・고객・종업원・협력업체・지역사회 등 이해관계자(stake-holders)들의 요구도 다양해지고 있다. 따라서 국내 기업들도 이제는 기업을 둘러싼 이해관계자 그룹들과 상호 교류의 폭을 넓히고 사회문제의 해결과 공동선의 추구에 발 벗고 나서는 기업시민의 모습을 갖춰 나갈 때라 할 것이다. 먼저 이익을 내고 성장함으로써 부가가치와 일자리를 많이 창출하는 것은 주주와 사회에 대해 당연히 져야 할 기업의 가장 기본적인 책임이다. 다음으로 기업지배구조・내부 통제・회계・공시・기업설명회(IR) 등을 국제기준에 맞게 추진함으로써 투명경영과 윤리경영을 정착시켜야 할 것이다. 그러나 국내 기업들이 경영의 선진화를 통해 강한 경쟁력을 갖추고 존경받는 기업의 반열에 올라서기 위해서는 여기서 한 걸음 더 나아가 환경과 생태계의 보전을 위한 환경경영과 적극적인 사회공헌 활동을 통한 사회적 책임의 이행이 무엇보다 절실한 과제로 대두되고 있다. 글로벌 경쟁시대를 맞은 국내 기업들에 이제 사회책임 경영은 기업가치를 높일 뿐만 아니라 영속기업으로서 지역사회에 튼튼히 뿌리 내리고 성장해 나가기 위한 선택이 아닌 필수의 과제라 할 것이다.

01 기업과 사회

기업은 현대사회에서 하나의 사회적 조직체 또는 사회적 구성원으로서 효율성에 바탕을 둔 조직운영의 원리에 따라서 인류 생활에 유익한 재화와 서비스를 생산하여 경제 가치를 창출한다. 더 나아가 생활 향상과 경제발전을 통하여 사회 가치를 창출하는 역할도 담당하고 있다. 코오즈(Ronald H. Coase)는 기업이 존재하는 이유에 대해 시장에서 직접 거래하면 엄청난 거래비용이 수반되지만 직원을 채용하여 관리하게 하면 그 비용을 절감할 수 있기 때문이라고 설명한다. 즉, 기업은 시장의 거래비용을 최소화시키는 역할을 수행함으로써 규모의 경제를 달성한다. 규모의 경제를 통하여 자원은 효율적으로 이용되며, 이는 소비자 개개인에게 이익을 가져다준다. 이것이 바로 기업의 중요성에 해당한다. 피터 드러커는 자본주의 사회에서 기업은 가장 대표적이고 결정적이며 지배적인 기구라고 표현하고 있다. **기업의 사회적 책임**(Corporate Social Responsibility: CSR)은 기업이 이해관계자들의 기대에 반응하는 것으로서 이는 경영자의 책임이며 경영자가 당연히 수행하여야 할 의무이다. 경영자는 기업경영을 통해 단순히 영리만 추구하는 것이 아니라 양질의 상품과 서비스를 싼 값에 생산 공급함으로써 공공의 이익을 도모한다는 관점에서 기업체를 운영해야 한다.

기업의 사회적 책임
기업이 이해관계자들의 기대에 반응하는 것으로 이는 경영자의 책임이며 경영자가 당연히 수행하여야 할 의무

이러한 기업의 책임이 오늘날 더욱 강화되게 된 원인은 사회구조의 변화와 관련이 있다. 과거에 비해 오늘날의 경제 규모가 커지고, 기업 간의 경쟁이 치

열해지고, 소득향상에 따른 소비자 생활수준이 높아짐에 따라 기업들은 기본적이고 일방적인 사회관계를 유지하기가 어렵게 되었다. 공해문제나 환경문제로 지역주민이나 종업원들의 항의가 자주 제기되었고, 판매된 재화에 대해서 품질, 가격, 디자인, 안정성 문제로 소비자의 이의신청이 빈번히 제기되었으며, 투자가들도 사회 기여에 투자비율을 늘리고 있다.

기업의 사회적 책임이란 기업 활동으로 인해 발생하는 사회·경제적인 문제를 해결함으로써 기업의 이해관계자와 사회 일반의 요구나 기대를 충족시켜 주어야 하는 기업행동의 규범적인 체계를 말한다.

미국 조지아대의 캐롤(Carroll) 교수는 기업의 **사회적 책임**을 4가지로 분류하고 있다. 즉, 기업은 경제적 이윤 창출, 법률 준수, 윤리적 책임, 자선적 책임 등의 4가지의 책임을 가지고 있다는 것이다.

기업의 사회적 책임
기업 활동으로 인해 발생하는 사회·경제적인 문제를 해결함으로써 기업의 이해관계자와 사회 일반의 요구나 기대를 충족시켜주어야 하는 기업행동의 규범적인 체계

사회적 책임의 4분류
경제적 책임, 법적 책임, 윤리적 책임, 자선적 책임

경제적 책임이란 기업의 사회적 책임 중 제1의 책임으로, 기업은 사회의 기본적인 경제단위로서 재화와 서비스를 생산할 책임을 지고 있다는 것이고, 법적 책임이란 사회가 기업이 법적 요구사항의 구조 내에서 경제적 임무를 수행할 것을 요구한다는 것이다. 윤리적 책임이란 법으로 규정화하지는 못하지만 기업에게 사회의 일원으로서 기대하는 행동과 활동들을 의미한다. 마지막으로 자선적 책임이란 기업에 대해서 명백한 메시지를 갖고 있지 않지만 기업의 개별적 판단이나 선택에 맡겨져 있는 책임으로서 사회적 기부행위, 약물남용방지 프로그램, 보육시설 운영, 사회복지시설 운영 등 자발적 영역에 속하는 것이다.

따라서 사회적 책임을 가지는 기업이란 이윤을 내기 위해 노력하는 동시에 법을 준수하고, 윤리적이고 성실한 기업시민이라고 할 수 있다. 기업의 사회적 책임은 성격이나 내용이 시대와 기업환경의 변화에 따라서 동태적으로 변하는 것이 일반적

그림 3-1 기업의 사회적 책임의 대상

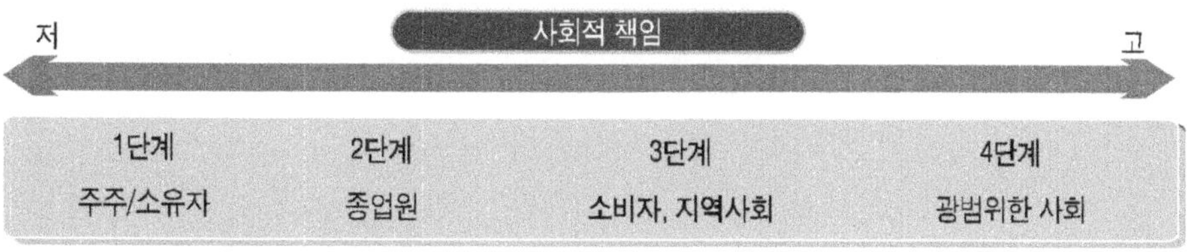

이다. 그러므로 국가가 경제적으로 발전하고 민주화를 거듭하여 대중여론이 중요해질수록, 사회가 기업에게 요구하고 기대하는 책임기준은 이상형 쪽으로 높아지는 경향이 있다.

02 기업의 사회적 책임 논리

기업의 사회적 책임(CSR: Corporate Social Responsibility)에 관한 관심이 날이 갈수록 더욱 고조되고 있는 것은 사실이다. 이러한 기업의 사회적 책임에 대한 적극적인 관심은 우리 사회의 건전한 자본주의 풍토와 자유기업환경 조성을 위해 필요하다. '기업의 사회적 책임(CSR)'은 오랜 역사를 가진 개념이지만 기업들은 물론 언론과 일반 대중의 본격적인 관심을 받게 된 것은 최근의 일이다. 자유방임적 자유주의의 쇠퇴와 더불어 기업이나 경영자의 사회적 책임의 문제가 제기되면서 기업윤리(business ethics)의 필요와 그 성립 근거가 점차로 문제되기 시작하였다. 원래 기업의 사회적 책임의 개념은 근시안적·반사회적인 이윤추구의 경영적 정당성을 부정하고 경영자에 의한 공익에의 배려를 필요한 것으로 인정하게 된 사회·경제사적 배경을 고려하여야 한다. 특히 1930년대 이후 거대기업의 등장은 정치로부터 경제의 자율성을 확보할 수 있는 경제적 토대를 마련하였고, 조직화된 자본주의는 거대기업의 자율적 의사결정이 일반시민에게 중대한 피해와 손실을 끼치는 계기가 되었다. 그로 인해 현대 산업국가에서는 오히려 기업의 사회적 책임을 정하고자 하는 새로운 경향이 나타나기 시작한다.

기업의 책임을 논할 경우, 기업의 경영책임 또는 경제적 책임이라거나 법률적 책임 또는 윤리적 책임이라 하지 않고, 왜 기업의 사회적 책임이라 하는가?

이런 모든 책임을 일괄하여 기업의 사회적 책임이라는 표현을 사용하는 것은 오늘날의 기업은 자본주의체제 하에서 이윤을 지향하면서 사회적 역할을 다하는 제도적 존재가 되었기 때문이다. 그러므로 기업의 책임이 문제될 때, 사회적인 입장에서 그 책임을 물어야 한다는 인식이 우선 필요하다.

기업의 사회적 책임(social responsibility)이란 기업이 사회의 목적이나 가치에 비추어 바람직한 정책을 세우고 결정을 하며 행동을 하는 것이라고 정의할 수 있다. 그러나 기업의 어떠한 정책 · 결정 · 행동이 사회적 책임을 수행하는 것인가에 대해서는 통일적 견해가 없다. 이에 대한 상반되는 두 논리를 보기로 한다.

2.1 사회적 책임에 대한 부정론

사회적 책임에 대한 부정론
기업이 그 목표인 최대 이윤을 추구하는 과정이 사회적 책임을 수행하는 것으로 최대 이윤을 추구하고 있으면 자연히 사회적 책임을 수행하는 것이라는 주장

수행하는 것이라고 하는 주장이다. 이 주장에 의하면, 기업의 본질적 사회적 책임이라는 것은 사회가 필요로 하는 재화와 서비스를 생산하고 분배하는 경제적 역할을 능률적으로 수행한 증거라는 것이다. 따라서 기업은 새삼스럽게 그 사회적인 책임을 의식하지 않아도 되고 다만 최대 이윤을 추구하고 있으면 자연히 사회적 책임을 수행한 것으로 된다. 이윤추구 이외의 사회관계에 관심을 기울이는 것은 오히려 본래의 사회적 책임을 소홀히 하는 것이 된다는 것이다. 예컨대, 이윤추구의 과정에서 사회적인 문제가 일어나도 그것을 처리하는 것은 국가의 책임이고 기업과는 관계가 없다는 것이다.

현대에 있어서도 기업의 사회적 책임을 부정하는 견해가 완전히 사라진 것은 아니며, 기업윤리의 존립을 인정하려 하지 않는 자유주의적 경영관도 없지 않다. **하이에크**(F. Hayek)는 이런 사회적 책임에 대한 부정론의 대표자이다. 자유기업의 옹호자인 하이에크는 기업에 대해 사회적 책임이 강요됨으로써 국가에 의한 기업통제의 증대는 결국 자유기업체제의 붕괴를 가져오고야 말 것이라고 지적했다. 하이에크에 의하면 기업이 추구해야 할 유일한 목적은 기업자본출자자의 수탁자로서 장기적으로 최대의 이윤을 달성하기 위해 힘쓸 따름이

하이에크
기업에 대해 사회적 책임이 강요됨으로써 국가에 의한 기업통제의 증대는 결국 자유기업체제의 붕괴를 가져오고야 말 것이라고 지적

다. 다시 말해 주식회사인 기업이 주주 이외의 사회적 집단에 봉사한다면 그러한 집단에 대한 권력을 기업이 인정하게 되고, 그 결과 주주의 이익이 손실될 뿐만 아니라, 국가에 의한 기업통제가 증대되어 자유기업체제 그 자체를 동요시키게 된다는 것이다. 바꾸어 말하면 경영자가 주주의 이익 이외의 것에 봉사하게 된다면 이는 단기적으로 경영자의 무책임한 권력을 증대시키게 되고 장기적으로는 정부에 의한 기업 통제를 초래하게 된다는 것이다.

프리드먼
기업이 가져야 할 사회적 책임은 오직 하나이고, 그것은 게임의 법칙(rules of game)의 테두리에서 기업이 지닌 자원을 활용하여 기업이윤을 증대시키는 것이라고 주장

노벨 경제학 수상자 **프리드먼**(M. Friedman)도 자유사회의 존립을 위해서는 기업의 사회적 책임은 부정되어야 한다고 주장한다. 그는 기업이 가져야 할 사회적 책임은 오직 하나이고, 그것은 게임의 법칙(rules of game)의 테두리에서 기업이 지닌 자원을 활용하여 기업이윤을 증대시키는 것이라고 주장한다. 다만 사기나 부정수단이 아니라 공개적으로 자유로운 경쟁에 참가하는 공정한 경쟁(fair play)만이 윤리적으로 요구될 따름이고 그 밖의 사회적 책임은 짊어질 필요가 없다는 것이다. 프리드먼에 있어서 기업윤리는 자유경쟁에 있어서의 경쟁방법인 공정성과 같은 경쟁으로서, 엄격한 게임의 법칙의 준수에 국한된다. 프리드먼은 사회적 책임은 비용이 많이 들어 주주의 경제적 이익이 감소하고, 기업들이 사회적 문제를 해결할 능력 부족, 사회적 비용이 제품 가격에 전가되면 국제 경쟁력이 약화된다고 주장을 한다. 그러나 프리드먼은 역설적이지만 자유 시장경제체제 아래서 기업이 그 이윤을 증대시킴으로써 오히려 사회적 책임을 수행하는 것이라고 말한다.

결국, 기업은 주주들에게 배당하는 경제적 목표를 위한 이윤추구만을 위해 노력해야 하고, 기업에 대해 사회적 책임을 강조하고 있는 것은 정부의 역할을 떠안는 것이라는 입장들이다. 그러나 기업이 이윤을 추구하는 경영활동을 하는 과정에서 여러 가지 사회적 문제들을 야기하게 된다. 산업이 급성장함에 따라 기업의 공해 내지 환경오염 문제는 공업단지의 조성과 졸속한 도시 확장 계획에 따라 발생하였으며, 일부 외국의 공해산업을 이식한 결과로 문제가 되기도 하였다. 또 경기의 주기적 후퇴의 시기에 있어서 경영의 애로와 관련하여 고용 불안정, 임금 체불문제 등 기업의 사회적 책임 문제로 제기되기도 하였다.

경영자의 사회적 책임은 일반적으로 자연적 방법, 자주적 방법, 국가에 의한 방법, 종교에 의한 방법, 지역사회에 의한 방법 등으로 이루어진다고 할 수 있는데, 이러한 사회적 책임을 실천하기 위해서는 경제체제의 개선과 건전화가 요구되며 기업경영의 현대화, 경영관리의 과학화, 생산관리의 선결과제가 되어야 한다. 사회적 책임이 일시적인 유행이나 이미지 제고 차원에 그치지 않기 위해서는 기업의 사회적 책임 활동에 대한 비전과 가치를 명확히 할 필요가 있다.

2.2 사회적 책임에 대한 긍정론

사무엘슨
기업의 사회적 책임에 대한 긍정론 입장으로, 기업의 사회적 책임 이행으로 기업의 이미지를 높이는 것이 고객, 종업원, 투자자 확보가 용이해진다고 주장

기업의 사회적 책임을 적극적으로 강조하는 입장이다. 부정론에 대한 반대 견해로 현대 사회에서 우세한 주장이 되고 있다. **사무엘슨**(P. Samuelson)은 기업의 사회적 책임 이행으로 기업의 이미지를 높이는 것이 고객, 종업원, 투자자 확보가 용이해진다고 한다. 이미 발생된 문제를 해결하는 것보다 적극적인 사회적 참여로 문제 발생을 사전에 예방하는 것이 더 효율적이라는 것이다.

이 주장에 의하면, 사회적 책임 이행은 추가적인 정부규제와 개입을 줄여 기업의 의사결정에 신축성을 가질 수 있다. 소수의 대기업이 시장을 지배하고 있는 경우라면 시장에서 경쟁을 배제해버림으로써 초과이윤을 얻을 수 있다. 따라서 경쟁조건을 유지하고 이윤과 능률의 연결을 확실하게 하기 위해서 공정거래의 원칙을 지키도록 기업 양심(corporate conscience)에 호소하게 된다. 이때 그와 같은 양심적인 행동을 하는 것이 기업의 사회적인 책임이라고 하는 견해다.

기업의 규모가 확대되면 한 기업의 정책결정과 행동이 경제적 영역을 훨씬 넘어서 사회생활 전반에 큰 영향을 미치게 되고, 이와 같은 영향에 대한 기업의 책임을 묻는 여론이 점차 높아지게 된다. 그러나 기업은 자기의 사회적인 책임을 새로이 경제적 역할에 한정함으로써 추궁된 책임을 회피하려고 한다. 이렇게 여론을 무시하게 되면 국가가 나서게 되는 것은 필연적이다. 이와 같

은 현실을 반영하여 기업의 경제적·기술적 측면만을 추상하는 경제학적 기업관의 적절성에 의문이 생기고 기업이 사회의 일원이라는 사실의 재인식 위에서서 기업이 가지는 여러 가지 사회적 관계를 모두 같은 비중으로 고려에 넣으려고 하는 기업관이 나오게 된다. 나아가서 기업이 사회의 구성원, 그것도 가장 중요한 구성원으로서 사회의 발전과 향상에 적극적으로 공헌해야 한다는 주장을 하게 되었다.

이러한 기업의 경영자가 기업의 사회적 책임을 중요시해야 하는 이론적 근거로서는 다음과 같이 파악해볼 수 있다.

첫째, 시장의 불완전성으로 독점이나 과점 또는 동업자들끼리의 기업 집중 등으로 시장의 자동조절기능이 악화되고 따라서 소비자에게 불이익한 결과가 나타난다는 것이다.

둘째, 모든 사람이 각각 시민으로서 최저임금과 여가, 의료, 녹지, 교육, 주택, 도로, 교통 등의 생활환경에 있어서 그 최저의 복지수준이 보장되어야 한다는 국민적 최저권(national minimum)의 보장문제로, 최저시민권(civil minimum)이라고도 할 수 있다. 기업의 경제활동은 모든 사람에게 이와 같은 최저생활을 확보하도록 운영되어야 한다는 데 기업의 사회적 책임의 또 다른 근거가 있게 된다.

셋째, 외부불경제는 국민복지수준을 낮추는 작용을 한다. 시장경제 속에서 각 기업이 이윤의 극대화를 목표로 행동함으로써 시장내부에서 경제성이 달성된다 하더라도, 기업의 이 같은 행동결과는 시장경제의 외부에 해를 끼치는 경우도 있는데, 이것을 외부불경제(external diseconomies)라고 한다. 예를 들면, 기업의 행위가 지역사회 등 다른 경제체제에 대해서 불이익을 초래케 하는 현

그림 3-2 사회 내 기업 역할의 변화

제1단계		제2단계		제3단계
이윤 극대화 경영 기업의 사적 이익만 추구	→	수탁 경영 이해관계자 집단의 이익도 함께 고려	→	생활의 질 경영 사회적 이익도 고려

상들이다. 이러한 외부비경제에 따른 기업의 사회적 비용을 기업의 비용에 포함시키도록 하는 것이 오늘날의 기업에게 부여된 주요 사회적 책임이 된다.

결과적으로 보면, 긍정론과 부정론 모두 자유기업체제하의 현대사회에서 기업의 사회적 문제가 존재하고 있음을 적극적으로나 소극적으로 인정하고 있다. 기업과 정부는 다원화사회에 있어서 영향력 있는 사회제도로 인식하고 있다는 점에서 공통적이다. 따라서 현대사회에서의 기업의 사회적 책임은 더욱 더 중요시되고 있다고 하겠다. 기업이 사회와 상호 작용하는 조직체인 이상 사회적 책임을 다하는 것은 당연한 일이다.

사회적 책임에 대한 긍정, 부정론의 요약

〈긍정론〉

- 기업은 사회에 유익함을 제공하기 때문에 존재한다는 의미에서 볼 때, 사회적 책임의 수행은 기업시스템의 생존능력을 증대시킨다.
- 기업을 영위하는 지역사회를 발전시키고 그에 공헌함은 장기적으로 볼 때 기업 자체의 이익이 된다.
- 기업에 대한 이미지를 개선시킨다.
- 사회·문화적 규범이 사회적 책임의 수행을 요구한다.
- 기업이 질서정연한 법률사회를 유지하기 위하여 책임을 져야 한다.
- 정부의 규제를 피할 수 있게 해준다.
- 사회적 책임완수는 주주의 최대 관심사이다. 주식시장은 기업을 위험이 적은 기업으로 보이게 함으로써 주식가치를 장기적으로 높여주기 때문이다.
- 사회는 정부가 해결에 실패한 사회적 문제를 해결할 기회를 준다.

〈부정론〉

- 사회적 책임에 관한 규정은 이윤극대화를 제약하기 때문에 불법이다.
- 사회적 책임을 측정할 수가 없다.
- 기업에는 사회적 문제를 해결할 수 있는 사회적 기능이 결여되어 있다.
- 사회적 책임수행에 따르는 비용의 증대는 제품 가격을 상승시킨다.

- 사회적 책임은 기업의 기본적 목적을 약화시킨다.
- 사회적 책임을 다해도 공공으로부터의 지지를 얻지 못한다.
- 기업에는 대중에 대한 책임이 결여되어 있으므로 대중은 기업의 사회적 참여에 지배력을 행사하지 못하게 된다.

03

기업의 사회적 책임의 내용

기업의 사회적 책임은 경영자가 그의 의사결정 과정에서 모든 이해자 집단에 미치게 될 의사결정의 영향력을 고려하고, 그 이해자 집단들에게 최선의 결과가 주어질 수 있는 의사결정을 내릴 수 있도록 하기 위한 노력이라 할 수 있겠다. 경영자에게 사회에 대한 책임이 강조되는 이유는 그들이 수행하는 기업 활동이 기업을 둘러싼 이해자 집단에게 많은 영향을 미치기 때문이다.

기업의 사회적 책임은 기업의 내・외부환경, 즉 환경공해문제, 소비자문제, 노사관계, 주주와의 관계, 경제활동 등 다양한 내용을 전부 포함하고 있다.

경영자의 사회적 책임은 어떤 내용을 포함하고 있는지 살펴보기로 한다.

3.1 기업 유지 및 존속에 대한 책임

오늘날의 기업은 지배주주의 사적 소유물이라고 하기보다는 오히려 전체 사회를 구성하는 하나의 구성원으로서 존재하고 있다. 기업은 수많은 주주의 자본금과 그 기업에서 일하는 종업원, 고객에 의해 유지된다. 오늘날의 기업은 어느 한 개인의 소유물이 아니라 사회의 것이라고 할 수 있다. 따라서 사회적이고 공익적인 차원에서 유지되고 성장되어야 할 필요성이 있다. 만약 이와 같은 공공성을 갖는 기업이 계속기업(going concern)으로서 유지·존속될 수 없을 때, 다시 말해서 그것이 파산할 때 국민경제 전체에 대해서 갖게 되는 손실은 말할 것도 없이 크다.

경영자는 기업을 계속기업으로서 건전하게 유지·발전시켜야 하는 가장 기본적인 책임을 지닌다. 기업을 유지하기 위해서는 합리적인 경영관리를 통해 적정한 수익을 얻고 이를 적절히 배분하는 역할을 계속적으로 수행해야 한다. 경영자는 상품의 최적생산과 분배, 이익의 합리적 배분을 효과적으로 수행함으로써 기업의 이익 증대와 수익성 향상을 꾀한다.

3.2 사회공헌 책임

기업의 기본 목적은 기업의 이윤 극대화이다. 이러한 과정에서 인류에게 제

표 3-1 우리나라 기업의 사회 공헌들

기업	공헌 활동
삼성	삼성사회봉사단 운영, 삼성복지재단 등 6개 재단 운영
현대·기아차	6만 리터 사랑의 우유 보내기, 천(千)사랑 모금운동, 화성스포츠센터 개관
SK	행복도시락, 사랑의 찐빵, 보육교사 파견, 해피타드
LG	사회공헌헌장 선포, 사랑의 교복 전달, 장애인 금강산 등반대회, 봉사활동
한화	장애·비장애 아동 통합프로그램, 점자달력 제작·무료 배포, 사랑의 공부방과 집수리 사업
포스코	자원봉사 마일리제·매칭그랜트 운영, 매월 셋째 주 '나눔의 토요일' 봉사
(주)부영	기숙사 및 노인복지시설 건립 지원
계룡건설	계룡장학재단 운영, 광개토대왕·삼학사비 재현·기증, 대학생 독도탐사대
무학	승진자 심사 시 사회봉사활동 평가
한전산업개발	이웃사랑펀드 운영, 사회봉사단 운영
국민은행	사회공헌 활동고객에 대한 금리혜택 부여
은행연합회	은행사회공헌협의회 설치
NHN	불우학생 지원 교복지원 운동

한된 희소한 자원은 가장 효율적인 배분을 이룰 수 있게 된다. 자원의 효율적인 배분을 완벽하게 이룰 수는 없다. 인류는 계속적으로 진보하며, 새로운 기술 개발을 통해서 더욱 효율적인 배분을 이룩할 수 있는 방법을 계속해서 발견하기 때문이다. 이와 관련된 사례로, 전자제품의 가격변화를 살펴보면 쉽게 이해할 수 있다. 전자제품의 기능은 계속해서 발전하면서도, 가격 역시 소비자에게 적정한 가격으로 책정되며, 이는 결국 소비자에게 더욱 큰 편익을 가져다주는 요소로 작용한다. 또한 이윤추구의 과정에서 생산성 향상이 이루어지고, 이는 고용창출의 효과를 가져오게 된다. 또한 이윤이 증가하는 기업은 부담하는 세금이 증가하게 되고 이는 기업과 직접적으로 관련이 없는 사람들에게도 부의 이전을 가져오게 됨으로써 사회의 전체적인 부를 증가시키게 된다. 결국, 사회적 책임에 대하여 인위적인 책임을 전가하는 것보다, 기업이 스스로의 활동인 최대한의 이윤추구를 하는 것이 바로 기업의 더욱 중요한 사회적 책임인 것이다.

3.3 종업원 만족에 대한 책임

종업원은 기업의 경영목표를 달성하기 위한 수단이 아니라 하나의 전략적 자산이다. 경영자는 그들이 자신의 일을 통해서 인간적, 사회적 만족을 느낄 수 있도록 해야 할 책임이 있다. 종업원들에게 경영에 참가할 기회를 주고, 다양한 복지제도를 시행하여 경영의 안정을 기해야 한다.

3.4 후계자 육성의 책임

기업이 계속기업으로서 성장·발전하기 위해서는 후계자를 적극적으로 육성하여야 한다. 현재의 경영자는 기업의 미래를 성공적으로 이끌어나갈 자신의 후계자를 육성하여 원활한 기업승계가 이루어지도록 해야 할 책임이 있다.

드러커(Peter Drucker)는 유능한 경영자라면 최소한 3년 이내에 자신보다 유능한 후계자를 3명 이상 양성해야 한다고 주장한 바 있다. 후계자의 양성문제는 오늘날의 경영자의 중요한 사회적 책임이 되는 것이다.

3.5 이해자 집단에 대한 이해조정 책임

기업과 밀접한 관계를 맺고 있는 다양한 집단 사이에서 일어나는 갈등과 이해를 조정하는 것은 경영자의 중요한 책임이다. 예를 들면, 주주에 대한 배당문제, 노동조합과 경영진과의 갈등, 지역사회 단체와의 마찰, 채권자에 대한 원금과 이자 지급 문제, 소비자의 불만에 대한 대책 등은 기업의 존립에 직접적인 영향을 미치는 요인들이다. 이들의 요인들에 대응해나가는 것을 사회적 책임의 수행이라고 할 수 있다. 그러나 이들 이해자 집단의 이해(<그림 3-3> 참조)는 서로 상반되는 것이 많으며, 이들의 이해가 충돌될 때는 매우 복잡하고 곤란한 문제가 생기게 된다. 그러므로 이들 이해자 집단의 이해조정문제가 경영자의 사회적 책임의 중요과제가 된다.

그림 3-3 사회적 책임에 따른 기업의 이해관계자

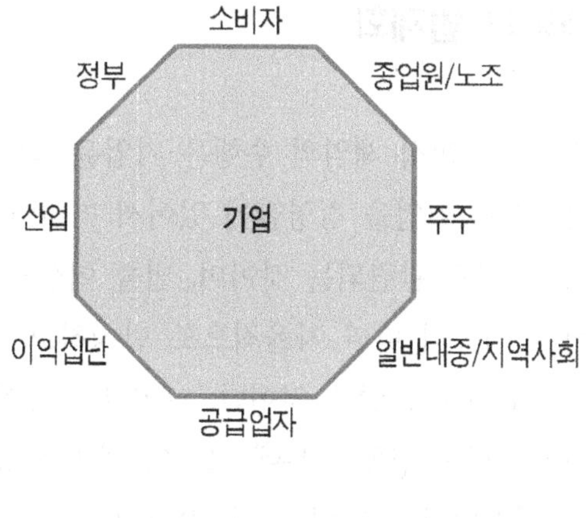

3.6 정부에 대한 책임

현대 경영은 국가의 제법규나 규제의 영역에서 벗어나는 경영활동은 생각할 수 없다. 정부를 의식한다는 것은 곧 국민을 의식한다는 것이며 이것은 기업 활동의 대전제이기도 하다. 거래와 관계되는 일체의 법규, 즉 민법이나 상법 등을 보다 잘 준수하고 정부가 행하는 일에 보다 적극적으로 협력할 수 있을 때 기업의 사회적 책임도 다하는 셈이 된다.

3.7 산업공해 방지 책임

환경문제의 중요성이 그 어느 때보다 강조되고 있다. 공해는 지역사회뿐만 아니라 기업에도 피해를 준다. 경영자는 기업이 사회적으로 비난의 대상이 되지 않도록 온실가스 배출 등에 따른 지구 온난화 문제, 오염방지 시설, 노후화 시설 등에 대해 정기적인 점검을 해야 한다. 동시에 공공성과 공익성을 고려하여 경영활동을 해나가야 한다.

3.8 사회적 책임의 법제화

이상과 같은 경영자의 사회적 책임의 수행은 기업윤리의 실천이라고 할 수 있다. 기업윤리는 경영자가 기업을 경영함에 있어서 따라야 하는 일종의 규범이다. 그것은 양심 및 도덕과 관련되는 것이며, 법률 이상의 내용을 가지게 된다. 경영자가 이러한 기업윤리 따라 자율적으로 반성하고 규제한다면 정부에 의한 법률적 규제는 필요하지 않았을 것이다. 그러나 그동안 경영자들의 여러 가지 바람직하지 못한 사회적 행동 때문에 그들의 행위를 규제하기 위한 여러 가지 법률이 꾸준히 제정되어오고 있다. 우리나라의 공정거래법은 경영자의 사회적 책임을 규정한 일례라고 할 수 있다.

기업의 사회적 책임에 대한 십계명

❶ 사회적 책임과 관련된 문제 발생 이전에 스스로 수정
❷ 문제해결에 영향을 주고받는 요소 고려
❸ 범 산업표준과 자기규제 제정
❹ 자신의 실수를 공개적으로 인정
❺ 적합한 사회프로그램에 참여
❻ 환경문제 억제에 기여
❼ 변화하는 사회적 환경 감시
❽ 기업의 행동윤리강령 제정과 시행 강화
❾ 사회적 이슈에 대중의 입장을 선택
❿ 계속기업 관점에서 이익창출 추구

04

사회감사

사회적 책임에 대한 논의는 사회적 성과가 어떻게 평가되어야 할 것인가 하는 문제를 제기한다. 사회감사(Social audit)라고 하는 개념은 보웬(H.R. Bowen)에 의해서 처음 제기되었다. 사회감사는 사회에 영향을 미치는 기업의 활동을 조직적으로 평가하고 보고하는 것이라고 정의할 수 있고, 기업의 사회에 대한 책임이행도와 공헌도를 평가하기 위하여 실행된다. 한 걸음 더 나아가 **데이비스**(K. Davis)**와 블롬스트롬**(R. Blomstrom)은 『Business Society』에서 조직의 사회적 책임 수행에 대한 평가와 체계적인 연구를 진행하면서 사회감사를 조직이 실현한 경제적 성과가 아닌 사회적 성과를 평가하기 위한 시스템적 연구라고 정의하고, 그것은 생활의 경제적 질(Economic quality of life)이 아닌, 생활의 사회적 질(Social quality of life)을 측정하기 위한 것이라고 설명한다. 이들은 사회감사를 할 경우, 그것은 사회적 성과(Social performance)를 제고시킨다고 주장한다.

데이비스와 블롬스트롬
사회감사를 조직이 실현한 경제적 성과가 아닌 사회적 성과를 평가하기 위한 시스템적 연구라고 정의. 생활의 경제적 질이 아닌, 생활의 사회적 질을 측정하기 위한 것이라고 설명

그러면 사회감사에는 어떠한 것이 포함되어야 할 것인가? 일반적으로는 고객, 종업원, 지역사회, 제품 및 기술성, 경제적 성과, 고용효과, 환경 및 지역사회의 복지와 발전 등과 같은 영역에서 요구자들의 기대에 대한 분석이 포함된다. 그러나 기업이 사회에 미치는 영향을 정확히 반영하는 자료를 어떻게 수집하고 제시할 것인지, 또 사회적 성과를 어떤 방법으로 측정할 것인지는 매

우 어려운 일이다. 이 때문에 사회감사를 실시하는 데는 실제적인 어려움이 뒤따른다.

또 다른 문제는, 사회적 성과를 어떻게 측정할 것인가이다. 하나의 방법으로, 기업이 각종 분야에 대해 지출한 금액이 얼마인가로 측정해볼 수 있다. 그러나 비용만으로는 그로 인한 사회적 결과가 어떤지 파악할 수 없기 때문에 불충분하다. 뿐만 아니라, 기업이 사회에 미치는 영향을 정확히 반영해주는 자료를 어떻게 수집하고 제시할 것인가 하는 것도 어려운 문제이다. 이와 같이 사회감사에는 여러 가지 어려움이 뒤따르지만, 기업들이 해결해야 할 문제이다.

사회감사와 비슷한 개념으로 기업사회보고(corporate social reporting) 또는 기업의 사회회계(corporate social accounting)라는 것이 있다. 이것은 기업이 사회의 요구에 대응하여 어느 정도의 사회적 성과와 사회적 책임을 수행하였나 하는 것을 사회에 공시하는 것이다. 다시 말한다면, 이는 기업의 사회적 공헌도에 관한 정보 또는 회계를 공시하는 것이다.

사회감사와 비슷한 개념으로 기업사회보고와 기업의 사회회계가 있다.

따라서 기업이 올바른 사회감사를 받으려면 사회 구성 집단의 수용 가능한 기대를 확인하고 이의 강도와 방향을 평가하여 이에 어느 정도 반응을 할 것인가를 결정하여야 한다.

05

윤리경영

일반적으로 기업윤리는 기업의 행동적 측면과 이념적 측면으로 구분되며, 행동적 측면은 기업행동의 실천적 의사결정에 필요한 도덕적 원리, 즉 공정성의 지표가 되며, 이념적 측면은 실천적 행동의 기초가 되는 이념, 즉 도덕적 비판을 필요로 하는 신념체계가 된다.

따라서 무엇보다도 건전한 기업문화의 창조를 위하여 경영자의 사회적 책임윤리에 입각한 새로운 가치관의 확립이 요구되며 경영에 대한 새로운 사회적 목표설정으로 구체화되어야 한다.

기업윤리헌장은 기업인의 기본적인 정책 결정과 집행을 포괄적으로 관리하게 되는 지도원리로서 기업인의 윤리적 행동규범을 공포한 것이다. 그러나 기업은 막강한 경제력과 정치력을 행사하고, 자기 보존적이고 무책임한 권력 엘리트에 의해 기업이 지배되며, 근로자와 소비자를 착취하고 인간성을 박탈할 뿐만 아니라 환경과 생활의 질을 파괴하고 있다는 사회적 비판을 받기도 한다.

기업들의 자율적인 추진 의지도 중요하다. 최근 여러 단체들이 윤리경영을 평가・시상하고, 나아가 의무화하려는 움직임을 보이고 있지만 윤리경영의 본질과는 거리가 멀다. 물론 우리나라가 윤리경영 초기 단계인 점을 고려할 때 어느 정도 적절한 인센티브 차원에서 시상을 추진하는 것은 필요한 측면도 있다. 그러나 지나친 인센티브나 의무 부여는 자칫 윤리경영을 왜곡시키거나 성숙화를 저해할 수 있다.

기업이 윤리적이냐의 여부는 결국 시장에 의해 평가되어야 할 문제이며, 정부가 간섭하기 시작하면 기업들이 보여주기 방식의 제도 운영에 집착할 수밖에 없어 윤리경영이 형식에 그치게 되기 때문이다.

5.1 기업윤리의 의의

기업의 사회적 책임에 대한 문제가 제기되면서 기업윤리의 필요와 성립근거가 점차로 문제되기 시작했다. 기업의 사회적 책임(CSR)과 기업 윤리(BE)의 문제는 1980년대부터 기업의 사회적 반응이나 이에 근거한 기업사회정책(CSP)이라는 개념으로 통합되는 움직임을 보이고 있다. 기업의 사회적 책임이나 기업윤리는 양자 간에 다소의 차이점이 존재하지만 현실적인 기업과 사회 관련 문제를 해결함에 있어서 보다 체계적이고 적극적인 기업의 대응행동을 이끌기 위해 통합하자는 필요성이 대두되고 있다. 양자의 개념을 통합할 수 있는 근거는 다음과 같다.

첫째, 서로 다른 학문적 배경과 시대적 배경을 갖고 연구되었던 양자의 개념적 차이는 현대사회로 발전하면서 현실세계에서 큰 설명력을 갖지 못한다.

둘째, 양자의 개념이 대두할 당시에는 수동적인 의무의 성격을 띠었지만 개념적인 발전을 하면서 적극적이고 자율적인 반응의 성격을 갖게 되었다.

셋째, 전략경영이라는 현대 기업경영의 추세를 받아들이면서 사회적 책임 또는 기업의 동태적 측면을 강조하고 있다.

넷째, 양자의 연구흐름은 추상적인 논의에서부터 점차 구체적인 현실세계에 적용될 수 있는 실용적 논의로 옮겨가고 있다.

이에 따라 양자를 묶을 수 있는 하나의 틀을 만들어본다면 다음과 같다.

기업윤리와 사회적 책임의 개념적 통합은 수행측면과 행위의 성격 측면에서 상대적 차이를 인정하면서 양자를 포괄하는 사회적 반응의 개념이 되는 것이다. 기업의 사회적 책임은 기업윤리에 입각하여 수행되는 것이 가장 바람직하다. 기업 또는 경영자가 시장경제가 허용하는 자유를 빙자하여 무제한적인 이윤추구나 경쟁에만 몰두한다면 사회적으로 큰 혼란이 초래될 것이다. 사회질서가 무너지고 복지나 공존의 기반이 흔들린다. 이렇게 되면 정부나 국가는 공공이익을 지킨다는 차원에서 각종 규제, 최저임금제, 근로감독제 같은 법령을 통해 기업 활동을 규제하게 된다. 이러한 조치는 역으로 기업의 자유로운 활동과 발전을 억제하는 요인으로 작용할 수 있다.

기업윤리
경영자가 기업을 경영함에 있어서 따라야 하는 일종의 규범. 법률 이상의 내용을 가지며, 양심과 도덕과 관련된 문제

이런 점 때문에 기업은 자율적으로 사회질서 및 인륜이 허용하는 범위 내에서 스스로의 행동을 규제해 나가는 기업윤리가 필요한 것이다. **기업윤리**는 경영자가 기업을 경영함에 있어서 따라야 하는 일종의 규범이다. 따라서 그것은 법률 이상의 내용을 가지며, 양심과 도덕과 관련된 문제이다.

루이스(Lewis)는 기업윤리를 다음과 같이 정의하고 있다.

첫째, 규칙(rules), 기준(standards), 규범(codes), 또는 원칙(principles)으로 비윤리적 행위를 막을 수 있는 도덕지침

둘째, 도덕적으로 올바른 행위로서 정의, 법 또는 기타의 기준을 따르는 행위, 사실, 근거 또는 신념과 일치하는 개인행위

셋째, 신뢰성(truthfulness)으로 사실에 따르거나 현실성 있는 성명서나 행위

넷째, 구체적인 상황으로서 윤리적 판단을 요구하는 개인적인 도덕적 딜레마에 빠진 경우에 도덕적으로 올바르고 믿을 만한 것에 대한 사람들의 이해와 응용

루이스
기업윤리는 구체적인 상황에서 올바른 행위와 신뢰성을 확보하도록 하는 지침을 제공하는 규칙, 기준, 규범, 원칙이다라고 정의

이러한 4가지 항목을 토대로 **루이스**(Lewis)는 “기업윤리는 구체적인 상황에서 올바른 행위와 신뢰성을 확보하도록 하는 지침을 제공하는 규칙, 기준, 규범, 원칙이다”라고 정의하고 있다. 기업윤리는 단순한 ‘덕(virture)’이나 ‘성실(integrity)’ 이상의 것이며, 이는 윤리적 딜레마가 존재하는 상황에서 도덕적으

로 올바르고 믿을 만한 것에 대한 사람들의 이해와 응용을 포함한다.

그러면, 기업윤리가 왜 중요한지 다시 정리하기로 한다.

첫째, 기업윤리를 준수하는 것은 장기적인 관점에서 보았을 때 그 기업의 존속, 성장과 직결된다. 어떤 기업이 이윤 극대화에만 관심을 가질 경우 이해관계자들의 신뢰를 잃게 되어 결국 계속적인 성장이 어려워지기 때문이다.

둘째, 경영자의 비윤리적이거나 불법적인 행위는 회사의 명예에 손상을 입히고, 경영자 자신은 물론 기업의 장래에 다 같이 부정적인 영향을 끼친다.

셋째, 기업윤리를 지키면 경쟁력이 강화된다. 경영자가 기업의 높은 윤리수준을 유지하기 위해 솔선수범하면 종업원들의 긍지와 사기가 높아지고 이는 생산성 향상으로 이어진다. 나아가서는 그 기업에 대한 사회적인 신뢰를 높임으로써 경쟁력이 강화될 것이다.

5.2 윤리경영

1. 윤리경영의 개념

윤리경영은 경영활동의 옳고 그름을 구분해주는 규범적 기준을 사회의 윤리

표 3-2 윤리 적용 경영의 형태

구 분	비윤리경영	초윤리경영	윤리경영
윤리규범	경영의 의사결정과 행동은 윤리와 대립	경영의 의사결정과 행동은 윤리와 독립	경영활동은 윤리적 행동기준과 일치
기업의 목표	수단과 관계없이 이익과 조직의 성공	이익 외의 목적은 고려할 필요 없음	법과 윤리 기준 내의 이익 추구
기업의 책임	경제적 책임	경제적+법적 책임	경제적+법적+윤리적 책임
법률에 대한 태도	법은 경영목표 달성에 장애물	법이 곧 윤리	법은 최저한의 수준
전 략	이익과 합치되면 무조건 추진	경영상 필요한 범위 내에서만 개인적	건전한 윤리 기준과 공생윤리 적용

적 가치체계에 두는 경영방식을 의미한다. <표 3-2>는 윤리경영의 개념을 보다 구체적으로 살펴보기 위해 기업윤리를 바라보는 입장에 따라 윤리 적용의 경영 형태를 3가지로 구분해놓았다.

IBM의 윤리경영 방침

- 매년 기업행위지침(business conduct guideline)을 준수할 것을 온라인으로 확인해야 한다.
- 스스로 혹은 타인을 통하여 뇌물을 주거나 받지 않는다.
- IBM 임직원이나 그 가족은 고객이나 공급업체로부터 IBM의 비즈니스 관계에 영향을 미칠 수 있다고 보이는 선물을 주거나 받을 수 없다.
- IBM 임직원은 공직자 또는 국가기관의 임직원에게 금전이나 선물을 주어서는 안 된다. 고객을 위해서는 합리적이고 관행적인 범위 내의 식사, 오락, 교육, 여행, 숙박 등이 가능하다.
- 고객이 경쟁자와 법적 구속력이 있는 계약을 체결하면 모든 영업활동은 중단한다.
- 사전승인 없이 고객에 대해 수정된 서비스나 계약 조건을 제시해서는 안 된다.
- 상품이나 서비스 구입 시 공급자가 IBM의 제품이나 서비스를 구입하는 데 동의할 것을 조건으로 하지 않는다.
- 직원 개인의 이해관계와 IBM의 이해관계가 상충되는 경우를 피해야 한다.
- IBM의 이익과 상충되거나 상충된다는 인상을 줄 우려가 있는 경우, IBM 임직원은 IBM과 경쟁하거나 IBM과 거래하는 업체에 대해 주식 등 지분을 소유해서는 안 된다.
- IBM 임직원은 IBM 본사 법률고문의 사전허가 없이 다른 업체의 등기이사가 될 수 없다.
- 경쟁자와 접촉하는 경우 독점적이거나 기밀인 정보는 물론 가격정책, 계약조건, 원가, 마케팅과 생산계획, 시장조사의 연구, 전망을 화제로 삼아서는 안 된다.

2. 윤리경영의 중요성

윤리경영과 기업의 사회적 책임을 따로 구분해서 말하기가 상당히 모호한 측면이 있다. 윤리경영을 더 넓은 개념으로 인식할 수도 있고 기업의 사회적 책임(CSR)을 윤리경영, 투명경영, 사회공헌, 환경경영 등 보다 광범위한 개념으로 볼 수도 있다. 다만 같은 개념으로 본다고 하더라도 유럽에서는 용어 사

표 3-3 이해관계자별 윤리경영의 주요 이슈

구분	Transparency	Fairness	Morality
주주 및 투자자 Economic Value-Added	• 지배구조(위장분산) • 허위공시(회계, 투자정보, 허위 정보 조작, 매출액 과다계상) • 투자자 현혹(미래가치 과다계상)	• 내부자 거래 • 주주 참여권 남용(대주주 횡포) • 과대 보상(Agency 문제)	• 주가 조작
고객 Customer Value-Added	• 과대광고(허위정보) • 제품 정보 투명성(정보 미제공)	• 소비자 권리 침해 - 약관이행 문제 - PL(피해보상) - A/S 문제 • 가격담합	• 과대광고
종업원 Human Value-Added	• 경영정보 공유	• 고용차별(여성, 외국인, 출신지, 장애인) • 임금착취 • 노동권 침해 • 부당해고 • 정실인사(평가 불공정성)	• 성희롱 • 작업장 안전(산업재해) • 아동노동
경쟁기업 Business Ecosystem Value-Added	• 시장의 경쟁자에 대한 허위정보 유포	• 덤핑판매 • 경쟁기업 모함(허위정보) • 경쟁사 기술 도용 • 상표 도용	• 산업스파이 • 경쟁기업 인력 부당 스카우트 • 특허권 침해
거래선 Business Ecosystem Value-Added	• 무자료 거래	• 부당 하도급(대금결제 등) • 거래선 착취 • 매출액 부풀리기 • 내부기업 거래	• 리베이트 • 거래선 과다 접대 • 뇌물 수수
지역사회 & 환경 Societal Value-Added	• 탈세-장부의 부채 • 장부조작(분식회계, 세무) • 정책 자금 얻기(과대 정보 조작)		
일반공중 Societal Value-Added			

용에 있어 기업의 사회적 책임(Coporate Social Responsibility: CSR)을 강조하는 입장인 것 같고 미국에서는 기업의 윤리경영에 더 많은 비중을 두고 있다는 생각이 든다.

기업윤리에 대해 새삼스럽게 많은 기업들이 다시 주목하는 이유로 환경 변화를 일차적으로 들 수 있다. 더구나 다음과 같은 사실들은 기업들이 윤리경영을 생존을 위한 선택이 아닌 필수요소로 재인식해야 함을 일깨워주고 있는 것이다.

첫째, 윤리경영은 기업이 사회적으로 정당한 역할이나 활동을 하여 시장으로부터 지속적인 신뢰를 얻는 데 기여할 수 있다. 시장경제체제하에서 기업의 생명은 소비자, 투자자, 금융기관 등 시장의 신뢰에 달려 있다. 초우량기업이라 하더라도 신뢰성이 떨어질 경우 아무런 의미가 없다. 마이크로소프트 등이 실적을 부풀렸다는 루머가 증권가에 떠도는 순간 주가가 곤두박질한 것도 윤리경영이 시장의 신뢰와 얼마나 관계가 깊은지를 새삼 일깨워주는 사건이다.

둘째, 윤리경영은 기업의 경영성과에도 영향을 미친다. 구성원의 정당한 대우가 보장되는 등 높은 수준의 윤리성이 유지되는 기업에서는 구성원도 자부심과 보람을 느끼고 열심히 일하려는 의욕이 생겨나 생산성이 크게 향상되는 효과를 가져오기 때문이다. 실제 여러 연구 결과를 보더라도 윤리경영을 잘하는 기업의 경영성과가 상대적으로 좋은 것으로 나타났다.

셋째, 기업의 국제 경쟁력을 평가하는 글로벌 스탠더드의 잣대로 윤리경영이 최우선 순위로 떠오르고 있다. 현재 미국에서는 '세계기업윤리표준안'을 세우는 작업을 추진하고 있으며, 미국 증권거래위원회도 엔론 사건을 계기로 윤리경영 여부를 상장 기준에 포함시키기 위한 제도를 준비 중에 있다. 또한 미국 기관 투자가들은 최근 한국을 비롯한 동아시아 국가들에 보다 강도 높은 윤리경영을 요구하고 있으며, 회계가 투명하지 않거나 지배구조개선이 부진한 기업에 대한 투자 비중을 축소하고 있는 추세다. 따라서 앞으로 기업윤리를 무시하거나, 국제적 수준에 도달하지 못하는 기업은 세계시장의 투자자나 소비자 단체들로부터 외면당하게 될 가능성이 높다고 할 수 있다.

3. 윤리경영의 이점

- 기업의 정당한 경영활동을 저해하는 사회적 이슈를 사전에 예방
- 다양한 이해관계자와의 신뢰 구축을 통하여 이들의 만족을 증대
- 긍정적인 기업 이미지를 무형자산화하여 기업 경쟁력 강화
- 체계적인 윤리경영 시스템을 구축하여 중복 비용과 관리의 비효율성 제거
- 내부 구성원의 긍지와 자부심 부여로 경영역량 강화

4. 윤리경영의 선진 사례

존슨앤드존슨: 윤리경영의 대명사

존슨앤드존슨은 1943년에 이미 윤리강령 '우리의 신조'를 작성하여 실천해오고 있는 윤리경영의 대명사격인 기업이다. '우리의 신조'는 소비자-종업원-지역사회-주주의 순서대로 기업의 사회적 책임을 규정한 것인데, 간결한 문장과 명확한 목표 제시로 현재도 기업 윤리경영의 모범이 되고 있다. 존슨앤드존슨에는 기업윤리를 담당하는 별도의 조직이 없고 인사담당 임원이 윤리경영을 총괄하며, 윤리 담당부서를 두지 않음에도 불구하고 윤리강령의 실천을 위해서 지속적으로 최고경영진이 관심을 기울이고 "credo action team"을 구성하여 2년마다 한 번씩 '우리의 신조'가 실천되고 있는지를 조사하고 사원들의 의식 변화를 촉구한다. 또한 인사정책에 있어서도 기업윤리의 준수 여부가 핵심적인 인사기준 중의 하나가 되고 있다.

인터내셔널페이퍼: 내부고발제도의 성공적인 운영 사례

인터내셔널페이퍼는 킴벌리클라크에 앞서 제조용으로 벌목한 나무보다 더 많은 나무를 심는 사업을 전개한다는 자원관리책임서약을 공표하고 준수해온 기업이며 신중한 사업전개로 경쟁업체와 달리 반독점 시비와 소비자의 저항에 휘말리지 않았다. 인터내셔널페이퍼의 윤리경영 사례에서 가장 돋보이는 부분은 형식적으로 운영되던 내부고발제도를 윤리경영의 실천의 핵심수단으

로 자리 잡게 운영하고 있다는 점이다. 이 회사의 제보전화 help line은 전 세계 어디서든 1분 내에 본사의 콜센터와 연결되어 동시통역이 지원되도록 운영되고 있으며 전화나 메일로 접수된 제보가 법무팀 또는 인사팀의 조사 적정성 평가와 윤리사무국의 판단을 거쳐 통보되는 데까지 걸리는 시간은 통상 20일밖에 걸리지 않는다. 또한 help line을 통해 제보된 사례들은 임직원의 교육 프로그램으로 구체화됨으로써 윤리적인 딜레마를 직원 전체가 공유하도록 하고 있다.

5.3 사회적 책임과 윤리경영의 이행

윤리경영의 중요성과 시급성을 절감한 한국 기업들은 최근 대기업을 중심으로 투명한 구매시스템을 활용한 구매 비리 근절, 접대 · 향응 한도 설정, 사장 직속의 전담팀 구성 및 윤리강령 제정, 감사 강화 등 다각적인 실천 방안을 마련, 시행하는 등 윤리경영 확립에 나름대로의 노력을 기울이고 있다. 그러나 회계 투명성 및 지배구조 개선, 협력회사와의 납품 비리 근절 등의 면에서 선진국 수준에 비해 아직 멀었다는 것이 전문가들의 일반적인 견해이다. 실제로 2008년에 실시된 'IMD 국가경쟁력 평가'를 보면 국가의 경쟁력 순위가 전체 55개국 중 31위로 평가되고 있다.

윤리경영의 성공적인 정착 기업의 노력뿐만 아니라 정부, 학계 등 사회 각계에 걸친 종합적인 노력 필요

그렇다면 **윤리경영의 성공적인 정착**을 위해서는 어떠한 노력이 필요한가? 이를 위해서는 기업의 노력뿐만 아니라 정부, 학계 등 사회 각계에 걸친 종합적인 노력이 이루어져야 한다.

첫째, 최고경영자는 윤리경영에 대한 긍정적인 인식 전환을 바탕으로 윤리경영 도입 및 추진 과정에 있어 적극적인 지원을 아끼지 말아야 한다. 아직도 많은 기업의 경영자들은 윤리경영을 '잘하면 절약할 수도 있는 비용'이라고 인식하고 있다. 그러나 장기적인 관점에서 이익이나 매출 확대를 위한 투자로서 윤리경영을 인식하고 추진해나가는 자세가 필요하다. 또한 이를 위해서 최

고경영자는 윤리경영 추진과정에서 생겨날 기업윤리 준수에 관한 여러 유혹을 뿌리칠 수 있는 강한 의지를 가진 최고윤리경영자가 되어야 할 것이다. 최고경영자 자신이 윤리적이지 못하고 윤리적으로 존경받지 못하는 등 윤리적 리더쉽을 가지지 못할 때 기업의 윤리 생명은 끝난다고 해도 과언이 아니기 때문이다. 엔론 파산의 가장 큰 원인 중에 하나가 최고경영자인 케네스 레이의 부도덕성이었다는 것을 잊으면 안 될 것이다.

둘째, 제도적인 측면에서는 구체적이고 실질적인 윤리경영 시스템을 도입해야 한다. 윤리경영 추진 사례를 보면 윤리강령 선포 후 이에 대한 실천이 제대로 이루어지지 못하는 경우가 많다. 기업 내 윤리경영 시스템을 도입하여 윤리경영 활동을 인력관리나 동기 부여의 수단으로 활용하는 등 경영활동에 반영하게 되면 실천력을 한층 더 높일 수 있게 된다. 윤리경영 시스템의 구축은 윤리강령 제작·선포, 임직원에 대한 윤리 교육, 비윤리적 행위 감독 체계, 실천에 대한 평가 등으로 이루어지게 된다. 국내의 경우 윤리강령의 내용이 아직 선언적인 수준에만 그치는 기업도 적지 않은 편인데, 실천력을 높이기 위해서는 외국처럼 기업내부 고발제를 도입하는 등 윤리강령이 강제력을 갖는 방안도 고려해볼 필요가 있다.

셋째, 윤리담당 임원을 선임하고 전담 부서를 설치해야 한다. 윤리경영을 기업 내에서 보다 체계적이고 실질적으로 추진하기 위해서는 강력한 권한을 갖는 전담 조직의 신설이 필수적인데, 이를 위해서는 고위급 임원을 윤리경영 책임자로 선정해야 한다. 윤리경영 전담조직의 권한이 미약할 경우 기업의 사정이나 외부 경영환경 변화에 따라 중요도나 시급성에서 밀려 윤리경영 추진이 제대로 이루어지지 않을 수도 있기 때문이다. 세계적 제지업체인 인터내셔널페이퍼의 경우 윤리경영 전담 부서의 강력한 지휘 아래 전직원에 대한 엄격한 윤리교육이 행해지고 있다.

넷째, 정부차원에서는 기업의 윤리경영 정도를 평가하는 제도를 만들어 우수 기업에게 인센티브를 제공해야 한다. 미국의 경우 '우수 윤리경영 운영 기업에 대한 형벌 경감 지침'을 제정하여 평소 윤리적인 기업 운영을 위해 노력하고 있는 기업이 잘못을 해 처벌을 받게 될 경우 그렇지 않은 기업보다 처벌을 경감해주고 있다. 또한 우수 기업에 대해 세금 감면, 조사 면제, 공공기관 입찰 우대 등의 인센티브를 통하여 윤리경영을 장려하고 있으며, 대통령이 매년 수여하는 품질관리 대상인 '말콤 볼드리지상' 수여를 통해서도 윤리경영 확산에 노력하고 있다.

다섯째, 학계에서도 기업윤리 교육에 대한 지속적인 투자와 관심이 필요하다. 국내에서는 기업윤리가 일부 대학에서 과목으로만 개선되어 있는 수준이지만, 미국을 비롯한 윤리경영 선진국의 경우 대부분의 경영대학원에서 기업윤리를 필수 강좌로 만들어 학생들과 기업인들에게 기업윤리를 교육함으로써 기업들의 윤리경영 노력을 뒷받침해주고 있다.

여섯째, 사회적 윤리 요구 수준 제고, 윤리적 기업 발굴 등 사회적 윤리 인프라를 구축해야 한다. 윤리적 기업은 사회가 만드는 것이다. 즉, 소비자가 윤리적 기업만을 선호하고 비윤리적인 기업은 가차 없이 외면하는 등 윤리환경이 조성되고 윤리적 경영기업을 발굴하여 칭찬해주는 시스템이 활성화되는 사회에서는 기업들 또한 윤리경영의 수준을 높이지 않을 수 없게 된다. 미국에서는 비영리단체인 '경제최우선협의회'가 매년 선정하는 '양심 기업상', <포춘>과 <월스트리트저널>이 매년 발표하는 '가장 존경받는 기업' 등을 통해 사회적으로 윤리적 기업을 칭찬하는 시스템이 활성화되어 있다.

일곱째, 기업인들에게 기업의 사회공헌활동은 시혜적인 차원이 아니라 사회적 투자라는 인식의 전환이 요청된다. 사회적 투자를 통해 사회적 자본의 핵심적 요소인 신뢰를 창출하고, 사회공헌활동은 이를 위한 중요한 하나의 수단이 되는 것이다.

여덟째, 개인의 자선 행위와 기업의 사회공헌활동은 접근하는 방식이 달라야 한다. 개인의 자선활동은 자선 자체를 위한 목적일 수 있는 반면에 기업의 사회공헌활동은 사회로부터의 신뢰를 획득하는 하나의 수단이다. 특히 우리나라와 같이 사회공헌활동이 많지 않은 경우 사회공헌활동은 새로운 틈새시장으로 인식하고 과감한 마케팅 전략을 수립해야 할 필요가 있다. 따라서 사회적 투자의 개념을 발전시켜 기업경영에 사회공헌활동을 전략적으로 접목시켜야 할 필요가 있으며 기업의 핵심역량에 적합한 부문에 사회공헌활동을 집중함으

표 3-4 국내 주요 기업의 윤리경영 현황

내용	주요 기업
윤리경영 시스템 구축 및 교육 강화	• 한전, 현대기아자동차, KT, 한진, 롯데, 포스코, 한화, 금호아시아나, 한국가스공사, 두산, 동부, 효성, 신세계, 대림, 동양, KT&G, 현대백화점, 한솔, 현대산업개발, 부영, 삼보컴퓨터, 국민은행, 르노삼성자동차, 삼양사, 삼환기업, 신한은행, 우리은행, 유한양행, 중소기업은행, 현대오일뱅크 등 **〈전담조직〉** - 기업윤리실천사무국: 포스코, 신세계 - 그룹 윤리경영실: 금호아시아나 등 - 윤리위원회: 한전, 한화(전 계열사: 윤리경영위원회), (주)대림코퍼레이션, 우리은행 등 **〈윤리경영 담당자 및 실천리더〉** - 한전: 742명(담당자) - 포스코: 75명(실천리더)
협력회사에 대한 윤리경영 협조 요청	• LG, 현대기아자동차, KT, 호남석유화학, 포스코, 한화, 금호아시아나, 동부건설, 신세계, 현대백화점, 삼보컴퓨터, 삼양사, 삼환기업, 유한양행 **〈포스코 등 일부 기업은 명절 선물반송센터 운영〉** - 명절 금품수수 금지 등 협조요청: 포스코, 한화, 금호아시아나, 동부건설, 신세계, 삼양사, 현대오일뱅크, 현대해상화재보험 등
공정거래 자율준수 프로그램 도입·운영	• 현대기아자동차, LG화학, 한진, 롯데, 현대중공업, 금호아시아나, 두산, 신세계, CJ(홈쇼핑), 현대백화점, 현대오일뱅크, 현대해상화재보험 등
사외이사 비율·권한 확대 및 이사회 기능 강화	• SK(주), KT, 포스코, 한진해운, 현대중공업, 현대 삼호중공업, (주)두산·두산중공업(주), 아남반도체(주), (주)효성, KT&G, 현대산업개발, 국민은행, 신한은행, (주)쌍용 등

로서 효율성을 극대화하여야 한다.

아홉째, 윤리경영이 경영 과정에서 체화되기 위해서는 기업가치 제고에 기여하도록 활용하는 지혜가 필요하다. 즉, 윤리경영의 도입이 기업의 경영성과와 연결된다는 점을 부각시켜 구성원들의 협력을 이끌어내는 선순환을 구축하여야 하며 이를 위해서 윤리경영을 인사, 감사, 재무 등 경영 과정과 연결시켜 임직원들의 직무 몰입을 높이는 방안을 검토하여야 할 것이다.

기업윤리헌장 〈전경련, 1999〉

- 기업시민으로서의 사회적 책무 수행

- 창의와 혁신을 통한 정당한 이윤창출
- 투명경영 지향
- 정치권 및 정부와 건전하고 투명한 관계 유지
- 전문경영진의 육성
- 기업 상호간의 공정한 경쟁
- 대/중소기업 간 협력 발전 도모
- 소비자와 고객의 권익 증진
- 모든 기업 구성원의 이익 향상
- 환경친화적 경영 지향
- 지역사회 발전 기여
- 해외진출 기업은 현지국의 법률중시 및 문화와 거래관행 존중
- 현장 준수와 실천 가시화를 통해 국민의 신뢰받는 기업 지향

하버드가 주목한 '행복 서비스' SK텔레콤의 CSR을 말한다

SK텔레콤의 김신배 사장이 우리기업의 세계화를 위한 '창조적 자본주의'의 모범답안을 공개했다. 지난 12월 4일 세계경영연구원의 CEO스터디 모임인 MMP의 점심 스터디 강연에서다. 양귀애 대한전선 회장, 김효준 BMW사장, 이재홍 UBS증권 대표 등 이날 모인 30여 명의 CEO 앞에서 김신배 사장은 고객의 삶을 더욱 행복하게 만든 SK텔레콤의 세계 최초 서비스들을 소개했다. SK텔레콤의 서비스들은 하버드 비즈니스스쿨에서 케이스 스터디로 소개되는 등 기업의 사회적 책임(CSR:Corporate Social Responsibility)의 모범답안으로 꼽히고 있다. 비즈니스 모델이 곧 사회공헌으로 연결되는 SK텔레콤의 사례를 통해 우리 기업들이 나아가야 할 미래상을 발견할 수 있었다. 여기서는 이날 김신배 사장의 발표내용을 소개한다.

〈BSR 컨퍼런스에서 연설하는 김신배 사장〉

'퍼펙트 스톰' 상황… 헤쳐나가려면 기업이 변해야 한다

지금은 퍼펙트 스톰 상황이다. 하나하나 작은 요소들이 대변혁을 초래할 수 있는 무한경쟁의 시대라고 할 수 있다. 국경은 의미가 없어졌다. 컨버전스(convergence: 통합)의 시대에는 비즈니스도 장르를 초월하게 된다. IT업체인 마이크로소프트나 휴대폰 업체인 노키아가 음악산업에 진출하는 것이 대표적인 예다. 산업 간의 경계가 완전히 무너졌다고 봐야 한다. 인터넷의 발달로 일련의 사건들은 동시다발적으로 발생하고 있다. 이에 대비할 수 있는 인력과 프로그램이 필요하다. 시장 메커니즘을 통해서 기업은 깨어 있는, 창조적인 자본주의를 지향해야 한다. 일차적으로는 고객에게 기본적이면서도 혁신적인 서비스를 제공해야 하고, 일자리도 제공해야 한다. 여기서 더 나아가 '고객과 사회가 변했다'는 사실을 기업들이 인식해야 한다.

'사회적 책임을 다한 회사들이 성과도 좋다'는 연구결과들도 있다. 세계적으로 그러한 회사들에만 투자하는 SRI펀드도 있다. 그래서 요즘은 CSR에 대한 관심이 더욱 높다. 지난 7일 뉴욕에서 열린 'BSR(Business for Social Responsibility; 기업의 사회적 책임 관련 비영리 연구 및 컨설팅 기관) 컨퍼런스 2008'에 참석해보고 놀랐다. BSR이 그렇게 큰지 몰랐다. 1200여 명이 참석해서 이틀 동안 진행한다. 첫날 제프리 이멜트(Jeffrey Immelt) GE 회장이 기조연설을 하고 둘째 날 나도 연설을 했다. 그런데 이틀 동안 사람들이 자리를 뜨지 않았다. 대학은 물론이고 GE에서부터 IBM까지 이런 초대기업들이 사회공헌에 이틀씩이나 할애한다는 것과 '10년 넘게 한 포럼에 이 정도로 사람들이 호응을 하는구나' 하는 사실에 놀랐다.

세계 최초, 창조적인 혁신을 이끌어온 SK텔레콤

SK텔레콤은 그동안 세계 최고, 세계 최초라고 부를 수 있는 창조적인 혁신을 만들어왔다. CDMA를 세계 최초로 상용화했다. 한때 전 세계 가입자의 1/4이 우리의 CDMA 기술을 사용했다. SK텔레콤이 인수한 하나로텔레콤은 초고속 인터넷을 세계 최초로 시작한 회사이기도 하다. 우리가 시작한 초고속 인터넷이 전 세계로 퍼졌다는 것도 어떻게 보면 SK텔레콤이 사회에 기여한 것이 크다고 생각한다. 위성DMB의 모바일 가입자가 180만 명이 넘는 곳이 세계적으로 없다. 멜론 회원제 음악 서비스, 싸이월드, 모네타 모바일뱅킹 서비스 등도 SK텔레콤이 세계최초로 만든 서비스다. 특히 컬러링의 경우 전 세계의 이동통신 사업자들에게는 SMS 다음으로 최고의 효자 상품이다. 전화가 발명된 후 100년 동안 단조로운 통화 연결음만 들었는데, 컬러링이 이러한 단조로움으로부터 사람들을 해방시켜줬다. 이렇게 새로운 서비스를 제공하면서 고객에게 새로운 즐거움, 가치를 주는 것이 기업의 일차적인 사회적 책임이라고 생각한다.

이렇게 사회적인 책임을 하다 보니 SK텔레콤이 2006년 <비즈니스위크(BusinessWeek)>가 선정한 '세계 100대 혁신 기업'으로 선정됐다. 최근에는 '비즈니스계의 오스카상'이라는 인터내셔널 비즈니스 어워드(International Business Award)도 수상했다. SK텔레콤이 15년이라는 짧은 기간 동안 한국이 IT강국으로 성장하는 데 많은 기여를 했다고 생각한다.

행복한 고객들이 기업을 성공으로 이끈다

전통적인 고객만족 경영의 기본은 고객의 궁금한 점을 잘 들어주고, 고객이 불만이 있을 때 잘 해결해주는 것이다. 이러한 기본을 잘했기 때문에 SK텔레콤의 경우 11년 연속 국가고객만족도 신뢰 1위를 차지했다. '1등이면 되었다'고 생각하고 끝나서는 안 된다. 더 나아가 고객들이 안고 있는 사회문제를 해결하게끔 해야 한다. 그래서 우리 회사는 성인 콘텐츠 사업을 메뉴에서 모두 삭제했다. 매출액 규모가 700억 원에 달하는 사업이었다. 법률적으로도 문제가 없었다. 그래도 청소년에 유해한 콘텐츠이기 때문에 과감히 포기했다.

이제 고객은 더 이상 기업이 만들어주는 것을 단순히 쓰기만 하는 사람들이 아니다. 고객들은 서비스를 만들고, 기획하고, 유통하는 데 참여하고 싶어 한다. 자아실현, 자아성취 등에 대해 적극적으로 느끼고 싶어 한다는 것이다. 이제 고객들은 '이런 회사가 좋은 회사다'는 생각, '기왕이면 이 회사 제품을 쓰겠다'는 생각을 한다. 고객들은 '내가 키워줬으면 좋겠다'는 회사의 활동에 관여하기 시작했다. 그런 의미에서 'CSR이 고객만족 행위의 완성'이라고 생각한다.

고객이 스스로 물건을 집어서 계산하게 하는, 자발적으로 참여하는 웹2.0 비즈니스 전략이 필요하다. 우리 기업들이 고객에 대해 제일 먼저 변해야 하는 것이 이 부분이다. 온라인 백과사전인 위키피디아, 오마이뉴스 등을 보면 전문가들이 아닌 네티즌들이 아무 보수 없이 콘텐츠를 생산해낸 것이다. 외국의 망해가던 한 금광회사가 금맥 정보를 전 세계에 네티즌들에게 공개하고 '금광을 찾아내면 상금을 주겠다'는 콘테스트를 했다. 그걸 통해 발견한 금광들은 30억 달러 이상의 가치가 있었다.

고객이 자발적으로 참여하는 웹2.0 비즈니스 전략이 필요하다. 한 회사 내의 제한된 구성원만의 아이디어에 의존하는 것과 수많은 고객의 아이디어를 받아서 사업하는 것은 경쟁이 될 수가 없다. 그렇기 때문에 유튜브(www.youtube.com), 싸이월드 등처럼 고객이 참여하고, 만들고, 기획하게끔 만들어야 한다. 당신의 기업은 어떻게 고객이 아이디어를 내고, 투표하고, 기획하는 데 참여하게 만들 것인가?

하버드가 주목한 '행복을 만드는 CSR'

CSR을 수동적 책임의 차원에서 보던 시대는 지났다. 이제는 CSR을 통해 고객만족을 넘어 고객 행복을 창출할 수 있다는 생각이다. SK텔레콤이 고객 행복을 위해 만든 서비스들이 또한 창조적 혁신의 사례가 됐다. 하버드대학에서 SK텔레콤의 서비스들을 케이스 스터디 하기도 했다. '모바일 미아찾기 서비스'는 지난 주까지 19명이 가족의 품으로 돌아가는 성과를 거뒀다. '1004 사랑나눔'은 휴대폰에서 **1004번호를 누르면 고객이 현금이나 SK텔레콤에 누적된 마일리지를 기부할 수 있도록 도와주는 서비스다.

모바일 상담 서비스도 있다. "청소년들이 학교 상담실을 잘 이용하지 않는다"는 이야기를 듣고 전문 상담사 18명을 통해 모바일에서 상담을 하는 서비스를 만들었다. 시작한 지 2년 되었는데 하루에 250명 정도가 사용한다. 한 번 상담할 때마다 상담사와 상담 청소년이 자살 등에 대해 주고받는 메시지가 20건 이상이나 된다. 모바일 기술을 활용한 에너지 절약에도 나서고 있다. 모바일 청구서를 사용해서 종이 사용을 줄인다든지 기지국이 태양에너지를 이용하도록 하는 것 등이다.

글로벌 기업으로 크려면 CSR은 필수다

우리 기업들이 글로벌 기업으로 성장하려면 CSR은 필수다. 어느 나라에 가서 사업을 하든지 그 나라, 지역의 사람들과 원활한 커뮤니티 형성을 중요시해야 한다.

SK텔레콤의 해외 사례를 보자. 전 세계 이동통신 가입자 중 1/5이 중국인 가입자다. 한 달에 700만 명씩 가입자가 늘어나는 것이 중국 시장이다. 고객과의 관계를 위해서는 커뮤니티를 지원하는 게 중요하다고 느꼈다. 그래서 쓰촨성 지진 때 학교 재건, 나무 심기 등 도움의 손길을 주기도 했다.

베트남에는 500만 명 이상의 SK텔레콤 서비스 가입자가 있다. 사업 시작 전부터 매년 200명씩 언청이 시술을 지원해왔으며 총 2700명 이상이 시술로 완치되는 성과를 거뒀다. 게다가 베트남 정부로부터 외국인에게 주는 최고의 훈장까지 수상했다.

직원들을 흥분시키는 리더가 되라

고객을 행복하게 만들어야 한다. SK의 로고를 행복날개로 바꾼 것도 이러한 의미다. 그러기 위해서는 직원들도 행복해져야 한다. 행복한 구성원들만이 고객을 행복하게 할 수 있다.

구성원(직원)이 자신의 역량을 잘 펼칠 수 있도록 장을 만들어주는 것이 CEO, 리더의 역할이다. 목표만 제시하고 단순히 '해라', '돈 많이 줄게'에는 한계가 있다. 우리 회사는 '자발적, 의욕적으로 두뇌를 써라'를 강조한다. 단순한 보상만으로는 한계가 있다. 스스로 높은 목표를 세울 수 있도록 유도하라. 도전하면서 가치를 느끼고, 흥분시킬 수 있는, 일의 의미를 찾을 수 있는 분위기를 만들자. 그럴 때 일을 대하는 직원들의 태도가 달라진다. 목표를 통해 끊임없이 직원들을 고무시켜라.

<세계경영리포트>

경영학원론 추천도서

공익마케팅: 영혼이 있는 브랜드 만들기

(Brand Spirit: How cause related marketing build brand, Hamish Pringle and Marjorie Thomson)

고객의 윤리적 가치를 실현시켜 줄 수 있는 마케팅을 강조한 것이 『공익마케팅』이다. 단순히 제품의 측면에서만 초점을 둔 것이 마케팅의 제1의 물결이라면, 고객의 감성적인 측면을 자극하는 것이 제2의 물결, 그리고 기업과 브랜드를 통해 고객과의 상호이익을 위해 사회적 명분이나 관심에 전략적으로 연결짓는 마케팅을 제3의 물결인 공익마케팅이라고 한다. 이 책의 저자인 해미쉬 프링글과 마조리 톰슨은 공익마케팅의 방법을 기업이 자선단체나 비영리단체와 더불어 상호 공동의 관심을 정하여 전략적으로 제휴를 맺거나, 공익을 위해서 제휴 없이 기업이 직접 마케팅을 하는 방식의 두 가지로 분류하였다. 공익 마케팅의 대표적인 사례로 아메리칸익스프레스, 프록터앤드갬블, 바디샵을 들 수 있다. 미국의 대표적인 신용카드사 아메리칸익스프레스는 고객이 레스토랑에서 사용한 금액의 3% 정도를 기아 퇴치 기금으로 조성하고 있으며, 세제를 판매하는 프록터앤드갬블(P&G)은 에티오피아의 부족한 물을 보내는 공익캠페인을 조성하거나, 천연연료의 화장품을 생산하는 바디샵은 환경보호와 더불어 동물실험의 중지 캠페인을 들 수 있다. 기업이 원하는 핵심 이념을 실천하고자 하는 공익마케팅은 단순한 자선활동이나 일회성의 기부활동과는 그 차별의 선을 분명하게 긋고 있다. 마케팅은 기본적으로 고객이 원하는 가치를 발견하는 활동이라고 할 수 있다. 궁극적으로 마케팅이란 고객을 충분히 알고 적절하게 제품과 서비스를 제공하여 스스로 팔리도록 만드는 것이다. 따라서 가장 이상적인 마케팅은 판매활동을 아예 필요 없게 만드는 것이다. 결국 초우량기업으로 나아가고자 하는 기업은 이익의 개념을 좀 더 포괄적으로 해석하고, 이념을 추구하며, 사회·윤리적인 책임을 지는 기업이라고 할 수 있다.

이해와 실천을 위한

경영학원론

제4장
기업 소유구조와 M&A

01 | 기업 소유구조

02 | 기업 인수·합병(M&A)

03 | 적대적 M&A

Principles of Management

01 기업 소유구조

1.1 기업의 형태

중세 봉건사회 몰락 이후 등장한 초기 자본주의 경제체제에서 기업은 개인기업이라 할 수 있는 단순한 사기업의 형태였다. 이러한 개인기업은 자본의 집적과 경영의 확대가 결코 불가능한 것은 아니나, 자본이나 신용에 있어서 개인적인 한계를 나타내게 되었다. 이후 기업 상호간의 경쟁은 차츰 심화되었고, 경쟁에서 승리하기 위해서는 기업 규모를 확대하지 않으면 안 되게 되었다.

1. 기업 형태의 분류

법인은 영리법인(營利法人, profit-making justice person)과 비영리법인(非營利法人, non-profit-making justice person)으로 구분한다.

법인
영리법인과 비영리법인으로 구분

영리법인은 상법상의 회사를 뜻하며, 비영리법인은 장학재단, 학교재단, 육영재단과 같이 영리를 목적으로 하지 않는 법인을 말한다. **회사**(company)는 상법상 영리를 목적으로 설립한 법인을 뜻하며, 합명회사, 합자회사, 주식회사, 유한회사에서 상호로 사용한다.

회사
상법상 영리를 목적으로 설립한 법인을 뜻하며, 합명회사, 합자회사, 주식회사, 유한회사

모든 법인은 주된 소재지의 법원 등기소 또는 주무부서에 설립등기를 마쳐

야 법인격이 부여된다. 기타 특별법에 의해 설립된 특별법인이 있으며 각 해당 법률에 근거를 둔다.

기업조직을 법인의 기준에 따라 분류하면 다음 <표 4-1>과 같이 분류할 수 있다.

표 4-1 기업조직의 분류

구 분	기업조직의 분류
소유양식의 기준	1) 사기업, 2) 공기업, 3) 공사합동기업
법률 정의에 따른 조직 형태	1) 개인, 2) 조합, 3) 회사
법인 설립목적의 공익성 기준	1) 공익법인(재단법인), 2) 영리법인(사단법인: 회사)
설립 지배 법률의 기준	1) 민법상의 조합, 2) 민법상의 법인, 3) 상법상의 상인(개인기업) 4) 상법상의 조합, 5) 상법상의 법인(회사) 6) 특별법에 의해 설립된 특수법인들
상법상의 회사 기준	1) 합명회사, 2) 합자회사, 3) 주식회사, 4) 유한회사
인적 물적 기준	1) 인적(소수) 공동기업: ① 합명회사, ② 합자회사, ③ 유한회사 ④ 민법상의 조합, ⑤ 상법상의 조합 2) 자본적(다수) 공동기업: ① 협동조합, ② 주식회사

2. 규모에 의한 분류

기업을 크기로 분류하는 것이 일반적이다. 중소기업 기본법에 의하면 19인 이하의 기업을 소기업(small business), 300인 이하의 기업을 중기업(medium-sized business), 그 이상의 기업을 대기업(large company)이라 한다.

재벌은 2차 세계대전 전 일본의 기업형태에서 나온 말이며, 지금은 한국의 독특한 기업집단 구조를 지칭하는 의미로 자리 잡아 사용되고 있다. 법률적 용어로는 대규모 기업집단(독점규제 및 공정거래에 관한 법률, 제2조, 제14조)을 의미하는 재벌은 과도한 경제력 집중을 억제하기 위해 자산총액 순위 1~30위까지 지정하여 상호출자, 출자총액 및 채무보증제한 등의 규제를 한다.

3. 우리나라 기업의 규모

통계청의 산업 총조사보고서(<표 4-2> 참조)에 의하면 2003년 말 우리나라 전체 기업 수는 30만 2,000개로, 그 중 4인 이하의 소규모 기업이 19만 개에 달하고 있다.

표 4-2 광공업 및 제조업 현황 통계 (단위: 개, 명, 억원)

구분	연도	사업체수	종사자수/월	급여액	출하액	부가가치
4인 이하	1998	198,238	422,930	17,419	143,304	78,862
	2003	189,424	388,248	21,287	189,019	97,366
5인 이상	1998	80,315	2,343,722	350,381	4,268,014	1,778,088
	2003	113,297	2,752,175	599,055	6,747,376	2,572,187
전체 (1인 이상)	1998	278,553	2,766652	367,800	4,411,318	1,856,950
	2003	302,721	3,140423	620,342	6,936,395	2,669,553

1.2 기업 소유구조 형태

1. 개인기업

개인기업(natural merchant, sole proprietorship)은 개인이 출자하여 경영하는 기업으로 기업형태 중 가장 오래된 사기업이다. 가계와 분리되지 않은 기업으로 자기명의로 상행위를 하는 사람이다. 소유자인 동시에 경영자인 개인이 모든 위험에 대비하여 무한의 책임을 진다. 원시적인 기업형태지만 오늘날에도 사업 초기의 기업, 기계화 내지 대규모 경영이 어려운 업종에서 이용되고 있다.

개인기업
개인이 출자하여 경영하는 기업

기업의 발전단계에서 볼 수 있듯이 개인기업은 소유와 경영이 분리되지 않은 기업으로 기업에 대한 책임은 무한하다.

2. 합명회사

합명회사(partnership)는 무한책임 사원만으로 구성되고 각 사원이 회사를 대

합명회사
무한책임 사원만으로 구성되고 각 사원이 회사를 대표하며 업무를 집행하는 기업

표하며 업무를 집행하는 기업을 말한다. 그러므로 합명회사는 친척 또는 친구 등 신뢰관계가 깊은 소수의 사람 사이에 설립되는 경우가 많다. 이 기업은 자본의 집중보다 노동력을 결합 보충하는 데에 큰 의의를 두기 때문에 개인기업의 장점과 임기응변의 활동에 적합한 형태이다.

3. 합자회사

합자회사
무한책임을 지는 출자자와 유한책임을 지는 출자자로 구성되는 기업

합자회사(limited partnership)는 무한책임을 지는 출자자와 유한책임을 지는 출자자로 구성되는 기업형태이다. 최소한 1인 이상의 유한책임 사원으로 구성된 기업으로, 출자와 경영을 전문으로 하는 무한책임 사원이 출자만을 전문으로 하는 유한책임 사원을 자본에 참여시킨 형태이므로 유한책임 사원은 회사의 경영권에 대한 참가권리가 없으며 출자액을 한도로 책임을 진다.

4. 유한회사

유한회사
2인 이상 50인 이내의 유한책임 사원으로 구성되는 소규모 기업

(limited company)는 2인 이상 50인 이내의 유한책임 사원으로 구성되는 소규모 기업이다. 이 형태는 합명회사와 주식회사의 장점을 모방한 것으로 소규모 경영에 직접 참여하면서도 책임의 유한성이라는 이점을 살리려는 의도에서 발달한 회사이다.

회사조직으로 이사, 감사, 사원총회가 있고 사원은 1명 또는 그 이상의 이사를 임명하며 대체로 사원 중에서 이사가 임명된다. 사원총회는 최고 의사결정 기관으로 주식회사의 주주총회와 같은 기능을 한다. 이때 의결권의 행사는 소유지분에 비례한다. 소유지분의 일부 또는 전부의 양도는 사원총회의 결의에 의해 허용되며 정관에 양도의 제한을 가하는 것이 가능하고 사원 상호간의 양도도 정관으로 정한다. 따라서 유한회사는 인적 요인에 의해 규제받는 자본적 공동기업이라는 특징을 가지고 있다.

5. 민법상의 조합

민법상의 조합(partnership)은 두 사람 이상의 당사자가 상호 출자하여 공동 사업을 경영하는 것을 약정함으로써 효력을 갖는 조직이다. 조합계약을 체결하고 각기 출자하여 공동으로 사업을 경영하며 그 손익을 분배한다. 조합원은 금전뿐만 아니라 기타의 재산 또는 노동 등도 출자가 가능하며, 조합원은 연대 무한의 책임을 부담하기 때문에 합명회사와 비슷하나 조합은 법인이 아니라는 점이 다르다.

법률상 사업주체는 조합원 각자이지 조합 자체는 사업주체가 될 수 없다. 그러므로 출자한 재산은 조합원 공동의 소유이고 조합원 개인 재산과 구별된다.

6. 상법상의 조합

상법상의 조합(undisclosed assocition)은 익명조합으로 출자와 영업을 동시에 담당하는 조합원과 단순히 출자만을 하는 익명조합원으로 구성된 조합이다. 익명조합원의 출자는 영업자의 재산이 되며 영업자는 그 재산을 자본으로 하여 경영을 한다. 영업상 이익은 영업자와 익명조합원이 분할하며, 익명조합원은 영업자의 영업행위에 대한 제3자에게 어떠한 권리와 책임도 지지 않는다. 다만 영업 손실에 대해서는 출자액 한도에서 책임을 진다.

1.3 주식회사

1. 주식회사

주식회사(joint stock company)는 자본과 경영의 분리를 통하여 일반 투자자로부터 거액의 자본을 조달하고 전문경영자가 기업을 경영하는 자본주의 경제 체제에서 가장 대표적인 기업 형태이다.

주식회사
자본과 경영의 분리를 통하여 일반 투자자로부터 거액의 자본을 조달하고 전문경영자가 기업을 경영하는 자본주의 경제체제에서 가장 대표적인 기업 형태

주식회사는 법률적 절차에 따라 설립과정을 거쳐야 하며 3인 이상의 발기인

(promoter)과 정관(articles of incorporation)이 작성된 후 주식인수에 따른 출자자의 출자금이 불입되어야 한다.

정관에 반드시 기재되어야 할 사항은 목적, 상호, 회사 발행 주식의 총수, 1주의 금액, 본점 지점의 소재지, 회사가 공고하는 방법, 발기인 성명・주소, 정관 작성 년월일 등이다. 창립총회에서는 정관의 승인, 이사와 감사의 선임 및 이들에 대한 보수 결정, 주식 인수 및 납입 등을 보고하여야 한다.

주식회사의 기관은 주주총회(general meeting of stockholders), 이사 및 이사회(directors and board of directors), 감사(auditors)가 있다.

주식회사의 특징
자본의 증권화, 유한 책임, 소유와 경영의 분리

2. 주식회사의 특징

자본의 증권화

회사가 필요로 하는 자본을 매매 양도가 자유로운 유가증권으로 균일하게 분할하여 일반 대중으로부터 조달하게 된다. 회사 자본금이 주식으로 분할되어 주권으로 발행되고, 주주는 구매를 통해 출자의무와 권리를 갖게 된다. 주주는 주주총회에 참여하여 의결권을 행사하고 이익배당과 잔여재산의 분배를 청구할 수 있다.

유한 책임

일반 주주는 회사가 진 채무에 대하여 개인 재산에까지 지급 의무를 지지 않는다. 이처럼 주식의 소유자인 주주는 유한책임이기 때문에 안심하고 출자할 수 있다.

소유와 경영의 분리

주식 소유가 대중화되고 주주의 수가 많아지면 주주들이 모두 경영에 직접 참여할 수 없어 주주총회에서 전문경영자를 이사로 선임하여 회사의 경영을 위임하고 이익배당 또는 주식의 시세차익에 의한 이득으로 자기 이익을 꾀하게 된다. 이사로 선임된 경영자들은 주주로부터 경영을 위임받았기 때문에 수탁경영층이라 부른다.

1.4 협동조합

소비자나 비생산자가 이윤 배제를 전제로 상부상조의 목적으로 공동사업을 영위하는 것이 협동조합(cooperatives)이다. 협동정신에 따라 경제적 복리를 향상시키기 위해 구매, 생산, 판매 등의 사업을 영위할 수 있으나 원칙적으로 영리 그 자체가 목적이 되지는 않는다.

협동조합의 운영원칙은 조합 자체의 영리보다 조합원의 상부상조를 목적으로 하고, 조합원은 출자액의 다소에 관계없이 동등한 의결권이 부여되며 조합의 잉여금 배분은 원칙적으로 조합원의 이용도에 비례한다.

1.5 공기업 및 공사합동기업

1. 공기업

공기업(public enterprise)이란 공공 내지 행정적 목적을 가지고 국가나 지방공공단체가 출자자가 되어 경영상의 책임을 지는 기업을 의미한다. 영리경영 그 자체를 최종 목적으로 하지 않고 복리경영 또는 실비경영을 목적으로 한다. 공기업의 존재 이유는 다음과 같다.

공기업
공공 내지 행정적 목적을 가지고 국가나 지방공공단체가 출자자가 되어 경영상의 책임을 지는 기업

- 사업이 공공성을 갖는 경우로서 사기업이 담당하게 되면 과당 경쟁이나 독점에 의한 공공성이 위협을 받는 경우(전기, 수도, 통신 등의 사업).
- 국가나 공공단체의 재정수입을 증가시키기 위해 독점적 이익을 취하는 경우(담배, 인삼 등의 사업).

- 사기업의 자본력으로는 투자할 수 없을 때 국가가 수행하는 경우(고속철 사업 등).
- 사회정책상 국민의 생활안정과 국민보건, 실업안정 등의 목적으로 설립 운영되는 경우(사회보험, 주택사업, 국·공립병원 등의 사업).

2. 공사합동기업

공사합동기업
사기업과 공기업의 단점을 배제하고 장점만을 취하려는 목적으로 국가 또는 지방공공단체가 개인 또는 사적단체와 공동출자하여 경영하는 기업

공사합동기업(mixed undertaking)은 사기업과 공기업의 단점을 배제하고 장점만을 취하려는 목적으로 국가 또는 지방공공단체가 개인 또는 사적단체와 공동출자하여 경영하는 기업이다. 국가 또는 지방공공단체가 자본출자를 하지 않을지라도 개인과 함께 기업경영에 참여하는 경우는 공사합동기업이 되지만, 자본만 출자하고 경영에 참여하지 않는 경우는 공사합동기업이라 하지 않는다.

3. 공기업의 문제점

공기업은 사기업에 비해 금융능력이 높고 조세 및 공과금에서 혜택을 받는 경우가 많으며 적자 발생 시 국가로부터 재정지원을 받기 때문에 사회적 책임이 높다. 반면에 다음과 같은 문제점도 있다.

- 정치적 인사행정으로 능력과 무관하게 임직원이 임명되어 조직에 불안정과 불만을 야기시키는 경우가 있다.
- 경영능률이 떨어지고 경영기능에 비해 조직이 비대화되며 관료화될 수 있다.
- 불필요한 시설 확장과 인재 채용으로 낭비적 요소가 많다.
- 행정기관으로부터의 업무지시 때문에 불필요한 보고사무가 많고 2차적 일이 많아진다.
- 국가 또는 지방자치단체의 법령이나 예산에 의해 구속받음으로써 경영활동의 민첩성과 신축성이 떨어진다.

02 기업 인수 · 합병(M&A)

최근 외국계 자본에 대한 논란이 많다. 특히 SK사태의 주역으로 8,000억 원의 차익을 챙기고 떠나 '먹튀'라고 불리는 소버린, KT&G에 대한 적대적 M&A를 시도하고 있는 아이칸, 막대한 차익에 대해 한 푼의 세금도 내지 않아 국세청과 분쟁을 벌이고 있는 론스타 등은 일반인도 이제 이름을 외우고 있는 외국계 펀드다. 이들을 비롯한 수많은 외국계 펀드들에게 외환위기 이후 한국은 노다지를 캐는 황금광산이었다. 뉴브리지캐피털은 제일은행 매각을 통해 1조 1,500억 원의 차익을 남겼고, 론스타도 스타타워 빌딩 및 외환은행 매각으로 5조 원 가까운 돈을 챙길 것으로 추정된다.

모든 외국계 자본을 투기적이라 부르기는 어렵지만 한국에서 단기간에 엄청난 수익을 거둔 것으로 인해 '외국자본=투기자본'으로 인식되고 있다. 물론 투기자본이 나쁜 것만은 아니다. 투기성 강한 외국자본이 없었으면 외환위기 극복에 훨씬 힘이 들었을지 모른다. 국가 부도로 비유되는 외환위기 상황에서 어떤 비투기적 자본들이 커다란 리스크를 지고 한국에 투자했겠는가?

외환위기 이후 계속된 외국계 자본의 활발한 한국 진출은 당시 우리에게 긴요했던 외화 유동성을 보강해주었고, 한국 자본시장의 글로벌화를 크게 진전시켰다. 또한 주주의 중요성에 대해 다시 한 번 생각하게 하였으며 회계 투명성 제고를 통해 우리 기업들의 대외 신인도를 향상시킨 측면도 있다. 더 나아가 최근 소버린, 아이칸 등에 의한 경영권 탈취 위협은 우리 기업들에게 기업가치 제고라는 명제의 중요성을 다시 한 번 일깨워주었으며 지속적으로 기업가치를 높이는 데 힘쓰지 않는 많은 한국 기업들이 향후 주주행동주의를 자처한 기업 사냥꾼들의 표적이 될 수 있다는 점을 보여주었다. 특히 기업가치가 상대적으로 저평가된 기업들이 그 대상이 될 가능성이 클 것이다. 따라서 기업 스스로 자신의 가치가 저평가되었는지, 저평가되었다면 그 이유가 무엇인지를 찾아서 기업가치를 높이기 위한 지속적 노력을 경주해야 한다는 점을 분명히 보여주었다.

하지만 투기적 성향의 외국계 자본은 심각한 문제점을 지니고 있다. 이들의 탈세 여부도 논란거리기는 하지만 이는 법적 테두리에서 해결하면 되는 것이다. 훨씬 우려스러운 것은 우리 기업의 성장잠재력과 경쟁력이 훼손될 수도 있다는 점이다. 투기자본의 압력 때문에 경영진이 장기적 관점에서는 오히려 해로울 수 있는 근시안적인 의사결정을 내리게 된다면 이러한 결과가 나타날 것은 자명하다. 헤지펀드 같은 외국계 자본은 단기차익만을 챙기는 세력이다. 이들은 기업이 경쟁력을 높이기 위해 긴 안목으로 하는 장기 투자에는 큰 가치를 두지 않는다. 따라서 투기성 강한 외국계 자본으로부터의 고배당 및 단기적 주가 부양 압력은 우리 기업의 성장에 상당한 부담으로 작용할 수 있는 것이다.

최근 상장사들이 배당금으로 매년 7조~10조 원을 지출하고 있으며 매년 5조~6조 원을 자사주 매입에 쏟아 붓고 있다는 사실은 시사하는 바가 크다. 주주에게 이익을 돌려준다는 측면에서 배당이 높은 것 자체가 문제가 되지는 않을 것이다. 하지만 높은 배당과 단기적으로 주가를 떠받치기 위한 자사주 매입이 장기적으로 기업가치에 도움이 되는 투자를 희생하고 이뤄진 것이라면 이는 장기적으로 주주, 종업원, 기업 모두에게 오히려 해가 될 수 있는 것이다. 경영권 방어를 위한 자사주 매입 또한 기업의 부담을 높인다는 측면에서 성장잠재력을 갉아먹는 것이다. 이처럼 외국계 자본은 우리 경제와 기업에 득과 실을 동시에 지닌 존재다. 비록 심정적 혹은 국민 정서적으로는 받아들여지지 않는 점들이 있을지라도 이들의 긍정적 역할을 제고시키면서 부정적 측면을 억제할 수 있는 정책적 지혜가 필요한 때인 것 같다. <한국경제>

2.1 기업 인수·합병(Merger & Acquisition)의 의의

M&A(Mergers & Acquisitions)는 기업들이 하나로 합쳐서 단일회사가 되는 기업합병(Merger)과 한 기업이 다른 기업의 자산 또는 주식의 취득을 통해 경

영권을 획득하는 기업매수(Acquisition)를 합친 개념이다.

M&A
기업들이 하나로 합쳐서 단일회사가 되는 기업합병과 한 기업이 다른 기업의 자산 또는 주식의 취득을 통해 경영권을 획득하는 기업매수를 합친 개념

기업매수는 협의로는 피매수기업이 독립된 회사로서 존재할 경우만을 지칭하나, 광의로 두 개 이상의 회사가 법률상 하나의 법인격으로 되는 합병의 경우까지 포함하는 의미로도 사용되며 합병도 실질적으로는 기업매수의 과정을 거쳐 이루어진다. 최근에는 M&A가 넓은 의미로 쓰이고 있어서 기업합병, 기업매수와 금융적 관련을 맺는 합작관계 또는 전략적 제휴 등까지 포함시켜 M&A의 개념으로 보고 있다.

그리고 대내외적인 경제여건의 변화와 소속 산업에서의 치열한 경쟁에 대응하여 지속적으로 변화·적응하여야 하며 끊임없는 성장·발전을 도모하여야 하는 기업의 입장에서는 기존 사업을 바탕으로 매출과 이익을 증대시키고 새로운 투자나 신규사업을 통해 사업을 다각화하여 자산과 사업규모를 확장하는 데 한계가 있으므로 M&A를 통해 타 기업의 주식과 자산을 인수 또는 합병하여 기업규모를 팽창시키는 외적 경로를 통해 성장과 다변화를 추구하게 된다. M&A는 기업전략의 일환으로 이해해야 한다. 다른 회사의 경영권을 확보하기 위해 기업을 사들이거나(인수: 주식, 자산 취득 acquisition) 합병(merger)하는 M&A는 해당 기업의 경영층과 합의에 따라 이뤄지는 **우호적** M&A와 경영층이 반대하는 가운데 주주들을 대상으로 일어나는 **적대적** M&A가 있다.

해당 기업의 경영층과 합의에 따라 이뤄지는 우호적 M&A와 경영층이 반대하는 가운데 주주들을 대상으로 일어나는 적대적 M&A

2.2 M&A의 유형

1. 거래형태에 따른 분류

기업합병

우리나라의 M&A는 기업인수와 기업합병이 전혀 별개의 사건으로 진행되는 반면에, 미국의 M&A는 기업인수와 합병이 구분되지 않고 동시에 진행되는데 대부분 기업합병을 전제로 대상기업을 인수하는 절차를 따른다.

신설합병
기업이 합병하면서 두 기업의 상호 및 법인격 자체가 완전히 소멸되어 새로운 회사를 설립하고 신설회사가 기업의 자산, 부채, 자본을 포괄적으로 승계

❶ **신설합병(consolidations)**: 두 개의 기업이 합병하면서 두 기업의 상호 및 법인격 자체가 완전히 소멸되어 새로운 회사를 설립하고 신설회사가 기업의 자산, 부채, 자본을 포괄적으로 승계하게 된다. 이러한 신설합병은 첫째 회사의 설립절차가 복잡하고, 둘째 법률상 영업의 승계를 받은 자가 명확하지 않고, 셋째 주식 상장이나 인가 등에 번잡성이 있어 잘 선호되지 않는다.

흡수합병
합병 당사 회사 등에서 인수기업이 대상기업의 자산, 부채, 자본 전부를 양도받아 인수합병기업의 상호와 법인격이 남고, 대상기업은 해산하여 소멸

❷ **흡수합병(statutory mergers)**: 합병 당사 회사 등에서 인수기업이 대상기업의 자산, 부채, 자본 전부를 양도받아 인수합병기업의 상호와 법인격이 남고, 대상기업은 해산하여 소멸하게 된다.

기업인수

❶ **주식인수**: 인수기업이나 그 지배주주가 대상기업의 지배주주로부터 직거래를 통해 취득하거나, 불특정 다수의 주주로부터 공개매수 방법을 통해 대상기업의 주식을 취득해 기업을 지배하는 방법으로서 피인수기업이 인수 후에도 인수기업과 독립적인 법인으로 존재하면서, 단지 모자회사나 관계회사와 같은 지배 및 피지배기업의 관계를 맺게 된다.

❷ **자산인수**: 자산인수는 인수기업과 피인수기업의 경영진 간에 영업권 양도양수 계약을 체결해 피인수기업의 주식이 아니라 유형자산을 포함한 영업권을 양수양도함으로써 피인수기업의 주요한 자산 전부 또는 일부에 대해 지배권을 인수하는 방법이다.

기업분할(Sell-offs, Demergers)

대규모 기업은 기업을 둘러싸고 있는 환경의 급속한 변화로 인해 관료적인 조직체제로는 경쟁력을 확보하고 성장해나가는 데 한계가 있기 때문에 복잡하고 다양해지는 시장의 욕구변화에 좀 더 신속하고 적절히 대응하면서 성장하기 위해서 기업을 분할하는 전략을 채택한다. 하나의 기업이 둘 이상으로 분리되거나 일부 주요한 사업부문을 다른 기업에 매각해 기업의 규모를 축소하고, 이를 통해 영위업종에 집중해 특화함으로써 기업 경쟁력을 강화시키려는

기업의 경쟁전략이다.

2. 결합형태별 분류

수평합병(horizontal)

같은 산업에서 생산활동 단계가 비슷한 기업 간에 이루어지는 경우를 말하며 시장점유율을 높이거나 판매력 강화 또는 생산 및 판매를 일원화하기 위해 기업 인수·합병이 이루어진다. 기업의 규모가 일정 규모 이상이 되면 두 회사가 인수나 합병을 계약하고 주주총회의 승인을 받는다.

수평합병
같은 산업에서 생산활동 단계가 비슷한 기업 간에 이루어지는 경우를 말하며 시장점유율을 높이거나 판매력 강화 또는 생산 및 판매를 일원화하기 위해 기업 인수·합병

수직합병(vertical)

한 기업의 생산과정이나 판매 경로상에서 이전 또는 이후의 단계에 있는 기업을 인수하는 것이다. 유통채널 확보 등을 목적으로 하는 전방수직합병과 원자재 확보, 일관된 생산체제 구축 등을 목적으로 하는 후방수직합병이 있다.

수직합병
한 기업의 생산과정이나 판매 경로상에서 이전 또는 이후의 단계에 있는 기업을 인수. 유통채널 확보 등을 목적으로 하는 전방수직합병과 원자재 확보, 일관된 생산체제 구축 등을 목적으로 하는 후방수직합병

혼합합병(conglomerate)

생산이나 판매 면에서 서로 관계가 없는 기업끼리의 결합으로 주로 사업다각화나 인재 확보 또는 자금 조달의 강화나 관리비용의 절감 등을 목적으로 할 때 나타난다.

혼합합병
생산이나 판매 면에서 서로 관계가 없는 기업끼리의 결합으로 주로 사업다각화나 인재 확보 또는 자금 조달의 강화나 관리비용의 절감 등을 목적

3. 거래의사에 따른 분류

인수의사를 가진 기업이 인수 대상기업에 대한 기초 조사, 가치평가 등 사전작업을 모두 마친 후 대상기업의 이사진에게 인수의향과 인수조건 등에 관한 의사를 밝히면 대상기업은 이사회를 열어 인수조건 등을 검토한 후 인수의사에 대한 수용 여부를 결정하게 된다.

국내 기업의 경우에는 적대적이냐 우호적이냐의 구분이 외국의 경우처럼 독립된 이사진의 동의 여부가 아니라, 제1대주주(지배주주)의 의사에 반하는 것

이냐 아니냐로 구분된다.

적대적 합병

대상기업의 경영층이 사전에 인지를 못하는 경우, 인수제의를 거부하고 방어행위에 돌입하는 경우 인수기업은 사전에 수립된 인수전략에 따라 인수작업에 착수한다.

우호적 합병

인수기업이 대상기업의 경영층과 합의하에 합병, 인수조건 등을 수용해 이루어진다.

4. 기업의 인수 · 합병 목적과 동기에 따른 분류

전략적 M&A

기업의 영속적인 발전과 성장을 위해 기업에서 영업적인 측면의 경쟁력 확보를 통해 기업가치를 증대시키고자 하는 M&A이다.

금융적 M&A

기업의 가치를 극대화시키는 방안으로서 영업적인 측면뿐 아니라 재무적인 측면에서도 재무 시너지효과를 이용한 기업가치의 극대화를 목적으로 M&A가 이루어진다.

2.3 기업 인수·합병(M&A)의 동기

일반적으로 기업 인수 · 합병은 다음과 같은 목적, 동기에 의해 시도된다.

새로운 사업 분야에 필요한 경영자원과 핵심역량 취득을 위한 신속한 시장진입, 규모의 경제와 범위의 경제활용, 진입장벽, 공장 신설로 과잉설비 만들지 않고 기존 기업 인수, 해외시장 개척 등의 필요에 의해서다. 이러한 기업 인수 · 합병의 문제점으로는 높은 인수 · 합병 비용, 조직통합의 문제가 야기될 수 있다.

1. 경영전략적 동기

경영전략적 동기
조직성장의 지속화, 경영효율의 극대화, 국제화의 추구, 저평가된 기업의 활용, 첨단기술의 도입

조직성장의 지속화

기업 내부자원의 활용에 의한 성장은 한계가 있으므로 기업의 목적인 지속적인 성장을 위해 경영 다각화나 사업 진출 등 외적성장전략을 모색하고 경영진은 현재의 사업분야보다 수익성이 있는 사업으로 진출하여 지속적인 성장을 도모하게 된다.

경영효율의 극대화

전략적으로 비효율적인 사업부문은 매각하고 기존기업이 보유한 우수한 전문경영인이나 직원, 그리고 유망한 업종을 합병 · 인수하여 경영전략과 재무전략을 사용하면 장기적인 관점에서 기업이익의 극대화가 달성 가능하다.

국제화의 추구

시장, 제품 및 기술의 전 세계적 무한경쟁 추세에 맞춘 사업다각화나 해외 유망 현지 기업과의 M&A로 현지공장 건설, 인재 양성, 시장 개척 등에 소요되는 시간과 비용을 절감할 수 있다.

저평가된 기업의 활용

외부 기업 중 경영자의 능력 부족, 조직의 비능률 및 비효율성 때문에 저평가된 기업이 있는 경우 이러한 기업을 인수하여 우수한 인력을 투입하고 조직을 활성화하여 기업을 성장시킨다면 자원의 효율적 배분 측면에서 매우 유익하며 기업 성장과 발전에 획기적인 계기가 된다.

첨단기술의 도입

현재의 기업경영환경은 기술개발의 속도가 빨라지고 제품의 수명주기가 짧아지기 때문에 기업이 독자적인 연구개발을 통해 시장에서 경쟁력을 유지하고 이익을 실현하기 위해서는 막대한 비용과 시간이 소모되나 우수기술을 보유한 기업이나 첨단기술을 갖고 있는 능력 있는 기업을 인수·합병하면 기술 도입에 효과적이다.

영업적 동기
시장 지배력의 확대, 규모와 범위의 경제적 효과, 시장참여 시간 단축

2. 영업적 동기

시장 지배력의 확대

동종 업종끼리 수평적 결합을 통해서 기존 기업이 보유한 전문경영인, 고객관계, 판매망을 동시에 획득하여 시장구조를 독점화하여 시장점유율과 시장지배력을 강화, 확대함으로써 이익을 증대하는 것을 목적으로 한다.

규모와 범위의 경제적 효과

동종 기업 간의 M&A는 기업 규모의 대형화로 일관된 생산설비 등 생산, 판매와 관련되는 고정생산비와 유통경비 및 판매관리 등 각종 경비를 줄일 수 있는 경제적 효과를 획득할 수 있다.

시장참여 시간 단축

기술 개발속도의 가속화, 산업의 단명화 등에 따라서 신규 사업에 투자하는 것보다 M&A를 통해서 신속히 시장에 진출함으로써 제품의 생산수명과 시장선점의 시간을 단축하는 것이 가능하다.

재무적 동기
위험분산효과, 자금조달능력의 확대, 자본이득의 실현, 조세절감효과

3. 재무적 동기

위험분산효과

현금흐름의 상관도가 적은 두 기업을 합병하면 현금흐름을 보다 원활히 할

수 있게 되고 재무위험이 감소하기 때문에, M&A를 통한 포트폴리오의 위험 분산효과는 급격한 경제환경 변화에 대응하여 기업의 적응력은 높아지게 되고 그 결과 경영위험은 줄어들 수 있다.

자금조달능력의 확대

부채비율이 낮고 기술 가치가 큰 기업을 인수함으로써 규모와 양호한 재무 구조를 활용하여 자금조달능력을 높일 수 있고, 조달에 따른 비용도 절감하게 되어 경영이 호전될 수 있다.

자본이득의 실현

상대적으로 저평가되고 자산이 적절히 이용되지 못하고 있는 기업을 적은 자본과 많은 부채를 동원하여 인수한 후 정상화 절차를 밟아서 경영이 정상화 되어 기업의 현금흐름을 증대시킬 수 있게 되면 재매각으로 큰 자본이득의 실현이 가능하다.

조세절감효과

피인수기업의 입장에서 M&A를 통해서 보유주식을 매각함으로써 상대적으로 적은 양도소득세를 부담하고 보유주식을 현금화하는 것이 가능하므로 상속세, 증여세를 부담하는 것보다 유리할 수 있다.

2.4 기업 인수·합병(M&A)의 기능과 장·단점

1. M&A의 기능

M&A의 순기능

❶ M&A에 의하여 부정직하거나 무능한 경영진을 축출하고 보다 정직하고

효율적으로 회사를 경영할 경영진을 보충함으로써 경영효율이 증대된다.

❷ 경영에 참여하지 못하는 소액주주의 보호 측면이 있다.

❸ 경제적인 산업구조 촉진과 국제경쟁력이 증대될 수 있다.

M&A의 역기능

❶ M&A가 비효율적인 경영진에게 별다른 영향을 주지 못하고, M&A 대상 기업의 선정은 경영진의 취약성보다는 재무적인 요인에 의하여 결정되는 경우가 많다.

❷ 경영진이 회사의 장기적인 발전보다는 단기적인 성과에 의존하게 되고 다액의 현금을 보유한 회사가 M&A 대상이 되기 때문에 현금을 보유하지 않으려는 경향이 있다.

❸ M&A로 인한 인수자금의 조달로 인수회사의 부채가 증가하게 되고 불황에 대한 기업의 대처능력과 대외 경쟁력이 약화된다.

2. M&A의 장 · 단점

M&A는 신규 설립에 비하여 다음과 같은 장 · 단점이 있다.

장점

❶ 시장에의 조기 진입 가능

❷ 기존업계 진입 시 마찰회피와 시장의 지배력 확보

❸ 투자비용의 절약

❹ 위험회피의 기능

단점

❶ M&A로 취득자산의 가치가 저하 가능

❷ M&A 시 필요 인재의 유출, 종업원 상호간의 인간관계 악화 및 조직의 능률 저하 가능

❸ M&A 성공 후 안이한 대처로 인해 기업력의 약화 우려

❹ M&A 소요자금의 외부차입으로 인한 기업의 재무구조 악화 우려

3. 신규 설립 시 장·단점

장점

- 초기 사업입지 선정 및 계획의 융통성
- 투자금액 결정의 유통성
- 기업통제 용이
- 기존 기업이 지닌 문제점 제거
- 사업착수까지의 시간 단축
- 인력, 기술, 경영 노하우의 흡수
- 상품, 브랜드, 영업망 확보
- 시너지효과
- 세제상 이점

단점

- 브랜드 및 영업기반 구축에 상당 시간 소요
- 능력 있는 인력 채용 어려움
- 투자의 안전성 결여
- 기존 업체와의 마찰 야기
- 막대한 인수자금 필요
- 이질적인 문화의 조기 해소 어려움
- 절차의 복잡성

03

적대적 M&A

지난 1997년의 외환위기를 계기로 외자유치와 시장에 의한 경영감시라는 명목하에 외국인의 투자한도와 주식취득에 대한 규제가 풀리면서 자본시장이 전면적으로 개방되었는데, 이후 외국자본의 지분비율이 급증하게 되면서 국내기업들이 적대적 M&A의 위협을 느끼고 있다. 이것은 소버린이나 론스타, 헤르메스와 같은 외국계 투기자본에 의한 경영권 위협사건이나 부적절한 경영간섭사건 등에서 이미 현실화되고 있다.

그럼에도 불구하고 우리나라는 부적절한 M&A로부터 경영권 방어를 위한 수단으로 활용할 수 있는 제도가 마련되어 있지 않은 상황이며, 더욱이 출자총액제한제도, 금융계열사 의결권 제한과 같은 공정거래법상의 규제로 인해 외국자본에 의한 적대적 M&A에 무방비한 상태로 놓여 있기도 하다.

이러한 투기자본에 의한 부적절한 경영권 획득을 통한 기업 인수 시도가 바로 적대적 M&A라고 할 수 있다. 적대적 M&A는 기업 경영에 목적이 있기보다는 투기자본으로 기업을 인수한 후 비싸게 되팔아 시세차익을 노리는 등 기업이나 경제에 악영향이 크다. 적대적 M&A는 비교적 법적제약이 적고 여건이 형성되어 있는 미국 등 선진국에서 가능한 M&A 형태로 인식되어왔으나, 최근 국내에서도 적대적 M&A 사례가 증가하고 있고, 국내 상장 기업들이 적대적 M&A에 많이 노출돼 있다.

3.1 적대적 M&A의 의의

M&A는 merger & aquisition으로 기업 인수・합병을 말한다. 이는 일반적으로 2가지 유형으로 구분된다. 하나는 우호적 M&A이고, 다른 하나는 적대적 M&A이다.

우호적 M&A란 합병을 하려는 회사와 합병을 당하는 회사 간에 합의에 의해서 M&A가 이루어지는 것으로, M&A가 진행되는 과정에서는 커다란 주가의 변동이 나타나지 않는 것이 일반적이다.

반면에 적대적 M&A는 합병을 시도하는 회사가 합병대상 회사의 주주 또는 경영진 몰래 지분을 늘리면서 시도하는 것으로 이는 서로 간에 지분경쟁이 나타나 주가가 상승하는 모습을 보이게 된다. 특히 합병을 방어하는 회사와 합병을 시도하는 회사 간에 지분경쟁이 심하면 심할수록 주가상승은 극명하게 나타나게 된다.

그러나 M&A는 궁극적으로 합병을 통해서 시너지효과를 노리는 것이다. 여기서 말하는 시너지효과란 합병을 통해서 비용절감이 나타날 수 있는가 하는 것이다. 중복되는 두 회사의 조직이 구조조정을 통해 비용절감이 나타날 수 있다면 이는 경영효율을 높일 수 있는 것이 된다. 특히 비용절감은 규모의 경제가 나타남으로써 달성될 수도 있다. 또한 시너지 효과는 서로 다른 분야에 있는 회사들이 합침으로써 사업다각화를 통해서 나타날 수도 있다. 무엇보다 M&A가 진행되는 과정에서 이러한 경영효율을 높이기 위해서 행해지지 못하는 경우 M&A는 기업가치를 떨어뜨릴 수 있다.

결론적으로 본다면 M&A는 그 시도 자체가 중요한 것이 아니라 장기적으로 비용절감이나 효율의 증가로 기업가치가 실제로 증가할 수 있느냐에 초점을 맞춘 분석이 필요하다. 따라서 지금 진행 중인 우리 주식시장에서의 M&A가 적대적이라면 단기간에 주가상승이 가능하다. 하지만 그것이 기업가치를 증대시키는 행위인지는 시간을 두고 파악할 필요가 있다.

3.2 적대적 M&A의 대상

1. 적대적 M&A와 대상기업

적대적 M&A
인수기업이 피인수기업(인수대상기업) 경영진의 동의없이 공개매수, 주식매집, 위임장 경쟁 등을 통하여 경영권을 인수하는 것

적대적 M&A는 인수기업이 피인수기업(인수대상기업) 경영진의 동의없이 공개매수, 주식매집, 위임장 경쟁 등을 통하여 경영권을 인수하는 것을 말하며, M&A가 활성화되면 부실기업이 정리되고 우량기업 중심으로 기업의 구도가 재편된다. 경영전략상 매력이 있는 기업이나 주가가 저평가되어 매수의 채산성이 좋은 기업 그리고 주식을 용이하게 매집할 수 있는 기업이 그 대상이 된다.

일반적으로 다음과 같은 요건을 갖고 있는 기업이 **적대적 M&A의 대상**이 된다.

❶ **자산을 많이 보유하고 있으나 저평가된 기업**(토빈의 q비율이 낮은 기업)

경영이 부실해 자본 수익성이 낮은 모든 상장기업이 M&A의 대상이 될 수 있으며 또한 그 특징은 기업의 규모가 아니라 투자수익률의 문제이다. 현실적으로 보았을 때 M&A의 대상기업은 특정기업이 자신의 본질가치를 주가에 반영하지 못하는 기업, 즉 주가가 저평가된 기업이 될 것이다. 이와 같은 저평가된 기업을 인수했을 때 높은 투자수익률을 올릴 수 있으므로 적대적 인수·합병을 시도하게 된다.

❷ **주가수익비율(PER)이 낮은 기업**

두 개의 기업이 동일한 업종에 속하면서 재무구조가 비슷하고 기업의 위험성과 수익성이 유사하다면 기업의 가치도 비슷해야 하기 때문에 주가수익비율(Price Earnings Ratio: PER)이 비슷하게 나타나야 하지만 현실적으로 유사한 기업이라도 PER의 수치가 각양각색으로 나타난다. 일반적으로 업종별로 대체적인 평균 PER의 수준이 정해지며 그보다 낮은 기업은 상대적으로 투자가치가 높으므로 M&A의 대상이 된다.

③ 현금흐름이 풍부하면서 저평가된 기업

현금흐름이 풍부하면서 저평가된 기업은 주요 M&A의 대상이 된다. 차입매수의 경우 인수기업은 인수한 후에 차입금의 이자와 원금을 상환하는데, 주로 대상기업에서 창출되는 현금흐름이나 불필요한 자산을 매각해 그 자금을 상환한다. 그리고 차입금 원금을 전액상환하고 나면 그야말로 인수자의 투자가치만 남게 되므로 이를 통해 자본차익을 얻는다. 이처럼 자산가치가 우량한 기업과 함께 현금흐름에 비해서 저평가되어 있는 기업은 매력적인 적대적 M&A의 대상이 된다.

④ 내부 유보율이 매우 높은 기업

내부 유보율이 높은 기업은 내부 원천자금도 풍부하고 부채비율이 매우 낮은 경우가 대부분이다. 그런데 내부 유보율이 높은 기업이 풍부한 내부 자금으로 현재의 자기자본 비용만큼 수익성을 내지 못하면 시장에서 주가가 저평가되기 때문에 이 또한 좋은 적대적 M&A 대상이 된다.

⑤ 지분분산이 우량한 기업

특정 주주가 매우 높은 지분을 보유하고 있지 않은 기업은 투자의 경제성에 문제가 없다면 적대적 M&A 대상이 된다. 대주주 간 내분 가능성이 있는 기업이나 지분경쟁 가능성이 있는 기업은 기업인수의 대상이 될 수 있다.

⑥ 성장업종에 속하는 기업

최근 M&A 대상으로 가장 각광받고 있는 업종은 첨단기술 관련 업종으로서 이들 업종은 기업이 더욱 성장 발전하기 위해서는 필수적으로 진출해야 하는 업종으로 간주되고 있다. 그러나 이들 업종은 제품 수명주기가 짧음으로 해서 계속적인 신제품을 개발해야 하는 부담이 있으나 신규 진출로는 힘들고 또한 시장 독점력이 높아서 초기의 시장선점이 중요하기 때문에 해당 시장이 포화되기 전에 신속히 진출하려 하므로 적대적 M&A의 가능성이 높다.

⑦ 진입장벽이 있는 업종의 기업

정부의 보호 아래 진입제한이 있는 업종에 진출하려는 것은 국내 M&A의 대표적인 동기로 들 수 있다.

❽ 가치 있는 무형자산을 보유한 기업

오랜 기업 운영으로 상표가치(브랜드 파워), 유통망에 대한 가치 등의 무형자산이 축적되어 있는 기업은 M&A의 가치가 있는 기업이다.

❾ 양호한 자회사를 많이 보유한 기업(지주회사 등)

국내 상장기업의 소유구조는 주식의 교차 소유로 수직적인 모자회사 관계를 형성하고 있는데 이런 형태에서 모회사를 인수한 후 자회사를 매각해 자본차익을 실현시킬 수 있다.

3.3 적대적 M&A의 주요 공격방법

1. 공개매수(Take Over Bid, Tender Offer: TOB)

공개매수 전략은 불특정 다수를 상대로 유가증권 시장 외에서 매수청약을 하거나 매도청약을 권유하여 유가증권을 매수하는 것이다. 인수기업이 인수하고자 하는 대상기업의 불특정 다수 주주를 상대로 장외에서 일정한 특정가격으로 매도하라고 권유하는 것을 말한다. 적대적 M&A의 속성상 가장 흔히 쓰는 방법이다. **공개매수**는 선진국에서 보편화된 적대적 M&A 방법으로 일정기간 동안 일정한 가격으로 원하는 수량의 주식을 매수하는 합법적인 주식 매집방법이다. 우리나라의 증권거래법에서는 공개매수 절차와 방법에 대한 규정을 두고 있다.

공개매수
일정기간 동안 일정한 가격으로 원하는 수량의 주식을 매수하는 합법적인 주식 매집방법

2. 시장 매집(Market Sweep)

공개매수가 공개적으로 단기간에 특정주식을 장외에서 매수하는 제도인 반면, **시장매집**은 장내시장인 주식시장을 통해 목표주식을 비공개적으로 원하는 지분율까지 지속적으로 매수해 나가는 전략이다. 시장매집은 공개매수에

시장매집
장내시장인 주식시장을 통해 목표주식을 비공개적으로 원하는 지분율까지 지속적으로 매수해나가는 전략

비해 상대적으로 장기간에 걸쳐 이루어진다. 그리고 매집을 통하여 매집자(인수기업)는 여러 가지 다른 전략을 구사하게 된다. 시장매집을 사용할 경우 가장 중요한 것은 대주주가 눈치를 채지 못하도록 얼마나 은밀하게 주식을 매집하여 지분율을 높이는가 하는 것이다. 저가로 주식을 사들이기 위해서는 특히 대상기업의 주식을 사들이고 있다는 것을 철저히 비밀로 하는 것이 중요하다.

이때 통상적으로 시도되는 것은 주변의 우호적인 투자자 또는 기업들과의 사전협의와 이에 따른 공동 분산 매수전략이 필요하다. 그 이유는 어느 한 투자자 또는 기업이 계속해서 매집하는 경우에는 전략이 쉽게 노출되기 때문에 가능한 많은 협조적 투자자를 통해 일정한 수준에 이르도록 해야 하기 때문이다. 지분 5% 이상 취득 시 5% Rule에 따라 공시의무를 두고 있어 정보가 누출되기 때문이다.

3. 위임장 대결(Proxy Fight)

대량의 주식 취득 및 공개매수는 대규모 자금을 동원하여 많은 주식을 매수함으로써 기업 지배권을 확보하는 방법이다. 그러나 단 한 주의 주식도 소유하지 않고도 지배권을 확보할 수 있는 방법이 바로 **위임장 대결**(proxy fight)전략이다. 이는 주주총회에서 의결권 위임장을 다수 확보함으로써 기업의 지배권을 확보하는 방법이다.

위임장 대결
주주총회에서 의결권 위임장을 다수 확보함으로써 기업의 지배권을 확보하는 방법

의결권 위임장(proxy)은 의결권의 대리행사를 위해서 주주총회에 제출하는 대리권 증명 서면을 말한다. 목표기업의 경영권을 확보하기 위해서는 결국, 주주총회의 의결을 거쳐 매수자(인수기업)가 원하는 이사회의 임원을 선임하는 것으로 귀결된다. 공개매수나 시장매집은 주주총회에서 최대주주로서 의결권을 행사하기 위한 의결권주식의 확보방법이라 할 수 있다. 따라서 경영권 확보를 위해서는 반드시 적대적 M&A를 시도하는 자가 임원선임에 필요한 지분율을 모두 가지고 있을 필요는 없다. 불특정 다수의 소액투자자 또는 몇몇 주요 주주가 M&A 추진자의 경영권 확보 노력에 협조해준다면 막대한 자금을

표 4-3 공개매수·시장매집·위임장 대결 비교

구분	공개매수	시장매집	위임장 대결
특징	일정한 기간 동안 일정한 가격으로 원하는 수량의 주식을 매수하는 합법적인 주식매집 방법	주식시장을 통해 목표 주식을 비공개적으로 원하는 지분율까지 지속적으로 매수해 나가는 전략	소유 지분율이 아니라 다수의 주주로부터 의결권 행사 위임장을 확보하여 M&A를 추진하는 전략
장점	단기간에 원하는 수량의 지분 확보 가능 매수자금 예측이 가능하고, 매수의 투명성	은밀한 진행 가능 주식시세에 따라 탄력적 매수 가능	상대적으로 소규모 자금 공개적 여론 조성
단점	선전포고 효과로 인해 기존 경영진의 방어 및 대응전략을 구사할 수 있는 기회 제공 상대적으로 고가 매수	장기간 소요 위법성 및 비도덕성 시비 5% Rule	목표기업의 확실한 내부 정보 필요 불완전한 경영권 확보

동원하여 주식을 매수하지 않고도 주주총회에서 매수자가 원하는 방향으로 이사회임원을 교체할 수 있다. 즉, 적대적 M&A 추진자는 주주총회에서 영향력을 행사할 수 있는 최소한의 지분만을 확보한 후, 주요주주 및 일반 소액주주들을 설득하여 주주총회 의결권 행사에 대한 위임을 받아 주주총회에서 자신의 의결권과 위임받은 의결권을 이용하여 의안결정을 통제할 수 있게 된다. 그리고 이처럼 소유 지분율이 아니라 다수의 주주로부터 주주총회에서의 의결권 행사 위임장을 확보하여 M&A를 추진하는 전략을 위임장 대결이라 한다. 위임장 대결은 대체로 대주주 지분율이 낮거나 지분 분산이 잘된 기업 또는 지분분쟁이 있는 기업에서 많이 발생한다.

4. 적대적 M&A 시 기타 일반적으로 쓰는 방법

그린메일
특정기업의 일정지분을 장내에서 사들인 뒤 경영권을 가진 대주주를 협박하거나, 장외에서 비싼 값에 되파는 수법. 재무적 이득을 취함이 주목적

❶ **그린메일(Green Mail)**: 특정기업의 일정지분을 장내에서 사들인 뒤 경영권을 가진 대주주를 협박하거나, 장외에서 비싼 값에 되파는 수법으로, 이런 사람을 그린메일러(green mailer)라고 한다. 기업 경영권 확보가 목적이 아닌 재무적 이득을 취함이 주목적이나 경우에 따라서는 경영권을 탈취할 수도

있다.

❷ **지분 감추기(Parking)**: 우호적인 제3자를 통해 지분을 확보하게 한 뒤 주주총회에서 우세한 의결권을 기습적으로 행사하여 경영권을 탈취한다.

❸ **차입매수(Leveraged Buy Out: LBO)**: 금융기관 등으로부터 돈을 빌려 인수대금의 대부분을 조달하는 방법으로, 대상기업의 경영자가 회사자산을 담보로 제공하는 등 주로 우호적 M&A(특히 MBO)에서 많이 쓰이나 적대적 M&A의 경우에도 사용된다.

차입매수
금융기관 등으로부터 돈을 빌려 인수대금의 대부분을 조달하는 방법

❹ **토요일 밤의 기습작전(Saturday Night Special)**: 미국에서는 토요일 저녁시간대에 방송매체를 통해서 공개매수를 선언하여 방어할 틈을 주지 않는다.

토요일 밤의 기습작전
토요일 저녁시간대에 방송매체를 통해서 공개매수를 선언

3.4 예방적 M&A 방어전략

1. 경영관리차원의 예방

❶ **경영성과의 개선**: 방어전략의 기본은 건전하고 성공적인 경영을 통하여 회사의 가치를 극대화시키는 데 있다. 최선의 경영노력과 경영전략목표의 설정, 합리적 경영방침으로 회사의 비전을 제시하고 인력 및 기술개발 등으로 경쟁력을 강화하여 회사의 실적을 향상시키는 데 노력함으로써 경영진 교체 등의 명분을 주지 않는 전략이다.

❷ **주식감시체제의 강화와 내부 전임자 배치(shark watcher)**: 기업이 평소 주식시장에서 자사주식이 거래되는 양태를 감시함으로써 사전에 적대적인 공개매수 가능성을 확인하는 것으로, 자사주식을 보유한 주주의 지분변동사항이나 비정상적인 매매행위 발생 등을 감시하고 확인함으로써 실제로 공개매수가 들어올 경우에 대비해 사전에 정보를 확보해두는 전략이다.

❸ **투자홍보 및 우호적 주주관계 유지(IR)**: 기업의 주가가 내재가치에 비해 현저히 저평가되는 경우는 적대적 인수·합병의 대상이 될 수 있으므로 기업의 사업 내용이나 성장전망에 대해 외부 투자가에게 적극적으로 알리고 관심을 유발할 필요가 있다.

❹ **회계관리 기법의 변경**: 일반적으로 인정된 회계원칙에 따라 기업은 보수주의 회계원칙을 채택하는 것이 일반적이나 이러한 회계처리방법을 바꾸어 기업의 가치를 재무제표상에 제대로 표시해 주가를 상승시키는 것이다.

2. 정관변경을 통한 예방(주주총회의 승인사항)

황금낙하산
고용 계약상 다액의 금전적, 비금전적 보상을 규정하여 매수제의 측의 매수비용을 증가시키는 적대적 M&A 방어 방법

❶ **황금낙하산**(golden parachute), **주석낙하산**(tin parachute): 대개 기업이 인수되면 대상기업의 경영진 및 중간관리자 또는 일반 직원들도 임기 전에 퇴직해야 하는 경우가 발생하는데 고용 계약상 다액의 금전적, 비금전적 보상을 규정하여 매수제의 측의 매수비용을 증가시키는 방법이다. 매수기업의 적대적 M&A로 경영진이 퇴임할 경우 통상적인 퇴직금 이외에 현금이나 주식매입선택권(stock option) 등을 규정 이상으로 지급한다거나 남은 임기 동안의 상여금 지급 등을 보장하는 계약을 말한다.

이러한 계약을 회사정관에 설정하여 매수자의 매수부담을 증가시키려는 것이 황금낙하산 전략이다. 임원뿐만 아니라 직원에게도 이러한 규정을 보장하는 계약을 **주석낙하산**이라 한다. 경영자에게 장기근속과 과도한 혜택을 부여하는 수단으로 악용될 가능성도 있다는 것이 문제점이라 볼 수 있다.

주석낙하산
임원뿐만 아니라 직원에게도 이러한 규정을 보장하는 계약

의결정족수 특약
특별결의보다 더 높은 정족수의 찬성을 얻도록 하는 특별다수결 내용을 정관에 규정

❷ **의결정족수 특약**(super majority provision): 회사의 주요 사항을 결정할 때는 주주총회에서 특별결의를 요구하는데, 우리나라에서의 특별결의는 주주총회 출석주주의 3분의 2와 발행 주식총수의 3분의 1 이상의 찬성을 필요로 한다. 그런데 적대적 M&A로 인한 이사진의 교체 등 지배권 변동에 관한 사항의 경우 특별결의보다 더 높은 정족수의 찬성을 얻도록 하는 특별다수결 내용을 정관에 규정하면 회사의 경영권의 장악이 어렵게 된다. 특별다수결 규정은

M&A에 관한 사항, 이사의 선임에 대한 주주총회의 결의, 그 외에 중요한 안건에 대하여 통상의 안건보다는 더 많은 수의 지지를 얻지 않으면 결의할 수 없도록 하는 조항을 말한다.

❸ **차등의결권주식의 발행**: 주식의 종류별로 의결권 수에 차등을 두는 것으로 '1주당 1의결권' 원칙의 예외를 인정하는 것이다. 경영권을 가지고 있는 대주주의 주식에 대해 보통주보다 많은 의결권을 주는 것이 보통이다. 현행 우리나라 상법은 주주평등의 원칙에 따라 1주에 1개의 의결권만을 부여하고 있고, 이는 정관상으로도 변경할 수 없으므로 차등의결권 부여가 불가능하다. 차등의결권 주식은 스웨덴, 핀란드, 덴마크 등 북유럽에서 적대적 M&A 방어수단으로 사용되고 있다.

차등의결권주식의 발행
주식의 종류별로 의결권 수에 차등을 두는 것으로 '1주당 1의결권' 원칙의 예외를 인정

※황금주: 특정 주식에 자산 처분, 경영권 변동 등의 주요 의사결정 사항에 대한 거부권을 부여하는 것이다.

❹ **이사임기 교차제(staggered boards)**: 이사진의 임기만료가 서로 교차되게 함으로써 적대적 인수자가 많은 주식을 매입하더라도 일시에 기업지배권을 획득하지 못하게 하는 방법이다. 이사진의 임기를 분산시켜 선임함으로써 매수기업이 과반수의 주식을 매수하였다 하더라도 이사 모두를 교체할 수 없도록 하여 기업의 경영권 장악을 지연시키는 방법이다.

이사임기 교차제
이사진의 임기만료가 서로 교차되게 함으로써 적대적 인수자가 많은 주식을 매입하더라도 일시에 기업지배권을 획득하지 못하게 하는 방법

3. 지분확보(우호 지분포함)를 통한 예방 전략

기업의 경영권 안정을 위해서는 과반수 이상의 안정 의결권의 확보가 가장 안정적이나 대주주의 자금력의 한계로 과반수의 의결 정족수 확보가 어려울 경우 우리사주 조합, 은행, 투신 등 우호적 기관투자자 지분을 늘리도록 하여 안정지분을 유지하도록 하며, 자사주 매입을 통한 지분 확대나 전환사채, 신주인수권부사채 등을 발행, 보유하여 주식전환을 통한 지분확대가 가능하도록 한다. 구체적인 방안으로는 상환주식의 발행, 우호적인 제3자의 활용, 우리사주조합의 활용(ESOP), 전환사채 또는 신주인수권부사채의 발행, 자사주의 취득 등이 있다.

4. 독소증권의 발행(poison pill plan)

독소증권의 발행
적대적 M&A가 있을 때에는 대상기업의 독소증권을 보유한 주주에게 특별한 권리를 부여해 이를 행사하게 함으로써 인수자로 하여금 적대적 M&A를 포기하도록 유도하는 방법

적대적 기업인수·합병(M&A)에 대한 방어전략의 일종으로 적대적 M&A가 있을 때에는 대상기업의 독소증권을 보유한 주주에게 특별한 권리를 부여해 이를 행사하게 함으로써 인수자로 하여금 적대적 M&A를 포기하도록 유도하는 방법이다. 즉 특정기업을 상대로 적대적 인수 시도가 있을 경우 배정된 우선주의 의결권을 부활시키거나 기존 주주들이 저가에 할인된 신규발행주식을 매수토록 하여 공격 세력의 지분율을 낮추는 방어전략이다. 독소증권은 적대적 M&A 시도에 봉착한 회사 주주들이 특별 권한을 행사하는 등 각종 비용지출을 늘림으로써 공격자 측이 기업매수에 성공해도 오히려 손해를 볼 수도 있다는 판단이 들도록 유도, 적대적 M&A 시도를 포기토록 한다.

5. 기타 방어전략

❶ **계약적 장애의 설치(poison puts)**: 기업이 금융기관으로부터 부채를 조달할 경우 금융기관은 대상기업에 대해 재무적 제한 조항을 삽입하는 경우가 많은데 이때 대출조건으로 자신의 기업이 비우호적인 제3의 적대적 인수자에게 인수될 시 즉시 원리금을 상환하기로 하는 등의 조항을 삽입하는 방법이다.

❷ **그린메일(greenmail)과 불가침 협약(standstill agreement)의 체결**: 매수기업이 적대적인 M&A를 시도하고자 할 때 이에 대하여 수동적인 입장에서 매수기업에게 일정한 대가를 지불하고 더 이상의 매수시도를 하지 않도록 할 수 있다. 이때 발생하는 것이 그린메일(greenmail)과 불가침 협정(standstill agreement)이다.

그린메일
잠재적인 기업 매수자들이 대상기업의 주식을 사전에 매입하여 확보한 주식을 M&A를 포기하는 조건으로 일정한 프리미엄을 주고 재매입함으로써 매수시도를 방어하는 전략

그린메일(greenmail)이란 잠재적인 기업 매수자들이 대상기업의 주식을 사전에 매입하여 확보한 주식을 M&A를 포기하는 조건으로 일정한 프리미엄을 주고 재매입함으로써 매수시도를 방어하는 전략을 말한다. 실제로 매수기업은 매수 대상기업의 경영권을 획득하는 것을 최종 목표로 하지 않고 그린메일을 통해 매매차익을 얻으려고 주식을 매집하는 경우가 많이 있다.

매수대상기업이 매수기업에게 지급하는 것을 그린메일이라고 하면 이에 대하여 매수기업이 일정한 기간 동안 매수대상기업에 대한 M&A를 하지 않겠다고 약정하는 것을 **불가침 협정**(standstill agreement)이라고 한다. 그러나 이러한 불가침 협정을 체결하는 방법은 그린메일을 목적으로 하는 M&A의 경우에 대하여서는 효과적인 방어전략이 되지만 실제로 경영권을 획득할 목적의 매수기업에게는 효과가 없다. 그린메일러(green mailer)의 요구로 프리미엄부 환매를 할 경우 그린메일러가 특정 기간 동안 대상기업의 주식매입을 금지하는 협정으로서 대상기업의 경영진과 우호적인 관계를 맺고 있는 투자가에게 좋은 조건으로 주식을 발행해 인수하게 하고, 아울러 우호적 투자가는 추가적으로 대상기업의 주식을 특정 기간 동안 매입하지 않으며, 적대적 인수시도가 있을 경우 현재의 대상기업 경영진에게 의결권을 위임한다는 협정을 체결하기도 한다.

불가침 협정
매수기업이 일정한 기간 동안 매수대상기업에 대한 M&A를 하지 않겠다고 약정하는 것

3.5 사후 M&A 방어전략

1. 기본적인 대응

❶ **여론호소 전략**: 매수기업의 매수행위가 도덕에 어긋나면 기업윤리에 위배된다거나 기업이나 국가의 경제발전에 전혀 도움이 되지 않는 행위라는 것을 부각시키는 것이다. 또한 기업의 근로자나 국민, 지역여론에 호소함으로써 사회적인 문제로 확대시키는 방법도 있다.

❷ **공개매수에 대한 반대의사 표시**: 우리나라의 증권거래법에서는 인수기업은 공개매수를 하게 될 경우 대상기업의 이사진에게 공개매수 사실과 내용을 알려야 한다. 그리고 대상기업의 이사진은 적절한 절차에 따라 공개매수에 대한 반대의견을 표시할 수 있는데 이사진이 반대의견을 발표하는 대신 대상기업의 노동조합이나 직원이 적극적으로 반대의사를 표시하도록 하는 방법이다.

이는 여론에 호소하는 대외적인 공시효과를 가질 수 있어서 일반 개인 투자자들에게 호응을 얻어낼 수 있다.

❸ **매수제의 측과의 교섭**: 매수제의 측의 매수의도를 파악하여 매수가 주식매매 차익인 경우 매수제의 측이 매입한 주식을 일정 프리미엄을 더하여 재매입하는 등의 대응을 한다(green mailer의 경우).

2. 지분매수 저지를 위한 대응

❶ **고주가 전략**: 기업의 시장가치인 주가가 저평가되고 있다면 단순한 매매차익을 겨냥하는 투자자뿐만 아니라 관련 기업들이나 인수전문가들이 공격적인 투자를 시도할 것이기 때문에 적대적 M&A에 대한 최선의 방어전략은 기업가치인 주가를 높게 유지하는 것이다. 주가가 과소평가되어 매수대상 기업이 된 경우 배당률을 높이고, 주가상승이 기대되는 재료를 발표하여 주가를 상승토록 하여 매수 측의 매수비용을 증대시킨다.

❷ **자기주식의 취득(자사주 취득, 자기공개매수)**: 자기주식취득이 적대적 M&A에 대한 방어전략이 되는 이유는 적대적 M&A를 시도하려는 기업으로 하여금 매수대상기업의 주식확보를 어렵게 만들고 발행주식 수도 감소되어 자연히 대주주의 지분율을 상승시키는 효과를 얻을 수 있다. 또한 자기주식취득으로 매수대상기업의 주식매수 수요가 증가됨으로써 주가를 상승시켜 매수비용을 증가시키기도 한다. 인수대상 기업이 공개시장에서 자기 주식을 취득하거나 아니면 자사주에 대한 공개 매수 등을 통해서 적대적 M&A에 대응할 수 있다. 그러나 현행법상 취득한 자사주는 의결권에 제한을 받게 된다. 그리고 기업이 자사주 펀드나 특정금전신탁을 통해서 자사주를 매입할 수 있는데 이는 자사주의 취득과는 달리 의결권을 갖는다. 현재 정부에서는 공모펀드 등을 통한 M&A 활성화시책을 내놓고 있다.

❸ **역공개매수 전략(pac man defense)**: 적대적 인수기업이 공개매수를 할 때 여기에 맞서 대상기업이 오히려 적대적 인수기업을 대상으로 공개매수를 실시함

으로써 방어하는 전략이다. 예를 들면 역공개매수는 A회사가 B회사에 대하여 공개매수를 시도할 경우에 B회사도 A회사를 대상으로 역으로 공개 매수하는 방법이다. 이러한 역공개매수는 몇몇의 우호적인 기업들이 있는 경우에는 효과적인 방어전략이 될 수 있다.

❹ **상호주식 보유**: 적대적 인수기업이 자신의 기업에 대해 공개매수를 할 때 공개매수가 종료되기 이전 또는 공개매수 결과 인수기업이 대상기업의 주식 40% 미만을 취득한 경우, 대상기업이 신속히 적대적 인수기업의 주식 10% 이상을 취득해 방어하는 방법이다. 상호간에 10% 이상의 주식을 보유할 경우에는 상호주식 의결권이 제한되므로 적대적 인수기업은 대상기업에 대해 의결권을 행사할 수 없다.

❺ **공개매수가격 상위유지 전략**: 공개매수 가격 상위유지전략은 공개매수 청약기간 동안 주가를 공개매수 가격보다 높게 유지함으로써 주주들로 하여금 청약에 의하지 않도록 하는 방법인 것이다. 일반주주들의 입장에서는 굳이 공개매수 가격보다 높은 가격으로 유지되는 경우에 공개매수에 응할 필요성을 느끼지 않게 되는 것이다. 다만 주주들은 공개매수 기간이 끝나 후에는 다시 상당히 하락할 것을 염려하여 공개매수에 응할 수도 있다. 따라서 효과적인 방어전략이 되기 위해서는 공개매수 가격보다 훨씬 더 높게 형성되도록 하는 것이 필요하며 또한 공개매수 기간이 끝나더라도 그 이상 유지될 수 있다는 가능성을 제시해야 할 것이다.

❻ **백기사 전략(White Knight)**: 적대적 인수기업의 공개매수가 진행되는 동안 대상기업의 경영진이 방어를 위해 동원 가능한 방법을 사용했음에도 불구하고 효과가 없을 때 공개매수 가격을 올릴 목적으로 대상기업과 우호적인 관계를 유지하고 있는 제3자에게 대상기업을 인수해줄 것을 요청해 적대적 M&A를 방어한다. 사실상 우호적 제3자에 대한 매각방안이다.

❼ **화이트 스콰이어 전략(white squire)**: 대상기업의 경영진에게 우호적인 관계를 맺어 적대적인 인수시도가 들어올 때 경영진의 편을 들어주는 투자자

에게 양호한 조건으로 주식을 대량 발행해 우호적인 지분을 늘리고 적대적 인수기업의 지분을 상대적으로 희석화시킴으로써 방어한다.

❽ **경영진 또는 종업원의 차입매수**: 만일 적대적 인수자가 대상기업의 가치보다 낮은 가격으로 공개매수를 할 때 이를 물리칠 수 있는 특별한 방어책이 없을 경우에는 경영진이 금융기관 등으로부터 자금을 차입해 경쟁 공개매수를 통해 적대적 M&A를 방어한다.

3.6 우리나라의 적대적 M&A 방어전략의 최근 추세

1. 자기주식매입과 자사주 상호보유

국내 기업들이 의존하고 있는 주요 M&A 방어책은 자사주 매입이다. 포스코의 적대적 M&A 위협 가능성이 높아지자 포스코와 현대중공업이 이러한 자사주 1% 맞교환을 하였다. 포스코가 국내에서는 유례가 없는 '자사주 맞교환'이라는 카드를 빼든 것은 단순한 사업적 제휴를 넘어 현대중공업을 확고한 백기사로 삼기 위한 전략에 따른 것이다. 현행법상 의결권이 없어 M&A 방어책으로 실효성이 떨어지는 자사주를 처음으로 우호세력에 넘겨 의결권을 살림으로써 유사시에 대비하는 방법이다. 이러한 자사주 상호보유 방식은 적대적 M&A 방어목적 외에도 원료공급선의 원활한 확보 전략적인 목표를 동시에 추구하고 있다.

2. 초다수의결제와 황금낙하산제의 도입

적대적 M&A의 방어수단을 정관에 반영하는 코스닥 기업도 증가하고 있다. 코스닥상장법인협의회는 코스닥상장법인 927개사를 대상으로 조사 결과 초다수결의제를 도입한 회사는 2007년 112개(전체의 12.1%)로 지난해 66개사(7.5%)와 2005년 22개사(2.6%)에 비해 대폭 늘었다. 초다수결의제는 M&A 등

안건 의결 시 주주총회에서의 가결요건을 매우 어렵게 하는 것으로 적대적 M&A를 막는 제도다.

황금낙하산제는 적대적 M&A로 인해 퇴임하는 이사에게 거액의 퇴직금과 보수 지급을 명시해놓아 기업의 인수비용을 높이는 것이다. 또한 적대적 M&A 세력이 이사회 장악을 막기 위해 이사 수의 상한을 둔 회사도 603개사에 달하고 있다.

3. 포이즌 필(poison pill)과 차등의결권주식 제도 도입 검토

포이즌 필, 차등의결권 주식 도입을 포함시킨 상법 개정안은 적대적 M&A에 대한 '독약처방(Poison Pill)'으로 이사회 결의만으로 공개매수자 이외의 주주에게 신주를 대량으로 저가에 발행할 수 있도록 했다. 상법이 개정되면 기업이 적대적 M&A 위험에 노출될 경우 이사회를 소집하여 미리 정한 가액으로 주식을 매수할 수 있는 권리(신주예약권)를 대주주 등에게 부여할 수 있게 된다. 미국의 경우 GE 등 S&P 500대 기업 중 55%가 이 제도를 도입했다. 일본은 2005년 발표한 적대적 M&A 방어책지침에서 신주예약권 발행을 이용한 포이즌 필을 삽입시키고 있다.

또한 우호주주에게는 보통주식보다 의결권이 더 많은 주식을 발행할 수 있게 하는 차등의결권주식제를 도입토록 했다. 1주에 의결권 2개 이상을 부여하는 차등의결권 주식은 S&P 500대 기업의 7% 정도가 도입한 것으로 추정된다. 포드와 버크해서웨이도 차등의결권 주식을 규정해놓고 있다. 스웨덴 기업의 55%, 핀란드 기업의 36%, 덴마크 기업 33% 등 북유럽 기업들에서도 차등의결권 주식을 도입하고 있다.

4. 국가기간산업보호법 도입여부

미국의 엑슨-플로리어법(Exon-Florio)은 미국이 시행하고 있는 대표적 국가기간산업보호법으로 외국의 기업이 자국 관련 기업을 적대적 M&A를 하려 할 때 국가가 승인 여부를 결정하는 제도다. 정부가 다소 부정적 입장을 표명하고 있기는 하나, 공청회를 거듭하면서 포스코처럼 외국기업의 적대적 M&A 가능성에 노출된 국내 기간산업들을 보호하기 위한 수정된 한국판 엑슨-플로리오법이 등장할 수도 있다.

M&A 불균형 심화

현재 우리나라의 M&A제도는 공격자에게 일방적으로 유리한 상황으로 글로벌 스탠더드와도 많은 차이를 보이고 있다. 미국형으로 대표되는 M&A제도는 공격자에 대한 규제가 적은 반면, 차등의결권, 포이즌 필 등 다양한 방어제도를 도입하고 있을 뿐만 아니라, 국가안보 차원에서 외국자본의 적대적 M&A 시도를 조사하고 대통령이 철회할 권한을 갖는 이른바 Exon-Florio법까지 가지고 있다. 영국형의 경우는 30% 의결권 지분 취득 시 잔여주식 전체를 의무공개매수토록하여 강력한 매수 규제를 하고, 대신 경영권 방어행위는 엄격히 제한을 두고 있다.

우리나라는 공격자에 대한 태도는 자유로운 미국형을 따르고 방어제도는 제한되는 영국형을 따르는 등 전 세계에서도 유래가 없는 불균형적인 제도를 가지고 있다고 평가할 수 있다. 특히 일본의 경우도 우리나라와 비슷한 상황이었으나 최근 회사법 개정을 통해 황금주, 포이즌 필 등 다양한 경영권 방어제도를 도입하였음을 주목해야 한다.

북미, 유럽, 일본 등은 다양한 경영권 방어제도를 보유하고 있음에도 전 세계 M&A시장의 89%를 차지하고 있음을 볼 때 다양한 경영권 방어제도가 M&A를 위축시킨다는 주장은 설득력이 없는 것으로 판단되며, 적절한 방어제도의 도입은 투기자본을 통제하는 순기능 역할이 가능할 것이다. 이를 위해 소액주주 보호와 경영권 방어가 동시에 가능한 유럽식 의무공개매수제도의 부활, 차등의결권 주식의 발행 허용, M&A 대상기업의 가치를 올려주면서 경영권 방어의 수단이 되는 포이즌 필 등의 다양한 경영권 방어제도가 검토돼야 한다.

적대적 M&A 활성화 제도

주식의 대량취득제한제도 폐지

1994년 1월 5일 이전에는 상장법인이 발행한 주식은 누구의 명의로 하든지 자기계산으로 당해 유가증권이 상장된 당시에 총발행주식의 10% 이상을 소유한 주주는 그 소유비율을, 그 외의 자는 총발행주식의 10%를 초과하는 소유를 금지하였다(증권거래법 제200조).

1994년 1월 5일 상장주식 매매거래의 자율성을 높이기 위해 동 제도를 폐지하고, 시행일(1997.4.1)까지 3년의 유예기간을 부여했다. 이러한 경영권 보호조항이 폐지됨에 따라 적대적 M&A가 가능하게 되었다.

의무공개매수제도 폐지

주식의 대량소유제한 규정 폐지에 따라 상장법인의 경영권이 위협받는 것을 보호하기 위하여 25% 이상의 주식을 취득하는 경우 일정비율(50%+1주) 이상의 주식을 공개매수해야 했던 의무공개매수제도가 도입되었다. 그러나 외환위기 이후 의무공개매수제도가 증권시장의 M&A 기능을 위축시켜 기업구조조정을 저해한다는 지적과 IMF의 적대적 M&A 허용 및 폐지 요구에 따라 1998년에 동 제도를 폐지하였다.

외국인의 국내 법인 주식 소유한도 폐지

외환위기 이후 국내 산업의 구조조정 및 고용안정과 기업경쟁력 강화 측면에서 필요한 외국 기업투자를 적극적으로 유치하기 위해 M&A의 외국인 직접투자에 관해 절차를 대폭 간소화했다. 현재 외국인은 공공적 법인의 주식취득에 따른 지분율소유제한을 제외하고는 국내 회사의 주식취득에는 제한이 없다.

출자총액제한제도 부활

출자총액제한제도는 자산총액이 5조 원 이상의 기업집단에 속하는 계열사가 당해 회사의 순자산액의 25%를 초과하여 다른 국내회사의 주식을 취득 또는 소유하지 못하도록 하는 규제다. 출자총액제한 기업집단의 계열사가 출자한도액을 초과하여 다른 국내회사의 주식을 취득·소유하는 경우 공정위는 그 주식에 대하여 의결권 행사를 제한한다.

동 제도는 1986년 처음 도입되었다가 1998년에 폐지되었다. 그러나 1999년 12월 28일 대규모 기업집단의 순환출자를 억제하기 위하여 출자총액제한제도를 재도입하였다.

금융계열사 의결권 제한 제도 강화

현재 계열사의 총의결권 30% 범위 안에서 금융계열사의 의결권 행사를 허용하고 있는 것을 2005년부터 매년 5%씩 줄여 2008년까지 15%로 축소한다는 법안이 2004년 11월에 국회에서 통과되었다.

금융산업의 구조개선에 관한 법률

상호출자제한기업(자산 2조 원 이상) 소속 금융기관은 타회사 주식을 20% 이상 취득하거나 5% 이상 취득하면서 당해 회사를 사실상 지배하는 경우 금감위의 승인을 받아야 한다. 이 법률은 원래 「금융기관의 합병 및 전환에 관한 법률」이었으나, 1997년에 전문 개정되면서 현재의 명칭으로 바뀌었다. 그 과정에서 제24조에 앞의 내용이 삽입되었다.

적대적 M&A 방어제도

자기주식 취득제도

1994년 1월 5일 증권거래법은 발행주식총수의 5% 이내에서 자기주식을 소유할 수 있도록 허용함으로써(증권거래법 189조의 2) 기업매수에 대한 대처가 가능하도록 했다. 그리고 1996년 2월 12일 상장법인의 자기주식 취득한도를 10%로 확대했다.

또한 1998년 2월 24일 의무공개매수제도 폐지에 따라 기업의 경영권 방어수단을 확충하기 위해 상장기업이 자기주식을 취득할 수 있는 한도를 발행주식의 3분의 1로 추가 확대했다가, 동년 5월 25일 자기주식 취득수량의 제한을 폐지했다. 외국인이 국내기업의 기존 주식 3분의 1 이상 취득 시 이사회의 동의를 받도록 하던 제도를 폐지함에 따라 기업의 인수·합병이 공정하게 이루어질 수 있도록 하기 위함이었다.

그러나 현재의 자기주식 취득제도는 경영권을 효과적으로 방어할 수 있는 수단이 되지 못한다는 한계와 자원이 비효율적으로 사용되는 문제점이 있다. 현재 법인이 취득한 자기주식에 대해서는 의결권을 인정하고 있지 않다. 따라서 상장법인이 경영권 보호를 위해 자기주식을 취득하는 경우 적대적 M&A를 하려고 시도하는 자의 의결권 비율을 상대적으로 증가시켜 오히려 경영권 방어를 더 어렵게 하는 요인으로 작용하고 있다.

M&A 방어를 위한 자사주 매입 시 주주나 회사를 위한 정당한 권리 실행행위로 볼 수 있는지에 대한 논란이 있을 수 있고, 이로 인해 이사는 M&A 시도자나 소수주주에 의한 가처분 신청, 소송 등에 휘말릴 가능성이 있다. 우리 상법에서는 자사주 매입은 주식소각 목적, 회사의 권리실행 목적을 달성하기 위하여 필요한 때 등으로 제한하고 있기 때문이다.

또한 경영권 방어를 위해 과도하게 자기주식을 취득하는 경우 생산적 활동에 투자되어야 할 자원이 비효율적인 투자처에 사용되는 문제가 발생할 수 있다. 그러므로 자기주식 취득이 경영권 보호를 위한 좋은 수단이라고 볼 수 없다.

일반공개매수제도

이것은 의무공개매수제도를 대체한 제도로서, 6개월간 유가증권 시장 밖에서 10인 이상의 불특정 다수로부터 주식을 매입한 후에 본인과 그 특별관계자가 보유하는 주식 등이 5% 이상이 되는 경우에는 공개매수를 통해야 한다는 것이다(증권거래법 제21조). 2004년 12월 31일 공개매수제도 및 주식의 대량보유공시제도의 개선을 통하여 공정한 경영권 경쟁환경을 조성하기 위하여 공개매수 제한기간(6개월)을 철폐했다.

주식의 대량보유 공시제도(5% 룰)

상장법인 등의 주식을 5% 이상 보유하는 경우에는 5일 이내에 소유상황을 보고하고(증권거래법 제2002조의 2), 추후 1% 이상 지분 변동과 주식대량보유목적의 변경이 있는 경우에도 신고를 의무화하고 있다. 보고내용은 최초 도입 시에 대량보유자의 인적사항, 보유 또는 변동주식 수, 보유목적 또는 변경사유, 기타 위원회가 정하는 사항에 한정하여 보고토록 하였다. 그러나 1997년 3월 22일 기존의 보고내용을 보다 확대하여 보고토록 개정하였다.

즉, 대량보유자 및 특별관계자에 관한 사항, 보유주식 등의 발행인에 관한 사항, 보유목적 또는 변동사유, 보유 또는 변동주식 등의 종류 및 수, 취득 또는 처분일자와 가격 및 방법, 보유형태, 취득에 필요한 자금 또는 교환대상물건의 조성내역, 보유주식 등에 관한 신탁 계약과 담보계약, 기타 주요 계약내용 등으로 확대되었다. 그러나 이러한 보고내용 제도의 모호성을 악용하여 공시가 충분히 이루어지지 못하는 문제가 존재해 이를 보완하기 위해 2004년 12월 31일 주식의 대량보유 등의 보고 시 경영권에 영향을 주기 위한 목적 여부를 명시하여 공시토록 개정하였다.

그러나 최근 국내 기업의 주식을 국내외 사모펀드가 취득하는 경우가 증가하고 있어 실체 파악에 어려움이 있다. 따라서 주식의 대량보유와 관련한 보고 시 실소유자에 대한 투명한 공시가 필요하다.

"지성에서는 그리스인에, 체력에서는 게르만인에, 기술력에서는 에트루리아인에, 경제력에서는 카르타고인에 뒤떨어지는 것이 로마인들이다."

『로마인 이야기』를 쓴 작가 시오노 나나미는 로마인들을 이렇게 묘사했다.

그렇다면 이렇게 보잘것없던 로마인들이 '1000년 제국'을 일궈낸 비결은 어디에 있을까.

해답은 끊임없는 인수·합병(M&A)에 있다.

내세울 것 없던 이탈리아 반도의 작은 국가가 무수한 M&A(식민지 정복)를 통해 유라시아의 패권을 거머쥔 것을 놓고 '로마는 오늘날 기업이 벤치마킹해야 할 가장 위대한 표본'이라는 말이 나올 정도다.

M&A 전략이 새삼 주목받고 있다.

한 기업의 운명을 하룻밤 사이 뒤바꿔놓을 만한 M&A가 곳곳에서 일어나고 있어서다.

합병으로 초대형 기업들이 탄생하고, 업계의 질서를 재편할 만한 '메가딜'이 횡행한다.

업종을 망라한 M&A는 산업 재편은 물론 새로운 성장을 이끌어내는 강력한 동인이기도 하다.

성장 정체와 '샌드위치 위기'로 인해 "앞으로 뭘 먹고 살아야 하나"라는 고민에 빠진 국내 기업들엔 희망의 빛줄기와도 같다.

'먹지 않으면 먹히고 마는' 살벌한 경영환경 속에서 M&A가 기업들의 생존을 좌우하는 핵심 키워드로 떠올랐다.

◆세계는 지금 M&A 열풍

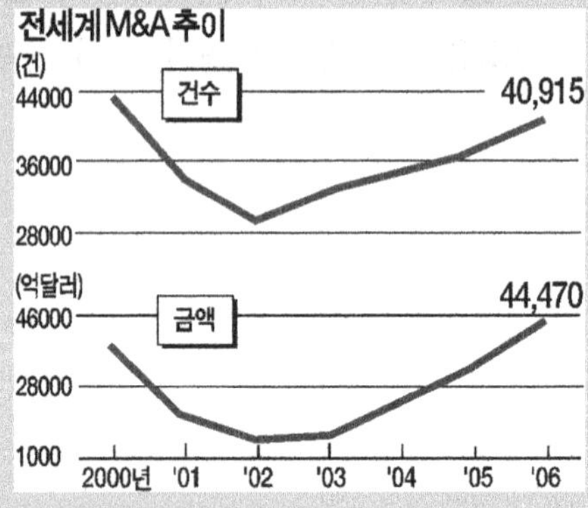

세계 1위 철강업체인 인도 미탈의 프랑스 아르셀로 인수는 세계 철강업계의 질서를 뒤흔들어놓았다.

2006년에 395억달러의 거금을 들여 아르셀로를 사들여 몸집을 키운 미탈은 포스코까지 노리며 업계를 쥐락펴락하고 있다.

미탈은 M&A를 향한 끊임없는 도전의 역사를 써왔다.

1998년 미국 6위의 철강업체인 인랜드를 인수, 세계 10위에서 4위 업체로 발돋움한 뒤 2005년에는 다시 미국의 ISG(International Steel Group)를 45억달러에 합병했다.

400여 차례의 M&A를 통해 세계 최대 기업 자리에 오른 미국 제너럴 일렉트릭(GE)은 아직도 배가 고픈지 쉴 새 없이 먹잇감(인수 대상 기업)을 찾고 있다.

GE는 230명의 대규모 전담팀을 두고 M&A를 비롯한 돈 되는 사업 발굴에 나선다.

제프리 이멜트 회장은 월례 회의에서 새로운 인수 대상이 있는지 항상 체크하며, 300만달러 이상의 M&A에 대해서는 직접 검토해 의사결정을 내리는 것으로 잘 알려져 있다.

이뿐만 아니다.

2006년에 일본 도시바는 미국 웨스팅하우스의 원전 부문을, 닛폰판유리는 영국의 필킹턴을 각각 사들였다.

중국의 차이나일렉트로닉스는 네덜란드 필립스 휴대폰 사업부를 인수했으며, 인도 타타그룹은 글라소 지분 30%를 취득한 데 이어 최근에는 포드가 매물로 내놓은 볼보 재규어 등 프리미엄 자동차 브랜드 인수전에도 뛰어들었다.

M&A 관련 정보제공업체인 톰슨 원 뱅커(Thomson ONE Banker)에 따르면 전 세계 M&A 금액과 건수는 △2003년 1조6405억달러, 3만2669건 △2004년 2조4235억달러, 3만4479건 △2005년 3조2131억달러, 3만6690건 △2006년 4조4470억달러, 4만915건으로 해마다 늘고 있다.

2007년 상반기엔 3조55억달러(2만2370건)의 M&A가 이뤄졌다.

이처럼 M&A가 부쩍 활발해진 것은 △경쟁 심화와 성장 정체로 수익성 창출이 갈수록 어려워지고 △세계적인 저금리로 자금 조달이 쉬워진 데다 △고수익을 노리는 사모 펀드들이 M&A 시장의 전면에 나서고 있기 때문이다.

◆M&A로 신성장 동력 찾는 국내 기업들

국내도 더 이상 M&A의 무풍 지대가 아니다.

기업들이 최근 들어 부쩍 국내외 M&A 시장에 눈길을 돌리고 있다.

좁은 국내시장에서는 신수종 사업을 찾아내는 데 한계가 있는 만큼 M&A를 통해 새로운 성장의 발판을 찾기 위해서다.

최근엔 국내 간판 기업인 삼성그룹까지 그동안 기피해오던 M&A 전략을 적극 활용키로 했을 정도다.

국내에서는 두산이 대표 선수로 통한다.

지난 2007년 7월 30일 두산인프라코어가 세계 1위의 소형 건설중장비 업체인 잉거솔랜드의 3개 사업 부문을 49억달러에 인수하면서 두산은 단번에 세계 중장비 시장 7위로 올라섰다.

더구나 두산인프라코어(옛 대우종합기계)는 두산이 2005년 인수한 업체다.

앞서 효성도 지난해 굿이어사의 직물 타이어코드 사업을 넘겨받아 이 부문 세계 1위 업체의 자리를 굳혔다.

국내 기업들 간 M&A의 경우 이미 '큰 장'이 선 지 오래다.

경쟁사들을 물리치고 지난해 대우건설을 품에 안은 금호아시아나그룹은 외형을 크게 키웠다.

'강덕수 신화'로 유명한 STX그룹은 신대동조선(STX조선) 산업단지관리공단(STX에너지) 범양상선(STX팬오션) 등을 잇따라 인수해 조선·기계 분야의 신흥 강자로 부상했다.

최평규 회장이 이끄는 S&T그룹은 통일중공업 대우정밀 효성기계 등을 접수, M&A 시장에서는 '큰 손'으로 통한다.

유진그룹도 고려시멘트 서울증권 로젠택배 등을 사들여 영토 확장에 적극적이다.

업계 관계자는 "알짜 매물이 많은 데다 외환위기 이후 강도 높은 구조조정으로 기업들의 실탄도 넉넉해져 M&A를 위한 여건이 어느 때보다 좋다"고 말한다.

실제 국내 M&A 시장의 초대형 매물만 현대건설 하이닉스반도체 대우인터내셔널 대한통운 대우조선해양 쌍용건설 대우일렉트로닉스 등 7곳에 달한다.

증권선물거래소에 따르면 2006년 말 현재 10대 그룹의 현금성 자산은 271억달러(약 25조원)나 된다.

◆**M&A는 생존을 위한 선택**

대한상공회의소에 따르면 2006년 한국의 글로벌 M&A시장 참여 금액은 4억5100만달러. 일본의 81억 3100만달러나 중국의 52억7900만달러에 비해 극히 초라하다.

문제는 글로벌 M&A에 대한 국내 기업들의 소극적인 태도가 한국 기업들의 글로벌 경쟁력을 약화시켜 부메랑으로 돌아온다는 것. 중국, 인도 기업의 자동차 철강 IT(정보기술) 분야에서의 활발한 M&A가 결국엔 한국 기업을 크게 위협하는 요인으로 작용할 가능성이 높다는 점에서 그렇다.

선진국은 물론 후발 신흥국들의 M&A에 적극 대응하지 못하면 한국 경제는 샌드위치 상황에서 벗어날 수 없다는 지적이다.

강원 삼성경제연구소 수석연구원은 "최근 선진 기업들의 M&A는 글로벌 과점화를 위해 치밀한 계획 아래 이뤄진다"며 "이들 기업이 성장의 청사진을 그려놓고 M&A를 전략적 도구로 사용하고 있는 만큼 성장 정체의 늪에 빠진 국내 기업들도 글로벌 M&A에 적극 나설 필요가 있다"고 말했다.

<한국경제>

경영학원론 추천도서

리엔지니어링 기업혁명

(Reengineering the Corporation: A Manifesto for Business Revolution, Michael Hammer and James Champy)

마이클 해머와 제임스 챔피가 주장하는 '리엔지니어링(reengineering)'이란 비용, 품질, 서비스, 속도와 같은 핵심적인 측면에서 높은 성과를 거두기 위해 기업의 업무 프로세스를 기본적으로 다시 생각하고, 근본적으로 재설계하는 것이다. 기업을 프로세스라는 관점에서 재조명하여 새로운 혁신의 기회를 찾고자 하는 것이 이 책의 핵심 주장이다. 프로세스란 고객의 특정 상품의 주문부터 시작해 대금결제, 상품포장, 상품의 배달, 사후 고객 서비스 등의 일련의 활동들을 의미한다. 이 책에서 제시하는 리엔지니어링이란 업무의 재설계는 개별과업이나 부문이 아닌 전체적인 프로세스 차원에서 업무를 수행하는 것이다. 과거 아담 스미스나 테일러의 전문화와 과학적 관리법은 효율성을 높이기 위해서 개별과업을 어떻게 잘 수행하는가에 관심이 있다. 그러나 회사 내의 각 부서가 여기저기 흩어져 있고, 각 부서의 업무도 따로 이루어지며, 조직 전체가 지나치게 전문화되어 따로 운영된다면 오늘날과 같이 빠른 속도로 변화가 일어나는 세상에서 그 조직은 재빠르게 변화에 대응할 수 없을 것이다. 따라서 전체적인 시각에서 기업 내의 업무 프로세스를 리엔지니어링하게 되면 작업의 구조와 관리, 평가시스템, 종업원들의 가치와 신념 등이 서로 연결되어 있기 때문에, 실질적으로 회사의 모든 것이 변화하게 된다. 오늘날에 이미 널리 받아들여지고 있는 전사적 자원관리(ERP), 고객관계관리(CRM), 공급자체인관리(SCM) 등 정보기술에 기반을 둔 경영혁신 기법도 기본적으로 모두 리엔지니어링에 속한다고 할 수 있다.

이해와 실천을 위한

경영학원론

제5장
계획-조직-지휘-통제

Principles of Management

01 계획

1.1 계획의 작동원리

경영의 과정은 계획 - 조직 - 지휘 - 통제로 이루어진다. 첫 번째 단계인 계획화(planning)는 무엇을 이루기를 원하는가와 그것을 어떻게 달성하는가에 대한 정확한 의사결정의 과정이다.

<그림 5-1>에서 계획화는 목표를 달성하고 사업을 완수하는 데 있어서 자원을 배분하는 조직화와 과업의 성취를 모니터링하고 필수적인 교정작용을 수행하는 통제작용의 밑거름이 된다. 즉 이것은 더 높은 성과를 얻기 위한 경영

그림 5-1 경영 프로세스에서 계획의 기능

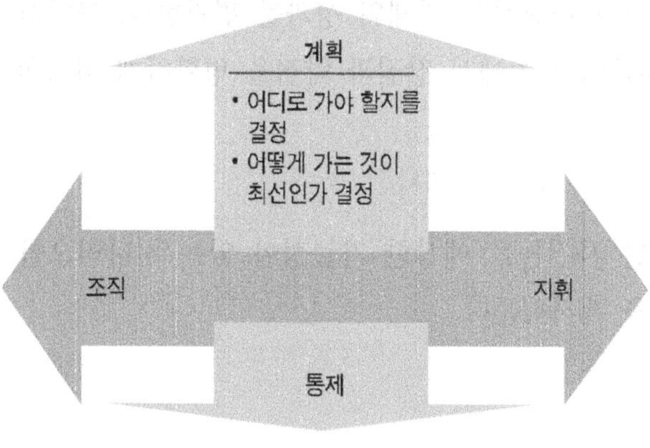

과정의 주춧돌 역할을 한다.

오늘날과 같이 급격하게 변화하는 환경하에서 경쟁기업보다 먼저 좋은 위치를 차지하는 것은 선발자의 이득을 얻을 수 있다는 데서 중요하다. 조직이 더 나은 상태가 되도록 하기 위해서 무엇을 해야 하고 어디로 지향해 가야 하는가에 대한 계획화는 간과해서는 안 될 기반이 된다. 즉 미래에 어떤 일이 발생하기 이전에 그것을 예측하여 의사결정에 신중을 기해야 하며 기업의 관심대상인 고객의 선호의사를 잘 파악하여 미래의 요구까지 고려해야 한다.

1. 계획의 단계

계획은 구체적인 결과나 바람직한 성과를 달성하기 위한 목표에 초점을 둔다. 계획의 단계란 목표를 달성하기 위해 어떻게 해야 할지에 대한 체계적인 틀을 의미하는 것으로 계획을 설립하고 실행하는 데 있어 행동의 첫걸음이다.

제1단계: 목표의 확인

바람직한 성과와 결과를 매우 구체적으로 확인하고, 가야 할 방향을 인식한다. 이 단계에서는 추상적인 경우보다 상당히 구체적일수록 가고자 하는 목적지까지 걸리는 시간을 알 수 있다.

제2단계: 목표에 입각한 자신의 현 위치 파악

바람직한 결과와 비교하여 현재의 성과를 평가한다. 도달하기 위한 목표지점을 알아야 지금의 위치에서 장점과 약점을 명확하게 파악할 수 있다.

제3단계: 다양한 가능성의 제시

앞으로 일어날 사건들을 예상한 가능성이 있는 시나리오를 통해 대안적인 다양한 가능성을 제시해준다.

제4단계: 가능성이 가장 높은 시나리오를 분석

최선의 방법이 어떤 것인가를 파악하고, 이를 어떻게 실행에 옮길 것인가를 결정한다.

제5단계: 계획의 실행과 결과에 대한 평가

행동에 따라서 목표를 향해 어떻게 가야 하는지를 주의 깊게 살펴본다. 계획에서 필요한 것을 정하고, 결과를 평가하여 수정된 대안에 대한 필요한 계획을 수정 보완한다.

현대와 같이 복잡한 상황하에서 경영자들은 독방에서 홀로 머리를 싸매고 고민하며 계획을 짜는 것이 아니라 모든 작업장에서 전체 직원들과 같이 의견을 교환하는 것이 낫다. 특히 지속적으로 사업이 진행되는 와중에도 계속해서 계획은 변화할 수 있다. 최선의 계획은 목표를 달성하기 위해서 모든 직원들의 참여와 노력이 뒷받침될 때 존재의 의미가 있게 된다.

2. 계획의 이점

조직은 다양한 많은 어려움과 압력에 직면한다. 이러한 요인들은 계획의 필요성을 더욱 높이게 된다. 구체적으로 살펴보면, 외부적으로는 경쟁의 힘, 정부규제의 증가, 보다 복잡해진 기술, 세계경제의 불확실성, 그리고 노동과 자본, 기타 자원에 대한 투자비용의 변화를 들 수 있고, 내부적으로는 운영의 효율성, 새로운 조직과 작업환경, 작업장의 다변화와 관련한 경영상의 저항 등이 있다. 그러한 환경하에서 계획은 조직의 성과와 근무하는 사람들의 경력을 위해서 필요하다.

집중력과 신축성의 증가

계획을 잘 세우면 집중력과 신축성이 증가한다. 집중력을 지닌 조직은 무엇이 최선이고, 고객의 요구가 무엇인지를 알고 어떻게 서비스를 잘 제공해야 할지에 대해서 안다. 집중력을 지닌 개인은 자신의 경력을 관리하기 위해서 어떠한 방향으로 나아가야 할지를 알고, 어려운 상황에서조차 그 목표를 유지할 수 있는 방향타를 가지고 있는 것이다. 신축성을 지닌 조직은 변화하는 환경에 보다 잘 적응할 수 있고, 과거와 현재가 아닌 미래를 지향하면서 운영해 나갈 수 있다. 신축성을 지닌 개인은 경력관리 측면에서 새롭게 변화하는 환경에 직면한 문제들을 해결할 수 있다.

행동 지향적

좋은 계획이란 행동 지향적이다. 개인과 조직이 결과에 초점을 둔다는 것은 성과지향적인 방향을 유지하면서 가장 중요한 관심사항에 우선순위를 두는 것이다. 그 결과 모든 자원들을 잘 이용하여 가장 잘 다룰 수 있는 문제와 기회를 예상된 변화에 맞추어 대비할 수 있다. 이러한 요소들은 순간의 성공과 실패에 의해서 의욕을 상실하게 된 경우의 사건의 흐름 과정에서 단순하게 매너리즘에 빠져버린 자기만족의 덫을 피할 수 있게 해준다. 계획은 미래의 성과 목표를 유지하고, 본인의 주관적 능동적인 의지가 아닌 수동적으로 떠밀려 어떤 일을 하기 전에 종종 최선의 의사결정을 내리는 것이 중요하다는 것을 상기시켜준다. 경영 컨설턴트로 유명한 코비(Stephen Covey)는 가장 성공적인 경영자는 너무 많은 일을 하기보다는 가장 중요한 일이 잘 진행되고 있는지를 뒤에서 지켜보면서 확인하는 것이라고 하였다.

향상된 조정 능력

좋은 계획이란 조직 내에서 각각 다른 목표를 추구하는 많은 사람들과 집단, 그리고 시스템의 성과가 집단적으로 전체 조직의 필요를 충족시켜야 한다. 목표의 테두리 내에서 계획이란 개별적인 조직 수준의 목표 간 위계질서를 정하고, 달성하기 위한 수단과 목표를 잘 연결하는 것이다. 높은 수준의 성과는 결국 일련의 낮은 수준의 목적들의 작은 성공의 집합체라고 할 수 있다.

그림 5-2 품질관리의 목표 간 위계질서

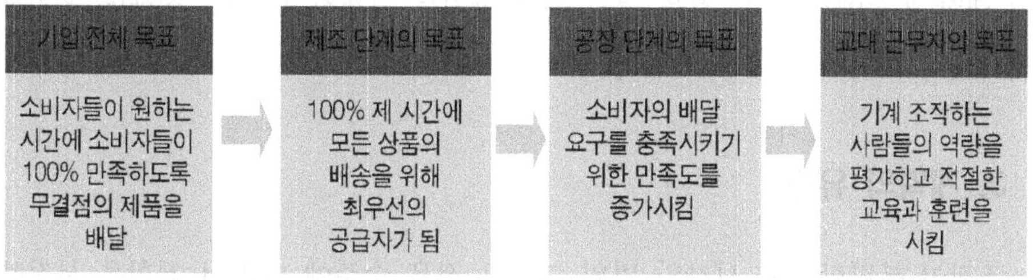

<그림 5-2>에서는 일반적으로 거대 규모의 제조업체에서 볼 수 있는 목표들 간의 질적 위계질서를 제시해준다.

통제력의 향상

잘 짜인 계획은 통제력을 높여준다. 바람직한 성과에 맞추어 추구하고자 하는 특정 목적을 점검하면서 전체적인 틀을 설계한다. 만일 결과가 기대한 것에 미치지 못한다면, 초기의 목적과 행동은 재평가를 받고, 미래의 성취 목적에 맞추어 다시 수정된다. 계획이 없다면 일이 얼마나 잘 진행되고 있는지를 통제하는 과정과 앞으로 보다 나은 성과를 위해서 무엇을 해야 하는지에 대해 잘 몰라 갈팡질팡하는 경우가 많아지게 된다.

시간관리의 효율성

대부분의 경우 많은 일을 수행하거나 놓쳤던 기회들이 많았을수록 적절한 시간을 조정하는 데 어려움을 겪게 된다. 매일 예상치 못한 많은 난관들을 비롯한 많은 일들에 시달리는 경영자들은 복잡한 늪 속에 빠지기 쉽다. 다시 말해 별로 중요하지 않은 일을 하고 사람들은 만나느라 시간을 낭비하기 쉽게 된다. HP의 전 회장인 플랫(Lewis Platt)은 "기본적으로 하루는 선택의 연속이다"라고 하였다. 이러한 선택들은 우선순위에서 가장 중요한 일에 시간을 할당해야 한다는 것을 의미한다. 우선순위가 분명하다면 계속적으로 최적인 사람을 가장 적절한 곳에 배치시키는 데 도움이 된다. 계획화는 이러한 일을 하는 데 도움을 준다. 시간관리에 있어서 가장 중요한 것은 우리가 해야 할 일들에 대한 목록에서 어떤 것을 먼저 해야 할지를 결정하고, 바로 실행에 옮기는 것이다.

3. 계획의 유형

조직이 복잡할수록 시간과 범위 그리고 적용 수준에 따라서 계획은 복잡해지고 다양해진다. 성공적인 계획을 위한 유형을 간단히 분류하면 다음과 같다.

단기와 장기 계획

먼저 시간을 기준으로 나누어, 단기 계획이라고 하면 1년 미만, 중기계획은 1년에서 2년 사이, 장기계획은 3년 혹은 그 이상의 경우이다. 최고경영자는 조직의 전체를 고려하여 장기계획을 고려하는 경우가 많다. 지위가 낮아질수록 장기 계획보다는 단기적인 행동과 계획에 관심을 둔다.

전략계획과 운영계획

경영자들은 범위에 따라서 다양한 계획을 사용한다.

전략계획(strategic plans)은 장기적으로 필요한 것을 공표하고 조직의 방향에 대한 광범위한 행동지침을 세운다. 이 수준에서 최고경영자는 전체 조직의 목적을 결정하는 것을 계획하고, 이것을 달성하기 위해서 자원을 배분하고 행동을 결정한다.

운영계획(operational plans)은 전략계획을 수행하기 위한 특정 영역에서 실행해야 할 필요가 있는 것이 무엇인가 정의한다. 사업에서 전형적인 운영계획으로는 가치 있는 제품과 서비스를 창출하기 위해서 필요한 방법과 기술을 다루는 생산계획(production plans), 다양한 운영을 위한 필요한 자금을 다루는 재무계획(financial plans), 작업 활동을 지원하는 데 필수적인 작업의 틀과 시설을 다루는 시설계획(facilities plans), 제품과 서비스를 판매하고 배포하는 데 필수적인 요소를 다루는 마케팅계획(marketing plans), 사원을 채용・선발하고 작업장에서 적절하게 배치를

그림 5-3 전략계획과 운영계획 간의 상호 지원방법

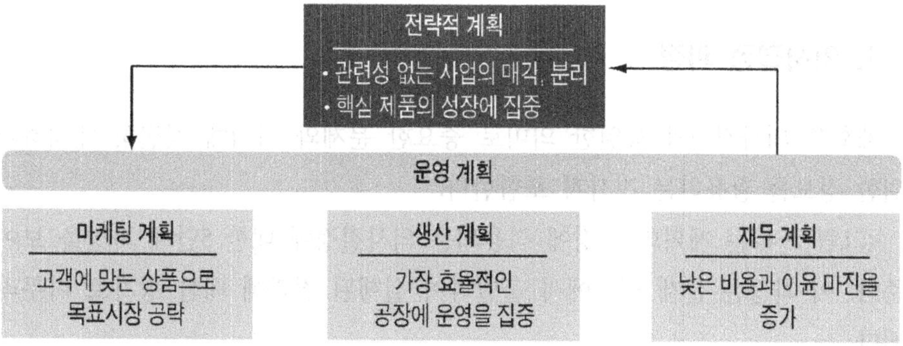

하는 인적자원계획(human resource plans)이 있다.

<그림 5-3>에서 조직을 통한 공통의 목적을 달성하기 위한 전략계획과 운영계획 간의 분명한 위계질서를 보여주고 있다.

방침과 절차

조직은 전형적으로 많은 정책과 절차에 따라서 운영된다. 특정 유형의 상황에서 직접적으로 행동지침을 제공한다. 방침(policy)은 의사결정을 내리고 특정 상황에서 광범위한 가이드라인에 따라서 다양하게 적용된다. 인적자원관리에서 알콜중독, 성희롱 등의 문제에 대한 지침들은 직원들이 일상적인 행동을 할 때 실질적인 도움을 주고 조직의 가치와 전략, 목적에 부합하게 한다. 절차(procedure)는 특정상황에 있어서 어떻게 처신해야 하는가에 대한 구체적인 방법을 설명한다. 표준운영절차(Standard Operating Procedure: SOP)로 매뉴얼이나 핸드북이 언급되는데 누군가가 직장에서 성희롱을 당했다고 생각되었을 때 어떻게 행동을 취해야 하는지 안내해주고 있다. 이러한 조치들은 직장 내의 사람들이 차별을 받지 않고 대우를 받을 수 있게 공평하고 동등한 분위기를 조성한다.

1.2 계획과 의사결정

1. 의사결정 과정

계획은 의사결정과 동일한 의미로 중요한 문제와 기회에 적절히 대처하기 위한 정보를 활용하는 것까지 포함한다.

<그림 5-4>는 계획화 과정에 적용되는 의사결정에 대한 5단계 과정을 보여준다. 이 과정은 문제 인식에서 출발하여 실행된 결과에 대한 평가로 마무리된다.

1단계: 문제의 인식과 규정

의사결정의 첫 번째 단계인 문제를 인식하고 규정하는 것은 정보를 수집하고, 가공하여 신중하게 검토하는 것이다. 이때는 종종 성과 미달이나 미처 몰랐던 혹은 기회가 존재한다는 것을 암시하는 증상이 나타난다. 문제를 근본적으로 파악하는 방법은 궁극적으로 어떻게 해결되는가에 주요 영향을 미칠 수 있다. 비효과적인 계획에는 공통적으로 문제의 인과관계가 아닌 외형적인 허상에 초점을 두는 경우가 있고, 문제를 정의할 때 지나치게 광범위하게 혹은 협소하게 정의를 내리는 경우도 있다.

2단계: 가능한 행동 지침 제정과 평가

문제에 대한 규정이 내려졌으면, 하나 혹은 그 이상의 잠재적인 해결책을

그림 5-4 의사결정과 계획화 과정

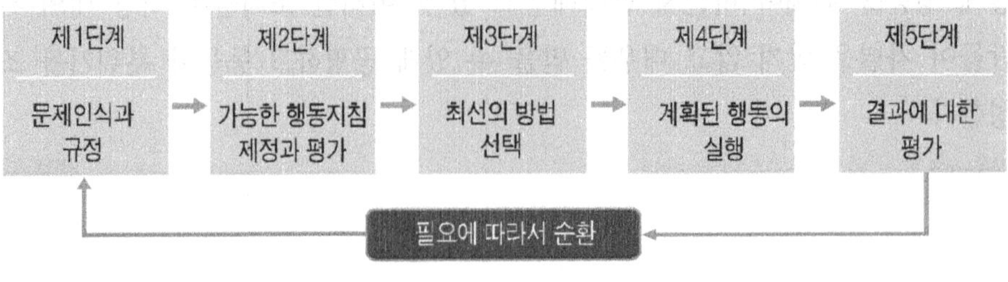

세운다. 의사결정의 단계에서 보다 많은 정보를 수립하고 난 후에 자료를 분석하고 가능한 대안들의 장·단점을 확인하게 된다. 계획은 대안적인 해결책의 수준을 결정하는 것이다. 더 나은 대안책을 마련할수록 좋은 해결책을 얻게 될 것이다. 이 단계에서 사용되는 평가방법은 기대되는 편익과 관련한 비용을 비교하는 비용-편익분석(cost-benefit analysis)이다. 선택된 대안의 편익은 최소한 비용보다 더 커야 한다. 비록 비용과 편익의 분석이 정량적일지라도 고려되는 기준들은 인간의 판단에 의거하여 결정된다. 보다 광범위하게 대안적인 계획을 평가하는 대표적 기준에는 편익, 비용, 시간, 수용 가능성, 윤리적인 건전성 등이 있다.

3단계: 최선의 방법 선택

이 단계에서의 의사결정은 특별한 행동을 선택하는 것이다. 최선의 대안은 비용-편익분석 기준을 이용하여 선택할 수 있지만 추가적인 기준이 적용될 수도 있다. 역사적으로 의사결정이 조직에서 이루어지는 과정에 대한 의사결정 모형은 전통적인 모형과 행동적인 모형의 2가지가 있다.

전통적인 모형(classical decision model)은 경영자들이 특정 상황에 따라서 행동하는 것으로 간주한다. 경영자는 분명하게 정의된 문제에 직면하고, 그 결과뿐만 아니라 행동에 대해서도 알고 있다고 본다. 최적의사결정(optimizing decision)은 문제에 대한 절대적인 최선의 해결책을 제시해준다. 전통적인 모형은 매우 합리적인 모형으로 의사결정 과정에서 완전한 정보를 상정한다. 이 점에 대해서 사이몬(H. Simon)을 중심으로 행동주의자들은 전통적 모형에 내재한 가정에 의문을 제기한다. 인간은 인지적인 한계, 정보처리 능력의 한계를 가지고 있기 때문에 경영자는 정보를 완전하게 획득하여 합리적인 의사결정을 내리는 것이 어렵다고 주장한다. 경영자 의사결정 모형(adminstration decision model)은 사람들이 단지 주어진 환경에 대한 인식 수준에서 행동한다고 전제한다. 왜냐하면 인식이란 불완전하고, 의사결정자는 단지 부분적인 지식을 지니고 있기 때문이다. 결과적으로 첫 번째 대안은 문제에 대한 만족스러운 정도의 해결책을 주는 대안이 선택되기 쉽다. 노벨상을 받은 사이몬(H. Simon)은 사람은 자신의 관심을 끄는 가장 만족스러운 대안을 선택하는 경향이 있는데 이를 만족 성향(tendency satisficing)이라고 하였다. 특히 위험스럽고 불확실한 조건의 모호한 문제에 대해 사람들은 어떻게 결정하는가를 설명하는 데 타당해 보인다. 계획을 세우는 과정에서 잠재적인 의사결정의 실수를 **강화되는 몰입**(escalating commitment)이라 한다. 의사결정자가 작동되지 않는 영역에 추가적으로 계속해서 노력과 자원을 투입하는 것이다. 경험에 의존하여 진행되는 계획을 추가하거나 멈추지 못하는 것이다. 이러한 문제를 피하기 위해서는 미리 몰입하는 수준을 설정하거나 충분한 이유와 근거를 다시 점검해보는 것이 필요하다. 특정 계획에 따르는 의사결정은 윤리적인 이중체크(ethics double-check)를 해볼 필요가 있다. 복잡하고, 급격한 속도로 계획을 세우는 경우에는 적당하게 고려해야 할 것이 윤리적인 측면이다.

강화되는 몰입
계획을 세우는 과정에서 잠재적인 의사결정의 실수

4단계: 계획된 행동의 실행

문제에 대한 최적의 해결책을 얻게 되면, 행동을 위한 적절한 계획이 설립되어야 하며 완전하게 실행되어야 한다. 방향이 최종적으로 정해지면 문제 해결을 위해서 행동을 촉진하는 것이다. 행동이 취해지지 않게 되면 계획에 따라서 새로운 것이 일어나지 않는다. 경영자는 계획을 세우기 위한 결단력과 창의력이 필요할 뿐만 아니라 그것을 실행할 능력과 의지 또한 필요하다. 이 단계에서 부딪히는 난관은 경험의 부족에 따른 실수와 계획을 완전하게 실행하는 데 중요한 사람들의 적절하지 못한 행동이다. 현명한 경영자들은 처음부터 문제를 해결하거나 의사결정을 하는 데 적절한 최적의 사람을 참여시킨다. 이러한 과정을 통해서 계획은 빨리 순조롭게 모든 사람이 만족할 수준으로 실행에 옮길 수 있게 된다.

5단계: 결과에 대한 평가

계획과 의사결정은 결과에 대한 평가가 수행되기 전까지 계속 수행되는 과정이다. 성과가 목표에 얼마나 부합하는가에 대해서 측정하여 만일 바람직스러운 결과에 도달하지 않았다면 새로운 프로세스를 마련해야 한다. 선택된 행동의 과정에 대해서 긍정적인 혹은 부정적인 결과가 모두 고려되어야 한다. 만일 새로 수립된 해결책이 잘못되었다고 생각되면 앞의 단계로 되돌아가 다시 프로세스를 진행해야 한다.

2. 환경에 따른 문제해결 방법

계획을 세우는 데 있어서 고려해야 할 환경적인 요소로는 불확실성에 따른 리스크이다. 확실한 환경(certain environment)에서는 문제를 해결하기 위한 충분한 정보를 가지고 있기 때문에 각각 가능한 대안들에 대해서 어떤 결과가 나올지를 안다. 이것은 계획을 세우는 데 있어서 이상적인 조건이지만 현실적으로 보면 확실한 환경은 거의 찾아보기 어렵다. 리스크 환경(risk environment)에서는 문제해결 담당자가 대안적인 행동과 그 결과에 대한 완전한 정보를 가지고 있지 않지만 발생 가능한 확률에 대해서 어느 정도는 인식하고 있다. 정보가 너무 부족하여

그림 5-5 문제해결과 의사결정 환경

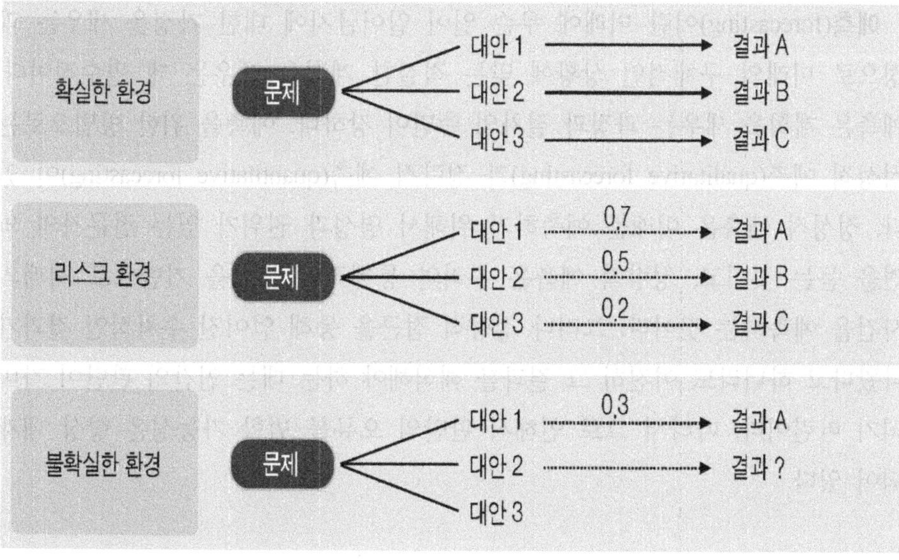

계획 설정자가 대안들의 결과에 대한 확률을 부과하기조차 어려운 경우를 불확실한 환경(uncertain environment)라고 한다. 불확실성은 경영자가 문제를 해결하는 데 있어 계획을 세우기가 가장 어려운 환경으로 상상력에 의존해야 하는 비중이 크다. 오늘날의 글로벌 경제에서 매우 경쟁적인 산업환경과 급격한 기술의 변화는 대부분의 조직에서 계획 설계자에게 불확실성을 가중시킨다.

1.3 계획 설정의 다양한 방법

어떤 상황에서는 계획을 세우는 것 자체가 어려운 일이다. 특히 환경이 불확실할수록 그 어려움은 더욱 커진다. 그러나 이러한 도전들을 극복하기 위해서 많은 유용한 방법과 기법들이 개발되어왔고, 대표적으로 예측과 상황조건부 계획, 시나리오 계획법, 벤치마킹, 참가와 관여, 그리고 전문 참모진의 활용 등이 있다.

1. 예측(forecasting)

예측
미래에 무슨 일이 일어날지에 대한 가정을 세우는 과정

예측(forecasting)이란 미래에 무슨 일이 일어날지에 대한 가정을 세우는 과정으로 미래의 구체적인 상황에 맞는 적절한 계획을 세우는 데 필수적이다. 예측은 계획을 세우는 과정과 절차의 측면이 강하다. 예측을 위한 방법으로는 정성적 예측(qualitative forecasting)과 정량적 예측(quantitative forecasting)이 있다. 정성적 예측은 미래를 예측하기 위해서 명성과 권위가 있는 전문가의 의견을 듣는 것이고, 정량적 예측은 수리와 통계적인 분석을 기반으로 미래의 사건을 예측하는 것이다. 그러나 정량적 접근을 통해 얻어진 수치적인 결과가 나왔다고 하더라도 여전히 그 결과를 해석해야 하는 데는 인간의 판단이 가미되기 마련이다. 따라서 그로 인해서 판단의 오류를 범할 가능성은 항상 내재되어 있다.

2. 상황 조건부 계획(contingency planning)

계획을 세운다는 것은 미리 앞을 내다본다는 의미이다. 그러나 구조화되지 않는 문제일수록 또는 환경이 불확실할수록 원래의 가정이나 예측 의도는 실수를 범할 가능성이 높아진다. 아무리 주의를 기울여 준비한 계획일지라도 예기치 못한 문제와 사건이 종종 일어나 예측을 벗어나는 경우가 있다. 이러한 경우에 계획은 변경되어야만 한다. 상황 조건부 계획은 상황의 변화에 따라서 원래의 계획이 부적절하다고 생각되는 경우 실행될 수 있는 가능한 대안을 확인하는 과정이다. 환경의 변화가 빨리 감지될수록 기존의 계획이 더 이상 적합하지 않게 되는 경우가 많다.

3. 시나리오 계획법(scenario planning)

오늘날 광범위하게 사용되고 있는 상황조건부 계획과 유사한 방법이 시나리오 계획법(scenario planning)이다. 이는 미래의 대안적인 시나리오 혹은 일어날 수 있는 사건의 상태에 대해서 어떻게 인식하는가와 관련이 있다. 계획은 실제로 일어날 것 같은 개별적인 사건들에 대해서 다루는 것이기 때문에 동태적인 환경에 처한 조직의 경우 보다 신축성 있게 대응하는 데 도움이 된다. 예를 들어 셀(Royal Dutch/ Shell)은 오랜 기간 동안 시나리오 계획법을 사용해왔다. 만일 원유 공급이 바닥난 이후에는 우리 기업은 무엇을 어떻게 대처해야 할 것인가? 변화무쌍한 환경의 변화에 민감하게 대처하면서 대안적인 시나리오를 설계하여 대응하는 것이다. 비록 시나리오를 통해서 계획을 세우는 것이 미래의 모든 가능성을 포괄하지는 못할지라도 미래의 충격에 대해서 경쟁자보다 잘 대응할 수 있게 해준다.

4. 벤치마킹

벤치마킹(Benchmarking)은 계획을 세우는 데 성공과 실패에 영향을 주는 것으로 계획을 처음 세울 때 다른 사례를 통해 배우는 것이다. 성공적인 계획은 현재 상태에 대한 도전이며, 단순하게 기존의 방향에 익숙해지는 것이 아니라 현재의 상태를 바꾸는 것이다. 외부의 비교대상을 통해서 자신의 현재 성과를 평가하고 가능한 미래의 행동을 확인하는 것이 바로 벤치마킹의 방법이다.

5. 참여와 관여(Participation and Involvement)

참여는 계획화 과정에서 핵심이다. 조직구성원들의 참여를 고려하는 것은 기업의 성과에 영향을 받게 되는 사람들을 고려한다는 측면뿐만 아니라 그들로부터 많은 도움을 받게 된다는 의미도 있다. 이것은 창의성과 계획을 세우는 데 유용한 정보를 확장시킬 수 있다. 또한 최종 계획에 대한 사람들의 이해의 정도와 수용정도, 그리고 실행에 대한 성공 가능성을 증가시킨다. 계획의 과정에서 참가와 관여를 중심으로 계획과정이 어떻게 돌아가는지를 <그림 5-6>에서 잘 보여주고 있다.

최선의 계획을 만들어내고 실행하기 위해서는 모든 계획화 단계에서 관련된 다른 것에 적당한 관심을 두어야 한다. 비록 이 과정에서 계획화는 보다 많은 시간이 필요하겠지만 방법을 향상시켜 결과를 개선할 수 있게 된다.

그림 5-6 참가와 관여가 계획 실행을 형성하는 과정

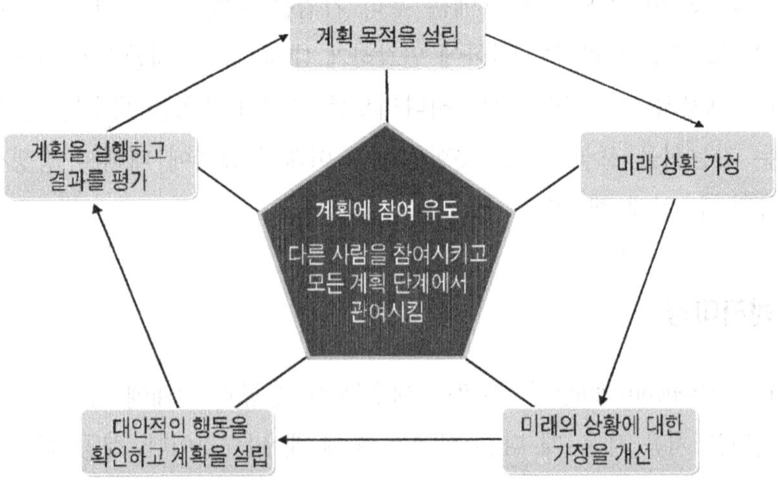

02 조직

2.1 조직구조의 개념과 유형

조직이란 사람과 다른 자원들을 목표를 달성하기 위해서 적절하게 배치하는 것이다. <그림 5-7>에서 조직화는 경영과정에서 중심적인 역할을 담당한다. 작업을 분류하고 자원을 배분하는 일에서부터 목적을 달성하기 위해 일을 조정·분담하는 것도 포함한다.

조직화는 계획을 설정하고 난 이후에 경영자가 수행하고자 하는 일을 순서

그림 5-7 경영 기능에서 조직화의 위치

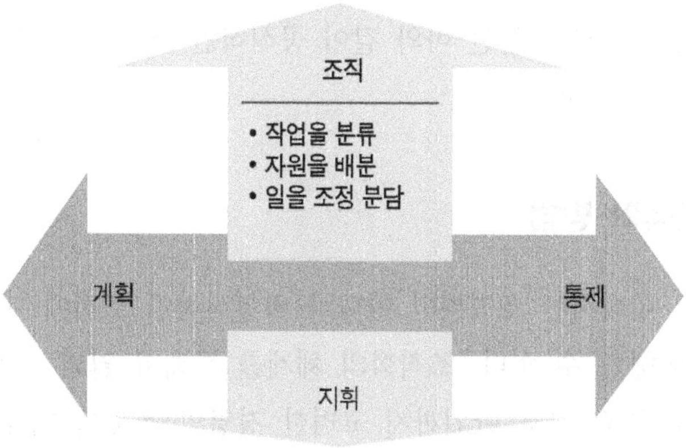

에 맞추어보는 것이다. 분명한 미션을 수행하기 위해서 누가 무엇을 담당하고 책임을 질지, 다른 사람들과 조직의 부서를 어떻게 다른 부서와 관련시킬지에 대해서 확인하는 것이다. 문제는 주어진 상황에 맞는 최선의 형태를 선택하는 것이다.

1. 조직의 구조는 무엇인가?

조직의 구조는 사업, 일의 흐름, 관련된 상황 보고와 다양한 조직의 부서를 연결하는 채널 간의 의사소통 시스템이다. 어떤 것이 좋은 조직인지에 대해 설명하는 것은 쉬우나 좋은 조직을 짜는 것은 쉽지 않다. 이러한 이유 때문에 성과를 증진시키기 위한 시도로 조직의 구조를 변화시키는 과정을 **리스트럭처링**(restructuring)이라고 한다.

리스트럭처링
성과를 증진시키기 위한 시도로 조직의 구조를 변화시키는 과정

2. 공식적 조직과 비공식적 조직

모든 공식적인 구조의 이면에는 비공식적인 구조가 있다. 이를 그림자 조직이라고도 하는데 공식적이지는 않지만 매우 중요하고, 조직의 구성원들 간의 관계를 형성하는 역할도 담당한다. 만일 비공식적인 구조가 도입되면 자연스레 공식적인 직함과 관계없이 이야기를 나누거나 상호작용을 하게 된다. 사람들이 커피를 마시면서 담소를 나누거나 그룹별로 운동을 하는 것이 이에 해당한다. 또는 친구들 사이에 파벌을 조성하기도 한다. 따라서 조직을 제대로 이해하기 위해서는 앞서 언급한 바와 같이 공식적인 조직뿐만 아니라 비공식적인 조직도 매우 중요하다.

3. 일의 조직화 방법

어떤 조직도 형식적인 조직뿐만 아니라 비형식적인 조직에 대한 관점이 없이는 완전히 이해될 수 없다. 조직화의 체계를 통해서 일의 분배, 감독 체계, 의사소통 채널, 주요 하부 단위까지 고려한 경영의 계층에 대해서 우리는 알

필요가 있다. 물론 비공식적인 그림자 조직도 마찬가지로 중요하다. 조직의 구조가 복잡하고 계속 높아만 가는 요구에 대해 완충적 역할을 하기 위해서 비공식적인 조직은 큰 도움이 될 수 있다. 자발적인 비공식적 조직의 관계를 통해서 사람들은 사회적인 필요를 충족시키기 위해서 동료인 친구와 네트워크를 구축할 수도 있다. 물론 비공식적인 조직도 몇 가지 단점을 내포하고 있다. 소문으로 인해서 갈등이 발생할 수 있고, 부정확한 정보를 전달하거나, 변화에 저항하는 주체가 되어 중요한 목적을 달성하는 데 일의 열정을 분산시킬 수 있다. 또한 비공식 조직에서 소외되었다고 느끼는 사람들은 불만이 쌓일 수도 있다. 일부 일본 기업에 최고경영자 직을 맡고 있는 미국인들은 일본 내 비공식적인 경영자 집단에서 실질적인 힘을 행사하는 데 어려움을 겪는다고 불평을 하기도 한다.

2.2 전통적 조직구조

1. 기능별 조직구조

기능별 조직구조에서는 유사한 기술을 지닌 사람들과 유사한 업무를 수행하는 사람들을 함께 분류한다. <그림 5-8>에서 보여주는 바와 같이 마케팅, 금융, 생산, 인사관리의 기능에 의해서 사업이 조직화되어 있다.

기능적 구조에서 생산 부서는 생산 부사장의 책임하에 있고, 마케팅 부서는 마케팅 부사장의 관할하에 있다. 개별 기능별 부서의 사원들은 전문 부서의 영역에서 일을 하는데 일을 잘 수행하면 사업이 성공적으로 운영될 것이다. 기능적 조직구조가 지닌 주요 장점을 살펴보면 다음과 같다.

- 자원의 효율적인 사용을 통한 규모의 경제
- 전문가와 훈련에 일치한 과업의 부여
- 높은 수준의 기술적 문제의 해결

그림 5-8 기업의 본사와 지사의 기능적 구조

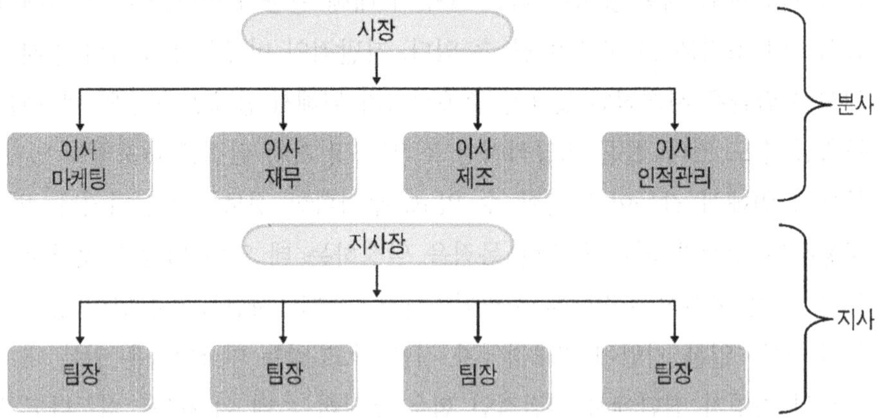

- 심도 깊은 훈련과 기술 개발
- 기능 내에서 명확한 경력관리

기능적 조직구조가 지닌 형태적인 문제점으로는 기능별 굴뚝문제(functional chimneys problem)로서 의사소통에 있어서 그룹 간에 협조체제의 부족이 나타날 수 있다. 기능별 그룹의 구성원들은 자기중심적이고 근시안적으로 행동하고 다른 그룹과 비협조적이 되거나 그렇지 않으면 전체적인 시스템적 관점을 상실하게 된다. 예를 들어 다른 기능 부서에서 문제가 발생하면 직접 행동하여 문제를 해결하고 대처하기보다는 직장상사의 눈치만 보는 경우가 많다. 이것은 의사결정과 문제해결에 장애가 되고, 결국에는 경쟁우위의 상실로 이어질 수 있다. 또 환경변화에 대응하는 혁신에 있어서 관련한 책임의 영역이 불분명해지는 문제점이 있다.

2. 부서별 조직구조

두 번째로 부서별 조직구조(divisional structures)는 동일한 제품과 프로세스, 유사한 고객, 동일한 지리적 영역을 대상으로 하는 것이 아니라 <그림 5-9>에서 보여주는 바와 같이 여러 개의 차별화된 제품과 서비스를 가지고 다변화된

그림 5-9 생산, 지역, 고객, 과정에 따른 분할 구조

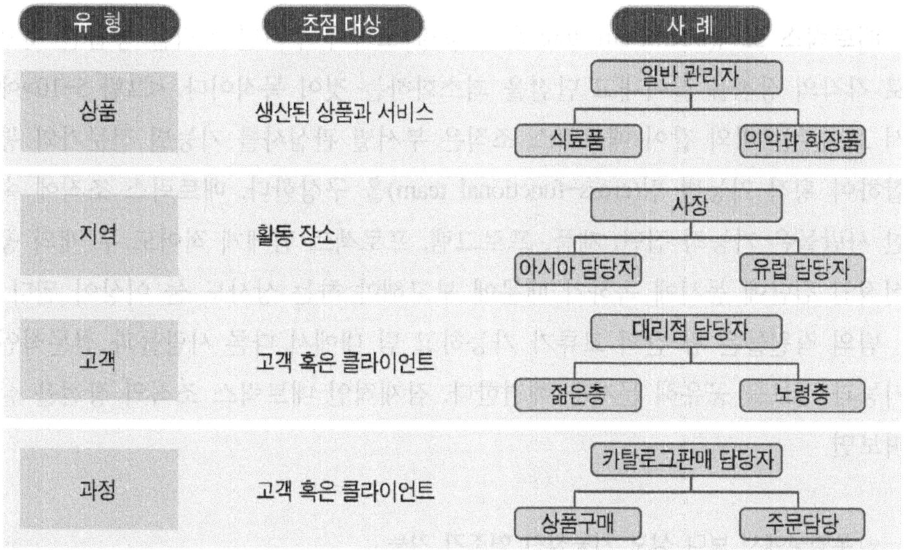

전략을 추구하며 몇몇 경쟁적 환경에서 운영하는 복잡한 형태의 조직이 일반적이다. 부서별 조직의 잠재적인 장점은 다음과 같다.

- 환경 변화에 대응하여 보다 신축적임
- 기능적 부서 간에 협조를 향상시킴
- 제품과 서비스 제공에 대한 책임이 명확함
- 특정고객과 상품 지역에 초점을 둔 전문성 증가
- 부서의 추가 혹은 폐쇄를 통해 조직 규모를 쉽게 변경 가능

그러나 부서별 조직구조가 지니고 있는 단점으로는 다음과 같다.

- 규모의 경제가 사라질 수 있음
- 부서 간 자원과 노력의 중복으로 추가적인 비용 투입 가능
- 보다 많은 자금의 획득과 주목을 끌기 위해서 불필요한 경쟁이 유발
- 조직 전체보다 부서 간 이기주의에 빠져 대의를 망각 가능

3. 매트릭스 조직

매트릭스 조직
기능별 조직과 부서별 조직을 통합한 것

매트릭스 조직(matrix structure)은 기능별 조직과 부서별 조직을 통합한 것으로 각각의 장점을 끌어내고 단점을 최소화하는 것이 목적이다. <그림 5-10>에서 보여주는 바와 같이 매트릭스 조직은 부서별 관심사를 기능별 전문가와 통합하여 횡적 기능별 팀(cross-functional team)을 구상한다. 매트릭스 조직에 속한 사람들은 기능적 집단, 제품, 프로그램, 프로젝트 팀에게 적어도 두 개의 공식적인 집단에 동시에 속하기 때문에 보고해야 하는 상사도 둘 이상이 된다.

팀의 직원들은 팀 간의 교류가 가능하고 팀 내에서 다른 사람들과 전문적인 기능과 정보를 공유해 문제를 해결한다. 잠재적인 매트릭스 조직의 장점을 살펴보면

- 운영상에서 보다 상호 기능적인 협조가 가능
- 변화하는 수요를 충족하기 위해 신축성 증가
- 프로젝트 담당자에 의해서 고객 서비스가 잘 관리되고 성과 향상
- 사용 가능한 최고의 정보를 통해 팀별 수준에서 문제 해결력 향상

그림 5-10 소규모 다프로젝트 사업 기업의 매트릭스 구조

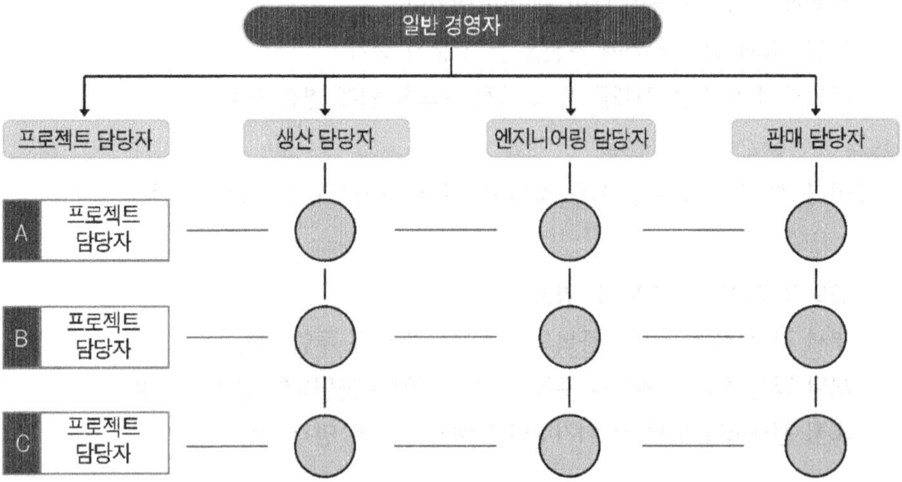

물론 단점도 있다. 두 명 이상의 보스를 지닌 시스템이기 때문에 양자 간 갈등이 존재하는 경우 매트릭스 구성원들은 누구의 명령과 지시를 따라야 할지 몰라서 혼란을 유발하기도 한다. 팀의 입장에서도 보다 큰 조직의 목표를 추구하기보다는 소속팀에 대해서만 관심을 보일 수도 있다. 형식적으로 팀의 리더는 또한 개인적인 비용을 증가시키는 결과를 초래할 수도 있다.

2.3 현대 조직구조

글로벌 경제와 초경쟁시대를 맞이하여 경영자는 끊임없이 변화하는 환경에 맞서 최적의 조직 구조를 찾아야 한다. 현대 조직의 흐름은 기능적 팀워크에 맞추어 통합과 교차관계 구조를 지니고 있으며, 정보기술을 이용한 네트워크의 이점을 얻기 위해서 수평적 구조를 향해 나아가고 있다. 대표적인 예로 GE, 포드는 전통적인 수직적 구조를 해체하고 보다 수평적인 구조로 나아가려고 노력하고 있다.

1. 팀 구조

팀 구조는 지시적이고 과업을 달성하기 위해서 형식적으로 일시적 혹은 영구적인 팀을 구성한다.

<그림 5-11>에서 보여주는 바와 같이 다양한 유형의 팀들은 문제를 해결하기 위해서 또는 기회를 탐색하기 위해서 풀타임 혹은 파트타임에 기초하여 함께 일을 한다. 종종 교차 기능 팀(cross-functional teams)은 자신의 책임 영역 내에서 서로 다른 기능적인 일을 담당한다. 이 목적은 기능의 일방 통로를 깨고, 정보의 공유를 확대하여 보다 효과적인 상호관계를 형성하기 위해서다. 예를 들면 인텔의 경우 대부분의 근로자들은 팀 리더의 지시 아래 하나 이상의 프로젝트에 참가하게 된다. 전통적인 위계질서에서는 팀 활동이나 프로젝트 달성을 위해서는 자리를 하나 새로이 마련해야 한다. 팀 구조의 잠재적인 장

그림 5-11 팀 구조를 이용한 기능적 교차 구조

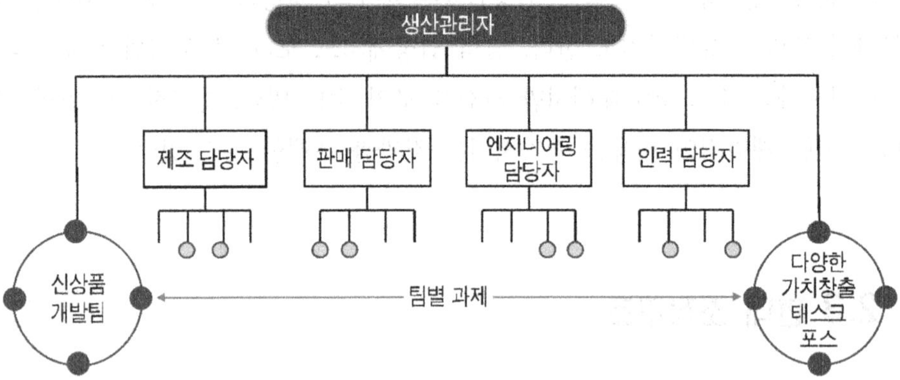

점은 기능 간에 보다 의사소통이 원활해진다는 점이다. 팀의 과제는 운영부서 간의 장벽을 허무는 데 도움이 되고, 또한 다른 부서에 대한 입장을 이해할 수 있다. 팀은 지식과 전문성의 공유로 특정 문제에 초점을 맞추어 의사결정의 속도와 정확성을 향상시킬 수 있다. 물론 팀과 팀워크의 복잡성은 잠재적인 단점을 내포한다. 두 팀 간의 기능적 업무는 팀원들 간의 충성심을 발휘하여 잘 보이고자 하는 가운데서 갈등을 초래할 수 있어 업무 과정상에서 어려움이 생길 수 있다.

2. 네트워크 구조

오늘날 새로운 형태의 조직으로, 발전된 정보기술을 이용하여 환경과 조직 내의 연결을 증가시킨다. 네트워크 구조는 외부의 계약자와 필수 서비스 공급자를 네트워크를 통해서 연결한다. 이와 같이 네트워크 조직은 최근의 컴퓨터와 정보기술을 이용하여 사업계약을 지원하고 운영에 활력을 불어넣는다.

<그림 5-12>는 인터넷과 카탈로그를 통해서 가구를 판매하는 기업을 상정한 것이다. 기업은 자체로서 소규모의 핵심부서에 근무하는 직원이 소수로 구성되어 있다. 하지만 외부의 가구디자인 기업과 계약을 하고 외국의 기업과 제조·운송뿐만 아니라 회계에 이르기까지 외부기업과 계약을 하기도 한다.

그림 5-12 전자상거래와 카탈로그 기반 소매기업의 네트워크 구조

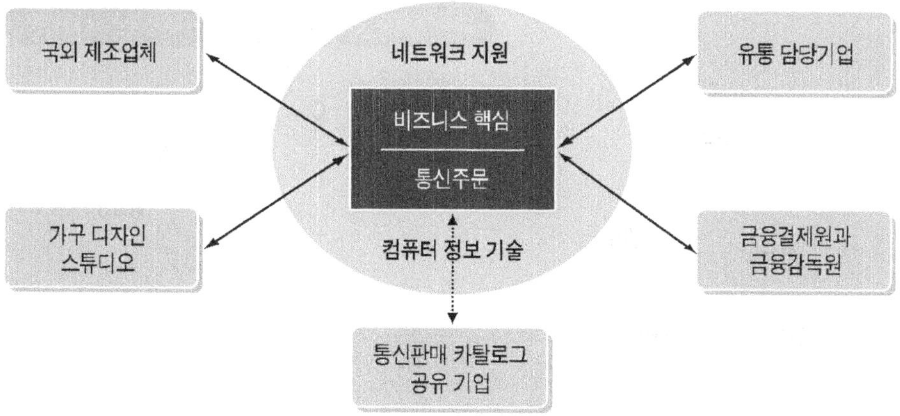

네트워크 구조의 장점은 창조적인 기술의 활용이 가능하고, 첨단 기술을 이용해 더 적은 직원을 고용해서도 업무를 처리할 수 있고, 내부 시스템을 단순화하여 운영이 가능하다. 또한 조직 운영의 효율성 향상과 직원의 축소를 통해서 비용 경쟁적인 여건을 마련하는 데 기여할 수 있다. 하지만 단점으로는 복잡한 사업관계의 시스템을 조정할 필요성이 매우 크다. 만일 네트워크의 한 부분이 작동되지 않거나, 정보전달에 오류가 발생하면 그 결과로 인해서 전체 시스템의 운영에 장애가 발생할 수 있다.

3. 벽 없는 조직

최근에 벽 없는 조직이 등장하여 각광을 받고 있다. 조직 내부의 부서 간을 연결하는 경계와 조직과 외부환경을 연결하는 경계가 제거된 조직을 벽 없는 조직이라고 한다. 이것은 기존의 팀과 네트워크 조직의 형태를 팀워크와 의사소통을 활성화하고자 일시적으로 조직 내부의 구성원들을 분리시키는 경계를 제거하는 것이다. 조직의 외부적인 측면으로는 외주 계약을 통해서 변화하는 환경에 따라 신축적으로 조직을 운영하는 것이다.

<그림 5-13>에서 보여주는 바와 같이 내부와 외부 장벽의 제거를 통해서 조

그림 5-13 내부와 외부 경계를 제거한 벽 없는 조직

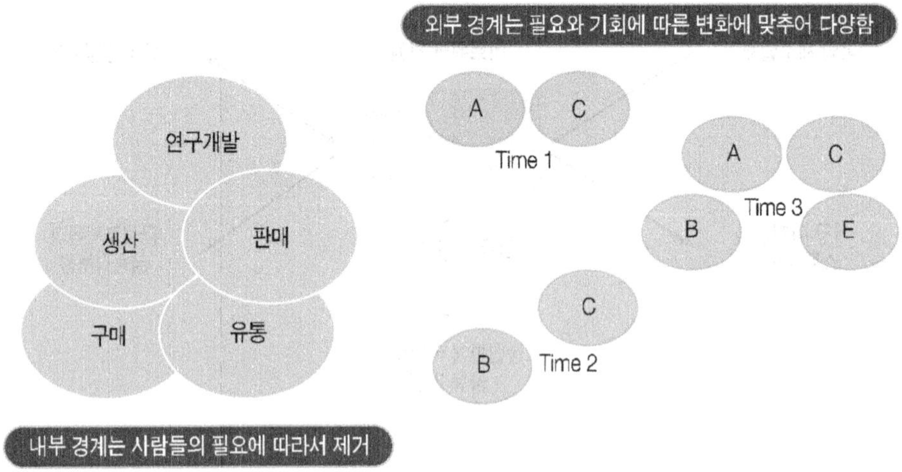

직의 속도와 신축성을 향상시킬 수 있게 된다. 벽 없는 조직의 필수적인 사항은 위계질서와 팀 구성원들 간의 권한 이양이 필요 없다는 것이다. 업무에는 전문성을 활용하면서 사업이 진행되는 기간 동안에만 일시적이고 자발적으로 운영된다. 관료적인 제한이 없이 함께 권한을 부여받은 사람들은 창의성, 품질, 시간, 신축성을 촉진시키고 비효율성과 시간을 감소시킬 수 있게 된다. 벽 없는 조직에서 지식 공유는 중요한 핵심요소이다. 소규모 기업에서 눈앞의 과업이나 직책에 상관없이 능력이 있는 사람들은 도움이 필요한 다른 사람들을 도와주는 경우가 많다. 비록 기업의 규모가 큰 경우라도 미팅과 자발적인 공유는 일어날 수 있다. 정보기술이 가져온 큰 기회는 이 모든 것을 가능하게 도와준다. 조직과 환경 측면에서 벽 없는 조직은 가상조직이라 불리기도 한다.

03 지휘

3.1 지휘의 개념과 의의

1. 비전을 지닌 리더

지휘는 업무를 달성하기 위해서 다른 직원들이 더 열심히 일을 하도록 의욕을 고취시키는 과정이다. <그림 5-14>에서 보여주는 바와 같이 경영과정의 한 축을 이룬다. 계획화가 목표에 따라서 설계하는 것이라면 조직은 계획이 실행

그림 5-14 경영기능과 지휘의 관계

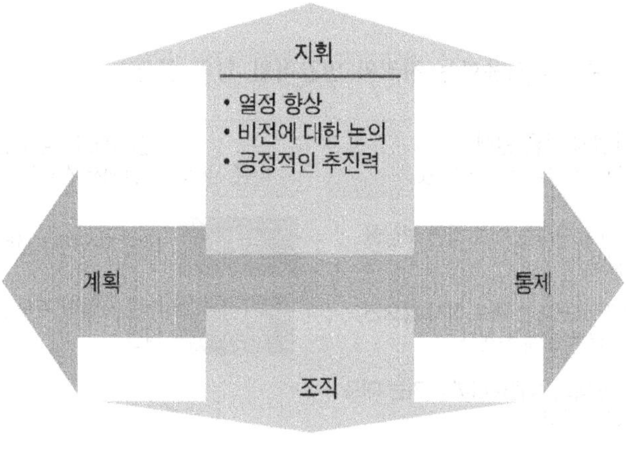

되도록 자원을 배치하는 것이고, 지휘는 행동지침을 세워서 사람들이 지닌 재능과 능력을 계획 세운 대로 쏟아 부을 수 있게 해주는 것이다.

그리고 통제는 올바른 일이 진행되었는지를 점검하는 것이다.

위대한 리더십이란 공동의 목적을 향해서 다른 사람을 격려하고 의욕을 끌어올려 조직에서 특별한 무엇인가를 얻어내는 것이다. 비전을 가진 리더는 미래에 대반 분명한 감각과 성공을 달성하기 위한 추진력을 지닌 사람이다. 리더십에는 비전을 어떤 성과로 끌어내는 역할을 하는데 이를 위한 필수적인 사항들을 몇 가지 짚어보면 다음과 같다.

- **도전정신**: 혁신을 유도하고 창의적인 아이디어를 지닌 사람을 지원
- **열정**: 공동의 비전을 공유하기 위해 개개인의 열정을 다른 사람에게 전이시킴
- **상호부조**: 팀 구성원으로서 필요 시 다른 사람의 노력과 재능을 지원
- **역할모델 제시**: 다른 사람들이 어떻게 행동할 수 있고, 행동해야 하는가에 대한 지속적인 역할 모델을 제시
- **성과에 대한 찬사**: 작업장에서 실현된 결과에 대해 마음을 다해 관심을 부여

리더십은 전체적으로 조직과 집단에 기여하기 위해서 무엇인가를 해내는 능력이다. 긍정적인 사고방식은 효과적인 리더십의 근원이다. <그림 5-15>는 지위를 이용하여 다른 사람들을 따라오게 하는 방법과 인간적인 측면을 이용한 방법을 예로 들고 있다.

그림 5-15 리더가 사용하는 지위와 인간적인 힘의 원천

지위에 따른 원천 다른 사람에게 제공할 수 있는 것		인간에 따른 원천 다른 사람의 관점에서 경영자를 바라보는 관점	
보상적	"내가 요구하는 대로 하면 보상을 하겠다."	전문적	특별 지식이나 정보에 근거
강압적	"내가 요구하는 대로 하지 않으면, 대가를 치르게 하겠다."	준거성	다른 사람이 계속 관계를 유지하기를 원함
합법적	"나는 너의 상관이니까 시키는 대로 해야만 한다."		

경영자의 공식적인 지위 혹은 직책은 조직의 위계질서에서 지위의 힘을 부여한다. 여기에는 보상, 벌칙, 합법성에 의한 힘이 포함된다. 보상적 권력(reward power)이란 보상을 통해서 영향을 미치는 것이다. 다른 사람의 행동을 이끌어내는 방법으로서 무엇인가 가치 있는 것을 제공할 수 있는 능력이다. 예를 들어 보수를 올려주거나 보너스, 승진, 칭찬 등의 방법을 사용한다. 즉 내가 원하는 것을 해준다면 그에 따른 보상을 해주겠다고 인센티브를 제시하는 것이다. 강압적인 권력(coercive power)은 벌칙을 통해서 영향을 미치는 것이다. 채찍을 통해서 위협하거나 벌금을 부과하여 다른 사람에게 행동을 하도록 강요하는 것이다. 즉 내가 원하는 것을 하지 않으면 대가를 톡톡히 치르게 하겠다고 압박하는 것이다. 합법적인 권력(legitimate power)은 공식적인 지위를 통해서 정당성을 획득하고 조직의 위치, 지위를 통해 하부 지위에 있는 사람들을 통제하는 것이다. 나는 상관이기 때문에 너는 내가 시키는 대로 해야 한다는 식이다. 이러한 지위에 따른 권위가 아닌 개인에 의한 능력에 의해서 얻어질 수도 있다. 전문적인 권력(expert power)은 특별한 전문성을 통해서 영향을 미치는 것이다. 자신의 지식, 기술, 이해능력 때문에 다른 사람들의 행동에 영향을 주는 능력이다. 전문성과 관련한 이슈는 관련된 기술적 노하우 혹은 정보의 획득을 통해서 얻어진다. 전문적인 능력을 사용하는 경영자는 그 분야에서 전문가이기 때문에 그가 원하는 대로 일을 이끌어간다. 즉 내가 그 분야에서는 전문가이고 그렇기 때문에 내가 원하는 대로 해야 한다는 것이다. 준거적 권력(reference power)은 존경심과 카리스마를 통해서 매력을 끌어내는 것이다. 그와 계속해서 긍정적인 관계를 유지하기 위해서는 그가 원하는 대로 해야 하는 것이다.

3.2 다양한 리더십 모델

1. 상황적 이론

피들러(F. Fiedler)는 성공적인 리더십을 위해서 최적의 조건을 찾으려고 하기보다는 리더의 스타일과 상황 간의 매칭에 의존한다는 상황적 이론을 제기하였다. 그는 리더의 스타일이 개성의 일부이고, 상대적으로 지속적이고 변화하지 않는 것이라고 생각했다. 새로운 스타일에 맞추어 리더를 훈련시키려고 하기보다는 상황에 따라서 스타일을 맞출 것을 충고한다. 상황에 따라서 직원들에게 일에 대한 동기를 부여하여 자발적으로 따라오게 하기도 하고, 리더십을 통해 직원들이 따라올 수 있도록 이끌어 나가야 할 때도 있다. 어느 하나의 스타일이 항상 효과적인 것은 아니라고 피들러는 주장했다. 적절한 상황에 맞는지를 진단하기 위해서는 3가지의 상황변수를 이해해야 한다. 리더 멤버 간의 관계 수준이 높은지 낮은지는 어느 그룹이 리더를 지원하는가의 정도로, 사업구조 정도의 강도는 사업의 목적, 과정, 가이드라인이 설명되는 정도로, 지위 권한의 정도는 리더의 힘이 하급자에게 보상과 벌칙을 주는 정도로 측정된다.

<그림 5-16>에서는 8가지의 유형 중에서 가장 선호되는 리더와 직원들 간의 관계, 강한 직무구조, 강한 지위권한을 지닌 리더에 대한 상황의 범위를 고려하여 최악의 상황인 나쁜 리더-구성원과의 관계, 낮은 사업구조, 약한 지위의 권한까지 보여주고 있다. 이 그림이 의미하는 바는 직무 중심의 리더는 통제 상황이 좋거나 나쁜 경우 모두 가장 성공적이라는 것이고, 관계 중심의 리더는 보통의 통제 상황에서 가장 성공적이 될 수 있다.

그림 5-16 피들러의 상황적합이론에 따른 상황과 리더십 스타일

리더와 직원과의 관계	좋음	좋음	좋음	좋음	나쁨	나쁨	나쁨	나쁨
업무 구조	높음	높음	낮음	낮음	높음	높음	낮음	낮음
지위 권한	강함	약함	강함	약함	강함	약함	강함	약함
상황 통제	↔							
선호되는 리더십 유형	T	T	T	R	R	R	T	T

T=업무중심 스타일 R=관계중심 스타일

2. 상황적 모형

허시-블랜차드(Hersey-Blanchard)가 제시한 상황적 모형(Situation Model)에서는 성공적인 리더들은 주어진 상황을 고려하여 자신의 스타일에 따라서 일을 하는 리더들을 말한다. 여기서 준비란 의미는 능력 있고 의리와 신뢰를 지닌 부하들이 주어진 직무를 얼마나 잘 수행하는가에 기반을 둔다. <그림 5-17>에서 보여주는 바와 같이 직무 중심과 관계 중심의 서로 다른 조합의 결과를 보여준다.

- **위임(delegating)**: 집단에서 직무결정에 대한 책임을 부과하는 것(낮은 직무, 낮은 관계 스타일)
- **참여(participating)**: 직무의 방향에 대한 공유된 아이디어와 참가 여부에 대한 결정을 강조하는 것(낮은 직무, 높은 관계 스타일)
- **설명(telling)**: 설득적인 방법으로 직무의 방향을 설명하는 것(높은 직무, 높은 관계 스타일)
- **지시(telling)**: 특정 직무 방향을 지시하고, 자세하게 일을 감독하는 것(높은 직무, 낮은 관계 스타일)

그림 5-17 허쉬와 블랜차드의 상황모형의 리더십 의미

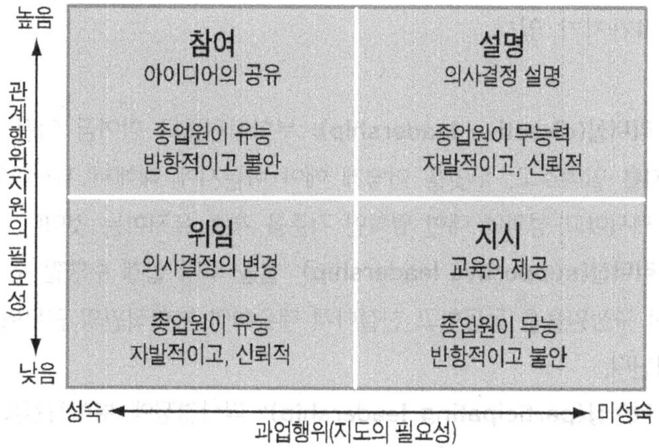

이 모형은 필요에 따라서 그에 적절한 리더십을 수행할 수 있어야 한다. 위임적 스타일(delegating style)은 능력 있고, 의지가 있고, 신뢰감을 보이는 부하직원이 준비가 잘된 상황에서 최적으로 작동한다. 지시 스타일(telling style)은 가장 극단적으로 준비가 안 된 상황에서 적합하다. 중간에 해당하는 판매 스타일(selling style)은 준비가 잘된 적당한 사람에게 가장 적합하고 참가 스타일(participating style)은 낮은 수준에서 어느 정도의 준비가 된 상황에 권고된다.

허시와 블랜차드는 리더의 리더십 스타일에 따라 부하직원들은 시간이 변함에 따라 주어진 상황에 적응할 수 있고 적응해야 한다고 하였다. 만일 적당한 스타일이 보다 잘 준비된 상황에서 사용된다면 부하직원은 성숙할 것이고, 능력, 의지, 신뢰에 따라서 성장할 것이라는 것을 의미한다. 이러한 긍정적인 효과를 이끌어내기 위해서는 리더들은 보다 덜 지시적이 되어야 할 것이다.

3. 경로 목표 모형

상황적합모형의 하나로 하우스(R. House)는 경로-목표 모형을 제시하였다. 효과적인 리더는 종업원들이 업무 지향적이면서 동시에 개인 목표를 위해서도 노력할 수 있는 경로(path)를 제시해주어야 한다고 생각했다. 훌륭한 리더는 추가적으로 이러한 경로를 따라 가는 데 방해가 되는 요소들을 제거하고, 업무를 완수하면 적절한 보상도 해준다. 경로 목표 모형에서 사용되는 리더십의 유형으로는 4가지가 있다.

- **지시적 리더십(directive leadership)**: 부하직원들로 하여금 어떤 일이 예상 가능한지를 알려주고, 무엇을 어떻게 해야 하는지에 대해서 지시하며, 업무의 계획을 제시하고 성과에 대한 명확한 기준을 계속 유지하는 것이다.
- **후원적 리더십(supportive leadership)**: 일을 보다 쉽게 수행할 수 있게 해주고, 집단 구성원들을 동등하고 친절하게 대우하며 부하직원의 근무여건에도 관심을 지닌다.
- **참여적 리더십(participating leadership)**: 의사결정에 부하직원을 참여시키고, 의견을 잘 수용하고 반영한다.

- **성취 지향적 리더십(achievement-oriented leadership)**: 도전적인 목표를 설정하고, 최고의 성과를 달성하도록 격려하며, 지속적인 성과 목표를 달성할 수 있다는 자신감을 심어준다.

이러한 경로-목표 이론은 경영자들에게 항상 리더십을 통해서 상황 조건을 보완하게 한다. 리더는 상황에 맞추어 간과하거나 더 강화해야 할 필요가 있는 일이 무엇인가를 파악하여 가치를 창출한다. 쓸데없는 행동을 피하고, 업무와 권한, 집단에 따른 작업환경과 능력, 경험, 통제의 유형에 따라서 경로 목표의 방향을 다르게 해야 한다. 예를 들어 직무할당이 불분명하면 효과적인 경영자는 지시적인 리더십을 발휘하여 업무의 목적과 보상의 기준을 명확히 한다. 종업원들이 자신감이 없으면 후원적인 리더십을 통해 개인의 능력을 분명히 하고 동시에 필요한 경우에는 업무에 대해서 보조를 해준다. 성과 유인이 빈약한 경우에는 참여적 리더십을 통해서 개인적인 욕구를 충족시킬 수 있도록 유도하고 적당한 대가를 제시해 문제를 해결한다. 업무가 너무 쉬워 도전할 만한 의욕이 생기지 않는 경우는 성취지향적인 리더십을 통해서 성과의욕을 고취시킬 수 있게 한다.

4. 리더-참가 모형

브룸-자고(Vroom-Jago)의 리더-참가모형은 직면한 문제의 특성에 가장 적합한 의사결정 방법을 선택하는 데 리더가 도와주는 모형이다. 이 접근법에서 효과적인 리더는 가장 적합한 의사결정모형을 따라서 지속적으로 선택하고 실행할 수 있는 사람이다.

리더는 권위에 의한 방법이 타당할지 합의에 의한 방법이 타당할지에 대해서 알아야 한다. 또한 필요한 경우에 적절하게 실행할 수 있어야 한다. <그림 5-18>에서 보여주는 바와 같이 다음의 조건에 해당하는 경우에 리더십이 효과를 거두기 위해서는 보다 집단 지향적이고 참가를 통한 의사결정 방법을 사용해야 한다.

그림 5-18 리더십 모형의 리더-참가 모형

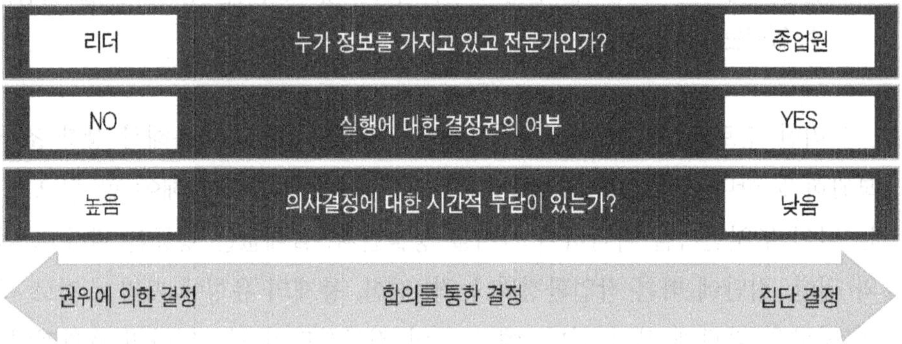

- 리더들이 스스로 문제를 해결하기 위한 충분한 정보가 부족한 경우
- 문제가 불명확하고, 상황을 분명하게 하기 위해 도움이 필요한 경우
- 다른 사람에 의한 의사결정의 수용이 실행을 위해서 필수적인 경우
- 실질적인 참여를 허용할 수 있는 적절한 시간이 있는 경우

3.3 동태적 환경과 리더십

리더십이 성공하기 위해서는 책임감이 중요하다. 리더가 된다는 것은 언제 어디서나 믿고 의지할 수 있는 사람이 되는 것을 의미한다.

1. 지속 가능한 일관성 있는 리더십

피터 드러커(P. drucker)는 새로운 작업환경에서 리더십에 대해서 실용적인 측면을 강조했다. 그는 어떻게 카리스마를 획득할 수 있는가라는 질문에 대해 일을 열심히 하는 것이라고 강조하면서 여기에 리더로서 일을 잘 수행하기 위해서 필요한 몇 가지를 덧붙인다. 첫째, 효과적인 리더십의 근본적인 미션을 잘 정의하고 확립하는 것이다. 훌륭한 리더는 목표와 우선순위 간의 기준을 정한 후 이를 유지하기 위해서 분명하고 가시적인 상태를 유지해야 된다. 둘째 리더십은 책임감이 몸에 배어 있어야 한다. 스스로가 재능 있는 사람들로 둘러싸여 보다 능력 있고 유능한 부하직원이 더 발전하는 것을 두려워하지 않고 지원해주어야 한다. 또한 일이 잘못되어도 다른 사람을 비난하지 않는다. 셋째로 위대한 리더는 다른 사람의 신임을 획득하고, 유지하는 것이 중요하다. 이것은 개인적인 정직성과 관련이 큰 것으로 리더가 하는 말과 행동이 일치하는 경우에 신뢰를 얻는다. "효과적인 리더십은 똑똑해지는 데 있는 것이 아니고, 일관성에 있다"고 드러커는 말했다.

2. 윤리적 리더십

드러커의 리더십의 개념에서 핵심은 순결성을 지닌 가치를 행동으로 옮기려는 리더의 정직, 신뢰, 지속성이다. 리더는 부하직원의 행동을 인도하기 위해서 높은 윤리적 기준을 지켜야 할 책임이 있다. 경영자들에게 리더십의 윤리적 측면은 중요하다. 윤리적 리더십의 핵심은 다른 사람들이 따르기 위해서 높은 윤리적 기준을 설정하여 개인적 행동의 본보기가 되는 것이다.

가드너(J. Gardne)는 조직 생활에서 2% 부족한 촉진제를 공급해주어야 할 책임감이 리더십의 "윤리적 측면"이라 하였다. 가드너에 의하면 리더는 각각의 개인들에게 잠재성을 일깨워줄 필수적인 촉진제를 공급해주어야 할 도덕적인 의무가 있다. 리더의 높은 기대가 종업원들의 높은 성과로 연결되는 경향이 있다고 지적했다. 가드너의 주장은 직원들이 그들 스스로가 작업장 내에서 소중하다고 인식하는 경우가 소외되었다고 느끼는 경우보다 성과가 더 높다는 것이다. 윤리적인 리더는 직원들이 최선을 다해 진정으로 그들을 존중해주고 도와주어 소유의식을 갖도록 하는 것이다. "진정한 리더는 그를 따르는 사람들에게 봉사자가 되는 것이다."

04

통제

4.1 통제의 개념과 통제과정

1. 통제의 개념

통제는 성과를 측정하고, 바람직한 결과를 확실하게 달성하기 위한 과정이다. 통제의 목적은 계획이 성취되고, 실제적인 성과가 목표의 달성에 부합하는가를 확인하는 것이다.

통제는 올바른 일이 올바른 방법으로 적당한 시간에 취해졌는가와 개인과 그룹이 전략적으로 세웠던 계획에 잘 일치하는가를 확인하는 것이다.

제1단계: 목표와 기준의 설정

통제과정은 계획에 의해 목표와 기준을 설정하면서 시작된다. 성과 목표의 수준을 제시하고 달성해야 할 성과를 평가하는 기준을 세운다.

제2단계: 실제 성과의 측정

두 번째 단계는 실제로 성과를 측정하는 것으로 원래 계획을 세운 것과 실제 달성한 것을 비교하는 것이다. 조직화에서 발생하는 문제 중의 하나는 엄밀하게 성과를 측정하려고 하지 않거나 그러한 일을 수행할 능력이 없는 경우이다. 종종 마지못해서 평가를 받는 경우도 있지만 평가가 없다면 효과적인 통제는 불가능하다. 경영자들은 납득할 만한 평가와 이를 계획적으로 실행해 나가야 할 필요가 있다.

제3단계: 목적과 기준의 결과 비교

통제과정에서 세 번째 단계는 측정된 성과 기준에 대한 비교이다. 수정할 행동이 얼마나 필요한지를 살펴보기 위해 다음과 같은 통제방정식으로 나타낼 수 있다.

행동의 필요성 = 바람직한 성과 − 실제 성과

통제 방정식은 현재의 성과를 평가하기 위한 기준으로서 과거의 성과를 기준으로 사용하게 된다.

제4단계: 수정조치

최종적인 단계는 미래의 성과를 올리거나 바로잡기 위해서 필요한 행동을 취하는 것이다. 성과가 부족한 이유가 이해되어야, 수정된 행동이 바람직한 수준에 달성될 수 있도록 성과를 회복시킬 수 있게 된다.

4.2 통제유형과 효과적인 통제

1. 통제의 유형

조직에서 사용되는 통제의 유형으로는 사전적 통제, 동시적 통제, 사후적 통제(피드백, feed back)가 있다. 각각은 장기적 생산성과 높은 성과를 추구하는 데 있어서 중요한 역할을 한다.

사전적 통제

실행에 앞서 결함을 예측하고 실시하는 통제를 사전적 통제라고 한다. 목적이 분명한지, 올바른 방향이 성립되었는지, 적절한 자원들이 목적 달성에 사용되었는지를 점검하는 것이다. 높은 성과를 달성하기 위해 사전적 통제는 자연적으로 예방적인 성격을 지닌다. 어떤 일을 시작하기 전에 무엇이 이루어져야 하는가를 점검하는 것은 요리를 하기 위해서 사전에 재료를 통제하는 것으로 기업의 품질을 유지하는 데 중요한 역할을 한다.

동시적 방향 통제

일이 진행되는 과정 속에서 실제로 무엇이 발생했는가에 초점을 맞추는 통제를 동시적 통제라고 한다. 현재 추진되고 있는 계획에 따라 일이 잘 진행되고 있는지를 확인하기 위해서 운영과정과 행동을 감시하는 것이다. 지금 시점에서 일을 마치기 전까지 무엇을 개선할 수 있는가?

피드백 통제

일이 다 이루어지고 난 이후에 사후적인 검토를 하는 것을 피드백 통제 혹은 사후적 통제라고 한다. 달성된 결과에 초점을 맞추어 일이 끝났지만 이 시점에서 어떻게 우리가 더 잘할 수 있을까? 레스토랑의 경우 식후에 얼마나 음식이 마음에 들었는지, 코스요리가 마친 후에 최종 점검을 위해서 얼마나 고객을 만족시켜 주었는지를 알 수 있고, 프로젝트가 끝난 후에 경비 명세서는 비용의 초과 여부를 알려준다. 이것은 미래에 일을 더 잘할 수 있게 하는 데 도움이 된다.

2. 효과적인 통제

통제과정에서 한 가지 문제는 많은 경영자들이 매우 바쁘거나 혹은 따르기를 싫어한다는 것이다. 의사결정을 내리고 난 후에는 선택 가능한 다른 길에 대한 생각은 잊어버리고 계획에 따라서 일이 진행되도록 해야 한다. 유능한 경영자들은 최적의 이득을 얻어내기 위해서 간단한 일들이 잘 진행되고 있다고 안심하는 데 그치기보다는 모든 작업이 의도한 대로 진행될 것이라는 확신을 가지고 추진한다. 조직에 있어서 효과적인 통제는 다음의 원칙을 따른다.

- **통제는 전략적으로 결과 지향적**: 전략적 계획을 지원하고 조직에서 현실적 차이를 유발하는 중요한 행동에 초점을 둠.
- **통제에 대한 쉬운 납득과정**: 통제는 현재의 자료들에 대해서 이해할 만한 용어로 의사결정을 뒷받침해야 하고 복잡하거나 어려운 통계적인 방법을 사용하는 것은 지양해야 함.
- **자기 통제의 촉진**: 통제는 상호간의 신뢰와 커뮤니케이션, 그리고 모든 관련자간의 참여가 필수적임.
- **시간 지향적**: 왜 잘못된 길을 가게 되었는지, 왜 원하는 방향과 차이가 발생했는지를 알려주어야 함.
- **긍정적인 사고**: 통제는 발전, 변화, 개선이 될 것이라는 점을 강조하고, 징계와 비난을 줄여야 함.
- **공정성과 객관성**: 모든 사람들이 공평하고, 부당한 차별이 없다고 느껴야 하며 하나의 기준을 통해서 객관성을 확보해야 함.
- **유연성**: 통제는 개인의 판단을 수용할 여지를 남겨두면서 새로운 환경에 적합하도록 재조정되어야 함.

4.3 계획과 통제의 통합

계획이 잘 짜이면 통제는 더 수행될 수 있다. 물론 반대의 경우도 마찬가지이다. 계획 없이는 성과를 측정하기 위한 방법도 없다. 따라서 계획과 통제를 통합할 필요가 있는데 유용한 방법 중의 하나로 목표에 의한 관리(Management by Objectives: MBO)가 있다.

1. 목표에 의한 관리

목표에 의한 관리
관리자와 부하직원이 함께 달성해야 할 목표를 설정하고 같이 검토해 나가면서 의사소통을 하기 위한 구조화된 과정

목표에 의한 관리(MBO)는 관리자와 부하직원이 함께 달성해야 할 목표를 설정하고 같이 검토해 나가면서 의사소통을 하기 위한 구조화된 과정이다. MBO는 관리자와 부하직원 사이에서 다음과 같은 동의가 필요하다.

- 주어진 시간 내에서 부하직원의 성과 목표
- 달성해야 할 계획
- 달성했는지의 정도를 측정하기 위한 기준
- 성과의 결과를 검토하기 위한 절차

MBO 방법은 같이 일을 하는 팀 내에서 팀 리더와 팀 멤버가 연대하여 계획을 세우고 틀 내에서 결과를 공동으로 통제한다. 그들은 평가하는 결과에 사용될 성과와 기준에 대한 스케줄에 맞춰서 가장 우선시되는 성과 목표에 합의한다. MBO의 장점으로 절차는 가장 중요한 업무와 목표에 대한 직원들의 일의 노력에 초점을 둔다. 개인들이 합의된 목표를 충족할 수 있도록 지원하기 위해서 관리자는 노력해야 한다. MBO는 장점을 극대화하기 위해서 이용되기도 하는데 무엇을 하고 하지 말아야 할지에 대한 올바른 권고를 하기도 한다.

2. 내부통제와 자기관리

내부통제는 스스로 일에 대한 행동의 책임을 지는 자기통제과정이다. 주어진 분명한 목표를 전제로 하여, 탁월한 성과를 추구하려는 경영자에게 MBO가 이러한 기회를 제공할 수 있다. MBO는 상급자와 하급자 간의 직접적인 면대면 관계 형성에 기여한다. 왜냐하면 사람들에게 구조화된 업무 틀 속에서 의사결정에 참여하도록 유도하기 때문에 동기부여와 권한의 위임 기능을 한다. 자신의 성과 의무를 충족하려는 열정을 증가시키기 위해서 MBO는 외부

통제보다는 자기 내부의 관리를 촉진한다. 즉 개인적으로 도전할 만한 높은 성과를 세우고, 가능한 최선의 노력을 하고 그 결과에 대해서 책임을 질 수 있어야 한다.

3. 성과목표

성과목표는 분명히 MBO 과정에서 핵심이다. 그러나 목표가 구체화되고 설정되는 방법은 어떻게 MBO가 잘 작동하는가에 영향을 주게 된다. 목표의 세 가지 유형은 MBO 계약을 세울 때 구체화된다.

- 개선목표(improvement objectives)는 "품질 미달을 10%로 감소할 것"과 같이 구체적인 방법에서 성과를 개선하기 위한 시도이다.
- 개인적인 성장 목표(personal development objectives)는 "컴퓨터 프로그램의 최신 버전에 익숙해지는 것"처럼 직무지식과 기술에서 볼 수 있는 개인의 성장 활동과 관계가 있다.
- 유지목표(maintenance objectives)는 현재 수준에서 성과를 유지하기 위한 것으로 MBO 절차는 개선 목표와 개인적인 성장 목표에 해당하는 경우가 많다.

성과 목표를 잘 달성하기 위한 요소로는 다음의 사항들을 고려해야 한다.

- **구체성**: 달성해야 할 주요 결과에 초점
- **제한된 시간**: 달성하는 목표에 대한 날짜를 확인
- **도전**: 현실적이고 달성 가능한 문제를 제시
- **측정 가능성**: 가능한한 구체적이고 양적으로 계량화가 가능한 것

위기 때 더욱 빛나는 리더의 조건 뭘까

목표 달성 위해 구성원의 자발적 참여를 끌어내고 쌍방향 소통으로 유연하고 탄력적인 조직 만들어

미국은 지금 희망과 긍정의 기운으로 가득하다. 대공황 이후 최악의 경제 위기를 통과하고 있는 미국인들에게 "Yes, we can(우리는 할 수 있다)"을 외치게 한 사나이, 버락 오바마가 20일(현지시간) 제44대 미국 대통령에 취임한다. 세계가 그에게 기대하는 것은 '전과 다른 리더십'이다.

◆ **리더십이란?**='리더십은 영향력이다'는 말은 리더십에 대한 가장 명쾌한 정의다. 구체적으로 조직의 목표를 이루거나 체제를 유지하기 위해 구성원들의 자발적 참여를 유도하는 능력을 말한다.

지배와 관리가 수직적이고 일방적인 의사 전달이라면 리더십은 수평적이고 쌍방향적 소통을 중시한다. 리더십이 바로 설수록 조직이 유연하고 탄력적으로 변하게 되는 이유다.

리더십을 평가하는 기준은 정의로움이다. 『역사를 바꾸는 리더십』의 저자 제임스 맥그리거 번스는 "리더십 자체가 도덕적 행위이므로 정의롭지 않은 리더십은 리더십이 아니다"라고 주장한다.

히틀러는 강력한 영향력과 지도력을 보였지만 정의로움이 결여된 행위기에 리더십이라 할 수 없다. 반면, 인도의 간디는 연약한 지도자였으나 대의면에서 역사상 어떤 지도자보다도 탁월한 리더십을 발휘했다.

◆ **링컨과 루스벨트 벤치마킹**=2008년 11월 4일 대선 승리 이후 오바마의 지지율은 고공행진을 계속하고 있다. 이는 그가 경제위기를 극복해낼 것이라는 기대감이 반영된 결과다. 경기 회복의 가시적 성과가 늦어질 경우 기대가 곧 실망으로 바뀌어 지지율도 추락할 위험이 크다.

일단 성공한 지도자들을 벤치마킹하는 것으로 위기 타개에 나섰다. 첫 번째 모델은 '통합의 리더' 에이브러햄 링컨(재임 1861~65)이다. '검은 링컨'이라 불리는 오바마는 링컨이 그랬던 것처럼 초당적인 모습을 보이며 국민의 지지에 부응하고 있다.

정적 힐러리 클린턴을 국무장관으로 받아들였고, 정파나 이념을 초월해 미국만을 위해 일할 것임을 밝혔다. 그가 연설 때마다 빠뜨리지 않는 'We are one(우리는 하나다)'이라는 말로 진정한 통합을 강조해왔다.

'위기 극복의 리더' 루스벨트(재임 1933~45) 역시 오바마의 롤모델이다. 정부 역할을 확대해 대공황 타개에 나섰던 루스벨트의 뉴딜정책을 본받아 이미 '신뉴딜'을 추진 중이다.

◆ **오바마만의 리더십 마련해야**='새 술은 새 부대에 담아야 한다'는 말이 있다. 과거의 해법으로 오늘의 문제를 해결할 수 없다는 의미다.

오바마가 직접 썼다는 취임사의 핵심 주제는 "미국을 제 궤도로 되돌려 놓겠다"다. 이에 조성용 한국리더십센터 사장은 "과거와 달리 미국의 영향력이 확대된 만큼 윤리적인 측면에도 관심을 가져야 한다"고 강조했다. 미국을 이전처럼 강하게 되돌려 놓되, 도덕성이나 신뢰에도 신경을 써야 한다는 지적이다. 남북전쟁이 링컨의 '통합 리더십'을 낳았고, 대공황은 루스벨트의 '위기 극복의 리더십'을 만들어냈다. 사상 최악의 경제위기는 정치 신인 오바마를 대통령에 당선시키는 데 큰 역할을 했다. 위기가 곧 기회라는 사실을 오바마 대통령은 이미 알고 있을 것이다. <중앙일보>

경영학원론 추천도서

효과적인 조직설계
(Structure in Fives: Designing Effective Organization, Henry Minzberg)

조직화된 인간의 행동에 대해 전통적으로는 규범과 권한 체계를 확고하게 설정하여 통제범위가 형성되면 최선의 분업체계가 가능하다고 주장한다. 그러나 『효과적인 조직설계』에서 민츠버그는 조직구조가 효과적이기 위해서는 상황에 맞추어 조직구조의 변수들 간에 조화로운 선택이 가능해야 한다고 주장한다. 테일러의 과학적 관리법이나 앙리 파욜의 관리원칙은 모두 공식적인 조직에 초점을 둔 체계와 작업방법을 제시한 것으로 직접적인 감독과 통제, 또한 작업의 표준화를 강조한다. 20세기 중반에 들어오면서 메이요는 사회심리학자들의 견해를 받아들여 감독과 표준화의 문제점을 부각시키고, 비공식적인 조직에 대해 관심을 두고, 상호조정활동의 필요성을 강조하였다. 그러나 최근에는 공식적인 조직과 비공식적인 조직 간의 구분이 모호해지고 함께 존재한다는 점이 강조되어 비공식 조직에도 감독과 표준화에 의한 조정이 강조되고, 반대로 공식적인 조직에서는 상호 조정활동이 도입되고 있다. 민츠버그는 거시 조직이론이라고 할 수 있는 조직 구조의 설계 문제를 기술, 환경, 전략, 공식화, 집권화, 전문화 수준 등의 환경변수와 조직설계의 매개변수들 간의 조합에 의해서 체계적으로 분석하였다.

민츠버그는 조직을 최고경영층, 중간 관리층, 현장 관리층을 연결하는 의사결정의 라인 조직과 의사결정권이 없는 전문 분석활동만 담당하는 전문 스태프와 법률 자문이나 홍보팀과 같은 지원 스태프의 5가지로 나누어 설명하고 있다. 이렇게 조직은 5가지 흐름의 내용에 따라서 조직 내에서 서로 다른 기능을 담당하게 된다.

이해와 실천을 위한 경영학원론

제6장

글로벌 시대의 경영전략

Principles of Management

01

경영전략이란 무엇인가

1.1 경영전략의 정의

『손자병법』에는 '적을 알고 나를 알면 백 번 싸워도 위태롭지 않다(知彼知己 百戰不殆)'라는 말이 있다. 급변하는 경쟁시대에서 기업들이 살아남기 위한 방법 즉, 경쟁에서 승리하는 방법이 경영전략이라고 할 수 있다. 경영전략은 반드시 기업에만 국한되는 것이 아니고, 크게는 국가에서부터 작게는 우리들 모두에게 살아남는 방법을 알려준다는 점에서 광범위한 의미를 가진다. 『손자병법』에 따르면 전략은 사느냐 죽느냐의 문제이기도 하고, 안전과 흥망에 영향을 미치기 때문에 어떤 경우라도 전략을 소홀히 여기기 말아야 한다고 주장하고 있다.

전략의 기원은 병법과 군사학에 기원을 두고 있다. 동양의 손빈이나 서양의 알렉산더와 시저가 전쟁에서 군대를 동원하고, 장비, 기술을 통해 공격과 수비를 하는 양상은 마치 현대의 기업들이 어떻게 자원을 효율적으로 관리하여, 경쟁우위를 창출하고 유지하는가의 문제와 유사하다. 전략의 strategy는 그리스어인 strategos에서 유래한 말로, 군대를 의미하는 stratos와 지휘한다는 의미를 가진 -ag가 합쳐진 조어이다.

1.2. 경영전략의 발전과정

시대적인 흐름을 통해서 경영전략이 어떻게 변천해왔는가를 간단히 살펴보면 다음과 같다. 1950년대부터 1970년대 초반의 장기전략계획 시대, 1970년대 후반에서 1980년대의 중반에 이르는 산업구조 및 경쟁분석, 1980년대 후반에서 1990년대 중반의 자원준거적 접근(resource based approach), 1990년대 이후의 인터넷을 비롯한 네트워크와 디지털 경쟁 환경으로 크게 구분할 수 있다.

표 6-1 경영전략의 발전과정

기간	1950~1970 초반	1970 후반~1980 중반	1980 후반~1990 중반	1990 후반~현재
주제	장기전략계획	산업구조 및 경쟁분석	경쟁우위의 창출 및 유지	인터넷을 비롯한 기술진보의 영향
개념 및 기법	재무적인 투자계획 수립 및 시장예측, 시장점유율 분석, SWOT분석	산업구조 분석과 산업 내의 포지셔닝	기업 내의 경쟁우위를 창출하는 요인분석, 동태적 접근	수확체증 현상, 네트워크 외부성, 혁신, 표준화 경쟁
조직상 특징	재무관리가 주요 기능 수행, 기업의 종합기획실 설립	수익성이 낮은 사업으로부터의 탈퇴 및 전망 좋은 사업분야 진입	인적자원관리, 전략적 제휴를 통한 핵심역량 배양, 비즈니스 리엔지니어링으로 비용 감소 및 서비스 향상	전략적 제휴가 중시, 시장 및 기술의 변화에 대한 빠른 대응, 기업가정신
대표적 학자	Ansoff Andrews Christensen	Porter	Hamel Prahalad	Arthur Nonaka

자료: 장세진, 『경영전략』, 박영사, 2008.

1. 장기전략계획의 시대

1950년대에서 1960년대에 이르는 시기는 미국 경제가 안정된 성장과 더불어 호황을 누리던 시기였다. 당시 기업들은 다각화를 통해서 외형적인 확장을 시도하였고, 그 결과 어떻게 최고경영자가 대기업 내의 사업단위를 효율적으로 운영할 것인가의 문제가 주요 관심사였다. 당시 기업들은 미래의 경기와 수요의 예측에 기반을 두고, 투자나 인사·재무관리를 수행하였다. 특히 기업의 의사결정이 장기간에 걸쳐 기업에 영향을 미치는 경우 중장기적인 계획과 전략을 어떻게 수립하는가의 문제는 매우 중요했다. 따라서 세분화된 기업의 기능별 분야인 생산관리, 마케팅, 인사관리, 재무관리, 회계 등의 문제를 일관성 있게 처리할 필요성이 대두되었고, 그 결과 등장한 것이 장기적인 전략계획이라고 할 수 있다. 이를 수행하기 위해서 미국의 경우는 기획조정실을 설치하였고, 우리나라의 경우도 비서실과 종합기획실이란 명칭하에 기획업무를 관장하였다. 이 시기에는 미국 기업을 중심으로 다각화가 많이 이루어졌기 때문에 기업들이 어떻게 시장을 개척하고, 선택할지의 문제에 관심을 가지게 되었다. 따라서 시장의 성장가능성과 매력도와 같은 기업의 외부환경 측면에서 연구가 많이 이루어졌다. 다각화된 대기업이 자금을 어떻게 개별 사업부에 배분할 것인가의 상황을 분석하기 위해서 만들어진 대표적인 기법으로 보스턴컨설팅그룹(Boston Consulting Group)의 BCG 매트릭스와 SWOT분석이 있다.

- BCG 매트릭스

  시장점유율과 시장성장률의 두 측면에서 개별사업부분의 특성을 나타낸 것으로 어느 사업 분야에 투자를 더 해야 하고, 어느 사업 분야에서 투자를 줄여야 할지 혹은 탈퇴를 해야 할지에 대한 분석에 매우 유용하다.

- SWOT 분석

  SWOT분석은 기업의 강점(Strength)과 약점(weakness)과 같은 기업의 내부적인 요소를 검토하고, 외부환경의 기회(Opportunities)와 위협(Threats) 요소를 분석하기 위한 방법으로 기업의 강점을 바탕으로 해서 주어진 기회는 잘 활용하고, 위협에는 적절하게 대처하여 약점을 보완하자는 의미에서 많이 활용된다.

SWOT분석
기업의 강점과 약점과 같은 기업의 내부적인 요소를 검토하고, 외부환경의 기회와 위협요소를 분석하기 위한 방법

2. 산업구조 및 경쟁분석 시대

1970년대까지 풍미하던 장기적인 계획에 기반을 둔 접근법은 1970년대 후반에 발생한 두 차례의 오일쇼크로 인해서 경제상황이 바뀌게 되었고, 세계경제를 주름잡던 미국 기업들이 후발자인 일본과 독일 기업들의 강한 도전에 직면하게 되면서 별다른 효력을 발휘하지 못하게 되었다. 이때 하버드 경영대학원의 포터(M. Porter)를 중심으로 한 산업구조와 경쟁전략에 대한 분석방법이 각광을 받기 시작했다. 포터의 산업구조분석방법은 이전의 SWOT분석이 막연하게 외부환경의 기회와 위협요인을 분석한 것에서 한 발 더나가 기업이 직면하고 있는 외부환경을 전략적으로 파악하고, 주어진 산업 내에서 적절한 위치를 선택하는 방법을 체계적으로 제시해주었다는 점에서 의의가 있다.

3. 핵심역량과 경쟁우위 시대

포터의 산업구조분석기법은 1980년대에 이르기까지 기업들의 전략적인 행동에 많은 영향을 미치게 되었다. 그러나 실제로 기업들이 전략을 수립하기 위한 구체적인 방법을 제시할 수 없다는 점에서 많은 비판을 받았다. 예를 들어 진입장벽이 없는 산업에 비해서 진입장벽이 높은 산업은 수익률이 높은 이유를 잘 설명해주지만, 해당기업이 어떻게 해야 진입장벽을 높이고, 진입장벽이 높은 산업에 진출할 수 있는지에 대한 명쾌한 해답을 제시해주지 못하였다. 그 결과 경영전략 분석의 관심사는 외부환경 분석에서 내부적인 경영자원과 핵심역량으로 모이게 되었다. 하멜(Hamel)과 프라할라드(Prahalad)는 자원준거적 접근법(resource-based approach)을 통해서 핵심역량(core competence)을 경쟁우위를 가져다주는 중요한 원천으로 파악하였다.

1.3. 경영전략의 목적: 경쟁우위의 창출

1. 경쟁우위란?

경영전략의 핵심은 궁극적으로 경쟁기업에 대해서 어떻게 하면 경쟁우위를 확보할 수 있는가를 파악하는 것이다. 이를 위해서는 경쟁자와 비교해 상대적으로 경영자원의 강점과 약점에 대한 분석이 필요하다. 경쟁자에 대해서 상대적인 우위를 확보하기 위해서는 먼저 다른 기업들이 보유하지 못하는 희소한 자원을 확보하고, 쉽게 기술을 따라하거나 경영자원을 확보하지 못해야 한다. 그렇지 않으면 쉽게 경쟁우위를 상실할 수 있기 때문이다. 또한 경영자원과 핵심역량이 활동하는 산업에 적합해야 한다. 예를 들어 IBM은 지금까지 대형 컴퓨터 시장에서 독보적인 지위를 차지하고 있지만, 개인용 컴퓨터 시장에는 그 성공요인이 달랐기 때문에 경쟁우위를 확보하는 데 별로 도움이 되지 못했다는 점을 통해서 교훈을 얻을 수 있다.

2. 경쟁우위 원천

경쟁우위가 창출되는 원천으로는 크게 둘로 나눌 수 있다. 먼저 정부규제의 완화, 산업과 시장의 급격한 변화와 같은 외부적인 환경에서 얻을 수도 있고, 기업 내부에서의 새로운 혁신을 통해서 경쟁우위를 확보할 수도 있다.

산업과 시장의 환경이 빠르게 변하는 경우에는 기업들의 수익률 변화 폭도 커지게 된다. 소비자의 수요와 기술적 환경 변화가 매우 빠른 반도체, 자동차와 같은 산업은 필수품을 중심으로 한 소비재 산업보다 경쟁우위를 획득하거나 상실할 가능성이 높다. 그렇다면 외부적인 환경의 변화뿐만 아니라 그 변화에 대응하는 기업들의 방식도 중요하다. 얼마나 이윤을 창출할 기회를 빨리 획득하고, 대응할 수 있는가에 따라서 경쟁우위를 확보할 수 있다. 대표적인 성공사례인 할인유통산업의 월마트(Wal-Mart)는 POS(Point of Sales)시스템을 통해서 소비자의 구매패턴의 변화를 빠르게 파악할 수 있었고, 경쟁기업보다 먼저 수요의 변화에 대응할 수 있었기 때문에 경쟁우위를 계속 확보할 수 있었다.

경쟁우위는 이처럼 외적인 측면에서 뿐만 아니라 내부적으로도 확보할 수 있다. 기업이 기술혁신을 통해서 신제품을 만들거나, 비용을 획기적으로 줄이는 방법을 개발한다면, 그리고 새로운 유통망과 판매지역을 확보하는 경우에는 경쟁우위를 얻을 수 있다. 이를 두고 일찍이 슘페터(Schumpeter)는 '창조적 파괴(creative destruction)'라고 표현하였다.

3. 경쟁우위의 유지

기업이 경쟁에서 높은 수익률을 얻을 수 있을지의 여부는 경쟁우위를 확보한다는 것도 중요하지만, 경쟁우위를 얼마나 지속적으로 유지할 수 있는가의 여부도 중요하다. 경쟁기업이 쉽게 모방하고 따라온다면 경쟁우위는 쉽게 상실될 수 있기 때문이다.

경쟁우위를 얼마나 유지할 수 있을 것인가를 판단하는 방법은 지속성, 획득가능성, 모방가능성으로 크게 나눌 수 있다. 지속성이란 경쟁우위 원천이 무엇인가에 따라서 기간이 달라질 수 있다. 기업들이 가진 평판, 신뢰도, 브랜드와 같이 상당기간 경쟁우위를 지속할 수 있으나, 특허권은 일정 기간 지나면 소멸된다. 획득가능성이란 경쟁우위를 창출한 자원을 쉽게 얻을 수 있는가의 여부에 따라서 달라진다. 빵의 맛이 아닌 단지 규모가 크고, 멋진 인테리어 때문에 길 건너 제과점보다 손님들이 많이 모인다면 경쟁기업도 동일하게 인테리어를 설치하면 쉽게 따라잡힐 수 있을 것이다. 따라서 경쟁기업이 얼마나 모방을 할 수 있는가의 여부도 중요하다.

1.4 경영전략 수준

전략적 경영은 <그림 6-1>에서 보여주는 바와 같이 조직 혹은 기업수준, 사

그림 6-1 거대 복합기업의 수준별 전략

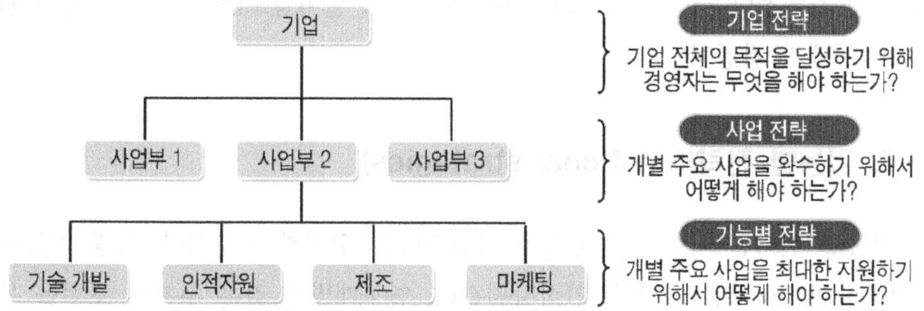

업수준, 기능수준에서 수립되고 실행될 수 있다. 이 모든 것은 목적과 지속적인 경쟁우위를 달성하기 위한 목적에 부합해야 한다.

1. 기업전략(corporate strategy)

기업수준의 전략은 지속 가능한 경쟁우위를 달성하기 위한 조직의 방향을 설정한다. 어떤 산업과 시장에서 우리는 경쟁을 해야 하는가? GE와 같이 엔진, 부품, 자본 서비스, 의료시스템, 방송, 플라스틱, 전력 시스템 분야로 다각화된 복합조직의 경우 기업전략은 누가 경쟁기업인지 확인하고 대응하는 것이다.

기업수준에서 전략적인 결정은 인수와 새로운 사업의 발전, 분사(divestitures), 그리고 사업 포트폴리오와 같은 것을 위한 자원의 배분과 관련이 있다. 점차 많은 사업에서 기업의 전략은 국제적인 조인트 벤처나 전략적 제휴와 같은 글로벌 운영을 위해서 매우 중요한 역할을 포함한다.

2. 사업전략(business unit strategy)

사업 전략의 수준은 단일 기업단위 혹은 생산 라인이 대상이 된다. GE와 같이 거대한 복합기업의 경우에는 전략적 사업부(Strategic Business Unit: SBU)를 따로 두어 기업 내에서 분리된 사업을 수행하기도 한다. 사업전략의 선택은 주어진 산업이나 시장 내에서 어떻게 고객을 끌어들이는가에 관심이 있다. 일반적인 사업전략 결정은 상품과 서비스의 혼합, 설비장소의 선정, 신기술과 관련한 선택과 관련이 많다.

3. 기능별 전략(functional strategies)

기능별 전략은 자원을 이용하여 기업전략을 수행하는 것이다. 특정 기능의 영역인 마케팅, 제조, 재무, 인적자원관리, 연구개발과 같은 부분에 초점을 두고 자원을 어떻게 효율적으로 활용할 수 있는가의 문제이다.

1.5 전략의 유형

전략의 유형으로는 크게 성장전략, 축소전략, 안정화전략, 협력전략으로 나눌 수 있다.

1. 성장전략(growth strategies)

성장전략은 조직의 운영을 보다 거대하게 그리고 확장하려는 것이다. 어떤 산업의 경우에는 성장이 장기간 생존을 위해 필수적이기에 부분적으로는 유행한다. 코카콜라의 경우는 매우 공격적인 글로벌 성장 전략을 추구한 것으로 유명하다.

기업이 성장전략을 추구하게 되면 판매수익과 시장점유율은 높아지게 되고 근로자의 수도 증가한다. 대표적인 성장 전략의 예로는 '집중화전략', '다각화전략' 그리고 '통합화전략' 등이 있다.

2. 축소전략(retrenchment strategies)

축소전략은 효율성을 얻고자 또는 성과를 향상시키기 위해서 운영의 규모를 축소하는 것이다. 축소라는 말은 자칫 실패했다는 것처럼 보이기 때문에 막상 이 전략을 실행하기를 꺼리게 된다. 그러나 오늘날의 경제적 상황이나 환경의 불확실성 시대에서는 전략적인 측면에서 축소전략이 새로운 의미를 지닐 수 있다. 대표적인 예로는 비용을 줄이기 위한 "다운사이징(downsizing)"과 운영의 효율성을 높이기 위해 "구조조정(restructuring)", 분사(divestiture)와 회사의 청산(liquidation)을 들 수 있다.

3. 안정화전략(stability strategy)

안정화전략은 주요 운영의 변화 없이 현재 상태를 유지하는 것이다. 안정화는 조직이 잘 돌아가거나 환경이 변화될 것이라고 생각되지 않는 경우에 추구된다. 또한 성장이나 축소 기간이 지난 이후에 조직의 힘을 통합하기 위해서 사용되기도 한다.

4. 협력전략(cooperate strategies)

협력전략은 최근에 IT 기술의 발전과 더불어 관심과 필요성이 높아지고 있는데, 전략적 제휴와 유사한 의미로 사용된다. 두 개 이상의 조직이 상호공동의 관심을 추구하기 위해서 파트너십을 형성하는 합작투자(joint venture)나 아웃소싱(outsourcing)이 해당한다.

02

경영전략의 분석방법

2.1 기업의 외부환경 분석: 포터의 산업구조분석 기법

1. 산업구조와 수익률

경영 전략이란 기업들이 경쟁에서 승리를 하도록 도와주고, 궁극적으로 기업의 이윤을 증가시키는 것이 목적이다. 기업의 이윤을 극대화하는 방법은 노동, 자본, 기술을 투입하여 소비자에게 가치를 창출시켜주는 것이다. 투입비용보다 가치가 높을 때 이윤율은 높아지게 된다. 시장에서 가치를 창출하기 위해서는 결국 소비자의 니즈의 정도, 대체재의 존재 여부, 투입비용의 크기가 중요하다. 우리나라의 주요 산업을 분석해보면 영상, 음향, 통신장비업, 서비스업, 오락 및 문화산업은 상당히 높은 수익률을 얻고 있는 데 반해서 광업이나 섬유, 운송장비는 낮은 수익률을 보이는 것으로 나타났다. 이러한 산업의 수익률 결정은 산업의 구조와 경쟁방식에 따라서 달라지는데 경제학의 완전경쟁, 독점, 과점과 같은 시장의 형태에 좌우된다고 할 수 있다.

2. 포터의 산업구조 분석기법

포터는 1980년 『경쟁전략(Competitive Strategy)』이라는 책에서 경제학의 산업조직이론을 처음으로 경영전략에 도입하여 기업이 속한 산업구조를 분석하는 체계적인 틀을 제시하였다. 그는 산업 내의 경쟁, 대체재의 위협, 잠재적 진입, 공급자의 힘, 구매자의 힘이라는 5가지의 힘을 통해서 산업의 구조를 바라보았다.

그림 6-2 마이클 포터의 전략에 영향을 미치는 5가지 힘

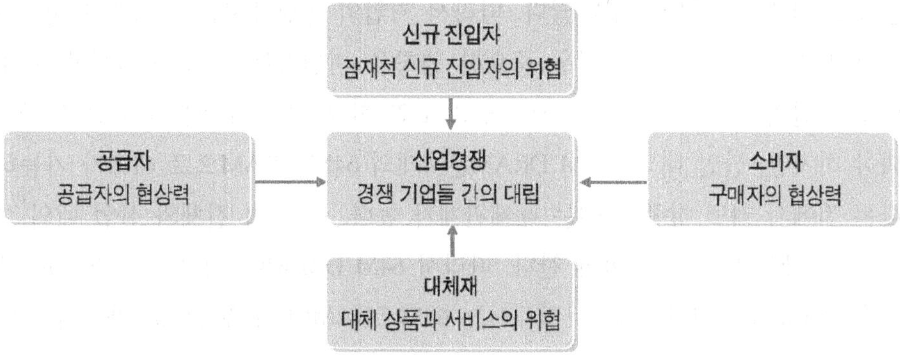

산업 내의 경쟁

해당기업의 경쟁에 가장 큰 영향을 미치는 요인은 바로 동일한 산업 내의 기존 기업과의 경쟁이 중요하다. 동일산업에 속하는 기업의 수와 그 개별기업의 규모를 집중도(concentration)라고 하는데, 산업에 참여하는 기업의 수가 적을수록, 경쟁이 약할수록 전반적인 수익률은 높아지게 된다. 반도체의 경우 메모리와 비메모리 분야로 나눌 수 있는데 일상재인 메모리 분야는 비슷한 규모의 세계적인 기업들이 많이 경쟁하고 있기 때문에 수익률이 낮고, 비메모리 분야의 마이크로프로세서는 인텔(Intel)이 거의 80% 이상을 점유하고 있기 때문에 상대적으로 집중도와 수익률이 높다. 그 외에 제품이 얼마나 차별화되어 있는지 그리고 시장의 성장률과 퇴출장벽의 여부도 중요한 결정요소라고 할 수 있다.

대체재의 위협

기업의 입장에서 보면 대체재가 많을수록 자신의 제품이나 서비스를 높은 가격에 판매할 수 없게 된다. 콜라의 가격을 높이게 되면 소비자들은 유사한 탄산음료인 환타, 사이다로 쉽게 구매를 바꿀 수 있기 때문에, 콜라를 만드는 기업은 쉽게 가격을 올릴 수가 없다. 그러나 코카콜라같이 특정 브랜드를 중심으로 높은 충성도를 지닌 경우 소비자들은 가격을 올려도 다른 콜라나 탄산음료로 선택을 바꾸기 쉽지 않다. 따라서 기업의 입장에서는 대체재가 존재하는가의 여부가 수익률에 매우 중요한 영향을 미친다는 점을 고려해야 한다. 반도체 산업의 경우, 산업 전체로 놓고 보면 현재 이를 대체할 기술은 없다고 봐야 하지만, 산업 내의 256M DRAM은 4개의 64M DRAM으로 대체가 가능하다는 점에서 개별 상품 간에는 대체관계가 높다. 즉 산업 전체와 산업 내의 상품 간 대체는 다르게 보아야 한다. 따라서 64M DRAM이 성숙기가 지나고, 새로운 256M DRAM이 나올 시점에서는 64M DRAM이 대폭적으로 가격이 하락하게 되는데, 이러한 가격하락의 가능성 때문에 256M DRAM은 가격을 높게 받을 수 없게 된다.

잠재적 진입자와 경쟁

어느 산업에서 수익률이 높으면 다른 기업들도 그 산업에 진입하기를 원할 것이고, 신규 기업들이 많이 진입하여 경쟁이 높아진다면 점차 수익률은 하락할 것이다. 이처럼 진입장벽이 없는 산업에서는 가격이 경쟁적인 수준으로 낮게 책정되고, 기업들은 높은 이윤을 획득할 수 없게 된다. 그러나 진입장벽(entry barrier)이 존재하여 신규 기업이 그 산업에 쉽게 진입하지 못한다면 그 산업에서 지속적으로 높은 수익률을 올릴 수가 있다.

진입장벽은 개인택시 면허 사업자 수를 제한하거나, 변호사 수를 한정하기 위해 로스쿨 입학정원을 제한하는 것처럼 정부의 규제와 제도적인 측면에서 발생하기도 한다. 또한 막대한 반도체 산업에서 수익을 누리고 있는 삼성전자의 반도체나 현대의 자동차의 경우와 같이 자본집약적이거나 연구개발 투자가 많이 필요한 사업의 경우에 생산라인 하나 설치하는 데 2~3조의 큰 액수가 필요하므로 진입을 시도하려는 엄두를 내지 못하기도 한다. 이러한 규모에서 발생하는 비용 측면의 이점을 규모의 경제(economies of scale)라고 한다.

그리고 기존기업들은 초기에 산업에 진입했기 때문에 이득을 얻기도 하는데 이를 **선발자의 우위**(first mover's advantage)라고 한다. 반도체 산업에서는 누적 생산량이 2배가 됨에 따라서 비용이 30% 정도 하락하는데 이것은 생산에 대한 경험이 증가함에 따라서 수율이 높아지고 공정이 개선되면서 얻어지는 경험효과(experience effect)를 의미한다. 이러한 경험효과를 통한 선발자의 우위도 진입장벽으로 작용한다.

선발자의 우위
초기에 산업에 진입했기 때문에 이득을 얻는 것

구매자의 교섭력

인텔이 인텔 인사이드(Intel Inside)와 같은 광고를 통해서 브랜드를 강조하는 이유는 소비자들이 부품의 품질에 대한 의구심을 없애고, 소비자를 브랜드에 고착시켜 높은 가격을 받기 위해서이다. 매년 수백만 개의 타이어를 구매하는 현대자동차가 가격인하를 해주지 않는 경우 거래 업체를 바꾸겠다고 위협하는 경우 한국타이어와 금호타이어는 어쩔 수 없이 이러한 요구에 응해야 한다. 타이어 업체의 입장에서는 구매자인 현대자동차의 입김이 크게 작용하는 것이다. 특히 현대자동차의 입장에서 보면 금호타이어를 쓰든 한국타이어를 쓰든 타이어 공급업체를 바꾸는 데 비용이 얼마 들지 않는다는 측면에서 전환비용(switching cost)이 매우 낮다.

반도체 산업의 경우, 메모리 분야는 제품이 차별화되어 있지도 않고, 대량으로 반도체를 구매하는 것이 일반적이므로, 대량구매자는 메모리 생산업체에 대해서 높은 교섭력을 행사할 수 있다. 반면 비메모리 분야에서는 인텔이 거의 독점적 시장점유율을 가지고 있기 때문에, 인텔칩을 대량으로 구매하는 컴퓨터 제조업체들도 인텔에게 가격인하를 요구하기 어렵다. 결국 인텔이 높은 수익을 누리는 이유는 독점적인 공급자로서의 지위를 확보하고 있고 그로 인해 구매자들에 대해 강한 교섭력을 발휘할 수 있기 때문이다.

공급자의 교섭력

구매자의 교섭력과는 반대로 공급자들도 상대적인 교섭력을 높여 가격과 이윤을 올릴 수 있다. 반도체 산업에서는 공급자의 힘이 강하다고 할 수 있다. 반도체 제조를 위한 첨단 장비와 재료는 소수의 기업들에게 편중되어 생산, 제공되고 있기 때문에 첨단 장비 제조업체들은 제품 성능이 좋으면 높은 가격을 받을 수 있다. 예를 들면 현재 반도체 제조에 필요한 에폭시수지를 만드는 기업은 세계적으로 세 개의 기업이 독점하고 있다. 그중의 하나인 일본의 스미토모화학의 공장에서 1993년 화재가 발생하자 반도체 가격이 급등한 것은 에폭시를 공급하는 공급자의 힘이 매우 강하다는 반증이라고 할 수 있다.

3. 포터 모형의 응용과 한계

산업구조의 이해와 예측

포터의 모형은 5가지 관점에서 산업구조를 파악하여 이해하기 쉽고, 산업전체의 수익률이 왜 다른지를 설명하는 데 유용하다. 뿐만 아니라 개별 산업의 추세를 살펴봄으로써 미래의 수익성을 예측하는 데 도움이 된다. 예를 들어 세계자동차 산업은 각국의 높은 진입장벽과 이질적인 소비자의 선호도로 인해서 이태리는 피아트(Fiat), 독일은 폭스바겐(Volkswagens), 프랑스는 르노(Renault), 영국은 로버(Rover)와 같이 소수의 자동차 기업들이 나라마다 내수시장을 기반으로 하여 높은 시장점유율을 유지하고 있다.

그러나 제품의 글로벌화와 소비자 선호의 동조화 등으로 인해서 중소형 승용차 시장은 4기통 엔진을 중심으로 한 세단이 주종을 이루게 되었다. 또한 자동차 산업 전체도 글로벌화가 진행되면서 한국, 일본 등의 기업들이 미국과 유럽 시장에 현지공장을 세우게 되었고, 반대로 미국, 유럽 자동차 기업들도 아시아 시장에 진출하면서 경쟁을 더욱 치열해지고, 산업 전체의 수익률도 악화되었다. 이러한 산업구조의 추이를 지켜보면 앞으로 수익률은 더욱 하락할 것으로 예상된다.

포터 모형의 한계

포터의 모형에서는 산업구조가 기본적으로 변하지 않는다는 정태적 분석에 기반을 두고 있다. 경쟁과 산업구조는 시간이 지나감에 따라서 항상 변화하고 있다. 인터넷 혁명으로 인해서 유통에서 거래에 이르기까지 산업의 외형적 환경이 크게 변화하기도 하고, 기업의 전략과 산업구조가 상호작용하면서 계속적으로 진화하는 측면을 고려해야 좀 더 현실적인 설명력은 높아질 것이다. 특히 컴퓨터 산업과 정보통신산업에서는 슘페터(Schumpeter)가 주장하는 '기업의 혁신(innovation)'이 경쟁구도와 산업구조에 동태적으로 영향을 미친다는 점을 예의 주시해야 한다.

2.2. 기업의 경영자원과 핵심역량

1. 기업의 경영자원과 내부환경

포터를 중심으로 한 산업구조 분석이 풍미하던 1980년대 말까지는 사업구조 환경과 경쟁자와 같은 외부환경에 분석의 초점을 두었고, 기업이 보유하고 있는 경영자원, 조직구조 등의 내부환경은 핵심역량에는 별다른 관심이 없었다. 하트(L. Hart)는 『전략(Strategy)』(1954)에서 "자신의 강점을 상대방의 약점에 대해서 집중하는 것이 경쟁에서 승리하는 것"이라고 강조하였다. 결국 그의 주장에 따르면 자신의 강점 즉 기업의 내부환경에 대해서 구체적으로 정확히 파악하는 것이 중요하다는 것임을 강조하는 것이다. 여러 생산자원의 집합체라고 할 수 있는 기업이 보유한 경영자원을 프라할라드(Prahalrad)와 하멜(Hamel)은 전략적인 측면에 도입하여 기업의 '**핵심역량**(core competence)'이라고 표현하였다. 핵심역량이론은 기업이 진화하고 성장하는 측면을 동태적인 측면에서 분석하는 기반을 제시하였는데, 이러한 접근법을 '**자원 준거적 이론**(resource-based theory)'이라고 한다. 이에 대한 설명을 위해 먼저 기업의 경영자원에 대해서 유형자원, 무형자원, 인적자원으로 나누어 간단히 살펴보면 다

핵심역량
여러 생산자원의 집합체라고 할 수 있는 기업이 보유한 경영자원

자원 준거적 이론
기업이 진화하고 성장하는 측면을 동태적인 측면에서 분석하는 기반을 제시

음과 같다.

유형자원

유형자원은 재정상태표에서 눈으로 쉽게 파악할 수 있는 공장, 기계, 건물 등의 물적 자원과 기업의 자금 차입능력과 내부 자금의 운용가능성을 나타내는 금융자원을 말한다. 기업의 유형자산은 객관적으로 평가하는 것이 쉽지 않고 기업의 전략적 상황과 활용 기회에 따라서 달라질 수 있다.

무형자원

눈에 보이는 유형자원은 경쟁기업에 대해서 상대적인 우위를 얻는 데 큰 도움이 되지 못한다. 오히려 눈에 보이지 않는 무형의 자원인 기술과 브랜드가 더 중요한 경우가 많다. 기술은 특허권과 저작권, 기업비밀 등의 독점기술과 노하우 등의 전문기술을 포괄하는 것으로 누가 기술을 소유하고 있는가는 기업 경쟁력에서 매우 중요하다. 그러나 기술을 보유하고 있지만 쉽게 모방이 가능하도록 방치하는 경우에 아무런 이득을 보지 못하는 경우도 있다. 예를 들어 제록스(Xeroxs)는 그래픽유저 인터페이스(Graphic User Interface)를 먼저 발명했지만 신기술의 상품화는 애플(Apple)과 마이크로소프트(MS)가 상업화하여 성공하였다. 또 다른 무형자산으로는 브랜드의 가치를 들 수 있다. 코카콜라의 최대주주인 워렌버핏(W. Buffet)은 "1000억 달러를 준다고 해도 코카콜라의 브랜드 가치를 통한 경쟁우위는 빼앗을 수 없다"고 말한 바 있다. 이처럼 기업의 이미지, 명성, 상표 그리고 브랜드는 쉽게 모방하기 어려운 경영자원이다.

인적자원

경제학에서는 인간이 지니고 있는 생산적인 능력을 무형자산이나 유형자산에 대비하여 인적자원(human capital)이라고 한다. 피터스(Peters)와 워터먼(Waterman)은 『초우량 기업의 조건(In Search of Excellence)』(1982)에서 "지속적으로 수익률을 높게 유지하는 기업들의 공통된 특징은 종업원이 기업 특유의 가치관을 공유하고 있다는 사실이다"라고 하여 무형의 경영자원이 종업원에서 체화될 수 있다는 측면에서 인적자원을 강조했다. 다시 말하면 어느 기업의 생산과정의 노하우는 관리 업무의 매뉴얼에 있는 것이 아니고 근로자의 체화된 경험에 있다는 것이다.

2. 핵심역량

하멜(Hamel)과 프라할라드(Prahalrad)는 <하버드비즈니스리뷰>에 실린 논문에서 핵심역량은 '고객에게 가치를 높이거나 그 가치가 전달되는 과정은 훨씬 효율적으로 할 수 있는 특정한 방법의 능력'이라고 하였다. 즉 상대방 기업보다 무엇인가 더 잘할 수 있는 상대적인 측면에서의 경쟁능력을 의미한다. 핵심역량에는 생산기술, 연구개발, 마케팅, 브랜드와 같은 특정 기능에서 생기는 것도 중요하지만 여러 가지 기능별 능력을 조합해서 신제품을 만드는 능력과 다른 기업의 쟁점을 빨리 습득하는 기업조직 능력도 중요하다.

표 6-2 기능별로 본 기업의 핵심역량

기능별 분야	핵심역량	대표기업
경영정보	효율적인 중앙처리 네트워크	American Airlines의 Sabre 네트워크
연구개발	혁신적 기초연구능력 신제품개발 속도	Sony, 3M Canon
생산	생산의 효율성 제조공정의 지속적 향상 유연성과 반응속도	Toyota Nucor Benetton
디자인/마케팅	디자인 능력 브랜드 관리와 판촉 명품, 명성 시장흐름에 대한 신속한 대응	Apple, Procter & Gamble, Pepsi American Express, Mercedes Benz Gap
판매와 유통	신속, 효율적 물류	Federal Express Wal-Mart
경영관리	강력한 리더십	Wal-Mart, GE

자사의 핵심역량이 무엇인지 빨리 파악하여 지속적으로 발전시킨 대표적인 기업이 캐논(Canon)이다. 캐논은 자신의 광학기술, 정밀기계기술을 적절히 조합하여 카메라에서 팩시밀리, 프린터, 복사기, 레이저로 계속 확산하여 성공하였다. 즉 많은 기업들이 다각화를 하는 경우 문어발식 · 선단식 확장보다는 자신의 사업 분야와 관련이 큰 부문에 진출하여야 성공가능성은 더욱 높아진다는 것이다. <표 6-2>는 기업의 핵심역량을 분야별로 몇 개 제시한 것이다.

03 기업 수준의 경영전략

3.1 기업의 다각화 전략

1. 다각화 전략이란?

기업전략의 목표는 이윤극대화 추구라고 할 수 있다. 장기적인 측면에서 신규 사업 진출, 인수합병이나 제휴, 해외시장으로의 진출을 통한 전략수립으로 기업은 경쟁우위를 얻게 된다. 이러한 방식을 통해 어느 한 기업이 다른 산업분야로 진출하는 것을 **다각화**(diversification)라고 한다. 이때 관련한 산업분야로 진출하는 것을 '관련(related) 다각화'라고 하고, 관련이 없는 산업에 진출하는 것을 '비관련(unrelated) 다각화'라고 한다.

다각화
어느 한 기업이 다른 산업분야로 진출하는 것

다각화에 대한 연구 시작은 듀퐁(Du Pont), GM, 시어스(Sears) 같은 대기업의 역사적 전략변화를 고찰한 챈들러(A. Chandler)의 『전략과 기업구조(Strategy and Structure)』가 그 시초라고 할 수 있다. 한국은 그동안 30대 재벌그룹을 중심으로 50% 이상이 비관련 다각화에 문어발식으로 확장하였다.

시대별로 보면 1950년대와 1960년대에는 비관련 부문의 다각화인 복합기업이 유행하였으나, 효율성이 점차 떨어졌고 경영성과도 기대한 만큼 얻지 못했다. 따라서 비관련 다각화된 사업 분야를 어떻게 관리할 것인가에 대해서 관심이 많아지게 되었다. 1970년대에 효율적인 경영자원 배분과 장기계획으로 분석하는 대표적인 방법이 시장성장률과 시장점유율을 축으로 하여 개별 사업 분야에 어떻게 투자할 것인지에 대해 분석하는 BCG 매트릭스이다.

그러나 1980년대 들어서면서 미국 기업들은 일본 기업들에 비해서 경쟁력이 뒤진다는 사실을 인식하게 되었고, 방만한 다각화 전략에 대한 반성으로 1990년대에는 구조조정(리스트럭처링)을 통해서 핵심역량을 파악하고 관련 주력 사업에 집중하게 되었다. 최근에는 미국을 비롯한 유럽은 탈다각화, 집중화에 주력하는 반면, 아직 한국을 비롯한 아시아 국가는 여전히 비관련 부문으로 확장하고 있다.

2. 다각화의 목적

성장추구와 제국건설

기업들이 다각화를 추진하는 이유는 경영자의 입장에서 보면 성장을 추구하여 기업의 규모를 크게 확장하고 매출을 늘려 제국을 건설하기 위한 목적이라고 할 수 있다. 로마제국의 시저가 제국을 확장하기 위해서 이집트에 진격하는 것처럼 경영자는 자신이 운영하는 기업규모를 확대하여 만족을 얻고자 하는 것이다. 이러한 경영자의 의사결정은 주주의 이윤극대화를 희생하면서 대리인의 목표를 추구한다는 측면에서 '**본인-대리인 문제**(principle-agency problem)'라고 한다. 그러나 한국의 경우와 같이 자본시장이 열악했던 과거에는 기업이 금융시장에서 자본을 조달하기 위한 방편으로 외형을 키우는 다각화를 선택했다는 측면에서 당시의 다각화를 통한 확장이 설득력을 얻기도 한다.

본인-대리인 문제
경영자의 의사결정은 주주의 이윤극대화를 희생하면서 대리인의 목표를 추구한다는 측면

리스크의 분산

기업들의 입장에서는 경기변동으로 인해 발생할 수 있는 리스크를 분산하기 위한 목적에서 다각화가 추진되기도 하였다. '계란을 한 바구니에 담지 말라'와 마찬가지로 선글라스와 우산 장사를 병행하여 비가 오든 해가 나든 안정적인 수익을 보장받는 것처럼 주기적인 호황과 불황 속에서 기업은 자금 순환의 안정성을 확보하려는 시도의 하나로 사용하는 것이다.

범위의 경제성

범위의 경제성(economies of scope)은 시너지효과(synergy effect)라고도 하는데, 한 기업이 두 가지 제품을 동시에 생산하여 비용절감을 가져올 수 있다는 것이다. 소주회사인 진로가 맥주시장에 진입하기 위해 쿠어스와 합작하여, 소주시장의 높은 시장점유율과 이미 구축된 유통망을 통해 쉽게 진입한 사례와, 공동 예약시스템을 통해 항공사, 렌터카, 호텔로 예약 서비스를 확대하여 복합서비스를 통한 비용절감과 매출증대를 가져온 엘리지스(Allegis)의 사례가 대표적이다. 또한 인터넷을 활용한 아마존(Amazon)이 온라인 서점에서 시작하여 음반, 완구, 게임, 컴퓨터, 전자제품으로까지 종합 쇼핑몰로 확장한 것도 다각화의 성공 사례라고 할 수 있다.

내부시장의 활용

대규모 다각화 기업은 여러 사업 분야에 진출해 자본과 인력을 통합관리 운영함으로써 안정적인 자금과 인력을 확보할 수 있다. 은행과 증권시장이 효율적이라면 좋은 투자 사업을 통해 쉽게 자본을 조달하는 것이 가능하지만, 자본 조달 조건이 까다롭거나 담보제시, 각종 금융규제가 존재하는 경우에는 다각화된 기업이 내부자본시장을 활용해 경쟁우위를 얻을 수 있다.

3. 다각화의 성과와 가치창출

다각화 기업들이 범위의 경제성과 내부시장을 활용할 수 있다면 다각화하지 않은 기업보다 높은 효율성과 성과를 얻게 될 것이다. 실증연구에 따르면 관련 다각화의 경우 비관련 다각화 기업보다 훨씬 높은 수익률을 얻는 것으로 보고되고 있다. 그러나 이 결과는 단지 평균적으로 관련 다각화의 성과가 높다는 의미이지, 모든 관련 다각화 기업이 동일한 성과를 얻었다고 할 수 없다. 왜냐하면 기업이 직면한 환경 속에서 보유한 경영자원과 핵심역량에 따라 판단은 유보되어야 하기 때문이다. 다각화 전략이 성공을 거두어 가치를 창출하기 위한 방법으로 포터(M. Porter)는 포트폴리오 관리, 리스트럭처링, 기술과 핵심역량의 이전으로 유형화하였다.

● 포트폴리오 관리

재벌 같은 복합기업은 비관련 사업에도 진출하여 유망 사업 분야로 진출하고 사양산업에서 탈퇴하는 전략을 선택하는데 새로운 가치 창출이 어렵다.

● 리스트럭처링(restructuring)전략

무능한 경영자를 교체하고, 기업의 핵심역량과 무관한 사업 분야를 정리하고 매각하여 사업영역을 재조정하여 가치를 창출하는 전략을 리스트럭처링이라고 한다. 이 전략은 구조조정을 주장하는 기업이 경영에 실패한 기업의 잠재적 역량을 발굴하여 새로운 가치를 창출하는 것이다.

● 핵심역량과 사업부 간 기술이전

1970년대와 1980년대 미국 기업들은 경쟁력을 잃고 퇴색한 반면 일본 기업들은 크게 성장을 하게 되었다. 그 이유는 미국 기업들은 사업부제와 포트폴리오 기업에 지나치게 얽매인 나머지 한 사업부의 핵심역량을 다른 사업부와 잘 공유하지 못했기 때문이다. 반면에 일본의 대표적 기업인 캐논(Canon)은 전자, 광학, 정밀기술 분야의 핵심역량을 관련 제품별 사업부가 잘 공유하고 있고, 그 결과 새로운 핵심역량을 창출하는 데도 일조했다는 평가를 받는다.

3.2. 수직적 통합과 아웃소싱 전략

1. 수직적 통합의 개념과 장 · 단점

앞서 살펴본 다각화는 관련 산업 분야인 상품시장과 지역시장으로 그 영역을 확대하는 것인 반면, 수직적 통합은 부품생산에서 유통까지 가치를 창출해 나가는 일련의 흐름의 일부를 통합하는 것이다. 대표적인 사례로는 2만 가지 이상의 부품이 관련되어 있는 자동차 산업에서 부품 단계 간 결합을 들 수 있다. 기업이 존재하는 이유는 '보이지 않는 손(invisible hand)'이 작동하는 시장에서 생산, 판매, 공급을 담당할지, 아니면 기업이라는 조직을 통한 '보이는 손(visible hand)'을 이용할지 하는 선택에서 시장에서 구입을 하는 것보다 직접 생산하는 것이 거래비용 측면에서 저렴할 때는 기업이 직접 생산·공급하게 된다. 따라서 '시장에서의 구매냐 아니면 기업에서 직접 생산이냐'라는 선택의 문제에서 상대적으로 거래비용이 작은 방법을 선택해야 한다는 것이 노벨상을 수상한 코즈(R. Coase)의 **거래비용 접근법**(transaction cost)이다.

거래비용 접근법
상대적으로 거래비용이 작은 방법을 선택해야 한다는 것

수직적 통합은 결국 시장을 활용하는 경우보다 비용 측면에서 이득이 많은 경우라고 할 수 있다. 현대자동차가 매년 하청업체와 계약을 체결하려고 하면 협상하는 시간과 비용이 많이 들어갈 뿐만 아니라 꼭 필요하다는 판단이 서게 되면 아예 생산 활동 과정을 내부화해서 생산과정으로 흡수해버리는 것이 더 낫다. 그러나 수직적 통합에도 고려해야 할 문제점이 있는데 성격이 다른 분야 간에 어떻게 효과적으로 경영을 해야 하는지, 생산과정을 내부화하므로 발생하는 유연성의 상실은 해결해야 할 문제라고 할 수 있다.

2. 수직적 통합의 정도 결정

자동차 기업이 부품을 공급받는 경우에 시장에서의 거래를 활용할지 아니면 기업 간 장기적인 거래관계를 통해서 안정적으로 공급받는 것을 선택할지의 문제는 상황에 따라서 달라진다. 수직적 통합의 정도를 기업 간의 수직적 관계를 통해서 살펴보면 다음 <그림 6-3>과 같이 나타낼 수 있다.

기업이 수직적 거래관계에 대해서 강력한 통제를 행사할 필요가 있는 경우는 해당 기업이 100% 소유권을 흡수하는 형태가 바람직하다. 그러나 이러한 경우 100% 지분을 확보하는 과정에서 투자비용이 높아질 수 있고, 다른 비통합으로 이동할 수 없다는 측면에서 유연성이 떨어질 수도 있다. 이러한 점을 고려해 50%의 통제권만 확보하는 경우가 합작투자의 형태이다. 합작투자의 관계는 부품생산업체를 완전히 인수하여 100% 소유권을 가진 완전통합형태로

그림 6-3 수직적 거래관계의 형태

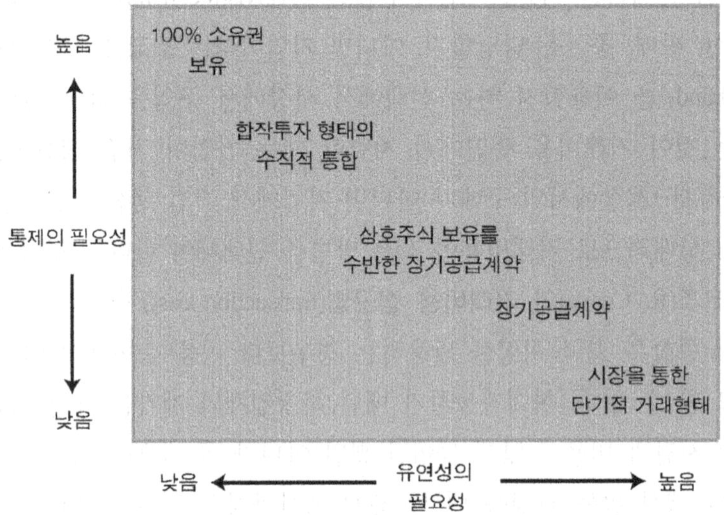

이전할 수 있고, 반대로 지분을 매각하여 하청관계나 장기적인 시장거래관계로 이전할 수도 있다. 장기 공급계약 형태는 안정적인 부품의 수급관계를 유지하면서 주식보유를 통한 방법보다는 훨씬 통제가 약하며 좀 더 쉽게 거래선을 바꿀 수 있는 유연성이 높은 수직적 거래관계이다. 미국을 비롯한 유럽의 많은 기업들은 100% 완전 소유형태의 수직적 통합을 하거나 시장을 통한 단기적인 거래방법을 채택하였다. 자동차를 생산하는 과거의 GM의 경우는 70% 이상을 자체생산하면서, 1만 2,000개의 부품업체로부터 나머지 30%를 조달하는 방식을 채택하였다. 그러나 1980년부터 전자산업과 자동차산업에서 일본 기업들이 세계적인 경쟁력을 갖추게 되었고, 이때 일본 기업은 이와 같은 방식으로 수직적 거래관계를 재정립하게 되었다. 그 결과로 미국과 유럽 기업들은 부품을 공급하는 업체 수를 크게 줄이고, 부품공급업체와 상호 신뢰관계를 통한 협조로 기술공유와 제품의 품질을 향상시킬 수 있었다.

3. 아웃소싱의 전략적 활용

나이키(Nike)는 운동화를 직접 생산하고 있지 않다. 운동화를 만드는 과정

중에서 제품의 디자인과 판매와 같은 부분만 담당하고, 나머지 생산부분은 전부 하청업체에게 맡긴다. 나이키는 디자인과 품질의 수준을 제시하고, 이를 가장 저렴한 가격에 공급할 수 있는 하청업체를 선정하여 주문하는 생산방식을 채택하고 있는 것이다. 나이키 본사에서는 품질관리요원을 각 하청업체에 파견하여 하청업체의 품질이 자신들이 제시한 기준에 부합하는지를 점검한다. 이러한 방식은 미국의 컴퓨터 업체들도 많이 채택하고 있다. IBM, Dell, 그리고 HP와 같은 회사들은 컴퓨터의 비용을 절감하기 위해서 컴퓨터의 디자인과 판매만 직접 담당하고, 거의 모든 부품과 생산은 전 세계적으로 가장 싸고 품질이 좋은 업체에게 공급을 맡기고 있다.

그러나 아웃소싱에 의존하는 방식은 핵심기술을 빼앗길 수 있다는 점에 주의해야 한다. 따라서 나이키는 'Nike Air System'과 같은 핵심부품은 자사에서 직접 생산하여 자신의 핵심 부품에 대한 노하우가 하청업체로 이전되는 것에 특히 신경 쓰고 있다. 왜냐하면 1981년 IBM이 PC를 개발했을 때 운영시스템과 마이크로프로세서 부분을 마이크로소프트(MS)와 인텔(Intel)에 의존하는 우를 범한 사례가 있기 때문이다. 당시는 IBM이 판단하기에 운영체제와 마이크로프로세서가 중요한 핵심부품이라고 생각하지 않아서 아웃소싱을 주게 되었고, 결국에는 자신의 핵심부품과 산업의 표준을 지배할 수 있는 기회를 상실하게 된 것이다.

3.3. 해외시장 진출전략

1. 해외시장 진출 방법

해외시장 진출 전략은 하멜(Hamel)과 프라할라드(Prahalad)에 따르면 글로벌 전략이라고도 하는데 국내시장의 영역을 넘어서 세계시장으로 그 활동범위를 확대하는 것을 말한다. 해외진출전략은 규모의 경제를 추구하여 낮은 비용으로 가격경쟁에서 우위를 점할 수 있다. 대표적인 사례로 1980년대 일본 기업을 들 수 있다. 미국의 TV생산기업들은 거의 내수 위주의 기업이었는 데 반해서 일본 기업들은 전 세계를 대상으로 경쟁을 하는 기업이었기 때문에, 가격경쟁의 측면에서 우위에 있을 수 있었다. 가격인하를 통한 출혈 경쟁의 경우 미국 기업은 자국의 시장에만 의존하기 때문에 전적으로 100% 피해를 보게 되지만, 일본 기업들은 전체 매출의 30% 정도만 손해를 입고, 나머지는 일본 시장에서 이익을 볼 수 있었다. 그 결과 일본 기업들은 미국의 TV시장에 진출하여 성공하였다.

기업이 해외진출을 하는 일반적인 방법은 수출입에 의하거나, 계약에 의한 진출, 더 나아가 직접투자라는 크게 3가지로 나눌 수 있다. 수출에 의한 방법은 직접투자를 하거나 계약에 의한 방법에 비해서 일회성의 거래라는 형태를 지니고 있고, 단기적으로 위험의 정도가 낮은 단순한 방식이다. 그리고 계약에 의한 해외시장 진출방식은 외국 현지기업과의 계약을 통해서 해외사업을 운영하는 것으로 라이선스와 프랜차이즈가 대표적이다. 계약에 의한 방식은 기술계약이나 서비스 계약, 혹은 공동생산계약과 같이 다양한 형태가 존재한다. 마지막으로 해외직접투자는 자금과 인력을 많이 투입해야 하고, 위험도 그만큼 큰 유형에 속한다. 기업의 측면에서 볼 때도 가장 통제력이 강한 유형이다. 어떤 방식이 가장 바람직한가의 여부는 기업의 내부적·외부적인 환경에 따라 다르며 그것을 잘 파악해서 가장 적절한 진입방식을 선택해야 할 것이다.

2. 다국적기업경영

다국적기업
두 개 이상의 국가에 현지법인을 가지고 있는 기업

다국적기업(Multinational Enterprise)은 두 개 이상의 국가에 현지법인을 가지고 있는 기업이라고 할 수 있다. 다국적기업의 형태는 본사와 자회사의 관계를 통해서 크게 본국중심주의와 현지중심주의로 나눌 수 있다. 본국중심주의는 다국적기업의 본사가 주요 의사결정권을 장악하고, 본국의 경영시스템과 가치관을 자회사에 적용하는 방식을 사용한다. 한국과 일본의 기업들이 대표적이라고 할 수 있고, 본국의 본사에서 파견된 직원이 의사결정권을 주도하기 때문에 자회사의 자율성을 제약받게 된다.

반면에 현지중심주의는 국가마다 문화와 경제적 환경이 차이가 있다는 점을 염두에 두고, 현지의 상황을 가장 잘 아는 현지인에게 자회사의 운영과 의사결정권을 위임하는 형식이다. 따라서 금융적인 측면을 제외하고는 본사는 권한이 작고, 본사와 자회사 간의 의사소통과 정보교환은 많이 이루어지지 않는다. 미국과 유럽의 기업들이 많이 택하고 있는 방식인데, 자회사가 상호간 독립적으로 운영된다는 측면에서 글로벌 경영과 전략을 수립하기는 어렵고 관심의 범위가 국지적인 측면에 그친다는 단점이 있다.

3.4. 전략적 제휴

1. 전략적 제휴의 개념과 목적

2차 세계대전 중에 영국, 미국, 그리고 프랑스 연합군은 독일에 효과적으로 대항하기 위해서 소련을 끌어들이게 되었다. 유럽의 서부전선은 영국을 중심으로 한 미국과 프랑스가 독일에 대항하고, 동부전선에서는 소련의 힘을 빌려 독일에 맞서기 위해 전략적인 제휴를 맺었다. 영국을 비롯한 연합군은 소련과 장기적으로 동맹관계를 맺기 위해서라기보다는 공공의 적을 제거하기 위해 일시적인 협조관계를 구축한 것이다. 이와 같이 전략적 제휴는 기업 간에 경쟁자일 수 있지만 경영자원을 효과적으로 공유하고 교환하여 일시적인 목적을 달성하기 위한 방법이라고 할 수 있다.

기업의 전략적 제휴는 1980년대 산업기술이 활발하게 발전하면서 이루어지기 시작했다. 특히 컴퓨터와 통신을 비롯한 정보통신산업과 생명공학산업, 자동차, 항공, 화학 등의 분야에서 전략적 제휴가 활발히 진행되고 있다. 새로운 시장에 진입하기 위해서 또는 상호보완적인 기술을 활용하거나 신기술을 개발하는 데 필요한 자본과 시간을 절감하기 위한 것이 전략적 제휴의 주요 목적이다.

구체적인 사례를 들면, 연구개발 투자와 생산시설 투자에 필요한 비용이 너무 크기 때문에 삼성전자와 도시바(Toshiba)는 256M DRAM을 공동으로 개발하였고, GM도 도요타(Toyota)와 합작투자를 계속 진행하고 있다. 항공 산업에서도 보잉(Boeing)은 미츠비시(Mitsubisi)와 긴밀한 관계를 계속 유지하고 있으며, 이에 대항하여 영국과 프랑스, 독일은 컨소시엄을 구성하여 에어버스(Airbus)를 만들었다. 또한 과거에 독일의 지멘스(Siemens)와 일본의 도시바(Toshiba), 미국의 IBM이 256M DRAM을 공동으로 개발한 적이 있는데, 각 개별기업이 충분히 자체적으로 생산할 수 있는 능력이 있음에도 불구하고 다른 경쟁기업보다 빠르게 시장에 진출하기 위해서였다. 왜냐하면 반도체 사업은 제품의 수명주기가 매우 짧고, 시장에 늦게 진입하면 기술적 특성상 선발기업을 따라잡기 쉽지 않기 때문이다. 최근에는 네트워크 경제가 도래하면서 산업의 표준화를 선점하는 것이 중요해졌다. 과거 기술적으로 열위에 있었던 JVC의 VHS가 소니(Sony)의 베타(β)방식보다 화면의 색상과 품질 성능 면에서 열위에 있었지만 자유롭게 라이선스를 배포하고 시장점유율 확대로 산업표준으로 자리 잡자 경쟁에서 승리를 거둔 바가 있다. 이처럼 기술혁신이 빠르게 진행되고 네트워크 경제의 특성을 지닌 산업은 누가 먼저 표준으로 자리 잡느냐가 승패를 좌우하기 때문에 특히 전략적 제휴는 중요하다.

2. 전략적 제휴의 유형

전략적 제휴는 다양한 형태로 구분할 수 있는데 크게 단기적인 목적으로 연구개발을 위한 기술제휴와 제휴 기업들 간의 지분참여를 통한 합작투자(joint venture)로 나눌 수 있다.

기술제휴

기술적 제휴는 기업 간 지분의 참여 없이 그 기업이 수행하는 연구개발, 생산, 마케팅, 기술, 유통 같은 기능별 분야에서 공동으로 프로젝트를 수행하는 것이다. 구체적인 형태로는 기술제휴와 제품개발의 라이선스의 제공으로 일정액의 로열티와 기술을 주고받는 것이다. 소니(Sony)와 필립스(Philips)는 CD를 처음으로 개발할 당시에 산업의 표준화를 위해서 자신들의 기술을 서로 공유하고 라이선스하여 다른 기업들에 대해서 경쟁우위를 확보한 사례가 대표적이다. 또한 주위에서 흔히 볼 수 있는 주문자상표부탁생산방식(OEM)이 다른 기업의 상품에 자사의 브랜드를 붙여 자사의 생산물인 것처럼 판매하는 방식도 해당한다.

합작투자

최근에는 전략적 제휴의 중요성이 커지자 기업들의 지분 참여 없이 기업간 기술적 계약을 체결하는 수준을 넘어서 좀 더 큰 시너지효과를 창출하고자 시도하고 있다. 합작투자는 기업들이 법률적으로 모기업으로부터 독립한 법인체를 설립하고 기업의 여러 활동분야에 걸쳐 통합적인 협력관계를 구축하려는 것이다. 대부분의 경우는 절반씩 투자하는 경우가 대부분이지만 어느 한 기업이 더 많은 지분을 소유하는 경우도 있다. 왜냐하면 50 대 50 투자비율은 두 기업이 동등하게 의사결정권을 가지고 있어 신속한 의사결정이 어렵고 갈등을 합리적으로 해결하기 쉽지 않기 때문이다.

3. 성공적인 전략적 제휴

전략적 제휴에서 성공을 하기 위해서는 먼저 좋은 파트너 기업을 만나는 것이다. 전략적 제휴에 참가하는 기업들을 개별적으로 볼 때 능력이 모두 뛰어나더라도 서로 협력하여 목표를 달성할 수 없다면 무용지물이 되는 것이다. 따라서 적절한 제휴기업을 선정하는 기준 중에서 가장 우선시되어야 할 점은 두 기업의 전략이 서로 모순되거나 이해가 충돌하지 않아야 한다. 성공적인 전략적 제휴의 사례로 뽑히는 eBay와 AOL의 경우, eBay는 자신의 경매 사이트를 널리 알리고자 AOL과 제휴를 맺게 되었는데, 만약 AOL이 직접 경매 사이트 시장에 뛰어들 생각이 있었다면 두 기업의 이해관계 상충으로 인해 전략적 제휴는 성공을 거두지 못했을 것이다.

그 외에 전략적 제휴의 성공은 두 기업 간의 문화적 차이, 경영관리 시스템, 핵심역량 그리고 더 나아가서 전략적 제휴를 성공적으로 수행하기 위해서 열마나 많은 노력과 투자를 하는가의 문제도 성공의 열쇠로 가는 중요한 포인트라고 할 수 있다.

그러나 간과해서는 안 될 점이 전략적 제휴는 어디까지나 서로 경쟁하는 기업들이 구체적인 목표를 달성하기 위해서 일시적으로 '적과의 동침'을 하는 상황이라는 점을 항상 염두에 두어야 한다. 전략적 제휴란 어디까지나 구체적인 목표가 없이 장기적인 협력관계를 유지하는 태도를 견지하기보다는, 서로가 자신의 약점을 보완하고 강점을 더욱 강하게 만들기 위해서 학습하는 것이라는 점을 명심해야 한다.

100년 넘은 기업 2만 개, 일본 기업의 장수 요인은?

일본 기업의 생명력은 '신(信)'에서 나온다

현재 세계에서 가장 많은 장수기업을 보유하고 있는 국가는 어딜까? 일찍이 산업화가 시작됐던 영국이나 프랑스 등 서구 국가가 아니다. 바로 일본이다(표 1 참조). 일본의 대표적인 기업 데이터베이스 조사 기관인 ㈜제국데이터뱅크의 2008년 4월의 조사에 따르면, 동사의 기업 데이터베이스에 수록되어 있는 약 119만 개사 중 1912년 이전에 창업한 기업은 2만 4,234개 사에 이른다고 한다. 일본의 많은 기업들은 전쟁이나 급격한 경기변동의 세월을 거쳤음에도 살아남아 현재까지 많은 활약을 하고 있는 것이다.

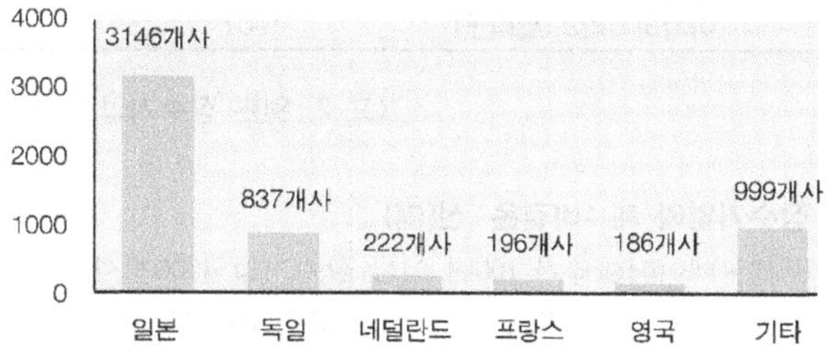

자료: 『기업의 생명력』, 産業創成大学, 2007.

〈표 1. 장수 기업의 국제 비교(창업 200년 이상 기업 대상)〉

일본의 장수기업 '시니세'

장수기업이란 문자 그대로 장기적으로 존속하는 기업을 가리키며 일본어로는 '시니세(老舗)'라고 한다. 시니세란 위키피디아 백과사전에 의하면 '옛날부터 이어져 내려온 상점 또는 기업'을 말한다. 제국데이터뱅크에서는 '창업 후 30년 이상 사업을 전개하고 있는 기업'이라고 정의하고 있다.

장수기업의 종업원 규모는 300명 미만이 89.4%로 대부분이 중소기업이며, 300~999명은 6.3%, 1000명 이상은 3.7%에 불과하다. 장수기업의 창업 시기는 상공업이 장려된 에도 시대(1603~1867)가 25.9%, 본격적인 산업화가 시작된 메이지 시대(1868~1912)가 67.3%로, 양 시대에 걸쳐 대부분의 기업(93.2%)이 창업되었다. 장수기업의 형태를 보면 식품, 요리, 술, 의약 등 생활 밀착형의 기업, 고유기술로 소재・부품 등을 생산하는 기업, 다도・서도 등 전통문화와 밀접한 제품을 생산하는 기업, 여관 등과 같이 가족단위로 영위할 수 있는 패밀리형 기업 등 크게 4가지 형태로 구분할 수 있다.

일본의 장수기업들 세계적으로 활약

일본 경제가 태평양전쟁에 패한 후 빠르게 성장하여, 1980년대의 엔고와 1990년대의 장기불황에서 벗어날 수 있었던 것은 소재・부품 등 첨단기술을 보유하고 있는 장수기업의 역할이 컸다(표 2 참조). 이렇듯 일본에 있어서 장수기업은 경제성장 및 고용 안정에 많은 도움을 주고 있다.

일본이 다른 나라보다 장수기업이 훨씬 많은 이유는 무엇일까? 무엇이 일본 기업을 그토록 오래 살아남게 만드는 걸까?

기업명	창업연도	세계시장점유율	기술 분야
스미토모(住夜)금속광산	1590	90%	액정용 2층 도금기판
미쓰이(三井)금속	1874	40%	휴대폰용 구리박판
다이니혼(大日本)인쇄	1876	70%	액정용 반사방지필름
다이니혼(大日本)방적	1889	50%	식품 포장용 재료
돕판(凸版)인쇄	1900	25%	반도체용 프로마스크
신니혼(新日本)제철	1901	거의 전량	자동차용 고장력 강판
아사히가라스(旭硝子)	1907	85%	PDP용 유리기판

자료: 한국은행

〈표 2. 일본 장수기업의 세계시장점유율〉

장수기업의 제 1비결은 '신(信)'

㈜제국데이터뱅크가 100년 이상 장수기업 4000개사를 대상으로 실시한 조사에 따르면, '장수기업으로서 중시해야 하는 것을 한 글자로 표현하면 무엇인가?'라는 질문에 '신(信)'이 1위로 뽑혔다. '장수기업의 강점은 무엇이라고 생각하는가?'라는 질문에서는 '신용'이라고 응답한 비율이 73.8%로 가장 높았다. 다른 장수기업 조사에서도 거래처 및 고객의 신뢰, 상품 및 서비스에 대한 신뢰, 기술력 등을 가장 중시하고 있는 것으로 나타났다(표 3 참조).

이러한 조사 결과에서도 알 수 있듯이 장수 기업은 신용을 생명처럼 중시함으로써 고객, 거래처, 종업원, 사회 등 이해관계자와 2, 3대 이상의 장기적인 신뢰관계를 유지하고 있다. 신용을 중시함에 따라 상대를 속이거나 배반한 행위는 이 사회에서 용서될 수 없으며 상대방의 입장을 먼저 생각하는 가치관이 형성된 것이다. 장수기업의 신용 중시 사상은 일본의 상점, 가게 및 음식점 입구에 걸려 있는 노렌(暖簾, 자신의 상호가 걸려져 있는 무명천)에 잘 나타나 있으며 이는 고객과의 "신용"을 상징하는 것으로 일본기업의 경영방식을 대변하고 있다.

거래처 및 고객의 신뢰	상품 및 서비스에 대한 신뢰	기술력	종업원간 신뢰	사회공헌
92.2%	82.2%	69.6%	53.1%	26.5%

자료: 100년 장수기업 앙케이트, 實踐經營學會, 2003.9

〈표 3. 장수기업이 영업상 가장 중시하는 요소〉

한편 장수기업은 고객, 소비자, 종업원 등 이해관계자에 대한 신뢰형성을 위해 다음과 같은 수단을 강구하고 있다. 장수기업은 고객과 거래처 등에 대한 신뢰형성을 위한 수단으로, 노렌와케(暖簾分け), 장수기업 집중거리 형성, 기업간 협력관계를 지속하고 있다.

노렌와케란 오늘날의 프랜차이즈와 비슷한 형태로, 장기간 근무한 본사의 직원이 본사의 문양이 그려진 노렌을 받아 분사하는 것이다. 하지만 단순한 분사가 아니다. 왜냐하면 노렌이란 단순히 회사의 간판을 의미하는 것이 아니라 그 회사의 신용을 의미하기 때문이다. 노렌을 받았다는 것은 바로 '본사의 명예와 신용을 그대로 물려받았다'는 의미인 것이다. 이렇게 노렌와케는 본사의 신용을 분사기업에 주는 것으로, 분사기업은 본사가 가지고 있는 신용을 공유하여 영업 활동에 이용한다. 그리고 본사와 분사기업은 그 신용을 지키려고 함께 분투하고 내적으로 서로 협력한다.

또한 장수기업은 집중거리를 형성하여 경쟁과 협조를 통한 상호 번영을 실현함으로써 거래처 및 고객의 신뢰를 향상시킨다. 단독 생존이 아닌, 주위와의 공생이 장기적 존속의 비결이라는 사실을 터득했기 때문이다. 전국에서 장수기업이 10개사 이상 모여 상점가를 형성하고 있는 거리는 총 42개(기업수는 793사)에 달한다.

이와 더불어 일본기업은 기업 간의 장기적인 협력관계를 통해 신뢰를 형성할 수 있었다. 즉, 소재기업이 개발한 고기능 소재를 사용하여 부품업체가 고품질 · 저가격의 부품을 만들고, 완성품 기업은 그 부품을 사용하여 만든 신제품을 시장에 내놓는 시스템이 확립됐다. 이러한 완성품 생산기업과 소재 및 부품기업 간의 장기적 협력관계는 기업의 장수요인으로 작용했다. 실제로 일본 자동차 생산업계의 내재율(자사에서 부품을 생산하는 비율)은 30% 정도다. 나머지 70%는 부품업체로부터 부품을 조달하고 신기술의 개발 등도 부품업체에 의뢰하고 있다. 무라카미카이메이도(村上開明堂, 1882년 창업)라는 장수기업은 원래 경대를 제조하던 업체다. 그러나 거울 기술을 꾸준히 발전시킨 결과, 휴대폰의 액정화면을 제작하게 됐다. 더 나아가 물방울이 맺히지 않는 자동차 백미러를 개발하여 도요타에 백미러의 60%를 공급하고 있다.

인재가 절대적이라는 믿음

장수기업들은 종업원과의 신뢰형성을 위해 인간 중시 경영을 실시하고 있다. 기계보다는 종업원의 체화된 기술이나 노하우를 중시한다. 그리고 그 노하우의 기초가 되는 인재를 전략적으로 육성하는 인간 중시 경영전략을 구사하는 것이다. 장수기업은 오랜 경영 경험을 통해 예기치 못한 위기에 대처하기 위해서는 사람이 절대적으로 필요하다는 것을 깨달았다. 또한 기업 체력의 원천은 기업에 축적된 기술과 노하우인데, 이는 사람이 담당하고 있음을 체득했다. 그래서 일본 기업들은 장기불황 등 경영 여건이 악화되더라도 획일적인 인원 감축이 아니라 오히려 고용의 장기화를 유지하는 등 인간관계 강화를 중시하고 있다.

일본에서 가장 우수한 회사로 평가받고 있는 도요타(1938년 창업)가 대표적인 예다. 이 회사는 '우수한 제품을 만들려면 우선 사람을 육성해야 한다'는 가치관이 경영자에게 깊이 인식되어 있다. 그래서 인재를 장기적으로 육성하고 있으며 종업원의 건강도 배려하고 있다.

지역사회와의 신뢰 형성

또한 장수기업은 지역사회에 대한 신뢰 기반 형성을 위해 이익의 일부를 사회에 투자하거나 지역주민의 요구사항을 수용하고 있다. 우베흥산(宇部興産, 1897년 창업)과 DOWA홀딩스(1884년 창업)는 경영위기를 맞이하였을 때 지역 주민들의 도움으로 위기를 모면했다. 우베흥산은 지역에 종합병원을 세우고 지역발전을 위해 고속도로 건설 등에 대규모 투자를 했다. 그 결과, 장기불황으로 기업이 위기를 맞았을 때 지역주민들이 주식을 대량 매입하여 경영 정상화에 이바지할 정도의 신뢰관계를 구축했다.

DOWA홀딩스의 경우, 1985년 플라자 합의에 따른 급격한 엔고로 경영 여건이 크게 악화되었다. 그

럽에도 불구하고 지역주민들을 지속적으로 고용했다. 이후 이 지역에 일본 최대의 폐기물 처리장을 건설할 때도 지역주민들이 호응할 정도로 신뢰를 구축했다.

일본은 세계에서 가장 많은 장수기업을 보유하고 있을 뿐만 아니라 세계 최고(最古)의 장수기업도 보유하고 있는 장수기업 대국이다. 타 국가와 달리 월등히 많은 장수기업을 보유하게 된 이유로 여러 요인을 들 수 있지만, 그중 고객, 거래처, 종업원, 지역사회 등 기업의 이해관계자들과의 신뢰형성이 핵심요인으로 작용했다. 최근 노사갈등, 멜라민 파문 등 고객과 기업, 고객과 종업원, 서로가 서로를 믿지 못하는 한국사회에 있어서 일본 장수기업의 믿음은 경영인들에게 시사하는 바가 크다.

<세계경영리포트>

04 사업부 수준의 경영전략

4.1 포터의 본원적 전략과 가치사슬

1. 경쟁우위와 포터의 본원적 전략

시장에서 경쟁우위를 통해서 높은 수익률을 얻는 방법에는 크게 두 가지가 있다. 하나는 같은 제품을 낮은 비용으로 생산하는 방법이고, 다른 하나는 독특한 제품을 만들어 차별성을 제공하여 높은 가격을 부과하는 방법이다. 전자의 경우를 **비용우위**(cost advantage)라고 하고, 후자를 **차별화우위**(differentiation advantage)라고 한다. 하버드 경영대학원의 포터(M. Porter)는 비용우위와 차별화 우위전략을 기준으로 그 기업의 제품의 폭이 얼마나 넓은가에 따라서 비용우위, 차별화우위, 집중화(focus)의 3가지로 나누었다(<그림 6-4> 참조). 포터에 따르면 비용우위와 차별화우위는 서로 상충되는 전략으로 어느 한쪽을 선택해야지 양쪽을 다 선택하려고 하면 '오도 가도 못하는(stuck in the middle)' 상황에 빠질 수 있다고 지적하였다. 반면에 집중화 전략의 경우는 니치마켓에 집중하는 것이기 때문에 비용우위와 차별화 모두에 적용 가능하다고 보았다.

비용우위
같은 제품을 낮은 비용으로 생산하는 방법

차별화우위
독특한 제품을 만들어 차별성을 제공하여 높은 가격을 부과하는 방법

그러나 최근에는 정보통신 기술과 컴퓨터의 발달로 인해서 두 가지 전략을 모두 사용할 수 있게 되었다. 맥도날드 햄버거의 경우 값싼 표준화된 상품이

그림 6-4 포터의 본원적 전략 유형

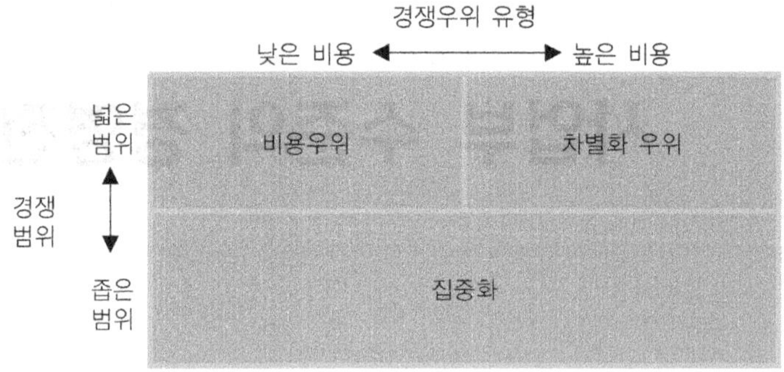

지만, 상당히 차별화된 이미지를 부여할 수 있으며, 옷, 시계, 뉴스 제공, 자동차 등에서도 대량맞춤생산(mass customization)이 가능하게 되었다. 그 결과 소비자의 수요를 정확하게 파악하여, 소비자가 원하지 않는 서비스를 줄이고, 소비자가 원하는 부분을 강화하여 비용우위와 차별화를 동시에 충족하는 가치혁신(value innovation)이 최근 각광을 받고 있다.

2. 포터의 가치사슬

가치사슬
기업의 활동에서 부가가치가 생성되는 과정

가치사슬(value chain)이란 기업의 활동에서 부가가치가 생성되는 과정을 말한다. 1985년 포터(M. Porter)가 제안한 개념으로 부가가치의 창출과정을 직·간접적으로 일련의 기능과 활동별로 구분한 것이다. 다시 말해 최종소비자에게 가치를 전달하는 데 관련된 프로세스와 활동을 분석하고, 각 가치사슬마다 비용과 매출 및 수익을 계산해, 경쟁기업과 비교해 상대적으로 어떤 점이 경쟁우위에 있고 경쟁열위에 있는지를 파악하는 방법이다. 결국 가치사슬 분석을 통해서 부가가치창출과 관련된 핵심활동이 무엇인가를 규명하는 것이 목적이다.

가치사슬은 <그림 6-5>에서 보여주는 바와 같이 크게 본원적 활동(primary activities)과 지원적 활동(support activities)으로 나눈다. 본원적 활동이란 상품의 물리적 변화에 직접적으로 관련된 기능으로 내부물류(inbound logistics), 생산(manufacturing), 외부물류(outbound logistics), 마케팅 및 판매(marketing and

그림 6-5 포터의 가치사슬

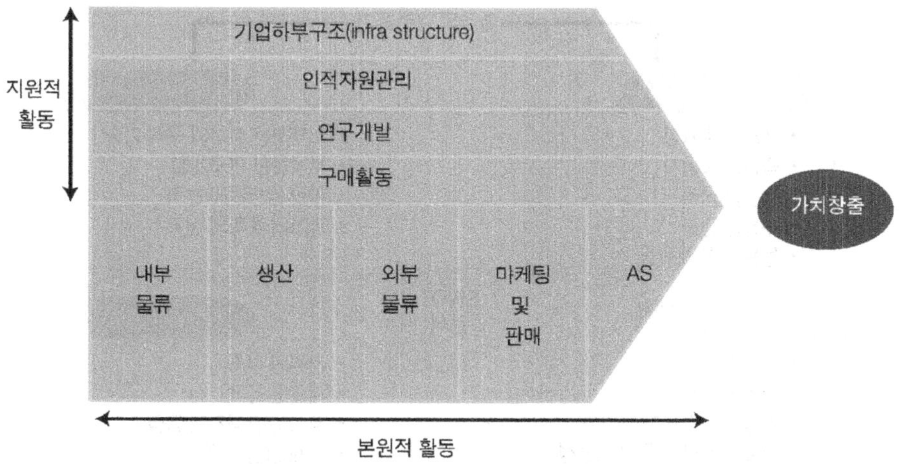

sales), 애프터서비스(after service) 등으로 구분된다. 지원적 활동으로는 본원적 활동을 지원하는 활동으로 기업의 하부구조(일반관리, 회계, 법률, 재무, 전략 계획 등), 인적자원관리(인력충원, 동기부여, 훈련, 개발 등), 연구개발(상품 및 제반 가치 활동을 개선하기 위한 노력과 활동), 구매활동(원재료, 서비스, 기계 등의 구입)으로 구성되어 있다.

4. SWOT 분석

전략적 경영은 크게 조직에 대한 분석과 환경에 대한 분석으로 나눌 수 있다. 이를 위한 기술적인 방법으로서 SWOT 분석을 이용한다. 조직의 강점(Strengths: S)과 약점(Weaknesses: W)와 외부환경의 기회(Opportunities: O)와 위협(Threats: T)으로 나누어 현재 기업이 가지고 있는 자원과 역량을 체계적으로 분석하는 방법이다.

<그림 6-6>에 나타난 것처럼 SWOT 분석은 조직의 자원과 역량의 체계적인 평가를 시작하는 것이다. 이 분석을 통해서 경쟁기업에 비해서 상대적으로 특별한 강점과 약점을 파악하고 핵심역량(core competencies)이 무엇인가를 확인하게 된다. 그러나 경쟁기업의 반응과 상황을 고려해 상대적으로 인식해

그림 6-6 SWOT 분석

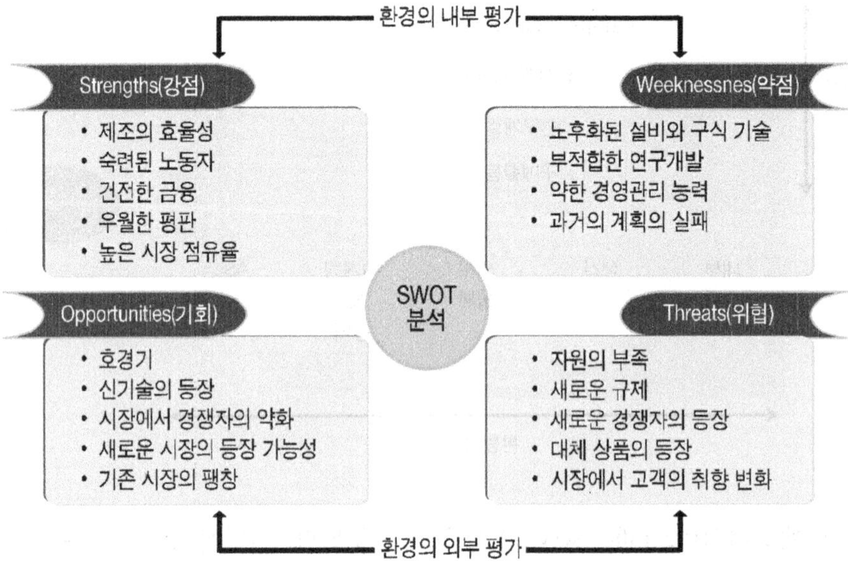

야 한다. 왜냐하면 전략의 목적은 조직의 강점을 최대화하고 약점을 최소화하여 핵심역량을 이용하여 경쟁우위를 달성하려는 것이기 때문이다.

4.2. 사업 포트폴리오 분석

사업 포트폴리오
조직의 목적을 가장 효과적으로 달성하기 위해서 제한된 자원을 최적으로 배분하는 것

사업 포트폴리오(business portfolio)는 조직의 목적을 가장 효과적으로 달성하기 위해서 제한된 자원을 최적으로 배분하는 것이다. 사업부들의 위치와 성과를 분석하고 평가하여 전략적인 측면에서 해당 사업부를 어떻게 운영할지를 결정하는 과정이라고 할 수 있다. 대표적인 사업 포트폴리오 방법으로는 BCG 매트릭스와 전략적 사업계획 그리드가 있다.

1. BCG 매트릭스

보스턴컨설팅그룹(Boston Consulting Group: BCG)이 제안했기 때문에 BCG

매트릭스라고 불리는 이 방법은 현재의 시장 지배율과 앞으로의 가능성을 가늠하는 시장성장률을 두 축으로 하여 4가지의 가능한 상황을 보여주고, 각 상황에서 어떤 전략을 선택해야 할지를 보여준다.

별(stars) 영역

이 영역은 높은 시장성장률에 높은 시장점유율이 특징이다. 현재 상당한 수익을 창출하고 있으며, 많은 현금이 유입될 것으로 기대된다. 그러나 지속적인 성장을 유지하기 위해서는 생산시설의 확충에 막대한 투자자금을 투입해야 한다는 점에서 현금유출이 불가피한 상황이다. 장기적으로 볼 때 시장의 성장가능성이 약해지면 현금소(cash cows)가 된다.

물음표(question marks) 영역

이 영역은 시장의 성장률은 높지만 시장의 점유율은 낮은 영역이다. 많은

그림 6-7 BCG 메트릭스: 포트폴리오 모형

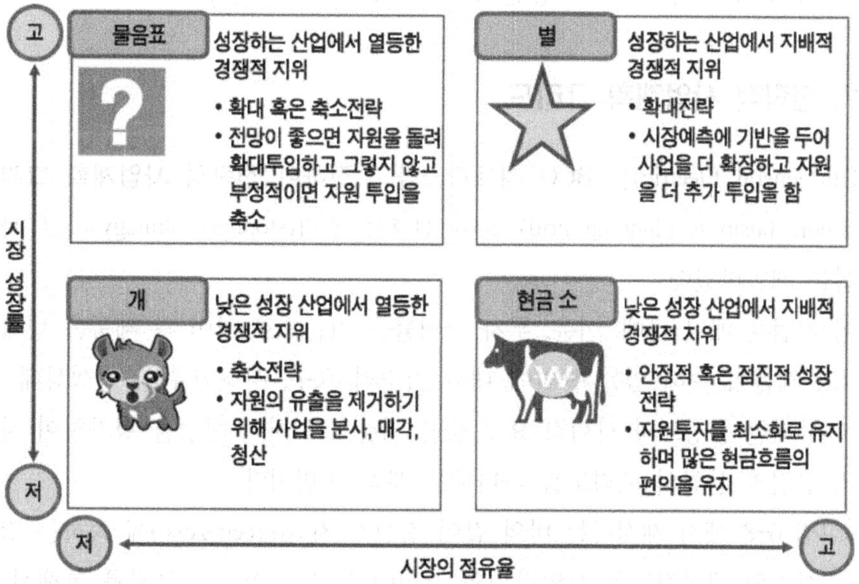

이윤을 얻지는 못하나 시장은 급격하게 성장한다. 현재 시장이 급속하게 성장하고 있으므로 수익을 창출할 수 있기 때문에 투자기회는 매력적이라고 할 수 있다. 그러나 심한 경쟁에 직면하고 있기 때문에 현재의 투자가 시장점유율의 확대로 연결되지 않을 수 있다는 불확실성이 존재한다.

현금소(cash cows) 영역

현금소 영역은 시장의 성장률은 낮지만 시장의 점유율은 높은 영역이다. 커다란 이윤과 풍부한 현금 흐름을 기대할 수 있는 영역으로 현재 시장의 성장기회가 크지 않기 때문에 신중한 선택이 요구된다. 우유를 얻을 수 있는 '소'라고 이름이 붙여진 것에서 알 수 있듯이 별 영역이나 물음표에 해당하는 영역에 대한 필요한 투자자금으로 사용될 수 있다.

개(dogs) 영역

시장의 성장률이 낮고, 현재 시장점유율도 낮은 영역으로 현재 이윤을 창출하지 못할 뿐만 아니라 미래의 발전에 대한 잠재성도 거의 없는 영역이다. 따라서 이 영역에서는 매각을 통한 철수가 최선의 전략이다.

2. 전략적 사업계획 그리드

전략적 사업계획 그리드
제품과 산업을 평가하여 사업부의 장점과 산업의 매력도를 나타내는 기법

GE(General Electric)는 BCG 매트릭스를 수정하여 **전략적 사업계획 그리드**(strategic business planning grid) 혹은 신호등 전략(stoplight strategy)라고 하는 기법을 개발하였다.

이 기법은 매년 판매, 이윤, 투자 수익률을 기준으로 하여 각 제품을 평가하고, 그 제품이 속해 있는 산업에 대한 기술적 요구, 시장점유율, 경쟁상태, 근로자에 대한 충성도와 사회적 요구 등을 기준으로 하여 산업을 평가하여 사업부의 강점과 산업의 매력도를 나타내는 분석 방법이다.

<그림 6-8>에서 제시하는 바와 같이 청신호 지역(green zone)에 속하는 경우에는 산업의 매력정도와 사업단위의 강점이 높은 지역으로 투자를 통해서 현

그림 6-8 **전략적 사업계획 그리드**

산업의 매력도 \ 사업부의 강점	강함	평균	약함
높음	우월한 사업 (성장 추구)	우월한 사업 (성장 추구)	물음표 (계속 유지)
중간	우월한 사업 (성장 추구)	평균적인 사업 (계속 유지)	실패한 사업 (철수, 매각)
낮음	수익창출 사업 (계속 유지)	실패한 사업 (철수, 매각)	실패한 사업 (철수, 매각)

재의 상태를 유지하거나 성장전략을 사용해야 한다.

황신호 지역(yellow zone)은 산업의 매려도와 사업단위의 강점이 중간에 위치한 것으로 경쟁력이 있다고 생각되는 사업단위에는 투자를 늘리고, 경쟁력이 없다고 판단되면 투자를 감소하거나 철수·매각하는 전략을 택해야 한다.

적신호 지역(red zone)은 산업의 매력도와 사업의 강점이 낮은 지역으로 투자 감소를 통해 철수하거나 매각하는 전략이 타당한 영역이다.

4.3. 비용우위를 통한 가격경쟁

1. 비용우위의 원천

전통적으로 경쟁우위를 확보하는 가장 기본적인 방법이 비용절감을 통해 가격경쟁력에서 우위를 점하는 것이다. 비용을 절감하는 방법으로는 먼저 규모의 경제, 경험효과와 제품 설계의 개선 등을 들 수 있다.

규모의 경제

규모의 경제
생산요소를 투입하여 산출량을 증가시킬 때 단위당 투입비용이 점차 하락하는 경우

규모의 경제(economies of scale)란 생산요소를 투입하여 산출량을 증가시킬 때 단위당 투입비용이 점차 하락하는 경우를 말한다. 전화, 전신 서비스의 경우는 중복투자의 비효율성 문제가 있기 때문에 오히려 규모가 큰 기업 하나만 존재하는 경우가 비용 측면에서 이득을 얻을 수 있다. 예를 들어 학교에서 대용량 복사기를 구입하는 경우 복사를 많이 할수록 복사 한 장당 비용은 크게 낮아질 것이다. 이와 같이 값비싼 복사기를 구입하는 경우와 마찬가지로 고정비용과 연구개발비가 초기에 많이 들어가는 경우 규모의 경제가 발생하기 쉽다. 규모의 경제가 존재하는 경우는 중소기업보다는 대기업이 상대적으로 유리한 위치에 있는 가능성이 높다. 혼자서 이혼소송과 기업의 파산소송을 모두 담당하는 변호사 사무소보다는 거대한 법인 속에서 이혼담당 변호사, 파산소송 전문 변호사를 두는 경우가 업무의 효율성과 비용 측면에서 유리하다.

경험효과

경험효과
학습효과라라고도 하며, 누적 생산량이 2배가 될 때마다 비용은 30% 이상 줄어드는 것이 대표적인 사례

경험효과(experience curve effect)는 학습효과(learning curve effect)라고도 한다. 특히 반도체 산업에서 누적 생산량이 2배가 될 때마다 비용은 30% 이상 줄어드는 것이 대표적인 사례이다. 경험효과는 1970년대 BCG(Boston Consulting Group)에서 연구해 제시한 것으로 2차 세계대전 중 항공기생산과정에서 처음으로 발견되어, 최근에는 보험 산업과 장거리 전화 산업에 이르기까지 적용범위가 확대되고 있다. 경험효과는 실제 경영전략의 실행 측면에서 활용할 수 있다. 만일 경험곡선과 같이 생산량이 누적되면서 비용이 체계적으로 하락한다면 경쟁기업보다 빨리 생산량을 늘려 경험곡선의 효과를 누릴 수 있는 수준에 도달하는 것이 중요하다. 왜냐하면 먼저 경험곡선의 효과를 누린 기업은 후발 경쟁기업보다 낮은 비용을 통해 경쟁적 우위를 확보할 수 있기 때문이다.

인터넷과 생산요소비용의 절감

기업은 생산에 필요한 자원과 부품을 어떻게 저렴하게 조달하는가에 따라서

비용을 낮춰 비용상 우위를 누릴 수 있다. 최근에는 인터넷을 이용한 전자상거래를 통해서 비용우위를 창출할 기회를 얻기도 한다. 인터넷 서점업체인 아마존(Amazon)의 경우 재고를 보유하지 않고서도 웹페이지에 주문 도서에 대한 정보만 수록하여, 오프라인 점포에서 많은 재고를 보유하고 있는 경쟁업체인 반즈앤드노블(Barnes and Noble)보다 비용을 절감할 수 있었다. 컴퓨터 회사인 Dell은 온라인으로 고객이 선택한 사양에 맞춰 제공하여 비용 측면에서 우위를 누린 대표적 사례이다.

2. 가치사슬에 의한 비용우위분석

포터가 제시한 가치사슬(value chain)방법을 사용하여 기업의 생산 활동을 나누어 비용우위를 분석하면 생산단계마다 비용을 절감할 수 있는 요인이 다르다는 것을 알 수 있다. 유통산업에서 비용절감을 통해 경쟁우위를 획득한 월마트(Wal-Mart)를 사례로 들면 <그림 6-9>와 같이 나타낼 수 있다. 월마트가 유통산업에 진출했을 당시는 별로 전망이 좋지 못했다. 가격경쟁 외에 다른 측면에서 경쟁적 우위를 얻기는 쉽지 않았다. 그러나 월마트는 정보통신에 많은 투자를 하여 POS 시스템과 컴퓨터, 인공위성을 활용한 정보네트워크를 통

그림 6-9 포터의 가치사슬을 이용한 월마트의 비용절감분석

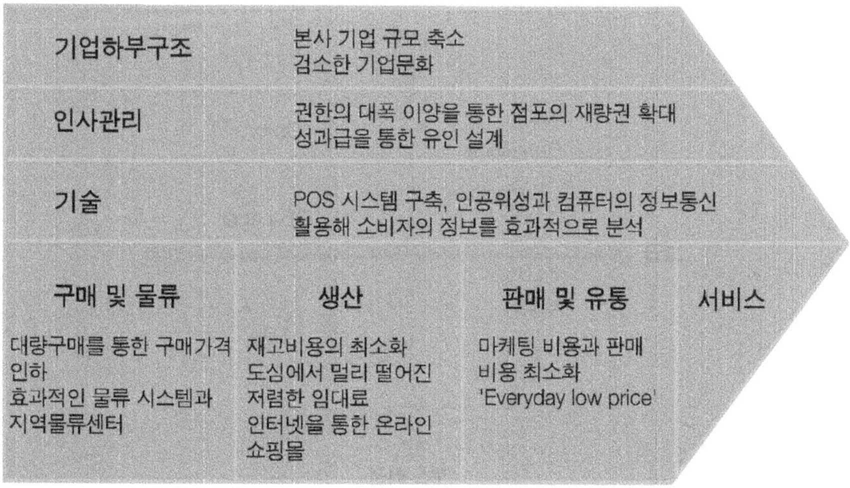

해서 소비자의 선호를 실시간으로 파악하고, 원하는 제품을 실시간으로 원하는 곳에 공급하여 재고비용을 크게 줄일 수 있었다. 월마트는 세일기간을 없애 판촉비용을 줄이고, 평소에도 세일가격에 공급하는 "Everyday low price" 전략을 사용하여 언제나 저렴한 가격으로 구입할 수 있다는 인식을 심어주었다. 또한 조직 내부의 불필요한 비용을 절감하고, 본사의 권한을 점포에 이양하여 소비자들의 니즈에 즉각 대응하여 성공을 거두었다.

4.4. 차별화 전략

1. 차별화 전략과 제품 포지셔닝

차별화 전략을 통한 경쟁우위 확보는 소비자에게 독특한 가치를 제공하여 더 높은 가격을 받는 것을 말한다. 일반적으로 제품의 크기, 모양, 무게, 색상과 디자인 측면에서 차별화하기도 하고, 과시하고 싶은 욕망, 개성을 나타내고 싶은 욕망과 같은 보이지 않는 무형의 차별화를 하기도 한다.

제품차별화는 기본적으로 제품이 가지고 있는 특성에 기인하는 것이 많은

그림 6-10 다차원척도법을 이용한 맥주시장의 포지셔닝

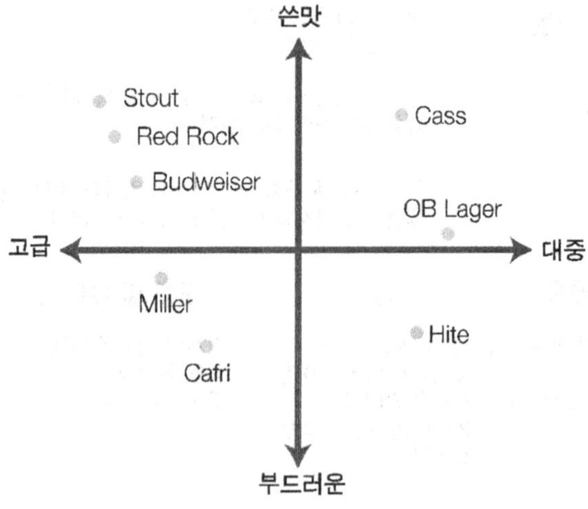

데, 맥도날드 햄버거의 차별화는 단순히 햄버거의 맛과 모양뿐만 아니라 빠른 서비스, 깨끗한 실내 공간 등을 제공하여 소비자에게 한 걸음 더 다가갈 수 있다.

맥주시장의 경우 소비자들이 느끼는 맥주의 유사성과 차이점을 가격과 맛이라는 두 가지 측면에서 나타내면 <그림 6-10>과 같이 다차원척도법(mult-dimensional scaling)을 이용해서 나타낼 수 있다. 이렇게 제품의 특성에 따라서 어떤 특성을 좀 더 강조할 것인가를 선택하는 것을 포지셔닝한다고 말한다.

최근에는 과거의 차별화 방법이 개별 소비자의 취향에 대한 정보가 부족하다는 점을 인터넷을 통해서 극복하려는 시도를 볼 수 있다. 대표적인 사례로 인터넷 서점인 교보문고나 아마존(Amazon)에서는 책을 구매한 소비자들의 인구통계학적 정보를 데이터베이스화한 후 앞으로 책을 구매하려는 독자에게 유사한 취향을 가진 다른 고객이 선택한 책의 목록을 추천해줌으로써 좀 더 세분화된 차별화를 시도하고 있다.

2. 가치사슬에 의한 차별화 전략

가치사슬(value chain)에 의한 차별화 방법은 기업의 생산 활동 단계별로 나

그림 6-11 포터의 가치사슬을 이용한 애플의 차별화 전략분석

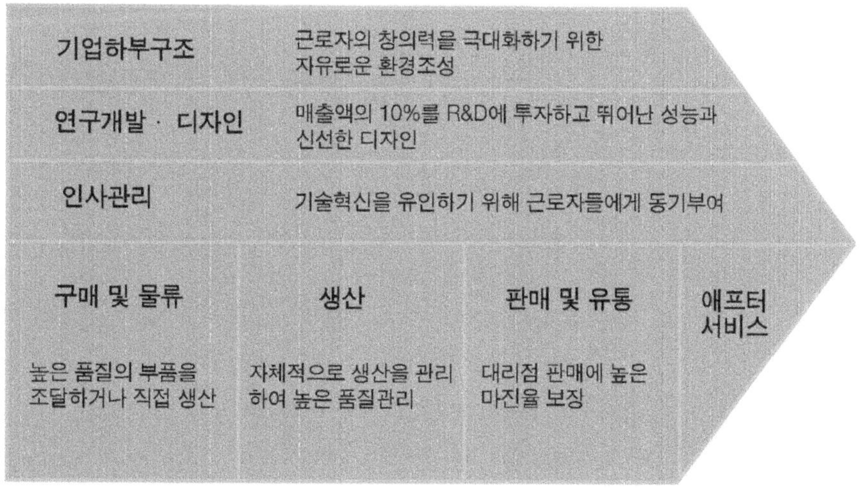

누어 차별화를 통한 우위를 창출하는 것이다. 대표적으로 애플(Apple)의 사례를 통해서 살펴보면 <그림 6-11>과 같다. 기업의 하부구조를 보면 애플은 종업원들이 창의성을 활용하기 위해서 캠퍼스와 같은 환경을 조성하여 연구 중심적이고 자유로운 환경 속에서 창의력을 극대화하려는 시도를 하였고, 그 결과 종업원들에게는 기술혁신을 유도하는 유인효과를 이끌어내었다. 또한 연구개발과 디자인의 변화를 통해서 뿐만 아니라, 구매 및 물류, 생산, 판매·유통에서 애프터서비스, 제품기획과 유통에 이르기까지 차별화를 시도하였다.

05 전략의 통제: 균형성과지표

5.1 균형성과지표의 개념

균형성과지표(Balanced Score Card: BSC)란 기업이 추구하는 비전과 전략을 성공적으로 수행하는 데 필요한 핵심적인 요소들을 재무적인 측면과 기업의 내부 프로세스 측면, 조직의 학습과 성장의 측면 그리고 고객의 측면이란 4개의 범주에 입각하여 구체적인 핵심 성과지표(Key Performance Indicator: KPI)를 추출해내어 통제함으로써 성공적인 기업목표를 달성하기 위한 성과관리 도구라고 할 수 있다.

균형성과지표
기업이 추구하는 비전과 전략을 성공적으로 수행하는 데 필요한 핵심적인 요소들을 기준으로 구체적인 핵심 성과지표를 추출해내어 통제함으로써 성공적인 기업목표를 달성하기 위한 성과관리 도구

5.2. 균형성과지표의 구성요소

1. 재무적 관점

재무적 관점이란 기업의 가치를 향상시키기 위한 핵심적인 재무성과가 무엇인가를 나타내는 핵심적인 요소로 이루어져 있으며, 장기적인 측면에서 기업의 성장과 직접적인 관련이 있는 요소들이다.

2. 기업내부 프로세스 관점

재무 성과와 고객의 가치를 위해서 내부적으로 탁월해야 할 프로세스는 무엇인가라는 질문에 답할 수 있는 핵심요소들로 구성되어 있다. 프로세스 리드타임, 안전도, 불량품수, 적시공급 등이 대표적인 예라고 할 수 있다.

3. 조직의 학습과 성장 관점

조직이 장기적으로 성장하기 위해서 개발해야 할 역량과 여건은 무엇인가를 파악하는 것으로 종업원의 만족도, 신제품 개발 건수, 교육 프로그램 등을 들 수 있다.

4. 고객의 관점

기업이 비전과 목표를 달성하기 위해서는 고객의 측면에서 바라보아야 한다. 고객이 느끼는 가치는 무엇이고, 고객을 만족시키고, 유지하면서 새로운 고객층을 끌어들이는 방법들이 대표적이라고 할 수 있다.

5.3. 균형성과지표의 필요성과 한계

균형성과지표는 처음에는 단순하게 기업이 목표를 달성하기 위해 얼마나 성과를 이루었는가를 측정하는 수단으로 사용되어 통제적인 측면이 강했지만, 최근에는 전략의 계획수립과 예산의 편성과정에 활용하여 전략과 달성하고자 하는 목표 간의 관계를 더욱 밀접하게 만들게 되었고, 더 높은 목표달성을 촉진하는 데 기여하고 있다. 특히 TQM(Total Quality Management) 또는 BPR (Business Process Reengineering)과 같은 신경영혁신기법에 적용할 경우 좀 더 체계적이고 정확하게 성과를 파악할 수 있다는 점에서 유용성이 더 높아지고 있다. 특히 균형성과지표는 재무적인 측면의 요인을 넘어서는 다양한 요인을 고려할 수 있다는 점과 이 지표를 편성하는 과정에서 모든 구성원들이 참여할 수 있다는 점에서 권한의 부여와 더불어 효율성을 높이는 유인으로 작동할 수도 있다. 그러나 성과측정치의 수치나 기준이 변화한다거나, 동일한 균형성과지표 상에서 성과측정치가 서로 상충되는 결과를 보이게 되면 어느 것을 우선시해야 할지 판단이 불명확한 점이 있다. 또한 계량적인 변수가 아닌 질적인 요소들을 감안하기 때문에 발생하는 측정의 어려움에 봉착할 수도 있다는 점이 극복해야 할 한계이다.

열심히 만든 경영전략 왜 번번이 실패할까?

그래픽=김의균기자 egkim@chosun.com

"대부분의 경영전략은 실패한다."

경영전략의 대가 마이클 포터 하버드 경영대학원 교수의 말이다. 대부분 기업은 나름대로 최적의 경영전략을 수립하기 위해 혼신의 노력을 한다. 최고의 인재를 투입하기도 하고 굴지의 컨설팅 회사에 의뢰하기도 한다. 그러나 많은 투자를 해서 정교하게 만든 경영전략도 정작 성공하기는 어렵다는 것이 포터 교수의 주장이다.

이를 뒷받침해주는 연구도 있다. **지난 10년간 <포춘(Fortune)> 500대 기업의 경영전략을 살펴보니 성공률이 고작 25% 정도밖에 되지 않는 것으로 나타났다. 2006년 맥킨지에서도 일류기업 CEO(최고경영자) 796명을 대상으로 비슷한 조사를 했는데 경영전략의 실패확률이 60%를 넘었다.** 아무리 잘나가는 글로벌 일류기업이라 할지라도 경영전략을 당초 목표대로 성공적으로 추진하는 것은 매우 어려운 일이다. 도대체 애써 만든 경영전략은 왜 실패하는 것일까? **포터 교수**는 크게 3가지 핵심요인을 들면서 해결책을 제시하고 있다.

첫째, 경쟁을 위한 경쟁을 추구하는 전략일수록 실패할 확률이 크다

많은 CEO들이 고객지향경영을 주장한다. 그러나 실제로는 그들 중 상당수가 고객보다는 경쟁사를 앞서기 위한 경영전략을 펼친다. 쫓아오는 경쟁사들의 행보가 당장 눈앞에 보이기 때문이다. 그런데 경쟁의식에 사로잡히면 현실을 냉정하게 바라보기 어렵다. 그래서 결과적으로 성장성과 수익성 같은 객관적인 지표는 외면한 채 당장의 위협만 바라보고 엉뚱한 경영전략을 수립하는 우(愚)를 범하게 된다.

또 경쟁사를 앞서기 위해 무리한 투자나 출혈경쟁을 시도해서 시장 전체를 황폐화시키는 결과를 초래하기도 쉽다. 경영전략의 효과를 평가해주는 것은 경쟁사가 아닌 고객이다. 따라서 경영전략을 수립할 때는 경쟁사에 집착하려는 유혹을 뿌리칠 수 있어야 한다. 경쟁사를 제치는 데만 치중하는 전략은 오히려 같이 망하는 지름길이 될 뿐이다.

호주의 카셀라 와인은 경쟁 와인들과 정면으로 대결하는 대신 새로운 고객가치를 창출해서 성공한 사례다. 대부분의 와인업체들은 포도의 품종, 수확연도 등을 전면에 내세우며 서로 자신의 와인이 경쟁 와인보다 괜찮은 맛을 가졌다고 홍보해왔다. 그런데 **카셀라 와인은 '콘셉트(concept) 와인'이라는 개념으로 경쟁사와 차별화하며 소비자의 마음을 사로잡는 데 집중했다.**

경쟁 와인들처럼 품종과 수확연도를 내세우는 대신 '누구나 즐겁게 마시는 와인'이라는 콘셉트를 소비자들에게 홍보했다. 초보자들도 부담 없이 즐길 수 있는 '친밀함'과 '참신함'의 이미지를 내세운 것이다. 그 결과 일반 대중들이 와인에 대해 가졌던 '특별한 때에만 마시는 술'의 이미지를 깰 수 있었고, 새로운 고객을 창출했다. 이제 카셀라 와인의 경영전략은 하버드 경영대학원에서 모범사례로 다뤄지고 있을 정도다.

둘째, 현재 고객에 안주하는 경영전략은 죽은 전략이다

고객에는 두 종류가 있다. 하나는 현재의 고객이고 다른 하나는 잠재고객, 즉 미래의 고객이다. 기업의 성장에 있어서 가장 큰 적(敵)은 역설적이게도 우리 기업을 한참 먹여살려주는 현재의 고객이다. 성공을 맛본 기업일수록 기존 고객에만 몰두하는 경향이 있다. 화려한 현재를 유지하게끔 해주는 원동력인 현재의 고객들만 쳐다보게 되고, 그 결과 과감한 변화를 두려워하게 된다. 그러나 끊임없이 변화하는 비즈니스 세계에서 안주는 곧 쇠퇴를 의미한다. 과거의 성공방식은 경쟁사도 쉽게 모방하기 마련이다. 현재 고객에 안주하는 전략을 고집한다면 결국 시장을 잃게 될 뿐이다.

이를 잘 보여주는 기업이 델(Dell)이다. 델은 지난 20년간 승승장구하며 전 세계 PC시장을 장악해왔다. 그런 델이 2006년에 이르러 판매성장률이 급격하게 하락하면서 경쟁업체 HP에 1위 자리를 빼앗겼다. 마이클 델 회장은 <비즈니스위크> 지(誌)에서 2006 최악의 경영자 중 한 사람으로 꼽히는 수모까지 당하기도 했다.

델의 추락 이유는 바로 기존 고객에 대한 집착이었다. 그동안의 주요 고객이었던 데스크톱 사용자들에게 집착하다가 새로운 시장인 랩톱 사용자들을 놓쳐버린 것이다. 무선인터넷처럼 이동 중에도 PC를 100% 활용할 수 있는 기술들이 속속 개발되면서 경쟁업체들은 보다 가볍고, 보다 편리한 최첨단 노트북 PC 개발에 열을 올렸다. 그러나 여전히 델은 어떻게 하면 소비자에게 좀 더 싼 가격에 데스크톱을 공급할 수 있을지에만 몰두했다. 결과적으로 새로운 변화와 시장으로부터 외면을 당하게 된 것이다. 지속적인 성공을 위해서는 현재의 고객에 안주하지 않고, 끊임없이 새로운 고객을 발굴해야 한다는 점을 잊어서는 안 된다.

반면 세계 최대 호텔 체인 중 하나인 **메리어트호텔은 지속적인 신규 고객 창출로 성공한 사례다.** 메리어트호텔은 본래 워싱턴 근교의 기사식당에서 출발했다. 기사식당 사업의 성공 이후에도 메리어트호텔은 여기에 안주하지 않고 계속해서 새로운 변신을 시도했다. 표준화된 조리기술을 만들어 공항 레스토랑으로 진출하는가 하면 비행기 기내식까지 확장했고 마침내 글로벌 호텔체인으로 성장했다. 이것은 메리어트호텔이 자신의 고객을 운전기사에만 한정하지 않고 끊임없이 새롭게 정의했기 때문에 가능한 일이었다.

셋째, 자신감과 성공에 대한 확신이 없는 경영전략은 말 잔치에 불과하다

아이디어의 탁월성보다 중요한 것은 **실행의 일관성이다.** 많은 경영자들이 경영상 발생하는 문제에 대해 외부의 평가에 민감하게 반응하면서 충고와 비판을 무조건 수용한다. 그러나 모든 이해 당사자를 만족시킬 수는 없다는 점을 기억해야 한다. 경영전략은 기업의 방향을 결정하는 나침반이고, 조직을 지탱하는 뿌리이다. 항해 도중에 나침반의 방향이 바뀌면 목적지에 도달할 수 없게 된다. 따라서 전략의 일관성을 유지하는 것은 매우 중요한 일이다.

콘티넨털항공은 1994년 심각한 경영위기에 빠졌다. 당시 월가(街)를 비롯한 투자자들이 콘티넨털항공에 항공노선 축소 등 비용절감을 강력하게 주문했다. **하지만 CEO 고든 베튠의 관심사는 한결같았다. 바로 고객 편의였다.** 고객 편의를 지향하는 콘티넨털항공이 고객을 불편하게 하면서까지 비용을 줄인다면 그것이야말로 실패의 지름길이라고 생각한 베튠은 오히려 항공노선을 늘렸다. 무수한 비난이 쏟아졌지만 그는 소신을 굽히지 않고 전략을 추진해 나갔다. 결국 콘티넨털항공은 이듬해 기적 같은 흑자전환에 성공했다.

일관성은 브랜드 전략에서 특히 중요하다. 전 세계 담배시장의 절반을 차지하고 있는 필립모리스의 대표 브랜드 말보로의 경우를 보자. 우리나라 담배 브랜드의 평균 수명은 약 7년인데 비해 말보로는 70년 이상 같은 브랜드를 지켜오고 있다. 말보로가 장수브랜드의 입지를 굳혀온 이유는 무엇일까? 말보로의 광고 담당이었던 레오 버넷은 "말보로에는 서부의 자유로운 영혼과 남자들의 고향, 카우보이의 맛이 담겨 있다. 그리고 말보로의 성공은 그 맛이 변하지 않는 데 있다"고 말한다. 말보로의 장수비결은 1950년부터 세웠던 남성적 이미지라는 브랜드 콘셉트를 굳건히 지켜온 일관성에 있는 것이다.

P&G도 3C라고 불리는 브랜드 전략을 고수하고 있다. 3C의 첫 번째 C는 일관성(consistency)이다. 그리고 두 번째와 세 번째 C도 마찬가지다. 일관성을 세 번이나 강조한 이유는 다른 데 있지 않다. 한 번 시작한 전략은 일관성 있게 추진해야 조직원의 공감을 얻을 수 있고, 효과를 창출할 확률도 커지기 때문이다. **경영전략을 일관성 있게 추진하려면 무엇보다 경영자의 용기 있는 결단과 뚝심이 필요하다.**

우리 기업도 현재 추진하고 있는 경영전략을 다시 한 번 점검해볼 필요가 있다. 첫째, 경쟁사보다 고객을 우선순위에 두고 있는가? 둘째, 현재 고객이 아니라 미래의 새로운 고객을 상정한 전략인가? 그리고 끝으로, 지금의 전략이 이 두 조건을 충족시킨다면, 일관성을 가지고 자신 있게 추진하라!

<조선일보>

경영학원론 추천도서

마이클 포터의 경쟁전략
(Competitive Strategy: Techniques for Analyzing Industries and Competitors, Michael E. Porter)

마이클 포터는 1980년대 초 경영전략 분야를 발전시키는 데 가장 큰 기여를 한 사람이다. 26세의 나이로 하버드대학 강단에 선 포터는 이전에 없었던 산업구조 분석을 통해서 전략분야가 과학적인 학문으로 자리 잡는 데 기여하였다. 그 외에 『경쟁우위』, 『경쟁론』 등 다수의 책을 저술하였다.

1980년대 이전 미국 기업들은 경쟁기업보다 제품을 싸고 열심히 만들면 충분했다. 그러나 1980년대 들어서면서 일본을 비롯한 개발도상국 기업의 등장으로 경쟁은 치열해졌다. 이때 마이클 포터는 어떻게 하면 과거의 방식에서 탈피하여 수많은 경쟁자를 이겨내고 성장할 수 있을 것인가의 측면에 관심을 가지게 되었다. 그가 제시한 산업에 있어서 경쟁의 성격 및 경쟁전략의 원리는 학계뿐만 아니라 산업계에도 큰 반향을 불러일으켰다. 최근에 그의 접근방법은 기업에만 그치는 것이 아닌 글로벌 전략과 국가 경쟁력 분야로까지 확장되었고, 환경, 도시 빈곤, 의료문제 등 사회적인 이슈로도 확대되고 있다.

포터의 이론은 경제학의 산업조직론에서 시장의 구조-행동-성과라는 SCP 패러다임을 빌려와 경쟁전략의 이론적 기초를 만들었다. 포터가 관심을 갖는 것은 바로 '경쟁'이다. 경쟁을 제대로 이해하는가의 여부는 제대로 된 전략을 구사할 수 있는지를 결정한다. 전략은 혼자가 아닌 상대방이 존재하는 경우에 의미가 있다. 따라서 산업마다 수익률이 차이가 나는 이유는 산업마다 경쟁의 정도가 다르기 때문이고, 기업의 수익은 산업구조와 해당산업에서 경쟁지위의 상호작용에 의해서 차이가 난다고 보았다. 즉, 신규진입기업의 위협, 대체품의 위협, 기존 경쟁자 간의 경쟁, 공급자의 교섭력, 구매자의 교섭력 등 5가지 기본 요인을 제시하였다. 이러한 산업구조를 이해하고, 원가우위 전략, 차별화 전략, 집중화 전략을 통해 경쟁우위를 확보해 나갈 수 있다는 것을 보여주었다.

이해와 실천을 위한

경영학원론

제7장

인적자원관리

01 | 인적자원관리의 의의

02 | 인적자원의 채용 · 배치 · 이동관리

03 | 인재의 교육 · 개발관리

04 | 인사고과와 승진관리

05 | 보상과 복리후생

06 | 노사관계관리

Principles of Management

01 인적자원관리의 의의

1.1 인적자원관리의 개념과 중요성

1. 인적자원관리의 개념

기업의 관리대상인 자본, 기계, 원료와는 달리 인적자원은 인격을 소유한 사람이라는 특성을 지니고 있다. 자신이 하나의 인격체로 존중받는다고 생각하는 종업원은 좀 더 맡은 일에 대해서 적극적이고 능동적으로 행동함으로써 생산성이 높아지는 경우를 많이 볼 수 있다. 또한 자본이나 원료와는 달리 인적자원은 저장과 비축을 통해서 미래를 대비할 수 없는 특징을 가지고 있다. 시간이 흐름에 따라서 인적자원의 생산성은 하락한다. 그렇지만 지속적인 교육과 훈련을 통해서 보다 큰 가치를 창출할 수도 있다. 이렇게 기업의 자원 중에서 노동력을 지닌 사람을 다루는 분야를 **인적자원관리**(Human Resource Management: HRM)라고 한다.

인적자원관리
기업의 자원 중에서 노동력을 지닌 사람을 다루는 분야

유사한 개념으로 인적자원인 사람을 관리하는 인사관리(Personnel Management: PM)는 육체적인 노동력을 생산요소의 측면에서 파악하여 선발, 훈련, 평가, 보상, 유지하는 일련의 경영과정을 모두 포함한다. 이러한 일련의 과정을 <그림 7-1>에서와 같이 인적자원의 조달, 유지, 개발, 활용으로 세분화해서 나눌 수 있다.

그림 7-1 인적자원관리의 본질적 내용

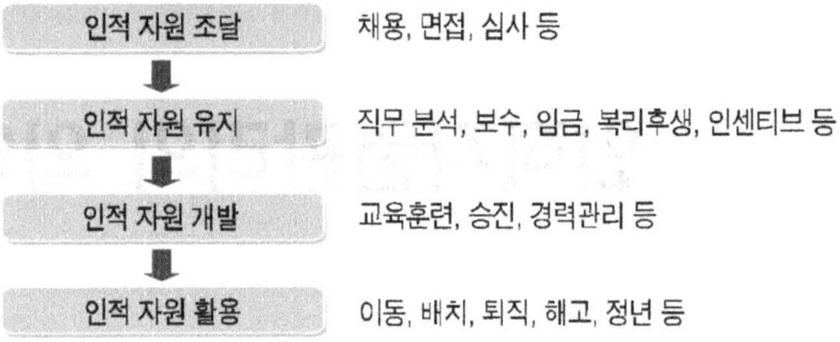

2. 인적자원관리의 목표와 중요성

많은 기업들은 인재경영이란 모토하에 인적자원의 중요성을 강조하고, 자기 개발을 할 수 있도록 교육과 훈련을 시키고 있다. 인적자원관리를 잘하면 고용에 대한 노무비, 채용비, 자기 개발비 등을 줄일 수 있고 적절한 인원을 효율적으로 활용하여 생산성을 높일 수 있다. 또한 적당한 시기에 교육프로그램을 제공하고, 충분한 보상과 자부심을 심어주기 위해서 직원들이 회사의 일에 보다 적극적으로 참여하도록 할 수 있다. 이러한 기업들의 배려는 직원들 개개인이 성취감과 만족을 얻을 수 있게 한다.

그렇다면 인적자원관리가 다른 재무관리나 생산관리, 마케팅에 비해서 왜 중요한지 살펴보기로 하자.

첫째, 기업의 활동은 실질적으로 사람이 관리하는 것이다. 얼마나 효율적으로 일을 처리하는가의 문제는 직원들의 하고자 하는 의지와 능력에 달려 있다고 볼 수 있다.

둘째, 과거의 산업화시대에는 공장이나 기계, 그리고 자본이 중요했지만, 오늘날의 지식정보화시대에는 지식과 정보를 공유하고 이를 재생산하여 가치를 창출하는 데 근본이 되는 사람의 아이디어와 생각이 중시되고 있다.

셋째, 인적자원의 관리에 속하는 인사와 보상 시스템이 불공정하거나 비효율적으로 돌아가게 되면, 이러한 체제에 불만을 품은 사람들이 나오게 되고 기업의 분위기나 기업문화에 좋지 않은 영향을 미치게 된다. 그 결과 자신이 속한 회사에 대한 애정이 줄어들게 되고 다른 기업과의 경쟁에서도 불리한 위치에 처하게 될 것이다.

1.2 인적자원관리의 패러다임 변화

1. 새로운 패러다임으로 이행

기업의 입장에서 관심사항은 가치 있는 인적자본의 능력을 어떤 방법으로 활용하여 높은 직무성과를 달성할 수 있는가이다. 전통적으로 인적자원관리는 종업원의 근로능력 측면을 강조하여, 인간과 직무와의 능력적인 측면에서 적합성을 추구하였다. 그러나 행동과학의 영향을 받은 현대적 인적자원관리 모델에서는 인간이 고도의 지적 능력을 지닌, 욕구충족을 얻으려는 존재라는 점을 인식하기 시작하였다. <표 7-1>에서는 이러한 패러다임의 변화를 고려하여 인적자원관리 모델을 비교하고 있다.

통제와 감독에서 자율과 존중으로

인적자원관리라고 하면 과거에는 종업원에 대한 통제와 감독에 초점을 맞추었으나 이제는 자율적인 관리와 적극적인 지원을 통해 인적 능력을 고양시키려는 추세로 바뀌고 있다. 또한 과거에는 사람을 고용한다는 것은 인건비가 지출된다는 것을 의미하기 때문에 비용을 줄인다는 측면에서 모든 종업원들에게 가능한 많은 일을 시켜 손실을 보지 않으려고 했다. 따라서 교육훈련이나 복리후생에 대한 투자는 최소한도로 제한할 수밖에 없었다. 그러나 오늘날에는 인적자원에 대한 투자는 기업의 핵심역량이며 성장의 발판이 된다고 생각하여 복리후생에 더 많은 지원을 하고 있으며, 많은 기업들은 경력도 개발할 수 있도록 학원수강 등의 자기 개발비용을 일부 부담해주고 있다.

또한 인간을 바라보는 시각도 많이 달라졌다. 과거에는 'X이론'만의 관점에 따라 인간은 일하기 싫어하고, 게으르고 책임감도 없다고 부정적으로 인식하여 통제와 감독을 당연한 것으로 보았다. 그러나 최근에는 Y이론의 관점에 따라 인간에 대한 시각이 긍정적으로 바뀌고 있으며 인간의 성취 욕구를 끌어올리기 위한 사기 진작, 노동환경 개선, 인격적 존중을 통한 인적자원의 가치를 생산성의 증대로 연결시키려고 하고 있다.

연공서열에서 능력 중심으로

과거에는 인사고과, 승진, 보상을 결정하는 방법으로 연공자 우대정책을 실시하였으며, 동일한 직급이라면 동일한 임금을 받는 것을 당연하게 여겼다. 그러나 최근에는 경쟁상황이 치열해지고 기업들은 그 속에서 업적과 성과를 중심으로 하는 인사·승진 제도를 실시하게 되었다. 따라서 능력제, 성과급, 연

표 7-1 인적자원관리의 전통적 모델과 현대적 모델의 비교

구분	전통적 HR 모델(X이론 관점)	현대적 HR 모델(Y이론 관점)
전제	• 일은 많은 사람들에게 내재적으로 불쾌한 것이다. • 근로자에게 일을 통해 돈을 버는 것보다 중요한 것은 없다. • 창조성, 자율성 내지 자기 통제를 필요로 하는 일을 희망하는 근로자는 소수에 불과하다.	• 근로자들은 근본적으로 일하는 것을 불쾌하게 생각한지 않고, 의미 있는 목표에 기여하기를 원하고 있다. • 많은 근로자들은 현재의 작업욕구보다 높은 수준의 창조성, 책임이 따르는 자율, 자기 통제를 발휘하고자 하며, 또한 발휘할 수 있다.
방침	• 관리자의 기본적인 일은 근로자를 엄밀하게 감독하고 통제하는 데 있다. • 관리자는 일을 단순하고 반복적으로 쉽게 학습할 수 있는 작업으로 분할해야 한다. • 관리자는 일의 절차를 상세히 수립하고 그것을 엄밀하게 그러나 공평하게 이행해갈 필요가 있다.	• 관리자의 기본적인 일은 아직 개발되지 않은 인적자원을 활용하는 것이다. • 관리자는 모든 근로자가 능력의 한계까지 발현할 수 있는 환경을 만들어내야 한다. • 관리자는 근로자의 자율성과 자기 통제를 끊임없이 확대하면서 중요한 문제에 적극적으로 참여하도록 고려할 필요가 있다.
기대	• 근로자는 급여에 불만이 없고 공평한 상사라면 일을 기꺼이 받아들인다. • 일이 보다 단순화되고 체계적으로 관리되면 근로자들은 생산성을 높일 것이다.	• 근로자의 영향력, 자율성, 자기 통제를 확대하는 것은 작업능력의 향상을 가져올 것이다. • 일의 만족은 자기 능력을 충분히 활용하면서 더욱 증대될 것이다. • 근로자 스스로가 자기 자원을 충분히 활용하는 과정에서 일의 만족을 얻을 것이다.

자료: 岩出 博, 최병우·이의현 옮김, 『전략적 인적자원관리론의 모습』, 수정, 2006.

봉제를 통해서 동일한 직급이라도 임금의 차이는 달라졌다.

스태프 중심에서 라인 중심으로

작은 규모의 회사는 사장 혼자서 인사에서 생산에 이르기까지 모든 일을 도맡아하는 경우가 대부분이다. 반면에 대규모 기업은 인사담당 전문가를 두는 경우가 많다. 일반적으로 스태프와 라인은 구분이 명료하지 않지만 조직의 규모, 경영방식, 기업문화에 따라서 다른 방식을 적용하는 경우가 있다. 기업의 연구개발, 생산, 판매, 회계, 재무, 인사 등의 기능에서 인사전문가는 사원들을 모집하고, 선발하여 인사고과표에 의거하여 승진의 여부와 임금 협상하는 일을 담당한다. 이와 같이 인사담당을 전문으로 하는 것을 스태프라고 하고, 개별 기업의 생산, 유통, 판매, 구매, 회계 등의 운영과정을 라인이라고 한다. 최근에는 인사담당을 전문적으로 하는 스태프도 중요하지만 각 라인에 위치한 담당 관리자들도 모두 부하 직원들을 책임지고 담당해야 하기 때문에 이들 모두 하나로 통합하여 관리하게 된다.

2. 신인적자원 기법의 등장

전략적 인적자원관리

기업이 전략을 수립하고 난 후에 독립적으로 그 전략을 실행하기 위한 방편으로 인력을 선발·배치하여 그 전략을 지원하게 된다. 즉 전략이 먼저 수립되고 난 이후에 독립적으로 인적자원관리를 하는 것이다. 최근에는 기업의 전략과 인적자원관리를 통합하여 수행하는 경우가 많아졌는데 이를 **전략적 인적자원관리**(Strategic Human Resource Management: SHRM)라고 한다. 예를 들면 프랑스에 현지 지사를 하나 설립하려고 한다면 아예 사람을 뽑을 때부터 불어에 능숙한 사람을 선발하는 방식을 들 수 있다. 또한 새롭게 각광받게 될 것이라고 예상되는 화상 휴대폰 시장을 경쟁기업보다 먼저 선점하기 위해서는 우수한 인력을 찾기 위해서 많은 시간을 들이는 것도 중요하지만 오늘날처럼 빠르게 변화하는 경쟁 환경에서는 경쟁사보다 한시라도 빨리 인력들을 충원하여

전략적 인적자원관리
기업의 전략과 인적자원관리를 통합하여 수행

신제품 생산을 위한 채용과 배치의 시간을 크게 줄이는 것이 필요하다.

윤리적 인적자원관리

기업들은 이윤추구 목적을 달성하기 위해서 어떻게 효율적으로 인적자원을 잘 관리할 것인가의 문제에서 한 발 더 나아가서 최근에는 사회적 공동체의 일부분으로 기업을 인식하여 기업과 사회와의 상호 관계를 점차 중시하게 되었다. 기업이 속한 사회가 발전하고 성장하면서 근로자들이 잘되어야 기업에게도 이득이 되고, 반대로 기업이 잘되어야 근로자뿐만 아니라 사회도 발전한다는 것이다. 즉 근로자들이 스스로 가치와 존엄성, 직장에 대한 만족, 동료들과 좋은 유대관계를 지닌다면 결국 기업은 성공할 수 있게 된다는 것이다.

이와 같이 윤리적인 책임을 수행하려는 윤리적 인적자원관리가 등장하게 되었다. 윤리적 인적자원관리는 법을 준수한다는 의미를 넘어서, 채용이나 승진에서 성별, 학연과 지연에 의한 차별을 두지 않고, 직무만족도를 향상시켜 조직 구성원들 사이에 신뢰와 유대감을 형성할 수 있도록 한다. 더 나아가 적극적으로 신규 일자리를 창출하여 재생산과 국가의 내생적 성장에 이바지해야 할 몫도 있다. 최근에 많이 이슈가 된 IMF 경제위기로 인한 경제침체, 경쟁의 심화로 구조조정 차원의 정리해고 문제, 반도체 관련 신기술의 해외 유출 사태, 외국인 노동자에 대한 노동의 착취, 그리고 직장 내의 성차별 문제, 이 모든 것이 윤리적 인적자원관리와 밀접한 관련이 있다.

전자적 인적자원관리

정보통신기술의 발달과 더불어 컴퓨터의 성능 향상은 인터넷의 등장이란 순풍에 힘입어 인적자원 관련 업무 처리를 위해 정보의 수집과 분석, 저장, 처리를 통합적으로 관리할 수 있게 되었다. 이러한 인사정보시스템은 경영정보시스템(MIS)의 한 분야로서 관련된 정보 처리의 신속성, 시스템의 자동화를 통해 시간과 비용을 절감하고, 근로자의 채용과 교육에 있어서 체계적인 데이터의 정리와 활용이 가능하게 되었다. 특히 인터넷을 활용하여 직원 채용 공고를 내고 접수를 받아 결과를

그림 7-2 e-HRM 도입 이후의 변화

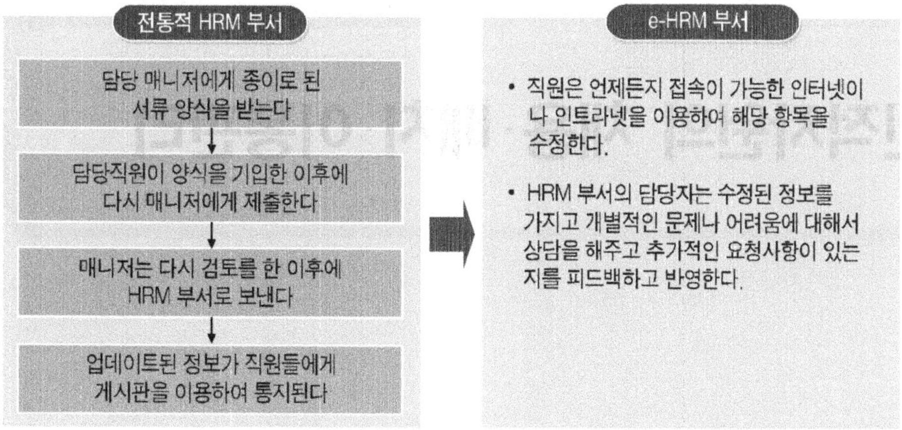

알려주는 것에서부터 인사고과에서 인터넷과 정보통신 기술을 활용하는 것에 이르기까지 통틀어 **전자적 인적자원관리**(Electric Human Resource Management: e-HRM)라고 한다.

전자적 인적자원관리
인터넷을 활용하여 인사고과에서 인터넷과 정보통신 기술을 활용하는 것

02 인적자원의 채용·배치·이동관리

2.1 채용관리

1. 채용관리의 중요성

인력의 채용 혹은 충원
직무가 설계되고 난 후 적절하게 인력을 선발하고 배치하는 과정

인력의 채용 혹은 **충원**(staffing)이란 직무가 설계되고 난 후 적절하게 인력을 선발하고 배치하는 과정을 말한다. 필요한 인력을 모집하고 개별 지원자를 각각 평가하여 적격자를 선별한 후, 필요한 곳에 배치하는 단계까지가 채용관리의 대상이다. 개인 입장에서는 기업들이 사람을 뽑아야 일자리가 생기고 소득을 얻을 수 있다. 물론 기업 입장에서도 새로운 젊은 피를 충원해야만 조직에 활력을 불어넣게 되고 보다 새로운 환경에 적응을 할 수 있기 때문에 누구를 어떻게 채용할 것인가는 중요한 문제이다.

2. 채용과정의 변화

비정규직

최근에는 기업들이 비정규직의 채용을 늘리고 있으며, 필요에 따라 외부에서 아웃소싱하는 경우가 많이 늘어나고 있다. 특히 한시적으로 고용되는 경우를 비정규직이라고 하는데 정규직에 비해서 기업은 낮은 임금을 줄 수 있고,

노조가입도 어려워 기업은 선발과 해고를 손쉽게 할 수 있다는 점에서 유연성을 발휘할 수 있다. 비정규직은 정규직을 보완하는 역할도 담당한다. 전문분야에는 정규직을 훈련·배치시키고, 하급 노동의 일은 비정규직에 맡겨 기업은 핵심인력만 지속적으로 고용하고 유지할 수 있다. 비정규직의 유형에는 근로시간이 적은 파트타임과 인력 파견업체에서 일정기간 인력이 필요한 회사에 파견 근무를 하도록 하는 파견 근로자, 고용기간을 1년씩 혹은 1일씩 계약하는 계약직, 그리고 인터넷의 발달로 최근에 흔히 볼 수 있는 집에서 근무하는 재택근무자와 같이 다양한 유형이 있다. 이러한 비정규직은 인터넷을 이용하여 공고와 채용의 과정을 줄이고, 노동시장의 유연성을 높일 수 있다.

아웃소싱

원래 아웃소싱의 개념은 기업이 가장 잘할 수 있고 꼭 필요한 부분인 핵심역량을 제외한 일부 업무를 외부에서 조달하는 것을 말한다. 회사의 자가용을 없애는 대신에, 만일 업무상 필요한 때는 외부의 렌터카를 활용하거나 운전기사를 외부에서 고용하는 경우를 예로 들 수 있다. 회사의 입장에서 볼 때는 급변하는 환경 속에서 불확실한 수요에 대응하기 위해 인력의 수급에서 유연성을 강화하고, 조직의 규모가 비대해지는 것을 막을 수도 있다. 또한 근로자의 입장에서 볼 때는 좀 더 전문성을 갖추고, 자격증을 많이 보유할수록 자유로이 아웃소싱에 참여할 수 있고 더 높은 보수와 자유를 누릴 수도 있다.

2.2 배치관리

배치(placement)는 선발된 지원자를 특정한 직무에 속하게 하여 조직구성원으로서의 자격을 부여하는 것이다. 아무리 우수한 인재를 선발했다고 할지라도 적당한 자리에 배치하지 못하면 조직성과를 기대할 수 없게 된다. 최적의 배치를 위한 몇 가지 원칙을 살펴보면 다음과 같다.

배치
선발된 지원자를 특정한 직무에 속하게 하여 조직구성원으로서의 자격을 부여하는 것

적재적소주의

조직의 효율성을 높이기 위해서 구성원이 지닌 능력이나 성격에 가장 적합한 직위에 배치하여 능력을 최대한 발휘할 수 있도록 하는 것이다. 이를 위해서 직무수행과 관련한 것뿐만 아니라 자격요건에 대한 정보, 조직 구성원에 대한 능력, 업무활동과 관련한 구성원들의 욕구에 대한 정보가 충분히 확보되어야 한다.

능력주의

개인에게 능력을 발휘할 수 있는 기회와 여건을 마련해주고, 그 성과에 대해서 공정한 평가를 통해 결과에 상응하는 보상을 마련해주는 것이다.

인재육성주의

인적자원을 지속적으로 육성하면서 자기 개발을 충분히 할 수 있도록 유도하는 것이다.

균형주의

조직은 많은 사람들로 구성되어 있기 때문에 개인적인 차원뿐만 아니라 조직의 전체적인 체계까지 고려해야 한다.

2.3 이동관리

이동관리
어떤 직무에 배치된 종업원을 필요한 경우에 전보 또는 다른 직무로 재배치하는 것

이동관리는 어떤 직무에 배치된 종업원을 필요한 경우에 전보 또는 다른 직무로 재배치하는 것을 말한다. 이동은 배치전환, 승진, 강등, 퇴직을 포괄하는 개념이지만 수직적인 이동이라고 할 수 있는 승진보다는 수평적인 이동에 초점을 둔다. 어느 정도 일정한 시간이 지나면 개인적으로 권태감이나 지루함이 생길 수도 있고 회사의 필요에 의해서 종업원들을 다른 곳으로 재배치하여 조

직의 경직성을 방지할 필요성이 생긴다. <그림 7-3>에서는 이동관리의 다양한 경우를 체계화하여 보여주고 있다.

그림 7-3 이동관리의 체계

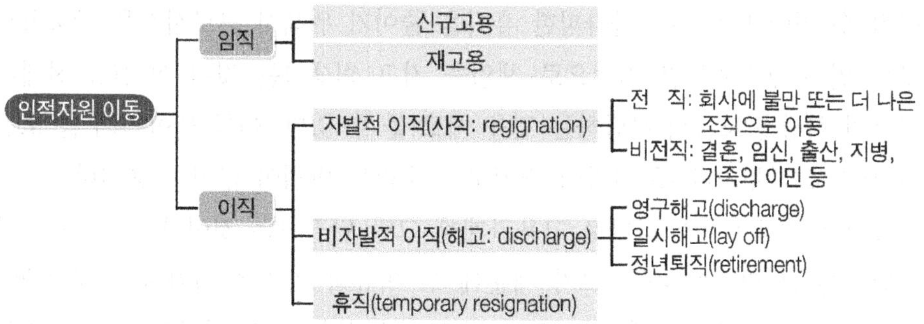

자료: 이재규 외, 『디지털 시대의 인적자원관리』, 문영사, 2001.

2.4 승진관리

승진은 조직 내에서 직위가 수직적으로 상승하는 경우를 말한다. 직위가 상승하면서 보수·권한과 책임이 모두 확대된다. 그 결과 조직에게는 좀 더 효율적인 인적자원을 개발할 수 있는 발판을 마련해주고 개인에게는 자아실현의 한 방편이 된다고 할 수 있다. 승진관리 원칙은 승진 여부를 결정하기 위해서 능력과 성과에 입각해야 한다는 것이다. 승진의 기준은 사람이나 업무를 중심으로 정할 수 있는데 사람을 기준으로 하는 경우는 종업원의 근속년수와 직무와 관련한 자격증의 보유정도를 가지고 정하게 되고, 업무를 기준으로 하는 경우는 조직상의 역할이나 직무의 성질에 따라서 할당된 직무의 내용과 책임에 의거하여 결정한다.

승진
조직 내에서 직위가 수직적으로 상승하는 경우

2.5 휴직·해고·이직·퇴직관리

휴직이란 일시적인 해고라고 할 수 있는데 다시 고용된다는 전제하에 일시적으로 일을 잠시 그만두는 것을 말한다. 불경기나 기업의 성과가 나쁜 경우 어쩔 수 없이 발생하는 불가피한 휴직을 줄이기 위해서 근로시간을 단축함으로써 일부 구성원들만 전적으로 책임을 지고 희생하는 것이 아니라, 전체가 일부의 희생을 조금씩 분담하는 것을 예로 들 수 있다. 예를 들어 직무를 오전과 오후로 나누거나 두 사람이 격일로 근무하는 방법이 많이 사용된다.

해고는 징계조치의 하나로 고용관계를 그만 단절하는 것이다. 해고를 당한 종업원은 그 타격이 매우 크기 때문에 그 이유와 기준을 명확하게 제시해야 한다. 또한 잘못된 결정을 방지하기 위해서 절차과정에서 판단의 신중을 기하여야 하고 재검토 절차를 마련할 필요성이 있다.

이직은 사직, 퇴직, 해고 등의 형태를 포함한 고용관계의 단절을 말하는데, 특히 퇴직은 정년이 되어 직장을 떠나는 것을 말한다. 정년제 규정에 대해서 새로 들어온 사람들에게 기회를 주어야 한다는 점에서 찬성하는 주장과 고령화사회로 이행하는 과정에서 아직 일할 능력과 의사가 있는 사람들에게 연령을 기준으로 강제로 퇴직시키는 것은 비효율적이라고 반대하는 주장이 대립하고 있다.

03 인재의 교육·개발관리

3.1 교육·훈련의 중요성

정보화, 디지털화 같은 기술의 빠른 발전에 발맞추어 경쟁에서 우위를 점하려는 기업은 근로자들의 의식과 태도를 바꿀 필요가 있다. 오늘날과 같은 지식사회에서는 전문지식을 보유한 근로자들이 얼마나 되는지의 비중이 바로 기업의 경쟁력으로 이어진다. 현재는 최신 지식이지만 몇 년만 지나면 거의 쓸모가 없어지는 점을 고려해볼 때 평생교육이란 말처럼 지속적인 학습이 요구된다. 개인이 스스로 자신을 위해서 투자하는 것도 중요하지만 회사에서 체계적이고 집단적으로 교육·훈련시키는 것이 보다 효율적인 경우가 많다. 교육·훈련을 통해서 회사는 유능한 직원을 양성하고 생산성 향상을 통해 보다 큰 가치를 창출할 수 있고, 개인은 급변하는 환경에 도태되지 않고 역량을 쌓아 승진의 기회를 얻을 뿐만 아니라 직무만족도를 높여 자아실현의 욕구도 충족시킬 수 있다.

직원들의 교육·훈련을 위해서는 먼저 회사의 입장에서 무엇이 필요한지를 파악해야 한다. 회사의 입장에서는 목표를 달성하기 위해서 직원들의 컴퓨터 활용 능력과 같은 실무적인 업무 능력이 부족한지 혹은 목표를 달성하고자 하는 정신력이나 열의가 부족한지를 파악해야 한다. 그래야 실무중심의 교육을 할지 아니면 업무태도를 변화시킬지 결정할 수 있다. 직원들의 입장에서는 개인의 신분과 욕구의 수준에 따라 다른 교육을 받기 원하기 때문에 면담이나 설문조사를 통해 그 욕구를 파악해야 한다.

3.2 교육·훈련의 형태

이렇게 중요한 교육·훈련의 형태에 어떠한 것이 있는지를 주체, 방법, 장소로 나누어 살펴보기로 하자.

먼저 주체를 기준으로 보면 자기개발, 멘토, 아웃소싱의 방법이 있다. 자기개발(self development)이란 평생교육의 요구와 더불어 경쟁에서 살아남기 위해서 스스로 업무가 끝난 이후에 학원을 다니는 등의 시간과 비용을 들여 자기에게 투자하는 것이다. **멘토**(mentor)는 회사에서 부서별로 혹은 구체적인 업무별로 선배사원이 후배사원에게 직무와 관련된 것뿐만 아니라 인생의 전반에 걸친 어려움이나 고민을 상담해주는 것이다. 교육·훈련부문에서 아웃소싱이란 외부로부터 강사를 초빙하여 직원들을 교육하는 것을 말한다.

멘토
선배사원이 후배사원에게 직무와 관련된 것뿐만 아니라 인생의 전반에 걸친 어려움이나 고민을 상담해주는 것

교육·훈련의 방법을 기준으로 살펴보면 강의를 통한 방법이 가장 일반적인데 시간과 비용을 절약할 수 있다는 장점이 있기 때문에 신입사원을 위한 오리엔테이션 등에서 많이 사용한다. 참여식은 교육을 받는 사람들이 서로 회의와 토론을 통해서 문제를 파악하고 해결하는 방안을 자생적으로 찾아나가는 방식이다. 특히 실제로 일어난 기업의 경영 사례를 통해서 현실감각을 키우는 것이 대표적이다. 최근에는 컴퓨터 응용 프로그램이 발달하여 관련 시뮬레이션 게임이 많이 등장하고 있는데 실전경험을 익히는 데 매우 유익한 교육방법이다.

교육·훈련은 내용에 따라서 직장 내에서 할 수 있고 밖에서 할 수도 있다. 물론 전문 교육 컨설팅 회사 등에 장단기 코스로 위탁을 맡길 수도 있다.

3.3 경력개발

경력개발(career development)이란 조직 구성원들 각자가 조직 내에서 경력을 개발할 수 있도록 허용하고 그 과정에서 조직의 목표달성에 필요한 능력을 개발하도록 하는 일련의 제도를 총칭한다. 경력개발을 통해서 개인은 능력을 최대한 발휘할 수 있기 때문에 만족감을 얻고, 조직은 개인의 능력을 활용하여 조직의 성과를 높이게 된다. 경력개발은 일반적으로 경력계획(career planning)과 경력관리(career management)를 합친 말이다. 경력계획이란 개별 근로자들이 자신의 경력목표를 달성할 수 있도록 진로를 설계해주는 것이고, 경력관리란 이러한 계획이 제대로 실행될 수 있도록 지원하여줌으로써 조직과 개인이 원하는 경력을 얻도록 하는 것이다. 대부분의 사람들은 직장생활을 하면서 나름대로의 꿈을 가지고 있다. 사장이 되어 회사를 일류로 만드는 것일 수도 있고, 현재 영업부서에 있는 직원은 회계 관련 전문직으로 부서를 옮기는 것일 수도 있다. 이처럼 회사에서 자신이 어떤 역할을 할 것인가를 꿈꾸는 것이 바로 경력목표(career orientation)가 되고, 이 목표를 달성하기 위한 직무 경로를 경력경로(career path)라고 한다.

경력개발
경력계획과 경력관리를 합친 말

과거의 경력경로는 전표를 정리하는 말단의 직책에서 점차 재무제표의 작성, 자금의 수급관리, 경리 팀의 대리, 과장을 거쳐 나중에는 회계이사를 담당하는 수직적 형태를 지닌다. 이러한 경우는 전문성을 향상시킬 수는 있지만 전체적으로 회사를 바라볼 수 있는 안목이 부족하게 된다. 이를 보완하기 위해서 최근에는 네트워크 경력경로를 도입하기도 하였으나 반대로 어떤 한 분야에 대해서 충분한 지식을 습득하지 못한다는 단점이 있다.

경력경로의 양상을 보면 다양한 형태를 보이고 있는데, 어떤 사람은 자신의 원하는 꿈을 이루기 위해서 먼저 대기업에 입사하여 경력을 쌓으려고 하기도

그림 7-4 경력개발의 과정

하고, 반대로 대기업에서 단순 업무와 위계질서에 얽매이느니 차라리 조그만 중소기업에 입사하여 많은 사람들과 접촉을 하며 자신의 장기와 기술을 축적하고자 하는 사람도 있다. 아니면 아예 직접 회사를 차려보고 싶은 욕망을 가지고 어떤 사업을 할지 사전에 알아보기 위해 직접 여러 분야에 종사해보고 견문과 인맥을 넓히고 인맥을 넓히고자 하는 사람도 있다. 또한 전문적인 자격증이나 기능을 이용하여 프로젝트 중심으로 회사와 계약을 하면서 계속해서 경험을 축적하는 경우도 있다.

일반적인 경력개발제도의 프로세스를 보면 <그림 7-5>와 같다.

그림 7-5 경력개발제도의 프로세스

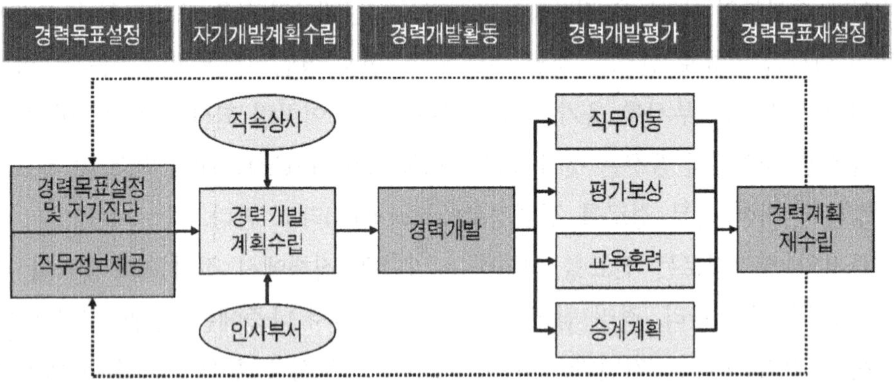

경력목표설정	자기개발계획수립	경력개발활동	경력개발평가	경력목표 재설정
• 현재 직무와 목표 직무의 프로파일 필요 역량 및 수준 등과 같은 직무정보 제공 • 장단기의 구체적 경력 목표 달성	• 현재 개인의 역량과 목표경력 직무의 필요 역량 간 차이 분석 • 역량 개발을 위한 교육프로그램 제공	• 자기개발계획에 맞추어 교육과정 및 OJT에 참가하여 필요역량 개발 및 보완	• 업적평가 및 역량평가를 반영하여 승진, 이동, 보상, 승계 계획 등의 인사관리에 활용	• 역량평가 결과를 기반으로 경력계획을 재수립

04 인사고과와 승진관리

4.1 인사고과의 목적과 실제

인사고과는 회사에서 근로자들을 평가하는 활동이다. 성과에 대한 공정한 기준을 가지고 높은 성과를 달성한 사람에게 성과급이나 보너스를 주고, 반대로 성과가 저조한 사람에게는 임금 삭감이나 직위 강등하여 당근과 채찍을 적절히 제공함으로써 회사 전체의 성과를 높이려는 것이다.

인사고과
회사에서 근로자들을 평가하는 활동

사람들이 지닌 저마다의 타고난 개성과 특기를 고려한 인사고과는 효과적으로 인력을 배치할 수 있도록 도와준다. 학교에서 시험을 치르는 이유는 상이나 벌을 주기 위한 것이 아니고, 학생들에게 필요악으로서 공부를 하게끔 유도하는 것이다. 마찬가지로 인사고과에서 직원들을 평가하는 이유는 자신의 현재 수준을 파악하고, 무엇이 부족한지를 알고 보충할 수 있도록 한다. 인사고과와 관련해서 먼저 전제가 되어야 할 것은 그 제도, 절차와 결과에 대해서 모든 직원들이 납득할 수 있어야 한다는 것이다. 현행의 일방적이고 상급자 중심의 평가방법은 상급자의 주관이 개입될 여지가 크다. 따라서 최근에는 동료, 부하, 고객들이 다양한 측면에서 평가하는 다면평가방식이 많이 활용된다.

4.2 다면평가제도

과거에는 상사가 일방적으로 하급직원을 평가하는 방식이 주를 이루었다. 이러한 경우에는 객관적이고 이성적이기보다는 인정에 얽매여 주관성이 개입될 여지가 매우 높다. 따라서 한 사람이 평가를 하는 것보다 다른 여러 사람들이 다양한 직위와 연령의 측면에서 평가를 하는 것이 보다 객관적일 수 있다.

우리나라 기업도 과거의 피라미드 형태에서 점차 팀장 중심의 수평조직으로 변화하고 있다. 또 과거에는 업적이나 성과를 파악하기가 비교적 쉽고 단순한 직무였지만 오늘날에는 업무도 복잡해지고, 지식과 기술이 많이 변화하여 혼자가 아닌 팀을 구성하여 일을 하는 경우가 많아졌다. 따라서 앞으로는 직속상사뿐만 아니라 동료까지 평가자로 참여시켜 다양한 측면에서의 평가가 가능할 것이다.

이러한 다면평가는 직장의 동료끼리의 평가뿐만 아니라 부하직원이 상사를 평가할 수 있고, 많은 사람들이 다각도의 입장에서 평가를 한다는 점에서 편파적이고 주관적인 편견을 많이 개선할 수 있다는 장점이 있다. 직속상사는

그림 7-6 다면평가

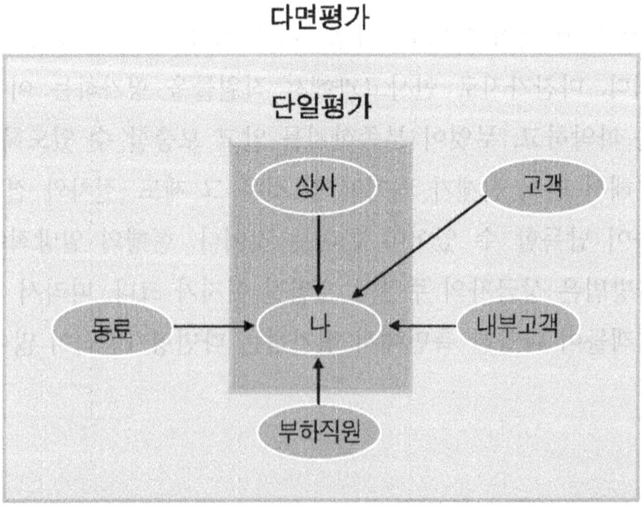

평가를 받는 사람의 현재 능력, 행동방식, 성과에 대해서는 잘 알고 있지만 잠재능력과 적성 및 태도까지는 잘 모른다. 이러한 점은 외부의 전문가라든가 동료직원이 더 잘 알 수 있다. 따라서 다면평가를 실시하면 다양한 관점을 지닌 정보원으로부터 평가에 대한 객관성과 공정성을 증진시킬 수 있다. 조직문화의 측면에서 보면 다면평가를 실시한 이후에 조직문화가 활성화되어 명령 지시의 보수적인 분위기에서 협조하는 분위기로 바뀐 사례를 많이 볼 수 있다. 마지막으로 인사관리 측면에서도 다양한 측면에서 평가를 진행하기 때문에 보다 가치 있는 피드백 정보를 피평가자에게 제공해주고 적재적소에 인재를 배치하는 데 도움이 된다. <그림 7-7>에서는 기존 평가방식과 다면평가의 장점이 잘 비교되어 있다.

그렇지만 기대와 달리 업무능력보다는 출신지역, 학연 등으로 인한 인간관계에 보다 치중하는 문제점, 자신의 업무를 추진할 때 부하직원의 눈치를 살핀다거나, 개인적으로 본 적도 없는 사람을 평가하는 것도 문제점으로 지적된다. 또한 다면평가의 절차나 복잡성으로 인해서 평가를 하는 데 부담을 느낄

그림 7-7 기존 평가방식과 다면평가의 비교

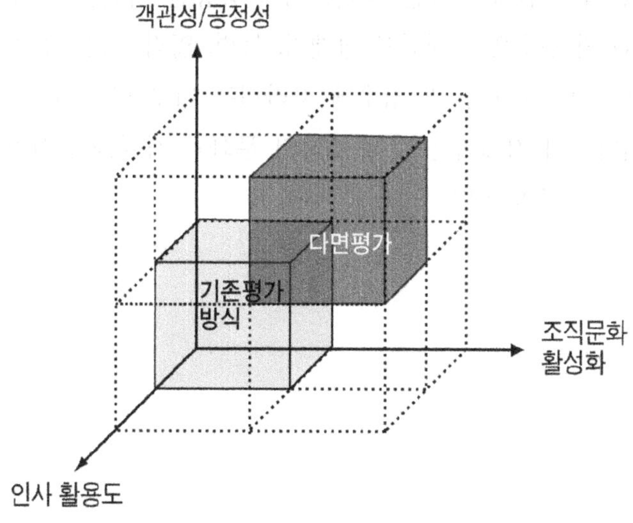

자료: 유정식, 『경영유감』, 거름, 2006.

수 있고, 관대하게 평가할 경우에는 평가방식의 장점을 희석시킬 수 있기 때문에 이를 고려해서 평가방식을 잘 설계할 필요가 있다.

4.3 승진관리

인사고과를 하는 가장 큰 목적은 아마도 직원들의 승진의 평가기준으로 활용하려는 목적이 제일 클 것이다. 승진이란 직원이 어느 한 직무에서 다른 직무로 수평 이동하여 배치되거나, 보다 나은 직무 혹은 더 높은 지위로 이동하는 것이다. 승진이 가져다주는 의미는 다른 사람들에게 인정을 받는다는 징표의 상징성뿐만 아니라 더 많은 권한을 보유하고 관리해야 할 직원 수도 늘어난다는 것을 의미한다. 또한 더 포괄적이고 자신에게 주어진 권한만큼 회사에서 담당하는 직무의 중요성이 높아져 개인적인 자아실현을 달성하는 효과도 있다. 특히 우리나라는 전통적인 유교적 사고방식과 권위주의적 사고방식이 지배적이기 때문에 그 영향으로 임금 못지않게 얼마나 높은 지위에 있는가도 매우 중요한 관심사가 되고 있다.

승진의 기본적인 원칙은 모든 직원들에게 동등한 기회를 부여하여야 하고, 승진할 능력과 자격이 있는 사람을 잠재력, 능력, 업적, 적성 등의 합리적인 기준에 의거하여 선정해야 한다. 경우에 따라서는 너무 빨리 고속 승진을 하거나 반대로 지나치게 적체되는 것이 조직의 문화와 직원들의 사기진작에 부정적인 영향을 미칠 수도 있다.

05

보상과 복리후생

5.1 인센티브와 보상

1. 인센티브 시스템

종업원이 보상을 얼마나 받을 것인가는 기업이 얼마나 돈을 벌었는가와 매우 밀접한 관계가 있다. 종업원들의 임금은 직무에 의해서만 결정되는 것이 아니라 근무년수, 기술 등과 같은 개인적인 특성의 차이 외에도 개인별 집단 또는 조직에 기인한 성과의 차이에 의거하여 달라진다. 기업은 종업원에 대해서 개인의 성과, 이익 또는 기타 여러 가지 성과 기준에 연계하여 고정된 임금 외에 인센티브를 주게 된다.

인센티브는 종업원에게 보다 일을 열심히 하도록 유도하며 때로는 행동을 통제하고 활성화시킨다. 사전에 정해진 계약에 의해서 성과와 관련하여 영업사원에게는 판매 단위당 수수료, 생산부서의 직원에게는 연말에 초과 달성부분만큼 보너스를 지급하게 된다. 이러한 인센티브를 통한 보상은 기본급 이외의 추가되는 부분으로 종업원들이 더욱 열심히 일을 할 수 있는 계기를 마련해준다. 인센티브를 통해 종업원들의 동기 유발과 기업의 성과 향상에 기여할 수 있는 효과적인 시스템을 구축하기 위해서는 다음의 원칙에 유의해야 한다.

- 성과의 측정은 기업의 목표와 연계되어야 한다.
- 종업원은 표준성과를 달성할 수 있다는 확신을 가지고 있어야 한다.
- 기업은 목표 달성을 위해 필요한 자원을 종업원들에게 제공해야 한다.
- 종업원들은 보상에 가치를 부여해야 한다.
- 종업원들은 보상시스템이 공정하다고 생각해야 한다.
- 보상받지 못하는 목표에는 종업원들이 관심이 없다는 것을 염두에 둔다.

2. 개인성과에 대한 보상

기업은 성과급이나 표준 시간급(standard hour plan), 고과급(merit pay), 보너스, 판매 수수료(commission) 등과 같은 인센티브를 통해서 개인의 성과에 대해서 보상해줄 수 있다.

성과급은 종업원의 생산량과 밀접한 관련이 있다. 표준 시간급은 사전에 약속한 표준 시간 이외에 추가적인 일을 수행한 종업원에게 지급하는 인센티브이다. 고과급은 임금 인상률을 성과와 연계한 것으로 개인의 성과에 대해서는 보상해주지만 기본급에는 포함되지 않는다. 보너스는 평가 기간마다 개별적으로 정해지므로 어떤 경우에는 보너스가 일회성이 될 수도 있다. 이러한 보너스도 마찬가지로 주관적인 평가보다는 객관적인 성과지표와 연계될 수 있다. 영업사원은 판매 비율에 따라 보상해주는 인센티브 제도로 판매수수료가 있다.

3. 집단 성과에 대한 보상

집단의 성과에 대한 보상으로는 집단성과의 배분, 보너스, 팀 보상 등이 있다. 집단성과 배분은 생산성이 얼마나 증가했는가를 측정하여 그 증가한 부분의 일정부분을 종업원에게 성과로 분배하는 것이다. 집단성과 배분의 종류로는 스캔론 플랜(Scanlon Plan), 럭커 플랜(Rucker Plan)과 임프로쉐어(Improshare)가 있다. 스캔론 플랜은 생산의 판매 가치에 대해서 인건비가 차지하는 비율이 사전에 정한 표준 이하의 경우 종업원에게 보너스를 주는 제도이다. 따라

그림 7-8 스캘론 플랜의 배분 계산 예시

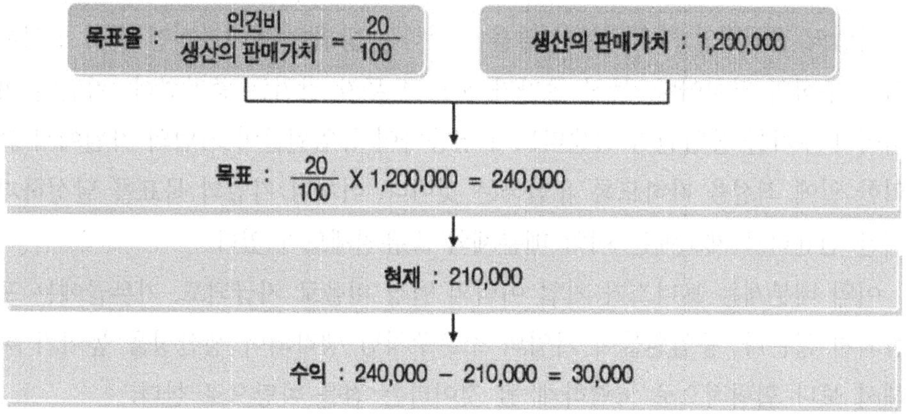

자료: B. Graham-Moore and Timothy L. Ross, *Gainsharing: Plans for Improving Performance*, Bna Books, 1990 Bureau of National Affairs.

서 근로자들은 인건비를 낮추기 위해서 노력하게 된다. <그림 7-8>에서 제시한 사례에서 표준에 부합하기 위한 인건비는 120만 달러의 20%인 24만 달러보다 작아야 한다. 실제 인건비가 21만 달러라면, 근로자들은 목표치인 24만 달러와 실제 비용간의 차이인 3만 달러를 기초로 한 집단성과 배분의 보너스를 받게 된다. 럭커플랜은 앞서 설명한 스캘론 플랜과 비슷하지만 생산비용을 보다 넓게 고려하여 수익의 측정 기준으로 사용되는 비용에 자재의 공급 및 서비스를 포함한다. 임프로세어는 생산을 화폐 단위로 계산하지 않고 물량으로 책정하는 방식을 사용한다. 단위 생산에 따라서 실제의 근로시간과 기준작업시간을 비교하여 작업시간을 줄인 부분만큼을 근로자 측과 사용자 간에 배분하는 것으로 그 방법이 복잡하다는 단점이 있다.

모든 종업원들에 대해서 성과를 보상하는 집단성과 배분제와는 달리 집단성과 보너스는 소규모의 집단에 대해서 실시하는 것이 보통인데 이러한 보너스도 측정가능한 산출물을 특정한 목표를 달성한 집단의 구성원들에게 보상하기 위한 것이다. 팀 포상의 경우도 집단 보너스와 유사하지만 비용의 절감, 특정 프로젝트의 성공적인 완수, 마감기한의 준수 등 넓은 범위의 성과 측정기준을 적용한다.

4 기업의 전체 성과에 대한 보상

기업의 전체적인 차원에서 성과를 측정하는 방법으로 대표적인 것이 영업이익과 주식의 가치이다. 특히 주가가 오르면 투자 가치는 증가한다. 기업의 이익이나 주가를 종업원의 인센티브에 연동하여 종업원들이 기업의 차원에서 유익한 일에 최선을 다하도록 유인하는 것이다. 이처럼 기업의 목표를 달성하기 위한 인센티브 제도에는 이익 배분제와 소유권제도가 있다.

이익 배분제는 보너스가 기업 이익의 일정 비율로 지급되고, 기본급에는 포함되지 않는다. 종업원들이 기업의 소유주처럼 생각되어 생산성을 높이기 위해서 보다 협력적으로 노력하게 될 것이라는 점을 바탕으로 한다.

이익 배분제가 기업이 주인인 것처럼 생각하도록 유도하는 것이라면 소유권 제도는 실제로 종업원을 기업의 소유주로 만드는 것이다. 구체적인 방법으로는 스톡옵션(Stock Option)과 종업원 지주제(Employee Stock Ownership Plan: ESOP) 등이 있다.

스톡옵션
일정 분량의 주식을 특정한 가격으로 구입할 수 있는 권한을 주는 제도

스톡옵션은 일정 분량의 주식을 특정한 가격으로 구입할 수 있는 권한을 주는 제도이다. 종업원들은 시장의 가격보다는 낮은 가격으로 주식을 구입할 수 있는 옵션을 행사하여 회사의 주가가 올랐을 경우에 혜택을 얻게 된다. 예를 들어 2006년 종업원들이 회사의 주식을 주당 1만 원에 구입할 수 있는 선택권을 받았다고 하자. 만일 주가가 3만 원으로 올랐다고 하면 이를 1만 원에 구입할 수 있기 때문에 주당 2만 원의 차익을 얻게 되는 것이다. 반대로 주가가 8,000원으로 하락하게 되면 이 옵션을 행사하지 않으면 된다.

종업원 지주제
기업이 특별한 조건과 방법으로 종업원에게 주식의 일부를 분배하는 제도

종업원 지주제는 기업이 특별한 조건으로 종업원에게 주식의 일부를 분배하는 제도이다. 스톡옵션 제도가 주로 최고경영자들을 대상으로 한다면 종업원을 대상으로 하는 것이 종업원 지주제이다. 기업이 특별한 조건으로 종업원들에게 주식의 일부를 분배하는 제도로 종업원들은 자신의 주식 가치에 대해 정기적인 보고를 받게 되고, 회사를 떠날 때면 회사나 증권시장에 자신의 주식을 팔 수 있다.

5.2 복리후생

인적자원관리는 관리대상인 사람을 효율적으로 활용하여 기업의 생산성을 향상시키고 이윤 극대화를 달성하는 것도 중요하지만, 직장에서 종업원들이 만족과 행복을 누릴 수 있도록 복리후생에 신경 쓰는 것도 중요하다.

복리후생이란 종업원들이 기업에 공헌한 대가로서의 임금지급 이외에 추가적으로 생활보장, 직장 만족과 같은 인간적인 대우를 포함하는 모든 것을 말한다. 산업혁명 시기를 전후로 하여 복리후생제도는 당시 공장 근로자들의 어려운 근무여건을 보조해주기 위한 기본적인 수준에 그쳤었는데 점차 제도화되며 확대 실시되어왔다.

기업에서 실시하는 복리후생제도는 종업원들의 사기진작과 직장생활에 대한 만족을 통해 생산성을 향상시킬 뿐만 아니라 나아가 신입사원 모집에서 우수인재를 끌어 모으는 신호역할도 한다. 또한 조직 내에서 발생하는 임금수준의 격차를 간접적인 보조를 통해 완화시켜주고, 부녀자, 아동, 지체 장애인이 직원의 가족인 경우에 이들에 대한 지원도 포함한다. 앞으로는 노조의 영향력이 점차 감소할지라도 기업에 대해서 만족하는 종업원들이 늘어나게 되면 기업 스스로도 자발적인 복리후생에 더욱 신경 쓰게 될 것이다.

'복리후생'은 여러 형태로 시행되고 있다. 법정복리후생이란 법적으로 강제하는 의료보험, 연금보험, 산업재해보험, 고용보험 등을 말하며 보험료의 일부를 회사가 부담해준다. 반면 기업이 스스로 비용을 부담하여 의료보험에서 보조하지 못하는 특별한 질병이나 건강검진 등을 추가적으로 보조해주는 경우도 있다. 그 외에 통근 승차권이나 자사의 제품을 구입할 수 있는 쿠폰을 준다든가 사내의 교육훈련에 참가할 수 있게 한다든가 학원비의 일부를 지원하기도 한다.

이러한 복리후생에 대해서 경제적인 측면에서 접근하려고 했던 과거와는 달리 이제는 삶의 질과 균형을 중시하는 정신적인 측면을 강조하고 있다. 최근에 근로자는 대부분의 삶을 직장에서 보내는 경우가 많기 때문에 근로생활의 여건을 향상시키지 않고는 삶의 질도 높일 수 없다는 데 공감대가 이루어지고 있다. 한국에서는 1995년 7월부터 고용보험을 실시하여 연금보험, 의료보험, 산재보험과 함께 4대 사회보험 체제를 갖추게 되었다.

직장의료보험은 상시 근로자가 5인 이상인 사업장에 종사하는 근로자 및 피부양자에 대해서 적용한다. 보험료와 국민연금의 부담비율은 기업과 종업원이 반씩 부담한다. 산업재해보상보험은 우리나라의 사회보장제도의 출발점으로서 산업재해보상보험법에 근거를 두고 있으며 기업이 전액 보험료를 부담해야 하고, 모든 기업은 반드시 가입해야 한다. 1995년부터 시행된 고용보험은 고용안정, 직업 능력 개발, 실업수당 지급 등을 목적으로 시행하고 있다. 퇴직금은 고용관계가 종료되었을 때 기업이 종업원에게 지급하는 것으로 한국과 일본에서만 찾아볼 수 있는 제도이다. 통상적으로 퇴직금은 (평균 임금 1일분×30×계속 근로년수)로 산정한다. 유급 휴가제도에는 월차 유급휴가, 연차 유급휴가, 산전후 휴가가 있다.

그림 7-9 보상과 복리후생

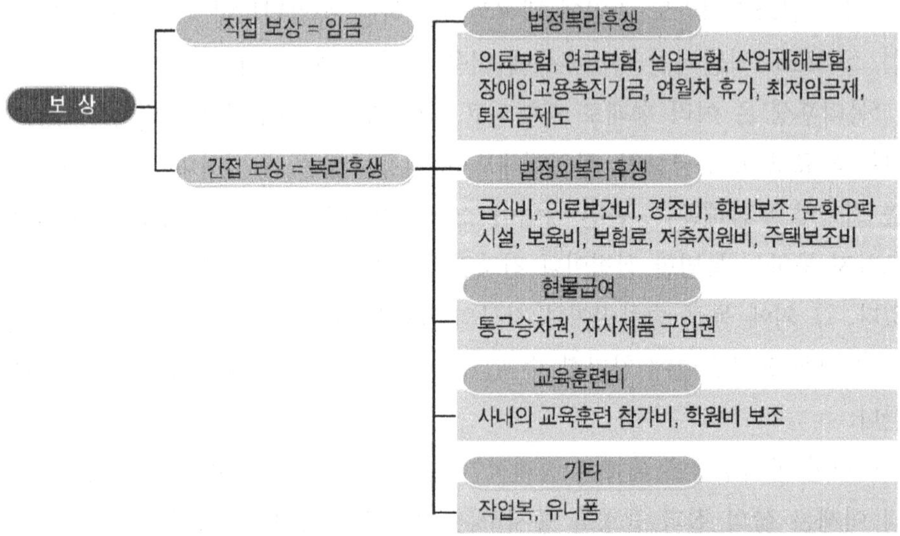

출처 : 임창희, 『신인적관리』, 명경사, 2003.

06 노사관계관리

6.1 노사관계의 특징

노사관계는 근로자 단체와 경영진 간의 집단적인 관계를 말한다. 노사관계는 생산과정에서 보면 노사가 서로 협조하지만, 생산을 통해 얻어진 성과를 배분하는 과정에서는 대립·갈등하는 경우가 많다. 또한 생산을 하는 경우에 근로자는 사용자의 명령과 지시에 따르는 수직적 관계이나 집단적인 근로조건을 결정하기 위해서 협상하는 경우에는 사용자 측과 대등한 수평적 관계에서 서로 협상을 하게 된다. 이것은 근로자 개개인과 사용자 간의 문제지만 다른 측면에서 보면 노동조합이라는 집단과 경영진이라는 집단 간의 관계로도 볼 수 있기 때문이다. 이러한 특성을 노사관계의 이중성이라고 한다.

6.2 노사관계에 영향을 미치는 요인

노사관계에 영향을 미치는 요인은 기업의 내부적인 요인과 외부적인 요인으로 나누어 생각해볼 수 있다.

내부적인 요인으로는 최고경영자의 경영이념이나 조직의 문화, 분위기와 전통을 예로 들 수 있다. 회사의 규모가 클수록 그리고 보다 폐쇄적일수록 근로자들은 협상할 때 단체로 행동하게 되어 어느 정도 교섭력을 확보할 수 있다. 또한 사업의 분야가 제조업인지 금융업인지 혹은 벤처기업의 첨단산업의 어디에 속하는지, 조직 내에서 근로자들의 학력수준이나 가치관 등에 따라 노사관계에는 다르게 영향을 미친다. 외부적인 요인으로는 법과 제도가 직접적인 영향을 주고, 복지문제에 대한 관심과 공감대도 많은 영향을 미친다. 경제적으로는 호황기와 불황기의 경기변동이 영향을 많이 미치게 되는데 불경기 때는 근로자들도 회사의 입장을 보다 많이 감안하고 같이 상생의 길로 나아가기 위해 노력하는 모습을 볼 수 있다.

6.3 노사관계의 개선 방안

노사관계에서 근로자와 경영진의 갈등을 최소화하기 위해서는 근로자와 사용자는 상호간에 인격적인 대우와 협력을 하는 것이 중요하다. 이를 위해서 근로자나 노동조합을 사용자의 경영에 참여하도록 하여 노사 간의 경직성을 완화하고 상호 이해와 협조를 얻어냄으로써 조직의 전체적인 측면에서 긍정적인 결과를 가져올 수 있다. 이러한 경영참여 방안으로는 경영자가 의사결정을 하는 과정에서 근로자나 노동조합을 참여시켜 공동으로 의사결정을 할 수 있고, 중요한 사항에 대해서는 상호 합의하여 추진할 수도 있다. 그 외에 근로자들에게 자사 주식의 일부를 분배하거나 추가적인 경영성과인 이윤의 일부를 보너스의 형태로 지급하는 방안이 있다.

노동조합은 노사가 합의를 한 이후에 사용자가 약속을 이행하지 않거나 또는 작업장에서 생기는 불만사항에 대해서 노동조합이 대신하여 사용자 측과 협상하여 해결해주는 역할을 하기도 한다. 이러한 것을 고충처리제도라고 한다. 그렇지만 근로자와 사용자는 상호간 공동운명체라는 것을 인식하고 상대방의 입장에서 서로를 이해하고 존중하려는 노력이 무엇보다 중요하다고 하겠다.

신참 리더를 망치는 5가지 덫

새해를 맞아 많은 기업이 대대적인 조직 개편을 단행하고 있다. 글로벌 금융위기 상황에서 중책을 맡게 된 새로운 리더들은 위기를 헤쳐 나가고 자신의 능력을 증명하기 위해 종종 단기간에 눈에 띄는 결과를 얻어내려고 애쓴다. 하지만 단기성과에 대한 지나친 집착이 오히려 장애물로 작용하는 사례도 많다. 신임 리더들이 이 같은 단기성과의 함정을 비켜가려면 어떻게 해야 할까. 세계적인 경영전문지 <하버드비즈니스리뷰(HBR)>는 신년호에서 신임 리더가 자신을 파멸로 내모는 5가지 덫을 피하고, 새로운 역할과 기회에 효과적으로 대응할 수 있는 방법을 소개했다.

집합적 단기성과 진단표

1. 가치

- 이번 성공이 수익 증가나 비용 절감 등과 뚜렷한 연관이 있는가?
- 원하는 성공을 거두면 나보다 두 직급 높은 리더의 관심을 얻을 수 있는가?

2. 비용 및 실행 가능성

- 팀원의 일상 업무에 지장을 주지 않으면서 원하는 결과를 얻을 수 있는가?
- 새로운 자원을 확보하지 않아도 목표를 추구할 수 있는가?

3. 팀 전체에 미치는 영향

- 팀의 핵심 구성원이 팀 성공에 공헌할 수 있는가?
- 팀의 핵심 구성원이 자신의 공헌에 대해 자부심을 갖고 언급할 수 있는가?

4. 학습 기회

- 이 노력이 팀원 개개인의 강점, 약점, 동기 등을 파악하는 데 도움을 주는가?
- 이 노력을 통해 업무에서 발생하는 팀원 간 역학관계를 파악할 수 있는가?

5. 참여 기회

- 직속 부하의 정보, 안내, 도움이 필요한가?
- 직속 상관 및 동료들의 정보, 안내, 도움이 필요한가?

각 질문에 '예'라고 답하면 1점씩을 얻는다. 9~10점이면 집합적 단기성과를 거둘 가능성이 높다. 7~8점은 가능성이 있지만 위험도 크므로 9점 이상을 얻을 수 있는 방안을 모색해야 한다. 6점 이하는 성공 가능성이 희박하므로 새로운 사업 기회를 찾는 편이 낫다.

미국 대기업의 리더십 육성 담당 임원으로 구성된 미국 기업운영이사회(CEB) 연구팀은 새로운 역할을 맡은 5400명의 리더와 이들의 관리자를 조사했다. 연구 결과 부임 첫 달에 고전을 면치 못하는 신임 리더들에게는 5가지 문제점이 빈번하게 나타났다. △세부 내용에 지나치게 집착하고 △비판에 부정적으로 반응하며 △조직 구성원을 위협하고 △성급하게 결론에 도달하고 △직속 부하의 업무를 지나치게 간섭한다는 것이다.

	일선 관리자	중간급 관리자	고위급 관리자
세부적인 내용에 지나치게 집착	19%	17%	15%
비판에 대한 부정적 반응	11%	10%	13%
상대방을 위협	9%	12%	12%
성급하게 결론에 도달	11%	10%	10%
직속 부하직원에 대한 지나친 간섭	10%	9%	11%

옆의 표는 새로운 역할을 맡은 리더 가운데 실패와 관련성이 높

은 5가지 행동을 보이는 리더의 비율을 파악한 결과다.

연구팀은 고전을 면치 못하는 신임 리더 중 상당수는 5가지 덫 가운데 한 가지 이상에 동시에 빠져 있다고 분석했다. 또 새로 부임한 리더의 저조한 성과는 리더 자신뿐 아니라 주변 사람의 성과에도 악영향을 미치므로 반드시 이를 개선해야 한다고 지적했다. 성과가 저조한 리더 밑에서 일하는 부하 직원은 그렇지 않은 동료에 비해 성과가 15%나 낮았다.

○ 특정 업무 매달리다 전체 역할 놓칠 우려

연구팀은 신임 리더들이 가장 흔히 빠지는 덫으로 세부 내용에 대한 지나친 집착을 꼽았다. 새 리더들은 단기성과를 거두기 위해 노력하는 과정에서 종종 새로운 임무 중 특정 부분만을 완벽하게 해내려고 애쓴다. 하지만 특정 업무에 매달리다 보면 관리자로서 자신이 해야 할 전체적인 역할에 관심을 쏟지 못하는 사례가 많다.

또 신임 리더는 자신에게 엄청난 권한이 주어졌다고 착각하거나, 모든 사람이 자신이 도입하고자 하는 변화를 환영하지는 않을 것이라는 의심에 빠지기도 한다. 이로 인해 상대방의 비판을 공격적인 행동으로 여기거나 비판에 대해 보복을 가할 방법을 찾으려 한다. 자신이 처음 추진한 업무에 대해 반대 의견을 내놓는 사람들을 특히 경계한다.

직속 부하들을 대할 때 지나치게 거만하고 위엄 있는 말투를 사용하는 리더, 지나친 자신감과 야심을 보이는 리더들 또한 팀원이나 조직 구성원에게 위협만 주는 존재로 전락할 수 있다.

빠른 시간 안에 성과를 얻으려다 보니 사업 목표에 대한 차분한 준비와 검토 없이 성급하게 실행에 뛰어드는 리더도 많다. 이런 리더 밑에서 일하는 사람들은 상사가 자신의 참여와 도움을 원하는 것이 아니라 단순한 복종만을 원한다고 생각하기 때문에 업무에 의욕을 보이지 않는다.

부하 직원에게 위임해야 할 일까지 자신이 직접 하거나, 사소한 일 하나하나를 모두 간섭하는 리더 또한 자주 단기성과의 역설에 빠진다.

○ 팀 전체를 돋보이게 하는 성과 추구 바람직

연구팀은 리더 경험이 많다고 해서 반드시 단기성과의 역설을 피할 수 있는 것은 아니라고 평가했다. 직급이 높은 리더라도 새로운 역할을 맡게 되면 단기성과의 덫에 걸리는 사례가 적지 않다는 것이다.

실제로 사례 조사 결과 '상대방을 위협하는' 문제점에 빠진 중간 및 고위관리자 비율은 각각 12%로 일선 관리자의 9%보다 높았다. 비판에 대한 부정적 반응, 직속 부하에 대한 지나친 간섭 문제도 일선 관리자보다 고위 관리자에게서 자주 나타났다.

연구팀은 신임 리더가 단기성과의 역설을 피하려면 소위 집합적 단기성과라 불리는 '팀 전체를 돋보이게 하는 성과'를 얻어내야 한다고 조언했다.

집합적 단기성과는 새로 부임한 리더가 이끄는 팀 구성원의 상당한 공헌이 있어야만 가능하다.

○ 기업들 새 역할에 필요한 신임 리더의 역량 계발 도와야

연구팀은 신임 리더들이 집합적 단기성과를 빨리 올리려면 평판이 좋은 팀원을 골라내 이들로부터 적극 도움을 받으라고 조언했다. 평판이 좋은 팀원은 새 조직을 잘 모르는 신임 리더보다 팀 내에서 더 많은 신뢰를 얻는다. 이 때문에 이들의 도움을 받으면 다른 팀원들의 회의적 태도를 쉽게 누그러뜨릴 수 있다.

평판 좋은 팀원과 집합적 단기성과를 얻을 수 있는 가능성에 대해 자유롭게 토론한 뒤 진단표(오른쪽 표)를 이용해 각각의 가능성을 점수로 매겨보자. 10가지 질문으로 이뤄진 이 진단표는 신임 리더에게 자신이 집합적 단기성과를 획득할 수 있을지를 알려준다.

CEB 연구팀은 리더가 집합적 단기성과를 빨리 달성하려면 △팀원들이 자신을 신뢰할 수 있는 분위기를 만들고 △부하 직원 또한 불안감과 불확실성을 지니고 있음을 이해하며 △팀원에 대해 더 많은 정보를 수집하고 △항상 겸손해야 한다고 조언했다. 단기성과에 관한 5가지 덫을 잘 피해가는 리더들은 그렇지 않은 리더들에 비해 20~30% 우수한 실적을 올렸다고도 덧붙였다.

기업의 리더 지원 프로그램 또한 대대적으로 변화해야 한다고 조언했다. 신임 리더가 집합적 단기성과를 얻기 위해 노력하는 일련의 행동들은 변화관리와 매우 유사하다. 하지만 대부분의 리더십 개발 프로그램은 변화관리 역량의 중요성을 과소평가한다. 새로운 리더를 발탁한 기업들이 해당 리더의 업무 지식과 전문성만 향상시키려고 하지 말고, 새 역할을 수행하는 과정에서 필요한 변화 역량 또한 계발하도록 도와줘야 한다는 것이다. <동아일보>

경영학원론 추천도서

사람이 경쟁력이다

(Competitive Advantage Through People: Unleashing the power of the work force, Jeffrey Pfeffer)

인사 및 조직 분야의 대가인 제프리 페퍼는 1979년부터 지금까지 스탠퍼드대학의 경영대학원에 재직하면서 인적자원의 중요성을 설파하고 있다. 페퍼 교수는 기업이 지속적인 경쟁우위를 달성하기 위한 방법으로 마이클 포터가 지적한 산업과 시장, 기술, 규모의 경제 그리고 업종의 선택도 중요하지만, 궁극적인 요인은 사람 즉, 인적자원의 경쟁력이 중요하다고 강조하고 있다. 1972년부터 1992년까지 20년 동안 높은 수익률을 기록한 사우스웨스트항공, 월마트, 노드스트롬 등의 기업들은 그 기업이 속한 산업이 별로 매력적이지 않았을 뿐만 아니라, 특별한 신기술이 개발된 것도 없는 시장이었다. 페퍼는 사례로 제시한 기업들이 어떻게 성공했는가를 심층적으로 연구한 결과 공통점은 인적자원의 관리방법이라는 것을 알았다. 즉 인적자원을 통해 경쟁우위를 확보하고, 전략을 수립한 후 이를 달성하기 위해서 필요한 인적자원의 관리와 정책을 적절하게 실행에 옮기면서 높은 성과를 달성했다는 것을 알았다. 결국 사람을 어떻게 잘 관리하는가가 무엇보다 중요하다는 것이다.

실제로 인적자원의 중요성은 과거의 어느 때보다 더욱 중요해지고 있다. 그러나 대부분의 기업들이 제대로 이를 인식하고 있지 못하거나 설사 인식한다고 해도 실천을 제대로 못하고 있는 실정이다. 이러한 시점에서 인적자원의 중요성을 부각시켰다는 점에서 이 책의 의의를 높이 평가할 수 있다.

이해와 실천을 위한 경영학원론

제8장
마케팅

01 | 마케팅의 의의
02 | 마케팅관리
03 | 마케팅 믹스
04 | 마케팅의 새로운 변화

Principles of Management

01 마케팅의 의의

1.1 마케팅의 정의

마케팅에 관한 개념 정립은 기업의 발전과 시대의 변천에 따라 변해왔다. 물론 어느 시기에도 마케팅을 보는 관점에 있어서는 사람마다 다소의 차이가 있었지만 시대를 달리 할 때마다 관점의 차이가 더욱 두드러짐을 볼 수 있다. 그 이유는 마케팅이 그만큼 역동적으로 발전하고 있는 학문이며 오늘날의 사회에서 중요한 역할을 담당하고 있기 때문이다. 마케팅의 성격에 대해서는 미국에서 20세기 초반부터 경제학의 한 분야로 논의가 진행되다가 1930년대에 이르러 독립된 학문으로 인정받기에 이르렀다. 이때는 마케팅을 주로 유통기능의 관점에서 다루고 있었다.

미국 마케팅학회(AMA)의 정의위원회는 1960년에 마케팅에 대한 정의를 '제품과 서비스를 생산자로부터 소비자 또는 사용자에게 흐르도록 하는 기업 활동의 수행'이라고 하였다. 미국 마케팅학회의 이러한 정의는 생산 이전의 활동을 고려하지 않고 있으며, 유통만을 강조하고 있고, 마케팅의 주체를 기업에만 국한하고 있다는 문제점을 안고 있었다. 코틀러(Philip Kotler)는 **마케팅**은 "교환과정을 통하여 욕구와 필요를 충족시키려는 인간 활동"이라고 정의하고 있다. 코틀러의 정의는 쌍방의 만족을 극대화하려는 생산자와 구매자 사이의 교

마케팅
교환과정을 통해 욕구와 필요를 충족시키려는 인간 활동(코틀러)

환을 강조하고 있고, 교환의 개념을 도입하여 광범위한 인간 활동을 포괄하였으며, 마케팅의 주체도 기업에 국한시키지 않는다는 점이 특징이다.

마케팅
개인과 조직의 목표를 충족시킬 수 있는 교환을 창조하기 위하여 제품, 아이디어 및 서비스에 대한 개념정립, 가격결정, 촉진 및 유통에 대한 계획을 수립하고 이를 수행하는 과정
고객과 조직의 목표를 충족시키기 위한 교환이 일어날 수 있도록 하기 위해 상품, 서비스 및 아이디어의 설계, 가격결정, 촉진 그리고 유통을 계획하고 실행하는 과정. 최근 들어서는 "고객만족을 통한 이윤의 추구"로 마케팅 개념을 확장

1985년에 미국 마케팅학회 정의위원회는 1960년의 정의를 보완하여 새로운 정의를 내렸다. 즉 **마케팅**을 "개인과 조직의 목표를 충족시킬 수 있는 교환을 창조하기 위하여 제품, 아이디어 및 서비스에 대한 개념정립, 가격결정, 촉진 및 유통에 대한 계획을 수립하고 이를 수행하는 과정이다"라고 정의하였다. 1985년의 정의는 교환의 개념을 도입하였고, 마케팅의 주체와 대상을 모두 확대하였다. 또한 모든 마케팅 의사결정 분야를 명확하게 포괄하고 관리론적 입장을 취하고 있다.

결국 마케팅은 고객과 조직의 목표를 충족시키기 위한 교환이 일어날 수 있도록 하기 위해 상품, 서비스 및 아이디어의 설계, 가격결정, 촉진 그리고 유통을 계획하고 실행하는 과정이다. 최근 들어서는 "고객만족을 통한 이윤의 추구"로 마케팅 개념을 확장시켰다.

<마케팅 정의>

미국 마케팅학회

마케팅이란 개인과 조직의 목표를 충족시킬 수 있는 교환을 창조하기 위하여 제품, 아이디어 및 서비스에 대한 개념정립, 가격결정, 촉진 및 유통에 대한 계획을 수립하고 이를 수행하는 과정이다.

그림 8-1 마케팅의 영역

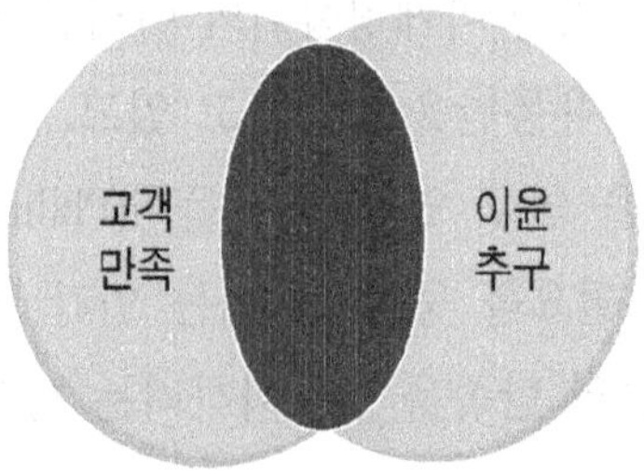

한국 마케팅학회

마케팅은 조직이나 개인이 자신의 목적을 달성시키는 교환을 창출하고 유지할 수 있도록 시장을 정의하고 관리하는 과정이다.

1.2 마케팅관리 철학의 발전

1. 기업 중심적 마케팅 철학

생산개념(The Production Concept)

소비자들이 쉽게 그리고 싸게 구매할 수 있는 상품을 선호한다고 가정하고 대량생산과 대량유통을 통해 낮은 제품원가를 실현하는 것이 목표가 된다.

소비자 욕구의 다양화와 고도화로 인해 비효과적인 개념이 되었다.

제품개념(The Product Concept)

소비자들은 제품의 품질, 성능 및 독특한 특징 등을 선호한다는 가정으로 기술적으로 우수한 혁신적 제품을 만들고 이를 지속적으로 개선하는 데 주력한다. 제품의 개선이 R&D 관점에서 이루어져 시장에서 외면당할 수 있다.

시장을 협의로 보게 되는 함정에 빠질 수 있다.

판매개념(The Selling Concept)

고객들이 자발적으로 제품이나 서비스를 충분히 구입하지 않을 것이라는 가정하에 상당히 공격적인 영업 및 촉진활동을 펼친다. 공급이 수요를 초과하는 상황(구매자 시장으로의 변화)에서 발생한다.

판매원의 증대와 노력 및 판매 촉진에 의해 판매 증대를 추구하는 사고로 단기적인 시장성과는 좋을 수 있으나 장기적인 관점에선 성공을 보장 못한다.

이는 판매원의 노력이 고객만족에 있지 않고 판매 증대에 맞추어져 있기 때문이다.

2. 고객 중심적 마케팅 철학

마케팅 개념(The Marketing Concept)

고객의 입장에서 기업 경영활동을 전개하는 고객 중심적 마케팅관리 철학, 기업 목표가 표적시장에 속한 고객들의 필요와 욕구를 찾아내어 그것을 경쟁자들보다 더 효과적이고 효율적으로 충족시키고자 노력한다.

마케팅 개념과 판매 개념의 차이

판매 개념
기존 제품의 판매와 촉진활동의 강화를 통해 매출을 증가시켜 이윤을 극대화

마케팅 개념
고객들의 욕구를 통합된 마케팅 활동을 통해 만족시킴으로써 이윤을 창조하려는 생각

판매 개념이 기존 제품의 판매와 촉진활동의 강화를 통해 매출을 증가시켜 이윤을 극대화하려는 생각인 데 반해서, **마케팅 개념**은 시장의 고객들이 가진 욕구를 통합된 마케팅활동을 통해 만족시킴으로써 이윤을 창조하려는 생각이라는 점이 다르다(<그림 8-2> 참조).

3. 사회적 마케팅 개념(societal marketing)

사회적 마케팅 개념
기업이익과 사회 전체의 이익을 동시에 고려하는 마케팅 개념

기업이익과 사회 전체의 이익을 동시에 고려하는 마케팅 개념이다. 소비자 만족과 기업 이익은 물론 사회 복지의 실현을 목적으로 하는 개념으로 기업의 마케팅활동과 환경문제, 자원부족, 빈부격차, 실업 등 동시에 고려하는 개념이다.

그림 8-2 판매 개념과 마케팅 개념의 차이

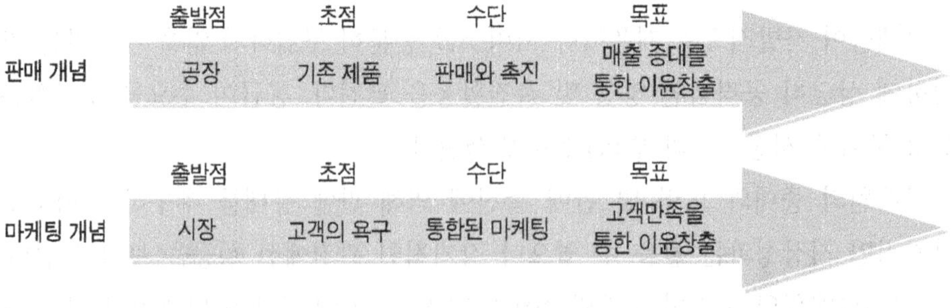

자료: Philip Kotler and Gary Armstrong, *Principles of Marketing*, 6th ed. NJ: Prentice-Hall, 1994.

02 마케팅관리

2.1 마케팅관리의 의의

마케팅관리(marketing management)란 고객의 욕구충족과 기업의 목적을 달성하기 위해 관련 자료를 수집·분석하여 마케팅 전략을 수립하고 실행하며 그 성과를 평가하고 통제하는 행위이다. 마케팅관리는 조직의 목표를 수립하고 이를 달성하기 위한 마케팅활동 계획을 수립하고 수행하며 통제하는 관리활동이다. 이러한 마케팅관리는 환경의 제약하에 제품, 가격, 촉진, 유통의 4가지 변수(4P)를 믹스함으로써 고객만족을 이루어가는 과정을 의미한다.

마케팅관리
고객의 욕구충족과 기업의 목적을 달성하기 위해 관련 자료를 수집·분석하여 마케팅 전략을 수립하고 실행하며 그 성과를 평가하고 통제하는 행위

마케팅관리의 과정

❶ **마케팅 목표의 설정**
❷ **시장상황 분석**: 시장의 거시 환경, 경쟁, 자사의 상황, 소비자 분석
❸ **세분시장 마케팅전략 수립**: 세분시장 파악(지리적, 인구 통계적, 행동측면, 소득별) 및 목표(시장점유율 등) 설정: Segmentation → Targeting → Positioning
❹ **마케팅 믹스전략의 수립**: 목표달성을 위한 4P전략 및 기타 마케팅 활동
❺ **마케팅 활동의 조정과 성과 분석**: 성과 분석 및 유지, 전략 수정

그림 8-3 기업의 마케팅관리 과정

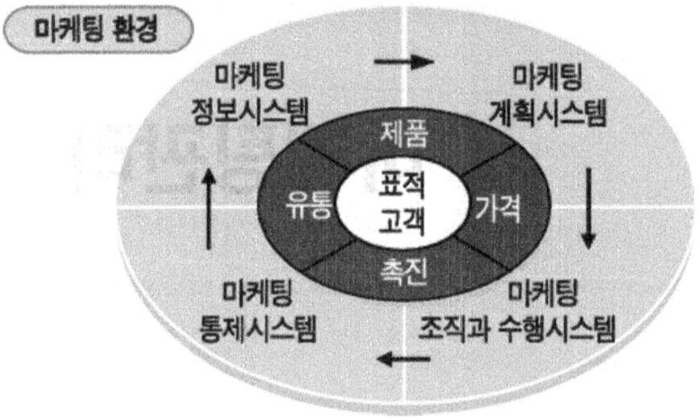

2.2 STP 전략

마케팅 전략의 수립
기본적으로 흔히 STP 과정이라고 불리는 시장세분화, 목표시장의 선택, 포지셔닝의 단계

마케팅 전략의 수립은 기본적으로 흔히 STP 과정이라고 불리는 시장세분화, 목표시장의 선택, 포지셔닝의 단계를 거친다.

STP 마케팅 전략은 전체시장 중 일부를 선정하여 사업부의 역량을 집중시키는 전략으로 전체시장 세분화(segmentation) → 표적시장으로 선정(targeting) → 표적시장 내의 고객들에게 제품의 차별성을 알리는 포지셔닝(positioning) 전략의 수립단계를 거친다.

1. 시장 세분화(market segmentation)

시장 세분화
전체 시장을 일정한 기준에 의해 동질적인 몇 개의 소비자집단인 세분시장으로 구분

시장 세분화(market segmentation)는 전체 시장을 일정한 기준에 의해 동질적

그림 8-4 STP 마케팅의 전개과정

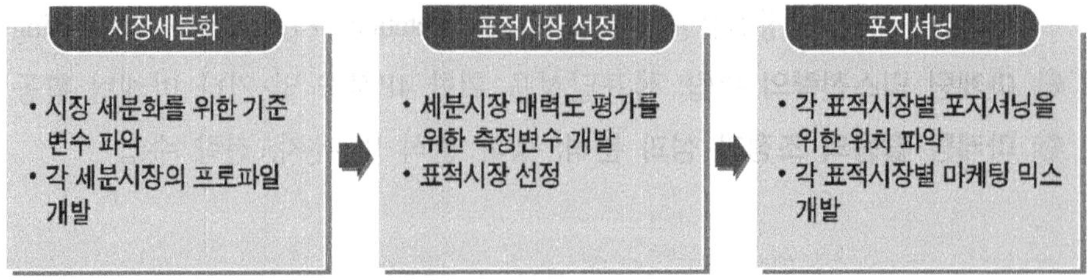

인 몇 개의 소비자집단인 세분시장(homogeneous segmentation)으로 구분하는 과정으로 다양한 소비자의 욕구를 파악해 이들의 욕구를 충족하고 소비자의 새로운 욕구, 새로운 시장기회 발견, 그리고 자사상표들 간의 불필요한 경쟁을 방지한다. 시장 세분화의 결과는 세분시장 상호간에는 이질성이 극대화되어야 하고 세분시장 내에서는 동질성이 극대화되어야 바람직하다.

시장세분화 기준에 대한 선정방법은 다음과 같다.

- **소비자 특성에 의한 시장 세분화**
  - **지리적 특성**: 현재 소비자가 거주하는 지역의 특성을 세분화의 기준으로 사용하는 방법
  - **인구통계적 변수**: 소비자의 연령, 성별, 직업과 같이 소비자 개인 또는 소비자가 속한 가구의 특성을 세분화의 기준으로 활용하는 방법. 시장 구분이 용이하므로 널리 활용되는 세분화 기준

- **제품의 사용형태와 관련된 시장 세분화**
  - 제품의 사용량에 따른 시장 세분화
  - 상표에 의한 시장 세분화

2. 표적시장의 선정

마케터는 세분시장을 평가하고 그중에서 회사가 공략해야 할 세분시장을 선택한다. 이렇게 정한 세분시장에 대해 수익성, 경쟁강도, 시장반응 등을 고려하여 표적시장을 선정하게 된다. 표적시장은 자사에게 가장 유리한 시장기회를 제공해줄 수 있는 목표시장으로 시장의 매력도, 자사와의 적합성, 수익성, 경쟁강도 등의 조건을 갖추어야 한다. 표적세분시장 선정 시의 주요 고려 요인으로는 ① 세분시장의 크기와 예상매출 ② 기업의 재원 ③ 기존 사업과의 연관성 ④ 경쟁자의 전략 ⑤ 제품 수명주기 등을 들 수 있다.

표적시장의 선정
세분시장에 대해 수익성, 경쟁강도, 시장반응 등을 고려하여 표적시장을 선정

3. 포지셔닝

제품 포지셔닝
표적소비자의 욕구를 근거로 경쟁사에 비해 차별적인 제품을 개발하고, 이러한 제품 특성을 소비자들이 정확하게 인식하도록 알려주는 일련의 과정

제품 포지셔닝(product positioning)은 표적소비자의 욕구를 근거로 경쟁사에 비해 차별적인 제품을 개발하고, 이러한 제품 특성을 소비자들이 정확하게 인식하도록 알려주는 일련의 과정을 말한다. 즉, 소비자의 마인드에 제품 브랜드에 의해 차별화된 특정한 위치를 차지하게 하는 것이다.

포지셔닝 절차
소비자 분석, 경쟁자의 확인·분석→경쟁제품의 포지션 분석→자사제품의 포지셔닝 개발→포지셔닝 확인과 수정 단계로 진행

포지셔닝 절차는 소비자 분석, 경쟁자의 확인·분석→경쟁제품의 포지션 분석→자사제품의 포지셔닝 개발→포지셔닝 확인과 수정 단계로 진행된다.

03 마케팅 믹스

3.1 마케팅 믹스의 의의

마케팅 믹스(marketing mix: 4P's)란 표적시장에서 마케팅 목표를 달성하기 위해 필요한 요소들의 조합을 말한다. 마케팅 믹스는 크게 제품(Product), 가격(Price), 유통(Place), 촉진(Promotion) 등의 4P라고 부르는 요소로 구성되는데, 이러한 요소들을 조합해서 마케팅 목표를 달성하는 것이 마케팅 믹스의 핵심이다.

마케팅 믹스
표적시장에서 마케팅 목표를 달성하기 위해 필요한 요소들의 조합. 제품, 가격, 유통, 촉진 등의 요소로 구성

제품은 개발에서부터 최종 소비자의 손에 전달될 때까지 복잡한 단계를 거친다. 기업은 제품을 개발하기 전에 기업의 내부적, 외부적 환경을 분석하고 예측해서 새로운 시장의 기회를 찾는다. 시장의 기회가 발견되면 시장을 세분화하여 목표시장을 정하고 마케팅 목적과 제품 콘셉트를 설정하여 고객이 자사제품을 구매할 수 있도록 마케팅 활동을 수행한다. 이런 복잡한 흐름의 중심에 있는 제품, 가격, 유통, 촉진 등을 일관된 방향으로 흐르게 만드는 것이 바로 마케팅 믹스이다. 마케팅 믹스 전략은 각각 독립적으로 작용하지 않는 4가지를 합리적으로 결합시켜 마케팅 전략을 결정하는 것을 말한다.

Macarthy는 제품(Product), 가격(Price), 촉진(Promotion), 유통(Place) 등 4가지 요소를 마케팅 믹스(marketing mix)라 하였다. 4P는 기업 중심적인 관점에서 보

는 것이기 때문에 소비자 중심적인 관점에서 4C를 내세우기도 하는데 제품을 소비자가 원하는 것(Consumer), 가격을 소비자가 지불하는 비용(Cost), 구매하는 장소를 소비자의 편의(Convenience), 기업에서 소비자로 전달되는 프로모션보다는 양자 간의 커뮤니케이션(Communication) 등이다. 또한 e-business시대의 마케팅 믹스로 Contents, Community, Customization, Commerce를 4C로 들기도 한다.

마케팅 믹스의 7P's
전통적인 제조업 위주의 4P's를 산업의 서비스화에 따라 확장시킨 마케팅 믹스 개념

또한 **마케팅 믹스의 7P's**란 전통적인 제조업 위주의 4P's를 산업의 서비스화에 따라 확장시킨 마케팅 믹스 개념이다. 1980년대 후반부터 전 세계적으로 서비스 산업이 급성장하고 품질이 상향 평준화된 제조 산업에서도 서비스 요인이 기업 승패를 좌우할 정도로 중요해졌다. 이처럼 서비스가 경쟁 환경에서 점점 중요한 위치를 차지함에 따라 People(서비스를 직접 수행하는 직원과 해당 고객으로 구성된 사람 요인), Physical Evidence(비가시성의 특성을 가진 서비스의 품질을 소비자에게 확인시켜주는 물리적 증거로써, 예를 들면 시설, 디자인, 간판, 유니폼, 서비스의 유명화 등 다양한 외형적인 요소들) 및 (Service) Process(제공하는 서비스를 표준화할 것인지 맞춤화할 것인지, 고객의 참여를 어느 정도 유지할 것인지에 대한 의사결정 변수인 서비스 제공 과정) 등과 같이 3가지 요인이 마케팅 믹스에 추가되어 전통적인 마케팅 믹스의 확장 개념으로 활용되고 있다.

그림 8-5 마케팅의 체계

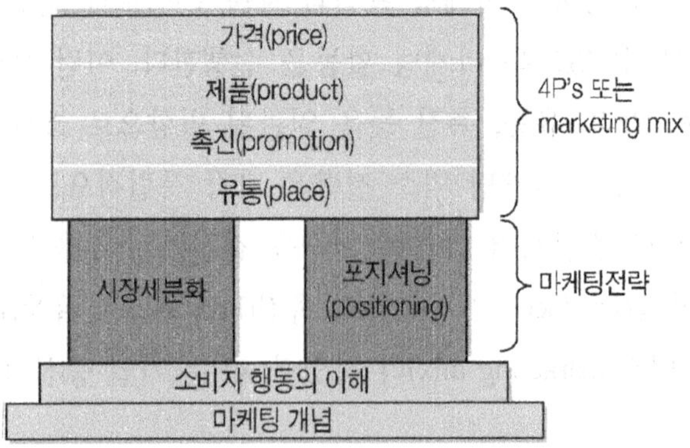

3.2 마케팅 믹스

1. 제품(product)

제품이란 인간의 필요(needs)나 욕구(wants)를 충족시킬 수 있는 것으로, 물리적 대상뿐만 아니라 서비스, 아이디어, 사람, 장소, 조직체 등 포함한다.

코틀러(Kotler)는 제품에 대한 정의를 다음과 같이 하고 있다.

제품
인간의 필요나 욕구를 충족시킬 수 있는 것. 물리적 대상뿐만 아니라 서비스, 아이디어, 사람, 장소, 조직체 등 포함

핵심제품, 유형제품, 확장제품(코틀러)

- **핵심제품(core product)**: 소비자가 제품으로부터 원하는 주요 편익
- **유형제품(tangible product)**: 제품으로부터 추구하는 편익을 구체적인 물리적 속성들의 집합으로 유형화시킨 것
- **확장제품(augmented product)**: 유형제품에 다양한 서비스들이 부가된 것

제품전략은 소비자 수요 창출방법으로 소비자를 만족시키는 제품을 생산하기 위한 개발, 개량, 디자인, 브랜드 등을 말한다. 또한 신제품 개발과정은 기업 내 R&D 부서의 연구원, 영업사원을 포함한 종업원들로부터 신제품 아이디어 수집하거나 소비자 조사를 통해 소비자 욕구, 고객의 불만 등을 분석하여 아이디어를 창출하고, 성공할 가능성이 낮은 제품 아이디어를 제거하고 소수

그림 8-6 마케팅 믹스의 개발

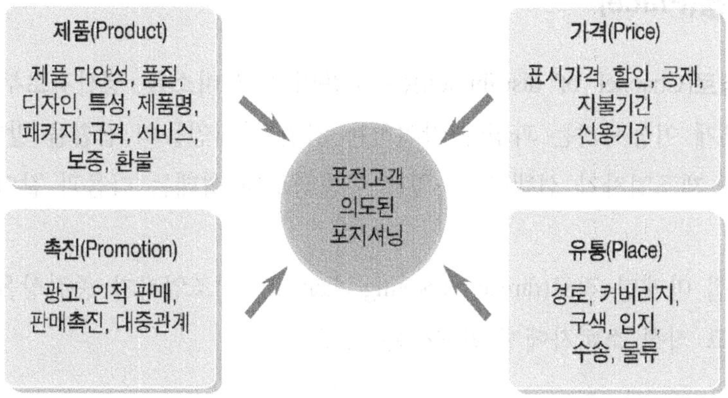

의 최적 아이디어를 선택하는 아이디어 선별, 제품 콘셉트의 개발 및 테스트, 마케팅 전략의 개발, 사업성 분석(Business Analysis), 시제품 개발(Product Development)의 단계로 진행된다.

2. 가격(Price)

가격
마케팅 믹스 변수들 중 유일하게 수익과 관련된 변수로 제품이나 서비스를 소유 또는 사용하는 대가로 지불해야 하는 금전적 가치

가격은 마케팅 믹스 변수들 중 유일하게 수익과 관련된 변수로 제품이나 서비스를 소유 또는 사용하는 대가로 지불해야 하는 금전적 가치를 말한다. 가격전략은 제품의 이미지와 관련된 중요한 문제로 적정가격 설정을 위한 전략이다. 소비자의 예상가격에 상응하는 가격이 가격 전략의 기본이 된다. 가격관리란 기업이 제공하는 제품, 서비스의 가치를 결정하고 변경하는 과정을 의미하며 시장수요, 경쟁상황뿐만 아니라 기업의 비용구조까지도 고려한다.

제품생산, 유통경로 구축, 촉진 등과 같은 마케팅 믹스 요인들은 비용을 발생시키는 반면 가격은 기업의 이익에 직결되는 유일한 마케팅 믹스 요소인 점을 고려할 때 최적의 가격결정은 기업성과에 매우 중요하다.

신제품에 대한 가격결정 전략은 신제품 도입 초기에 고가격을 책정하였다가 시간이 지남에 따라 가격을 내리는 전략인 초기고가격전략(market-skimming pricing)과 신제품의 가격을 낮게 책정하여 신속히 시장에 침투하고자 하는 전략인 시장침투가격전략(market-penetration pricing) 등이 있다.

3. 유통(Place)

유통경로
제품이나 서비스를 생산자로부터 최종 소비자에게 이동시키는 과정에 참여하는 기업과 개인들의 집합

유통경로(Channel of distribution)는 제품이나 서비스를 생산자로부터 최종 소비자에게 이동시키는 과정에 참여하는 기업과 개인들의 집합을 말한다.

소비재 제조업자가 선택할 수 있는 유통경로의 형태는 다음과 같다.

❶ 직접 마케팅 경로(direct-marketing channel), 제조업자가 중간상을 거치지 않고 직접 소비자에게 판매하는 형태

❷ 제조업자와 소비자 사이에 소매상이 개입되는 경로 형태
❸ 제조업자와 최종 소비자 사이의 유통과정에 도매상과 소매상이 참여하는 형태
❹ 제조업자와 소매상 사이에 여러 유형의 도매상들이 개입되는 형태

유통경로는 바로 상품을 제공하는 제조업체나 서비스업의 시각에서 정의한 것으로 일반적으로는 도매업 혹은 소매업체를 의미하며 이러한 경로를 구성하는 개인이나 조직을 유통경로 구성원이라 하고 있다. 4가지 마케팅 믹스 중에서 가장 비용절감의 가능성이 높고 전략적으로 중요하여 여기에 대한 통제능력이 기업의 경쟁력이 된다. 또한 유통기능을 제조업체나 소비자가 직접 수행할 수도 있고, 독립된 유통조직에 의존할 수도 있다.

4. 촉진(Promotion)

촉진전략은 제품 · 가격 · 유통전략과 연계가 중요하다. 프로모션 전략은 기업의 상태, 제품의 특징 · 가격, 시장상황 등에 따라 변화하므로 프로모션의 목표 설정이 필요하다. 이러한 **프로모션 수단**으로는 광고, 판매촉진, PR, 인적판매, 홍보, 입소문 등이 있다.

프로모션 수단
광고, 판매촉진, PR, 인적판매, 홍보, 입소문 등

광고

광고란 메시지를 전달하는 주체(광고주)가 자신의 비용을 들여 비인적 매체를 이용하여 제품, 서비스, 아이디어 등이 구매되도록 정보를 제공하는 등의 촉진활동을 말한다. 광고는 소비자에게 제품을 인식시키는 작업으로 상품과 소비자의 관계를 이어주는 역할을 한다. 이러한 광고의 역할은 광고 자체의 본질적 기능, 기타 마케팅활동에 대한 보조, 대체기능이 있다. 광고관리는 상표에 대한 인지와 지식형성, 호의적 상표태도의 형성 및 구매의도의 창출이 광고의 주된 역할이고 매출 증대는 광고가 지향하는 궁극적 목적이고 측정이 쉽고 객관적이어서 유용하다.

광고의 매체 유형으로는 TV, 신문, 잡지, 라디오, 옥외광고, 교통매체뿐만 아니라 인터넷 광고가 확대되고 있다. 매체로서 인터넷의 가능성은 다른 광고에서는 전달하기 힘든 정보를 관심 있는 사람들에게 일방적으로 전달하고 인터넷의 쌍방향성을 이용하여 앙케이트나 의견, 불만사항 접수, 견본품을 받을 수 있는 기회 제공 등을 할 수 있는 장점이 있다.

판매촉진 · PR · 인적판매

판매촉진(판촉)은 소비자로 하여금 자사제품을 즉각적으로 구매하도록 유도하기 위하여 추가적인 인센티브를 제공하는 마케팅 활동을 말한다. 판촉광고는 DM광고(무료잡지 배포), 전단광고, 가두배포 · 점포배포 · 호별배포, 옥외광고, 교통광고, 영화광고, 특정시설(운동경기장, 유원지, 동물원 등) 내 광고, POP광고 등의 수단을 사용한다.

<Public Relations News>는 "PR은 공중의 이익에 입각해서 각 개인이나 조직체의 정책 및 절차를 밝혀서 공중의 이해와 수락을 얻기 위하여 계획을 세우고 실시하는 관리 기능"이라고 하고 있다. PR의 도움을 받는 마케팅목표는 상표인지도의 제고, 소비자에 대한 정보제공 및 교육, 기업 및 제품에 대한 이해의 증진, 신뢰의 구축, 소비자에 대한 구매이유의 제공, 소비자 수용도를 높이기 위한 동기부여 등을 들 수 있다.

인적판매는 판매원이 고객과 직접 대면하여 쌍방향 대화에 의해 자사의 제품이나 서비스의 구매를 설득하는 커뮤니케이션 활동을 말한다.

04 마케팅의 새로운 변화

e-비즈니스 시대에 고객가치 지향, 개인가치 지향, 학습가치 지향으로 경영의 패러다임이 옮겨감에 따라 마케팅도 새로운 방향으로 발전하고 있다. 시대가 변화함에 따라 소비자의 욕구도 변하므로 마케팅 활동도 이에 맞춰 변화하게 마련이다. 개별 고객욕구의 충족을 위하여 마케팅이 개별화되고 있다. 즉 마케팅 정의도 달라지고 이에 대응하는 마케팅 전략도 달라지는 것이다. 그러면 마케팅에서 변화하고 있는 새로운 흐름들을 보기로 한다.

체험 마케팅

번트 슈미트(Bernt Schmit) 교수는 고객의 제품과 관련한 체험이 새로운 마케팅의 수단으로 활용되고 있으며 이러한 **체험 마케팅**(Experiential Marketing)은 다음 5가지 마케팅 영역으로 구분된다고 한다.

체험 마케팅
감각 마케팅, 관계 마케팅, 인지 마케팅, 행동 마케팅, 감성 마케팅(번트 슈미트)

❶ **감각 마케팅(sense marketing)**: 고객의 다섯 가지 감각기관(시각, 청각, 후각, 미각, 촉각)을 자극함으로써 미학적 즐거움과 흥분감, 아름다움, 만족감을 전달하여 고객들에게 동기를 부여하고 가치를 전달하려는 마케팅

❷ **관계 마케팅(relationship marketing)**: 다른 사람과의 관계 형성을 체험토록 함으로써 이상적인 자아나 문화를 경험토록 하는 방법이다. 마케팅의 개

별화와 함께 한 번 거래한 고객과의 관계를 유지 발전시켜 기업의 동반자로 발전시켜야 한다.

❸ **인지 마케팅(think marketing)**: 고객들에게 창조적인 인지력과 문제해결적 체험을 제공하는 것을 목적으로 지성에 호소하는 마케팅
❹ **행동 마케팅(act marketing)**: 고객의 육체적 경험이나 라이프스타일을 강조하고, 이를 가능케 하는 다양한 방법들을 제시하는 마케팅

❺ **감성 마케팅(feel marketing)**: 브랜드와 관련하여 약한 무드(mood)나 강렬한 즐거움, 자부심과 같은 감성적 체험을 창출하기 위해 사람들의 느낌과 감정에 소구하는 마케팅 방법

사회적 마케팅

사회적 마케팅
기업의 이윤, 사회적 이해, 고객만족이 균형을 이루는 마케팅

기업의 이윤, 사회적 이해, 고객만족이 균형을 이루는 마케팅 활동이 되어야 한다.

그린 마케팅

그린 마케팅
환경보존에 관련된 기업의 제반 마케팅 활동이다. 환경에 대한 기업의 마케팅 활동과 관련을 가지는 구체적인 행동

환경보존에 관련된 기업의 제반 마케팅 활동이다. 환경에 대한 기업의 마케팅 활동과 관련을 가지는 구체적인 행동으로 마케팅 믹스전략의 차원을 초월한 마케팅의 영역을 고려하여 인간의 삶의 질을 중심으로 한 접근에 의해 기업의 사회적 책임 달성 수단이 그린 마케팅의 위상이다.

DB 마케팅(Date Base marketing)

DB 마케팅
제한된 시장과 치열한 경쟁 속에서 개별고객에게 차별적 서비스를 제공함으로써 고객을 확보하려는 마케팅

제한된 시장과 치열한 경쟁 속에서 개별고객에게 차별적 서비스를 제공함으로써 고객을 확보하려는 마케팅전략이다. ① 고객에 대한 여러 가지 정보를 컴퓨터를 이용하여 데이터베이스하고 ② 구축된 DB를 통하여 고객과의 장기적인 관계를 구축하기 위해 개별고객의 욕구에 맞는 차별화된 마케팅전략을 수립하고 집행한다.

현대의 마케팅 기법은 양적인 면만을 추구하려 하기보다는 소비자의 욕구 등 질적인 면의 중요성을 추구하고 있다.

저가 마케팅 '양날의 칼'

저가(低價) 항공사인 한성항공은 28일 다국적 투자운용회사인 마라톤에셋 매니지먼트로부터 여객기 6대와 500만 달러를 투자받기로 했다고 밝혔다. 해외 투자자들이 아시아 저가 항공시장이 성장할 것으로 본 결과다.

삼성전자는 지난해 세계 휴대전화 시장에서 1억6100만 대를 팔아 모토로라(1억5900만 대 판매)를 누르고 2위 자리를 꿰찼다. 그동안 고가 제품만 만들던 '프리미엄 전략'에서 벗어나 저가 휴대전화 생산에도 뛰어들었기 때문이다.

기업 간 경쟁이 치열해지면서 저가 시장에서 활로를 찾는 기업이 늘어나고 있다. 하지만 저가 시장에 치중하다 보면 '싸구려 업체'라는 이미지가 굳을 수 있는 데다 치열한 원가 경쟁으로 수익성이 떨어져 '빛 좋은 개살구'가 될 수 있다는 우려도 없지 않다.

○ 틈새 파고들어 세계 최고 업체로

1990년대 중반까지만 해도 핀란드 휴대전화 업체인 노키아는 무명(無名)에 가까웠다. 하지만 중동 등 신흥 시장에 저가 휴대전화를 팔기 시작하면서 비약적인 성장을 거듭해 불과 10여 년 사이에 세계시장점유율이 40%에 육박하는 세계 1위 기업이 됐다. 소득 수준이 낮은 신흥 시장 소비자들이 싼 휴대전화를 원하는 점을 간파해 세계 최고 업체로 도약한 것.

1971년 4대의 항공기로 출범한 미국 저가 항공사인 사우스웨스트항공도 메이저 항공사들이 즐비한 국내선 시장에서 경쟁하는 것이 어렵다고 봤다. 이에 따라 기내식 등 기초 서비스를 없애는 대신 운임을 낮추는 저가 전략으로 소비자를 사로잡아 30여 년 만에 미국 유수의 항공사로 성장했다.

○ 선발 주자가 후발 주자 따라가기도

대한항공은 다음 달 초 저가 항공사인 '에어코리아'를 설립하고 5월부터 국내선에 항공기를 띄우기로 했다. 대한항공만으로는 수익 창출에 한계가 있을 것으로 보고 새로운 시장에 진출하는 것.

지금까지 저가 항공시장 진출에 부정적이던 아시아나항공도 궤도를 수정했다. 저가 항공사의 국제선 취항이 가시화되면서 저가 항공사 설립을 검토키로 했다.

자동차 업계에서도 이런 현상이 나타나고 있다. 인도 '타타자동차'가 대당 2500달러(약 237만 원)로

세계 최저가 승용차인 '나노'를 내놓자 르노-닛산과 폴크스바겐 등 세계 메이저 자동차회사들이 '나노'와 가격경쟁을 할 수 있는 모델을 개발키로 하는 등 저가 차 개발 경쟁이 본격적으로 시작됐다.

국내외 업종별 저가화 현황 자료: 각업체	휴대전화	자동차
해외	노키아가 아시아, 중동, 아프리카를 중심으로 한 신흥 시장에서 저가 휴대전화를 집중 판매하면서 세계 1위 고수	인도 타타자동차가 대당 2500달러(약 237만 원)로 세계 최저가 승용차인 '나노'를 선보인 이후 세계 주요 자동차 회사들이 저가 차 개발에 나서고 있음
국내	삼성전자와 LG전자도 프리미엄 및 저가 휴대전화 판매 병행.	현대 자동차가 2010년까지 인도 및 동유럽 국가 등 개발도상국 수요를 겨냥한 저가 차를 생산할 계획
	항공	유통
	보잉사에 따르면 세계 항공시장의 29%를 저가 항공사가 차지	월마트를 중심으로 저가 상품 판매를 위해 재고 효율 및 물류 효율 개선
	운항중인 제주항공, 한성항공 외에 대한항공의 별도 법인인 에어코리아 등 10여개 저가 항공사가 취항 준비 중	이마트를 중심으로 한 대형할인점의 자체 브랜드(PL) 전략 강화

○ 적정 시장규모 유지 안 되면 손실

저가 시장에서 성공할 수 있는 관건은 원가 절감 능력이라고 전문가들은 입을 모은다. 원가를 지속적으로 낮추지 못하면 도태될 수밖에 없다는 것.

게다가 저가 시장은 '박리다매(薄利多賣)' 특성이 있는 만큼 적정한 시장 규모가 유지되지 않으면 손실을 보기 쉽다.

한양대 홍성태 교수는 "저가 화장품 브랜드인 '미샤'가 국내시장에선 성공을 거뒀지만 해외 시장 개척이 여의치 않아 어려움을 겪고 있다"며 "제주항공 등 저가 항공사들이 국제선 취항에 목을 매는 이유가 여기에 있다"고 말했다.

브랜드 이미지 하락에 대한 우려도 있다. 저가 시장에 뛰어들어 '싸다'는 브랜드 이미지가 굳어지면 나중에 프리미엄급 시장으로 진출할 때 걸림돌이 될 수 있기 때문이다.

김광호 콤비마케팅연구원장은 "한번 '저가' 낙인이 찍히면 지우기가 힘들다"며 "삼성전자나 LG전자, 현대자동차 등이 저가 시장에 조심스럽게 접근하는 이유"라고 설명했다. <동아일보>

‘e마케팅의 진화’ 위젯이 뜬다

홈페이지에서 시작된 기업의 인터넷 마케팅이 블로그를 거쳐 위젯(블로그 등 사이트 한쪽에 붙어 날씨나 시간 알림, 게임 등을 제공하는 일종의 웹 액세서리)으로 진화하고 있다. 마케팅용 위젯이 국내에 처음 선보인 것은 지난 3월부터 서비스를 시작한 ‘W위젯’(월스트리트 인스티튜트 제작)이다. W위젯이 성공을 거두자 신세계, 롯데백화점, 한국P&G, 서울시, 한국IBM, 한국관광공사 등 위젯을 활용하는 사례가 늘고 있다.

◆신종 마케팅 기법으로 급부상

서울 부산 대구에 11개 체인을 운영하고 있는 영어학원 월스트리트 인스티튜트가 내놓은 W위젯은 위젯 마케팅 성공의 대표적인 사례로 꼽힌다. W위젯은 날씨, 시간 알림 기능은 물론 간단한 생활 영어 서비스까지 제공한다. 아래부분을 클릭하면 월스트리트 인스티튜트 홈페이지에 들어갈 수 있도록 만들어졌다.

W위젯은 서비스 8개월여 만에 3만여명의 블로거들이 내려받았고 누적 페이지뷰가 8500만회를 웃돈다. 세계 최초의 마케팅 위젯인 ‘유니클락’(작년 6월 일본 패션업체 유니클로가 제작)이 세계 85개국 3만4000개가량의 블로그에 설치돼 누적 페이지뷰가 1억3000만건에 달한 것과 버금가는 수준이다.

한국P&G ‘효리위젯’

마케팅용 위젯 활용 사례

기업 · 기관	위젯 특징
신세계	추천상품에 대한 네티즌들이 점수 매기며 쇼핑
월스트리트 인스티튜트	영어학습, 날씨, 시계 기능
서울시	서울시의 문화행사 소개
한국P&G	가수 이효리의 음반 소개하여 비달사순 브랜드 노출
엘르	잡지, 사진, 기사, 동영상 제공

자료: 위자드웍스.

한국P&G는 샴푸제품인 비달사순을 알리기 위해 가수 이효리 씨의 새 앨범 음악과 사진, 동영상을 담은 ‘효리 위젯’을 만들었다. 이 위젯은 지난 7월에 나와 4개월여 만에 누적 페이지뷰 100만건을 넘졌다. 신세계는 추천상품에 대해 네티즌들이 점수를 매기며 쇼핑을 즐길 수 있도록 한 '신세계 위젯'을 만들었다. 누적 페이지뷰는 56만여건이다.

위젯 전문 개발업체인 위자드웍스 표철민 사장은 "위젯은 건당 약 3000만원인 제작 비용에 비해 마케팅 효과가 뛰어나다"며 "서울시와 여성잡지 엘르가 위젯을 만들었고 한국IBM, 한국관광공사 등 10여 곳이 마케팅 위젯을 준비 중"이라고 말했다.

◆ 자발적으로 퍼가는 광고

기업이 홈페이지에 자신이 알리고 싶은 콘텐츠와 놀이 기능을 함께 묶어 위젯을 만들어 놓으면 네티즌들이 이를 내려받아 블로그나 카페 또는 미니홈피에 올려놓는다. 나중엔 네티즌들끼리 상대방의 블로그 등에서 내려받을 수 있기 때문에 확산 속도가 빠르다.

위젯 마케팅의 가장 큰 장점은 광고같지 않다는 점이다. 네티즌들을 유혹할 재미있는 기능에 대해 우선 고민하고 전달하고 싶은 이미지나 정보전달은 그 다음에 있는 듯 없는 듯 처리한다는 것.

◆위젯(widget)=메모나 날씨, 일정관리, 시계 등 각종 기능을 바탕화면 한쪽에 모아 곧바로 볼 수 있도록 한 서비스 도구모음이다. 1984년 애플이 바탕화면에 메모장, 계산기 등을 띄울 수 있는 기술을 소개했는데 이것이 위젯의 원조다. 최근 인기를 끌고 있는 위젯은 PC 하드 디스크에 내려받지 않고 블로그 등에 설치해 사용할 수 있는 웹 전용 위젯이다. 위젯은 최근 휴대폰 등 모바일 기기나 인터넷 TV(IPTV) 등으로 무대를 넓혀가고 있다. <한국경제>

경영학원론 추천도서

데이비드 아커의 브랜드 경영
(Building Strong Brands, David A. Aaker)

데이비드 아커 교수는 현재 브랜드 리더십 컴퍼니의 고문으로 브랜드 전략 컨설팅 파트너의 역할을 하고 있으며, 동시에 캘리포니아 버클리 캠퍼스의 경영대학원에서 명예교수로 재직하고 있다. 마케팅 분야에서 브랜드 자산의 개념을 처음으로 도입하였고, 브랜드 자산관리와 전략 수립 및 경영에 관한 현재 최고의 권위자로 꼽히고 있다.

브랜드 경영의 바이블이라고 할 수 있는 이 책은 근래에 들어 보이지 않은 자산의 중요성이 높아지면서 더불어 많은 관심을 보이게 되었다. 아커는 브랜드와 관련하여 두 권의 탁월한 책을 저술하였는데, 바로 『브랜드 자산의 전략적 경영』과 『데이비드 아커의 브랜드 경영』이다. 전자의 책에서는 브랜드가 기업의 활동에서 비용이 아닌 자산으로서의 가치가 있다는 점에 주목하고, 브랜드가 기업과 고객에게 구조와 정의를 어떻게 구체화시킬 수 있는가를 보여주고 있다. 후자의 책에서는 다양한 관점에서 마케팅 분야에서의 브랜드 자산의 형성 및 관리의 형태를 넘어서 이를 기반으로 한 전략적인 브랜드를 구축하는 방법 및 그것을 유지하는 방법에 대해서 다루고 있다. 브랜드의 자산 가치를 확립하기 위해서 브랜드 아이덴티티란 개념을 정의하고 이를 구축하기 위한 다양한 전략 브랜드 시스템, 브랜드 자산 평가, 장기적인 브랜드 관리를 주로 다루고 있다.

이 책에서 주장하는 주요 내용을 간단히 검토하면 다음과 같다. 첫째, 브랜드는 가치 창출을 가능하게 하는 자산으로 간주되어야 하고, 이를 위해서 기업도 인식의 전환이 필요하다. 재정적인 문제로 인해서 브랜드의 예산을 절감하려는 상황에 직면하더라도 그러한 유혹을 극복하고 우선적으로 브랜드 구축에 대한 비용의 지출을 줄이는 현상을 이용하면 상대적으로 저렴한 비용으로 브랜드를 구축할 수도 있다. 둘째, 브랜드 자산을 효과적으로 구축하기 위한 브랜드 전략이 적절한 시기에 수립되어야 한다. 효과적인 브랜드 구축 프로그램을 마련해서 일관성 있게 시장을 주도해 나가야 한다는 것이다. 고객과의 공유를 통해서 시장에서 경쟁적인 우위를 차지하는 데 필요한 브랜드 구축을 형성하기 위해서 전사적인 차원에서 계획이 요구된다.

제9장
경영정보시스템과 지식 경영

01 | 정보와 경영정보시스템
02 | 최신 경영정보시스템

01 정보와 경영정보시스템

정보는 보이지 않는 자원이다. 특히 컴퓨터의 성능 향상과 더불어 정보통신(IT) 기술의 발전으로 그 가치가 더욱 높아졌다. 과거에는 컴퓨터를 활용하여 회계부분을 처리하기 위해서 재고관리, 인사급여 등에만 정보를 활용하였으나 최근에는 기업을 관리하는 데 있어서 개별, 기능별, 계층별로 기업의 모든 부분에서 필수적으로 이용하고 있다. 이렇게 기업의 모든 업무 관련 정보를 통합적으로 관리하고 시스템을 통해서 모든 관리자와 종업원들이 보다 나은 의사결정을 내릴 수 있는 기반을 제공하는 것을 **경영정보시스템**(Management of Information System)이라고 한다.

경영정보시스템
기업의 업무와 의사결정을 위해 필요한 정보를 적시에 제공하는 시스템

1.1 정보의 속성

일반적으로 정보는 자료(data)와 혼용되어 사용되기도 하지만 사용자의 목적과 용도에 얼마나 부합하는가에 따라서 구분할 수 있다. 정보(information)란

그림 9-1 자료와 정보의 관계

자료(data) → 가공(process) → 정보(information)

표 9-1 정보의 속성

적시성(timeliness)	정보 이용자가 필요한 시기에 정보를 제공할 수 있는 정도
정도(precision)	정보를 자세히 측정하여 제공하는 정도
정확성(accuracy)	정보가 오류 없이 정확한 정도
계량화 가능성(quantifiability)	정보를 계량적으로 나타낼 수 있는 정도
검증 가능성(verifiability)	동일한 정보에 대한 이용자들 사이의 평가의 일치 정도
접근 가능성(accessibility)	정보 획득 용이성과 그 속도
불편성(freedom from bias)	정보 이용자에게 영향을 미치기 위해 정보를 변화시키거나 수정하려는 의도의 정도
포괄성(comprehensiveness)	정보가 관련되는 특정사항의 모든 측면을 포함하고 있는 정도
적절성(appropriateness)	정보가 이용자들이 필요로 하는 요건을 충족시키는 정도
명료성(clarity)	정보가 분명한 정도

자료: 김영규, 『경영학원론』, 박영사, 2003.

종업원의 이름, 직책, 재고번호, 주문량 등과 같은 자료를 의사결정자에게 유용하게 가치와 의미가 있도록 가공한 것을 말한다. 가치 없는 자료는 아무리 가공을 하여도 유용한 정보가 될 수 없다. 오늘날 기업이 지녀야 할 경쟁력 중의 하나는 신속하고 정확하게 이러한 자료를 수집하여 필요한 정보로 가공할 수 있는 능력이다.

정보는 다음과 같은 몇 가지 특성을 지니고 있다. 이것을 표로 나타내면 <표 9-1>과 같다.

1.2 경영정보시스템의 개념과 혜택

경영정보시스템이란 기업의 관리자들이 업무를 수행하는 데 있어서 필요한 정보를 적시에 제공하여주는 시스템을 말한다. 넓은 의미로는 기업에서 이용되는 모든 종류의 정보시스템을 다 포괄하고, 좁은 의미로는 관리자들의 업무 수행에 필요한 정보를 보고한다는 의미로서 정보보고시스템(information reporting system)이라고도 한다.

이러한 경영정보시스템을 활용하여 얻는 대표적인 혜택을 살펴보면 다음과 같다.

기본적인 거래활동 지원

기업은 컴퓨터를 활용해서 많은 양의 정보를 쉽고 빠르게 처리할 수 있기 때문에 급여 계산에서부터 고객의 주문처리, 재고관리, 회계자료 처리 등에 이르기까지 컴퓨터의 이용범위도 계속해서 확대되고 있다. 기업은 생산관리 측면에서 생산과 재고의 현황을 쉽게 파악할 수 있게 되었고 회계정보를 통해 재정과 현금흐름 상태도 쉽게 알 수 있어 효율성의 향상과, 고객의 요구에 보다 신속하게 대응할 수 있게 되었다.

의사결정을 지원

경영이란 의사결정의 연속체라도 할 수 있는데, 때로는 정확한 의사결정을 위해서 사용하고자 하는 정보 양이 너무 많아서 난감한 경우가 많다. 한 번의 선택이 평생을 좌우한다는 말처럼 바람직한 의사결정을 내린다는 것은 매우 중요한 일이다. 따라서 필요한 정보를 수집하고 이를 분석하여 효과적인 의사결정을 하기 위해서는 경영정보시스템이 많은 역할을 한다.

1.3 경영정보시스템의 발전과정

1960년대 초반에는 정보에 대한 인식과 필요성이 거의 없었다. 당시 기업들은 처음 등장하기 시작한 컴퓨터를 기본적인 거래를 처리하는 데만 국한시켜 사용하였다. 이렇게 컴퓨터를 활용하여 거래하거나 데이터 정보를 이용하는 것을 거래처리시스템(transaction processing system: TPS), 데이터처리시스템(data process system: DPS)이라고 한다. 점차 컴퓨터의 성능이 향상되면서 기업은 의사결정뿐만 아니라 업무의 성능을 좀 더 빠르게 활성화하는 데도 이용하고 있다. 그리고 개별 관리자들의 입장에서 정보를 이용하여 의사결정을 내리는 데 도움이 되는 것을 의사결정지원시스템(Decision Support System: DSS)이라고 하며, 워드프로세스, 팩시밀리, E-메일과 같이 조직 내에서 혹은 조직 간 의사소통을 원활하게 하는 데 지원하는 것을 사무자동화시스템(Office Automatic System: OAS)이라고 한다.

최근에는 컴퓨터 성능의 향상으로 인간이 생각하는 논리적인 방식을 컴퓨터에 프로그램화하여 인공지능이나 신경망(neural network)을 활용하는 지식기반시스템(Knowledge Based System: KBS)도 활성화되고 있다.

1.4 정보시스템의 유형과 활용

컴퓨터의 성능이 발전함에 따라서 정보의 활용은 다양한 방면에 적용되고 있다. 이러한 모든 것은 기업이 정보를 좀 더 잘 다루고 제대로 된 의사결정을 내리기 위한 목적에 부합하려는 노력이다. 여기서는 대표적으로 거래처리시스템, 의사결정지원시스템, 경영정보시스템, 사무자동화시스템, 지식기반시스템에 대해서 살펴보기로 한다.

거래처리시스템

거래처리시스템은 기존에 수작업이나 단순기계로 처리하던 판매, 구매, 급여, 재고 등의 업무를 컴퓨터를 활용하여 신속하고 정확하게 처리하기 위한 기본적인 정보시스템이다.

의사결정지원시스템

의사결정지원시스템이란 관리자가 의사결정을 하는 데 도움을 주는 정보시스템으로, 의사결정자가 자료를 검색하고 정보를 잘 수집해서 의사결정을 내리는 데 필요한 최적의 대안을 제시할 수 있도록 도와준다. 특정 문제를 해결하기 위해서 사용자에게 적절한 의사결정 방법과 해결의 과정을 제시해준다는 장점이 있다. 보통은 통계적인 기법이나 재무 분석 기법, 경영과학기법을 활용하는 계량적인 분석모형과 시뮬레이션 기법이 많이 사용되고 있다.

경영정보시스템

단순하게 기초적인 자료를 많이 제공해주고 거래를 원활하게 해주는 거래처리시스템의 수준을 넘어서 이러한 자료를 활용하기 위해서 다양한 자료를 분석하고 의사결정에 필요한 정보를 추출하는 것을 경영정보시스템이라고 한다.

사무자동화시스템

사무자동화시스템은 흔히 워드프로세서, e-mail, 영상회의 등의 정보통신과 컴퓨터 기술을 이용하여 조직 내의 관련된 부서들 간의 업무를 원활하게 하고, 효율성을 높일 수 있도록 지원하는 정보시스템이다. 따라서 업무와 관련된 조직 내의 상호 네트워크를 좀 더 유연하고 견고하게 만들어준다.

지식기반시스템

기업이 가지고 있는 자료를 정보화하고 이것을 통해 기업의 경쟁력 확보에

그림 9-2 경영 계층에 따른 정보시스템의 활용

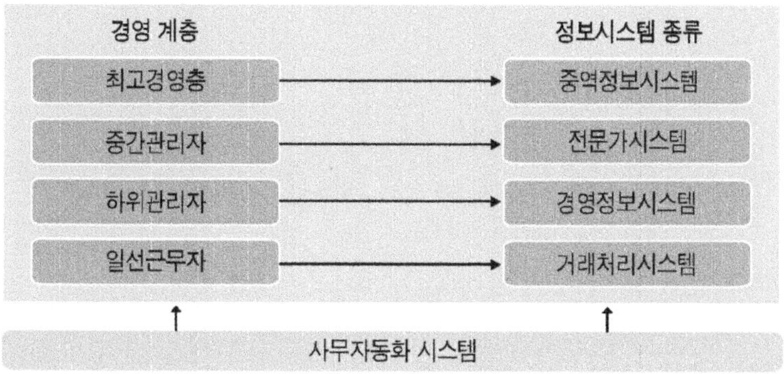

더욱 기여하기 위해서 필수적인 것이 지식(knowledge)이라고 할 수 있다. 이러한 지식을 기반으로 한 정보시스템에는 전문가시스템과 신경망시스템이 있다. 전문가시스템은 관련 전문가의 지식과 경험을 잘 축적하여 필요한 경우에 이를 활용함으로써 최적의 의사결정을 내릴 수 있게 해주는 시스템이다. 그러나 전문적인 지식에 국한된 만큼 그 범위는 매우 한정된 분야에서만 그 가치가 높아지게 된다. 다음으로 신경망시스템이란 인간 두뇌가 생각하는 것과 같은 논리와 프로세스를 적용한 수리적 모델이라고 할 수 있다. <그림 9-2>에서는 정보 시스템을 경영 계층의 리더가 어떻게 활용되고 있는지를 연결지어 보여주고 있다.

02 최신 경영정보시스템

정보 관련 기술은 매우 빠르게 변화한다. 그 속도가 너무 빠르기 때문에 신기술과 응용분야가 새롭게 등장하는 것을 알 수 있다. 이 절에서는 최신의 정보시스템 중의 하나인 기업정보 포털과 주문형 컴퓨팅, 유비쿼터스에 대해서 간단히 살펴보기로 한다.

2.1 기업 포털

기업 포털
정보를 검색·가공하는데 편리성을 제공하는 통합정보시스템

기업 포털(enterprise portal)은 기업이 보유하고 있는 정보를 직원들에게 제공하는 웹사이트로, 기업 내부와 외부의 관련된 정보들을 개인이 원하는 취향에 부합하여 하나의 화면에서 볼 수 있도록 함으로써 정보를 검색·가공하는데 편리성을 제공하는 통합정보시스템이다. 기존의 인트라넷과 유사한 점도 있지만 업무와 관련된 것을 하나의 웹페이지에 볼 수 있다는 점에서 차이가 있다. 여기저기 떨어져 있는 파편적인 정보를 필요한 것만 스스로 선별하기 때문에 시스템의 활용도를 높이게 된다. 휴렛패커드(Hewlett-Packard)의 CEO인 칼리 피오리나(Carly Fiorina)는 강도 높은 구조조정과 더불어 회사 내의 직원들 간의 의사소통이 중요하다는 점을 인식하였다. 따라서 분야별, 지역별로 나뉘었

그림 9-3 주문형 컴퓨팅 작동방식

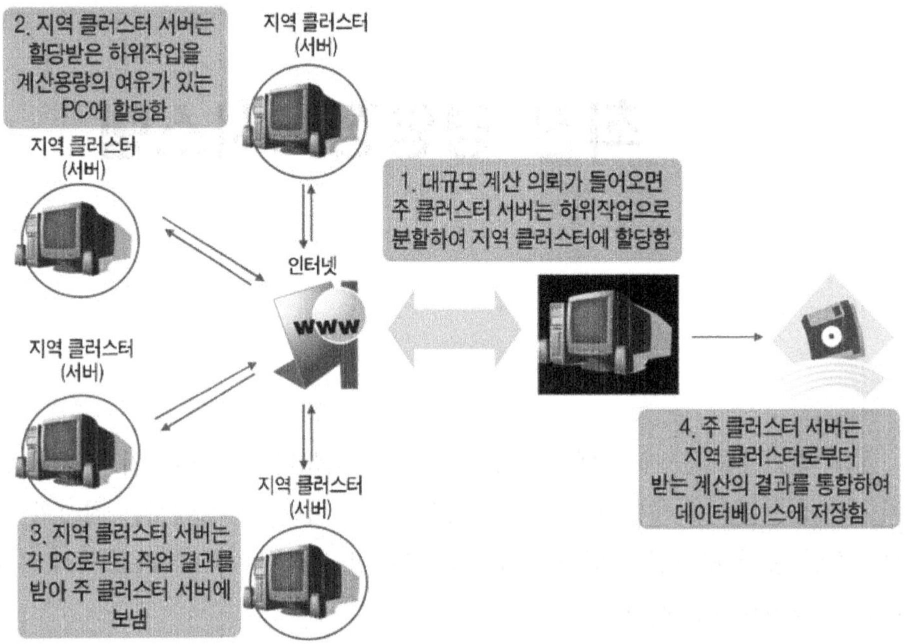

자료: Sami Lais, *Grid Computing*, Computerworld, 2002.

던 정보시스템과 업무 절차를 하나로 통합하여 낭비를 제거하고 시너지를 얻고자 하였다.

구체적으로 기업포털의 장점을 몇 가지 생각하면 다음과 같다.

- 사용자 인터페이스가 전사적으로 통일되어 있고 간편함
- 완전히 다른 여러 개의 시스템을 하나의 시스템으로 통합할 수 있고, 데이터와 정보도 하나로 통합 가능
- 사내외 정보를 통합하여 한곳에 보관함으로써 정확한 정보를 적시에 제공 가능
- 신속한 업무처리 가능
- 정보 흐름의 중간단계가 생략되어 데이터의 처리 비용 절감
- 직원간은 물론 회사의 공급업체, 회사와 판매대행사, 회사와 고객 간의 정보흐름이 효율적

2.2 주문형 컴퓨팅

최근에 와서 주목받기 시작한 주문형 컴퓨팅(on-demand computing)이란 기업들이 독자적인 하드웨어와 소프트웨어를 전부 비싸게 구입하는 것이 아니고 필요할 때만 서비스를 받을 수 있고, 사용량에 따라서 요금을 내면 되는 방식이다. 비싼 슈퍼컴퓨터를 사용하는 것보다는 저렴한 PC를 네트워크로 연결하면 보다 성능을 향상시켜서 일을 처리할 수 있다. 이와 같이 대규모의 연산이 필요한 경우에 지리적으로 분산되어 있는 컴퓨터나 하드디스크, 소프트웨어 등을 초고속 인터넷망을 통해서 연결하면 슈퍼 컴퓨터처럼 사용할 수 있게 된다.

그러나 계속 보완해야 할 점은 인터넷망의 성능과 속도를 보다 향상시켜야 하고, 기업 간의 원활한 협력방안도 마련하여 기술적인 측면의 호환성과 표준화, 보안 등의 문제를 지속적으로 극복해야 할 것이다.

2.3 성공적인 지식경영 구축방안

지식기반경쟁에서 조직의 목표를 달성하기 위해서 지식을 어떻게 성공적으로 구축할 것인가는 매우 중요한 문제이다. 먼저 지식가치를 평가하고 난 이후에 핵심적인 지식자본을 선정하고 지식시스템을 구축하는 것이 중요하다.[1)]

1. 지식자원의 가치평가 단계

지식가치란 지식 자원의 가치로 인적자원, 프로세스 자원, 고객자원, 혁신자원이 속한다. 인적자원이란 조직의 구성원이 보유하고 있는 지식, 기술, 경험 등을 말한다. 프로세스 자원이란 작업 공정 기법, ISO인증 같은 것을 의미한다. 고객자원이란 기업과 고객 간의 관계를 통해서 창출한 가치로 고객만족도, 거래기간 등이 해당된다. 혁신자원은 신제품이나 서비스를 개발하거나 개선하

1) 김병윤 외, 『현대 경영학원론』, 명경사, 2002.

그림 9-4 지식경영 프로세스와 CKO 역할

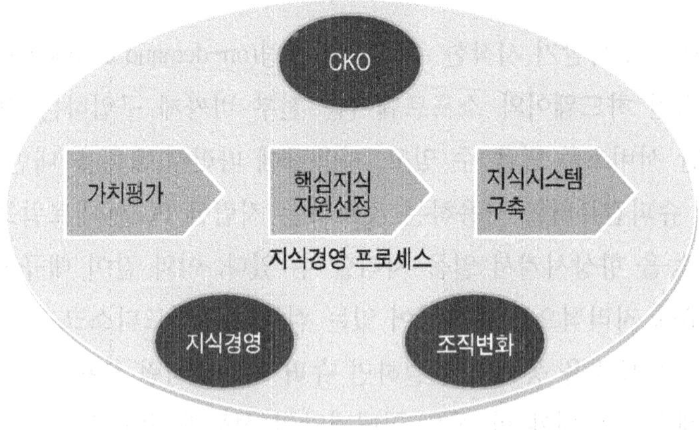

는 능력을 가치화한 것으로 특허권의 수, 신상품의 평균 출시기간 등을 가지고 평가한다.

2. 핵심지식 자원의 선정단계

다양한 자원의 가치를 평가하기 위해서는 기업이 무엇을 주력으로 추진할 것인지를 선택하고 기업의 특성을 고려하여 핵심지식자원을 활용한다. 점차 고객의 폭이 넓어지면서 다양화되고 있기 때문에 고객의 충성도가 매우 중요한 지식 자산으로 강조되고 있다.

3. 지식경영시스템의 구축

핵심지적 자원을 선정하여 구축한 다음에 지식경영시스템을 구축해야 한다. 지식경영은 조직 내 모든 사람들이 기업조직 내의 지식을 상호간 공유하고 조직의 핵심 능력으로 배양할 수 있도록 해야 한다. 이와 같이 지식경영시스템을 구축하기 위해서는 지식경영최고책임자(Chief Knowledge Officer: CKO)를 선정하여 지식경영 구축을 위한 기반 조성을 마련하고 기업 전체의 지식문화를 보급하는 데 앞장 설 수 있도록 해야 한다.

지식경영 실패 사례 - 5가지 유형

많은 대기업들이 지식경영시스템을 구축했다. 중소기업용 지식경영시스템이 도입되면서 몇몇 중소기업들도 지식경영을 실천한다. 그러나 지식경영 도입으로 성과를 거둔 기업은 많지 않다. 지식경영이 그저 유행으로 끝난 경우가 허다하다. 유영민 LG CNS 부사장은 "시스템 측면만 강조해선 지식경영이 성공할 수 없다. 지식이 몇 건 쌓였는지는 중요하지 않다. 몇 건 활용해서 효과를 거뒀는지가 더 중요하다"고 강조한다. 지식경영을 도입했는데도 결실을 거두지 못했다면 다음과 같은 이유 때문일 가능성이 높다. 실패 유형을 5가지로 구분해본다.

1. 지식경영시스템도 없다

지식경영시스템도 갖추지 않고 지식경영을 도입해보려는 회사가 아직도 있다.

지식이 문서로 남겨지지 않고 개인들 머릿속에 있다. 담당자가 휴가라도 가는 날이면 일이 돌아가지 않는다. '소주판 자주 벌이는 기업일수록 망하지 않는다'란 옛말이 있다. 소주판이 자주 벌어진다는 얘기는 조직 내부의 의사소통이 잘됨을 의미한다. 의사통로가 막히지 않았다고 해도 시스템으로 구축되지 않으면 지식유통에 한계가 있기 마련이다.

2. 지식경영시스템은 있으나 정보창고에 지식이 없다

지식경영시스템을 도입했으나 유명무실한 경우다. 시스템이 불안전하거나 최고경영진이 지식축적에 별 관심을 두지 않을 때 벌어지는 현상이다. 지식을 내놓는 직원에게 '당근'이 없을 뿐 아니라 머릿속에 집어넣어놓고 풀지 않는 직원에게도 '채찍'이 없다. 지식경영시스템을 사용하지 않는 직원들이 더 많다. 지식경영시스템, 이메일 계정, 회사 웹사이트가 따로 움직인다. 클릭 몇 번이면 갈 수 있는 지식창고가 멀게만 느껴진다.

3. 정보창고에 데이터는 많으나 쓰레기에 불과하다

다양한 방법을 통해 지식축적까지는 성공했다. 지식축적을 위해 다양한 유인책을 펼쳤고, 지식마당에 직원들을 끌어들이는 데는 성공했다. 지식을 많이 축적한 직원이나 다른 사람이 올린 글을 많이 본 직원들에게 상금도 지급했다. 그러나 축적된 정보는 지식이 아닌 '쓰레기'에 불과하기 일쑤다. 쓸 만한 정보가 없다. 정보 축적만 강조한 탓이다.

4. 정보를 활용하려 해도 복잡해 찾을 수가 없다

아무리 좋은 정보가 축적됐다 해도 쉽게 활용할 수 없다면 무용지물이다. 이런 일이 벌어지는 이유는 정보품질 검증을 하지 않고, 지식경영을 도입한 목적의식이 불분명하기 때문이다. 목표를 먼저 정하고, 목표에 맞게 정보를 축적해 나가야 한다. 정보를 찾기 위해 며칠이 소요될 만큼 정보관리를 하지 않았다면 더 이상 효용가치를 상실한 정보다.

5. 지식경영과 경영혁신이 따로 논다

지식경영이 경영혁신과 따로 놀 수 없다. 경영혁신이 곧 지식경영이다. 전사적자원관리(ERP), 고객관계관리(CRM), 공급망관리(SCM), 6시그마 등이 지식경영과 밀접한 관계를 유지하면서 함께 굴러가야 한다. 이런 점에서 CKO를 없애고 CIO가 지식경영을 총괄하도록 기업조직을 바꿔야 한다는 주장도 제기된다. <매경이코노미>

경영학원론 추천도서

지식창조기업
(The Knowledge-Creating Company, Ikujiro Nonaka & Hirotaka Takeuchi)

노나카 이쿠치로와 히로타카 다케우치가 쓴 『지식창조기업』은 1996년 미국에서 발간된 비즈니스 서적들 중에서 '올해의 책'으로 선정되기도 하였다. 이쿠지로 노나카는 지식창조이론의 대가로, 와세다대학교 정치경제학부 졸업 후 미국 버클리대학교의 경영대학원에서 경영학 박사학위를 취득하고 일본에 귀국하여 지식이론의 전도사로 활발하게 활동하고 있다. 공동저자인 히로타카 다케우치는 이쿠지로의 영향을 받아 마케팅 분야의 박사학위를 받았다. 현재 히토쓰바시대학의 교수이자, 지식 창조 전문가이다.

이 책은 기업의 조직이 근원적인 경쟁력을 높이기 위해서 기업과 지식에 관한 사고를 근본적으로 전환할 것을 강조하고 있다. 이 책이 나올 때만 해도 기업 경영에서 지식 창조는 별로 관심을 받지 못했다. 그러나 일본 기업들에 대한 여러 해의 연구 결과 일본 기업들의 국제 경쟁력의 뿌리는 지식창조에 있다는 결론을 내리게 되었고, 많은 사람들은 이들의 주장에 관심을 가지기 시작했다. 최근, 인터넷 사용의 증가와 더불어 지식경영이 크게 부각되면서 점차적으로 변화관리, 전사적 품질관리, 리엔지니어링 등의 개념을 대체하는 원리로 각광을 받고 있다. 현재 많은 다국적기업들인 마이크로소프트, 언스트앤드영, 휴렛패커드 등의 기업들도 큰 관심을 가지고 어떻게 하면 현재 각 기업의 문화와 실정에 맞는 지식경영체계를 구축하여 가치를 창출하고, 경쟁우위를 확보할 것인가에 주력하고 있다.

이 책에서는 지식을 크게 두 가지로 나누고 있다. 하나는 형식지(explicit knowledge)로, 구체적인 언어로 설명이 가능한 문법적인 진술, 설명서, 매뉴얼, 규격, 수학적 표현이 여기에 해당한다. 이러한 지식은 개인과 개인을 통해서 쉽게 전달이 가능하다. 반면에 보이지 않는 지식인 암묵지(implicit knowledge)는 구체적인 언어로 설명하기 어려운 힘든 지식을 의미하는데 개인의 경험에 내재되어 있는 신념, 생각, 가치체계 등 무형의 요소들을 포함한다. 그동안 암묵지는 집단적인 인간 행동의 필수적인 요소 정도로만 간주되어 평가절하되었지만, 서양 기업에 비교해볼 때 일본 기업의 경쟁력 우위의 중요한 원천이라고 할 수 있다.

제10장
재무관리

01 재무관리의 의의

일반적으로 경제주체는 크게 가계와 기업의 두 부분으로 구분해볼 수 있다. 가계는 각자가 소유하고 있는 생산요소인 자본, 노동 및 기술 등을 생산요소시장을 통해 기업에 공급한다. 가계는 이러한 생산요소에 대한 대가로 이윤 및 배당, 임금 등의 소득을 얻게 된다.

기업은 가계 등이 필요로 하는 상품 및 서비스를 생산하여, 이것을 시장을 통해 가계들에게 팔고, 그 대가로서 이윤을 얻게 된다. 기업이 가계가 필요로 하는 상품이나 서비스를 생산하기 위해서는 매우 다양한 실물자산(real assets)을 필요로 한다. 기업은 이러한 실물자산, 즉 토지, 공장, 기계, 원재료 같은 유형자산과 기술, 특허권 등의 무형자산을 돈을 주고 매입하지 않으면 안 된다.

이처럼 기업 경영에 있어서 가장 중요한 문제로 부각되는 것이 바로 기업자금이다. 기업 경영에 있어서 재무관리는 자금의 조달과 운용에 관련된 의사결정을 수행하는 기능을 말한다. **재무관리**(corporate finance)란 기업 자금의 조달과 운용에 관련된 모든 의사결정을 효율적으로 수행하기 위한 이론과 실무기법을 연구대상으로 하는 학문으로 정의할 수 있다. 즉, 기업이 필요로 하는 자원 중 돈을 관리하는 기술에 관련된 이론 및 관리 문제를 연구대상으로 삼는 학문 영역이다.

재무관리
기업 자금의 조달과 운용에 관련된 모든 의사결정을 효율적으로 수행하기 위한 이론과 실무 기법을 연구대상으로 하는 학문이며, 기업이 필요로 하는 자본의 조달과 이의 운용에 관한 재무활동을 계획하고 지휘, 통제하는 기능

재무관리란 기업이 필요로 하는 자본의 조달과 이의 운용에 관한 재무활동을 계획하고 지휘, 통제하는 기능이다. 자본조달은 운용을 전제로 하며, 조달

된 자본이 설비, 원재료, 기계, 노동력 등에 가치를 부가하면서 변형되어 생산에 공헌한다고 본다면, 경영활동을 자본이라는 관점에서 통일적으로 이해하며 그 합리성을 검토하는 일이 필요하다. 또한 경영활동을 자본의 전환과정으로 이해한다면, 재무관리는 자본 조달이라는 고유영역뿐만 아니라 전체 활동의 눈에 띄지 않는 부분을 자본운용으로서 간접적으로 관리하는 기능으로 볼 수 있다.

협의의 재무관리는 필요 자본량의 산정, 주식·사채 등의 자본조달 방법의 선택, 현금 수지나 보관 등에 관한 집행적 재무활동을 대상으로 하며, 광의의 재무관리는 이익관리, 예산관리, 원가관리, 경영분석 등을 주 내용으로 하는 관리기능을 포함하고 있다.

02 재무관리의 목표

2.1 재무관리의 목표

재무관리에서의 의사결정은 기업의 목표(goals of the firm)를 달성하는 데 공헌하는 방향으로 이루어져야 하므로, 무엇보다도 기업의 목표를 분명히 설정할 필요가 있다. 재무관리의 목표는 기업의 목표와 일치해야 한다. 기업의 목표에 일치하는 장기적인 재무계획과 단기적인 재무 흐름을 바탕으로 작성되는 단기적 재무계획으로 볼 수 있다.

재무관리에서의 의사결정
기업의 목표를 달성하는 데 공헌하는 방향으로 추진

기업의 목적이 이윤추구지만 지나친 이윤추구를 한다든지, 반사회적인 활동으로 기업 목적을 달성하는 것은 기업의 사회적 책임과 상충된다 할 수 있다. 기업의 목표로는 여러 가지를 들 수 있지만, 기업의 가장 큰 목표는 기업

그림 10-1 재무관리의 목표

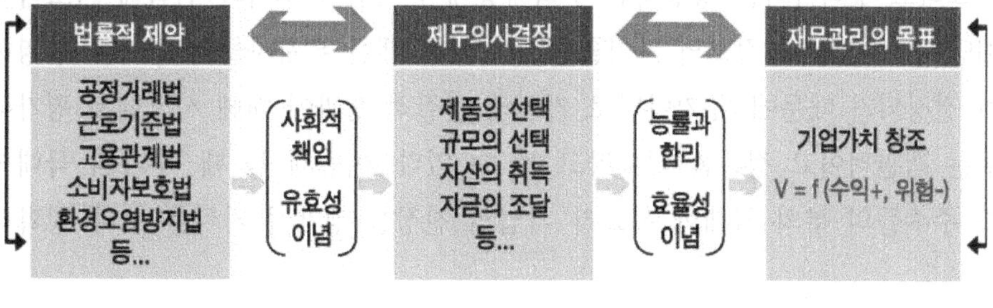

의 소유자인 주주들의 부(富)를 극대화시키는 것(maximizing the wealth of stockholders)이다. 주주들의 부는 곧 주식의 시장가치에 의해 표시되므로, 기업의 목표는 곧 주가를 극대화시키는 것(maximizing the price of the common stock)으로도 해석될 수 있다.

2.2 주식가격의 극대화

일반적으로 주주들의 부 또는 주식가격의 극대화는 기업가치의 극대화와 같은 의미로 사용될 수 있다. 채권자가 합리적이거나 혹은 재무관리자의 의사결정이 타인자본의 가치에 미치는 영향이 거의 무시할 정도로 작다면, 주식가격의 극대화는 곧 기업가치의 극대화로 해석될 수 있을 것이다. 기업의 목표로서 위에서 언급된 이익의 극대화가 갖는 문제점들은 주식가격의 극대화, 즉 기업의 소유자인 주주들의 부(富)가 극대화되도록 경영함으로써 해결될 수 있다. 왜냐하면 주식가격은 주당순이익(EPS)의 크기, 시간과 위험을 모두 반영하기 때문이다.

기업의 재무결정은 그 기업의 수익성(return)과 위험(risk)에 영향을 미치며, 이 두 가지 요인은 함께 주식가격을 결정하게 된다. 재무관리자가 재무의사결정에 따라 주식가격을 상승시키려면, 현금 흐름의 증가를 통하여 기업의 수익을 늘리고, 또 한편으로는 기업의 위험을 감소시키지 않으면 안 된다. 기업의 수익은 주가에 긍정적인 영향을 미치나, 위험은 반대로 주가에 부정적인 영향을 미치기 때문이다.

그리고 주식가격은 경쟁적인 주식시장에서 기업의 수익과 위험에 기초하여 해당 주식이 어느 정도의 가치를 가지는가에 대한 투자자들의 평가를 반영하여 결정되기 때문에, 주가야말로 기업의 실질적 성과에 대해 시장에서 평가해주는 객관적이고 정확한 척도라고 볼 수 있다. 이렇게 볼 때, 주가의 극대화 즉 주주들의 부의 극대화 목표가 기업의 진정한 경제적 가치를 보다 정확히 반영시켜준다는 점에서 기업의 목표 또는 재무관리의 목표로서 보다 타당성 있게 받아들여지고 있다.

기업가치=∑(미래 현금흐름의 현재 가치) 기업가치의 극대화 ⇒ 주가의 극대화 ⇒ 주주 부의 극대화

03

재무관리의 기능

재무관리는 자금을 어떻게 조달할 것인가의 조달 원천 뿐만 아니라 어떻게 배합을 하며, 조달된 자금을 어떻게 운영할지에 대해서 많은 관심을 가지고 있다. 구체적으로 설명하면 다음과 같다.

- **자금조달의 결정**: 자금을 어떻게 조달할 것인가?
- **최적자본 배합**: 자본의 원천으로부터의 조달비율을 어떻게 하는 것이 가장 이상적인가?
- **투자결정**: 어디에 투자를 해야 돈을 많이 벌 것인가?
- **배당정책**: 기업의 이익 등에서 얼마를 배당으로 지급하고, 얼마를 사내에 유보할 것인가?

재무관리의 기능
자금의 운용(투자결정), 자본조달 결정

여기에서는 **재무관리의 기능**이 구체적으로 무엇을 의미하며, 그것이 왜 중요한가를 설명하도록 한다. 기업을 경영하게 되면 크게 다음 2가지 재무관련 문제에 부딪히게 된다. 첫째는 자금을 어디에 투자해야 할 것인가, 둘째는 그러한 투자에 필요한 자금을 어떻게 조달할 것인가 하는 문제이다.

첫 번째 문제는 자금의 운용(spending money), 즉 투자결정(investment decision)과 두 번째 문제는 자본조달결정(financing decision)과 관련된다. 이처럼 재무관리의 기능은 다음에 제시한 바와 같이 투자결정 기능과 자본조달결정 기능

2가지로 크게 구분할 수 있다.

그리고 투자결정은 다시 투자대상의 유형에 따라 자본예산과 기업합병 및 인수에 관한 의사결정으로 구분되며, 자본조달결정은 다시 자본구조와 배당정책에 관한 의사결정으로 각각 나누어진다.

- **투자결정(investment decision)**
  - 자본예산(capital budgeting)
  - 기업합병 및 인수(mergers and acquisition)

- **자본조달결정(financing decision)**
  - 자본구조결정(capital structure decision)
  - 배당정책(dividend policy)

그러면 위에서 제시한 세분화된 4가지 유형의 재무관리의 기능을 구분하여 그 의미와 중요성을 살펴보도록 한다.

3.1 자본예산(capital budgeting)

기업은 기존의 생산설비를 새로운 설비로 교체할 때나, 기존 설비를 확장할 때에 많은 자산을 새로이 구매해야 한다. 이처럼 기업의 목적을 달성하기 위해 자산 특히 고정자산을 취득하는 행위를 기업의 투자라 한다. **자본예산 기능**이란 기업의 경영활동을 위해 구체적으로 어떤 자산에 얼마의 자금을 투자할 것인가를 결정하는 기능으로, 기업 내의 자원의 효율적 배분이 주요 과제가 된다.

자본예산 기능
기업의 경영활동을 위해 구체적으로 어떤 자산에 얼마의 자금을 투자할 것인가를 결정하는 기능으로, 기업 내의 자원의 효율적 배분이 주요 과제

자본예산 결정은 그 기업의 수익(return)을 결정할 뿐만 아니라, 장래 기업의 위험에도 영향을 미쳐서 결과적으로 그 기업의 주식가치를 결정하게 된다. 특히, 자본예산에 의한 투자결과 그 효과가 장기적으로 지속되는 고정자산에 대

한 투자계획안을 수행하는 데 ① 소요되는 자금에 대한 예측 ② 투자로부터 예상되는 현금흐름에 대한 예측 ③ 그리고 이러한 예측자료에 의한 투자안의 경제성 평가가 자본예산 결정에 있어서 주요 과제가 된다.

합리적인 투자결정은 투자에 소요되는 비용에 비해 수익이 큰 투자안만을 수행하는 것을 의미하므로, 이것은 결과적으로 기업 내에, 나아가서는 국민경제에 새로운 부를 창출하는 것이다. 재무관리자의 투자결정 기능이 다른 어떤 기능보다 중요한 이유가 바로 여기에 있다.

3.2 기업 인수·합병(mergers and acquisitions: M&A)

기업 경영에 있어서 구조조정(restructuring)이란 한 기업이 여러 계열기업을 보유하고 있거나 혹은 여러 사업부를 가지고 있을 때, 미래의 기업환경 변화를 예측하여 어떤 사업을 주력 사업으로 하고, 어떤 사업부는 축소 철수하고, 혹은 다른 사업에는 새로이 진출함으로써 기존의 사업구조를 변화시키는 것을 말한다. 기업의 재무관리자는 미래의 환경변화에 적극적으로 대응하기 위해 인수·합병(mergers and acquisitions)과 자산매각(divestiture) 혹은 분사(spin-off) 등을 통해 기존의 사업구조를 변화시키는 의사결정을 수행해야 하는데, 이것을 구조조정 결정이라고 한다. 따라서 **M&A 등에 의한 기업구조조정**은 넓은 의미에서 기업의 투자결정(investment decision)으로 볼 수 있다.

M&A 등에 의한 기업구조조정 넓은 의미에서 기업의 투자결정으로 볼 수 있음

인수·합병은 이미 19C 말부터 기업이 외적 성장을 추구하거나 기업환경 변화에 대응하기 위한 구조조정의 수단으로 활용되어오고 있다. 또한 합병과는 반대로 경영의 비효율성을 제거하고 기업의 전문성을 높이기 위해 계열 기업, 사업부 혹은 특정 생산라인 등을 매각하는 자산매각을 통해 구조조정을 꾀하기도 한다. 미래 환경변화에 적극적으로 대응하기 위한 구조조정의 전략으로 수행되는 인수·합병과 자산매각 등도 결국 기업의 투자결정에 해당하므로 단순히 규모의 확대나 축소의 관점에서가 아니라, 주식가격의 극대화 목표에 비추어 결정되고 평가되어야 한다.

표 10-1 주식과 채권의 차이

구 분	채 권	주 식
자본 조달형태	대부증권	출자증권
조달자금의 성격	타인자본(부채)	자기자본
증권의 존속기간	한시적	영구적
보수형태 및 성격	이자, 확정적	배당, 가변적
조달원금	만기 시 원금상환	상환의무 없음
증권 소유자의 지위	채권자	주주
경영참가권	없음	있음

3.3 자본구조결정(capital structure decision)

기업은 투자활동을 수행하는 데 많은 자금을 필요로 한다. 즉 설비, 기계 등의 구입을 위한 지출, 원재료 및 소모품, 노무비, 경비 등의 지출에는 많은 자금이 소요된다. 자본조달 결정 기능은 기업활동에 필요한 이러한 자금을 어디에서 얼마만큼 조달할 것인가를 결정하는 기능이다. 기업이 소요자금을 조달할 수 있는 원천은, 크게 주식발행 및 유보이익 등에 의한 자기자본과 회사채, 은행차입 및 당좌차입 등에 의한 타인자본의 2가지로 구분될 수 있다. 기업의 소요자금을 자본조달의 원천별로 어떻게 조합하는 것이 기업의 목표에 비추어 가장 적합한 방법인가라는 최적 자본구조(optimal capital structure)의 문제가 자본구조결정의 주요 과제가 된다.

이러한 최적 자본구조를 결정하는 것 이외에도, 재무관리자는 소요자금을 구체적으로 어떤 재원에서 어떤 조건으로 조달할 것인가를 결정해야 한다. 현실적으로 자본시장에는 각 기업의 특성에 따라 이용 가능한 자본 조달원이 여러 가지가 있으며, 또한 각 자금 조달원은 자본비용, 만기, 차입한도, 담보의 설정여부 등에 따라 다양한 특성을 지니고 있다. 여러 가지의 자금 조달원과 차입방법 중에서 기업의 목표에 비추어 가장 적합한 것을 선택하는 것이 재무관리자가 결정해야 할 또 하나의 기능이다.

3.4 배당정책(dividend policy)

배당 결정은 기업이 영업활동의 결과 획득한 이익을 어떻게 배분할 것인가에 대한 일종의 소득분배의 형태에 관한 의사결정(income distribution decision)이다. 다시 말하면, 재무관리자는 기업의 영업활동으로부터 획득한 이익 중에서 얼마를 배당으로 지급하고 얼마를 사내에 유보할 것인가에 대한 의사결정을 하여야 하는데, 이것이 바로 **배당정책**이다.

배당정책
기업의 영업활동으로부터 획득한 이익 중에서 얼마를 배당으로 지급하고 얼마를 사내에 유보할 것인가에 대한 의사결정을 하는 것

기업은 배당을 현금으로만 지급하는 것이 아니라, 특수한 방법의 배당정책을 선택할 수도 있다. 주주에게 배당을 현금으로 지급하는 대신에 주식으로 지급하는 주식배당 혹은 주식분할 등의 배당정책을 선택하기도 한다. 그리고 기업은 이익이 급격히 변동하더라도 배당금은 이와 관계없이 안정시키려는 안정화 배당정책을 일반적으로 채택하고 있다. 이러한 모든 배당정책은 무엇보다도 기업의 목표인 주식가격의 극대화의 관점에서 결정되고 평가되어야 한다.

04 화폐의 시간 가치

기업은 계속기업(going concern)이라는 관점에서 보기 때문에 재무의사결정에 따른 기업가치는 현금흐름의 관점에서 평가된다. 화폐는 동일한 금액이라 할지라도 시간에 따라 그 가치가 다르다. 즉 오늘의 1원과 내일의 1원은 그 가치가 다르다. 여러분들이 합리적인 사람이라면, 오늘의 1원을 내일의 1원보다 더 가치 있는 것으로 생각할 것이다. 또한, 1년 후의 1원은 2년 후의 1원보다 더 가치가 있다고 생각할 것이다. 이처럼 일반적으로 투자자들은 동일한 금액이라도 미래의 현금보다는 현재의 현금을 더 선호하는 경향을 가진다. 모든 경제주체는 소비의 연기에 대한 대가를 요구하므로 재화에는 시간가치가 발생하게 된다. 화폐의 흐름과 시간과의 이러한 관계를 **화폐의 시간 가치**(Time value of money)라고 정의한다. 우리가 은행에 현금을 예금하면 일정 기간 후에 이자를 지급받게 되는 것은 바로 화폐가 가지는 시간 가치에 대한 보상인 것이다.

화폐의 시간 가치
화폐의 흐름과 시간과의 관계

현재 1만 원을 투자하면 1년 후에 1만 5,000원의 현금유입이 기대되는 투자안 A와 현재 1만 원을 투자하면 2년 후에 1만 5,000원의 현금유입을 기대할 수 있는 투자안 B를 비교해보자. 화폐의 시간적 가치를 고려하면, 투자안 A가 투자안 B보다 더욱 가치 있는 투자안이라는 것을 쉽게 이해할 수 있을 것이다. 따라서 화폐의 시간 가치를 고려하지 않는다면 기업은 투자결정은 물론이고 자금조달결정, 배당결정 등 주요한 재무 의사결정을 올바르게 수행하지 못할 것이다.

재무의사결정은 화폐의 시간가치, 즉 현재가치와 미래가치의 개념을 이용하여 평가할 수 있다.

<화폐의 시간가치의 기본적 개념>

- **투자**: 미래의 이익을 기대하고 현재 시점에서의 확실한 소비를 희생시키는 행위
- **시간**: 화폐의 가치를 측정하는 데 있어 오늘의 1원과 내일의 1원의 가치가 상이하다는 점을 고려하는 것.
  → 오늘의 1원이 내일의 1원보다 더 큰 가치를 가진다고 인식하는 것.

미래가치
미래의 일정시점에서 받게 될 현금의 가치

- **미래가치**: 미래의 일정시점에서 받게 될 현금의 가치

  미래가치(FV_n), 이자율(r), 기간(n), 현재가치(PV)

  $FV_n = PV(1+r)^n = PV \times FVIF(r,n)$

  → $(1+r)^n$: 미래가치 이자 요소(future value interest factor: FVIF)

현재가치
미래 일정시점에서 주어진 금액의 현재시점에서의 가치

- **현재가치**: 미래 일정시점에서 주어진 금액의 현재시점에서의 가치

  $$PV = \frac{FV_n}{(1+r)^n} = FV_n(1+r)^{-n} = FV_n \times PVIF(r,n)$$

  → $(1+r)^{-n}$: 현재가치이자요소(present value interest factor: PVIF)

  → $PVIF = \frac{1}{FVIF}$

위험과 수익의 상충관계(Risk return trade-off)

- **위험**: 위험은 일정한 자산의 수익에 대해서 발생가능한 모든 변동가능성을 나타낸다. 미래는 불확실하기 때문에 리스크는 수익의 가변성으로 평가할 수 있다.

그림 10-2 위험과 수익률 간의 관계

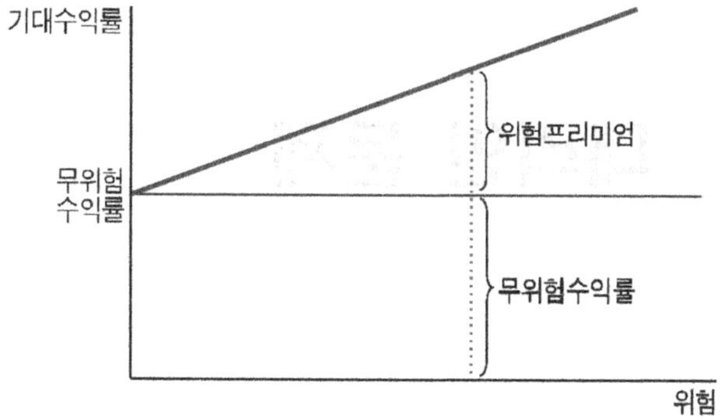

- 일반적으로 위험을 기피(risk-averse)하는 경제주체는 위험부담의 대가(=위험프리미엄)를 요구하게 되어 기대수익률과 위험 간에는 상충 관계가 존재.
- 수익률 증대와 위험 감소는 동시에 달성되는 것이 아니라 기대수익률이 높아지려면 위험이 커져야 되고, 위험이 낮아지면 기대수익률도 역시 낮아진다는 것이다.
- 기대수익률 = 무위험수익률 + 위험프리미엄
- 투자안의 위험도가 높을수록 높은 수익률 요구

05 대리인 문제

5.1 소유와 경영의 분리-경영자 지배

주식회사가 대규모화되면 많은 자본이 필요하므로 다양한 투자자로부터 자본을 조달하게 된다. 그 결과 주식의 분산이 광범위하게 일어나고 기존의 대주주가 갖는 지분비율도 낮아질 수밖에 없다. 이러한 주식의 분산이 더욱 고도화되면 주식만의 소유에 의한 기업의 지배는 거의 불가능하게 된다. 이것이 바로 '소유와 지배의 분리(separation of ownership and control)' 혹은 '소유와 경영의 분리(separation of ownership and management)' 현상이라고 한다.

더구나 전문경영자는 대규모 기업 경영에 필요한 전문적인 지식과 정보를 이용하여 기업을 실질적으로 지배하게 된다. Larner는 1963년 미국의 200대 기업 가운데 약 84.5%인 169개 기업이 경영자 지배 유형에 속한다는 것을 밝혔다. 경영자 지배 유형에 속하는 기업이 약 44% 정도에 불과하였던 1932년의 Berle & Means의 연구 결과와 비교해볼 때, Larner(1963)의 이러한 연구 결과는 미국에 있어서 대규모 기업의 경영자 지배는 거의 완료 단계에 이르렀다는 것을 실증적으로 보여주고 있는 것이다.

5.2 기업에서의 주인 대리인 문제(principal agency issue)

기업의 소유주가 직접 경영하는 개인기업(sole proprietorship)에서는 기업의 부가 곧 경영자의 부이므로, 소유경영자는 주주의 부의 극대화를 추구한다. 그러나 소유와 경영이 분리된 경영자 지배(management control)하에서 전문경영자는 반드시 소유주인 주주들의 이해와 일치하도록 행동할 것인가? 전문경영자는 주주들의 희생하에 자기 개인의 목표를 추구하는 것은 아닐까? Jensen과 Meckling(1976)은 이러한 문제를 대리관계로서 설명하려고 하였다.

일반적으로 계약관계에서 권한을 위임한 사람을 주인이라고 하고, 권한을 위임받은 사람을 **대리인**이라고 한다. 주주와 전문경영자 간의 관계는 대리관계(agency relationship)의 일종이다. 이것은 기업의 주인(principal)인 주주를 대신하여 전문경영자가 실질적인 경영과 관련된 의사결정을 내리기 때문에 경영자를 주주의 대리인(agent)으로 보는 개념이다. 경영자는 원칙적으로 주주들을 대신해서 주주들의 부를 극대화하는 방향에서 의사결정을 하여야 하지만, 경영자 자신의 이해와 주주들의 이해가 대립될 경우에는 경영자는 자신의 이익을 추구하는 의사결정을 내리는 경우가 발생하게 된다. 주주와 경영자 사이에 존재하는 이해상충의 문제를 **대리인 문제**라고 한다. 이러한 주인과 대리인이 이해가 다르기 때문에 발생하는 비용을 **대리인 비용**(Agency cost)이라고도 한다.

대리인
계약관계에서 권한을 위임한 사람을 주인이라고 하고, 권한을 위임받은 사람
주주와 전문경영자 간의 관계는 대리관계의 일종

대리인 문제
주주와 경영자 사이에 존재하는 이해상충의 문제

대리인 비용
주인과 대리인이 이해가 다르기 때문에 발생하는 비용

기업의 소유주인 주주와 대리인인 전문경영자와의 이해가 반드시 서로 일치하지 않을 수도 있다는 것을 보기 위해 어떤 기업이 하나의 새로운 투자안을 고려하고 있다고 가정해보자. 이 새로운 투자안은 채택될 경우 주식가격에 유리한 영향을 미칠 것으로 기대되지만, 다른 한편으로는 투자의 위험성이 매우 높은 투자안이다. 주주들은 그 투자안의 수행으로 주식가격을 상승시킬 수 있는 한 그 투자안을 채택하고자 할 것이다. 그러나 전문경영자의 입장에서는 투자 예측이 잘못되었을 경우 자신의 직장을 잃어버릴 가능성이 크기 때문에 그 위험한 투자안을 수행하지 않으려 할 것이다. 이러한 **대리인 비용을 줄이기 위해** 대리인인 경영자에게 스톡옵션, 성과 보상 등 인센티브를 제공하는 방법이 있다.

대리인 비용을 줄이는 방법
대리인인 경영자에게 스톡옵션, 성과 보상 등 인센티브를 제공하는 방법

06

자본예산

6.1 자본예산(Capital Budgeting)의 의의와 편성 과정

1. 자본예산의 기초 개념

일반적으로 투자(investment)란 미래의 상당히 긴 기간에 걸쳐 발생할 것으로 기대되는 수익을 실현할 목적으로 현재의 기업 자원을 사용하는 것을 말한다. 재무관리자가 직면하는 의사결정 중에는 투자결정, 자본구조결정, 배당정책 등이 있는데, 그중에서도 기업의 가치에 직접적 영향을 미치는 가장 중요한 결정은 투자결정이다. 투자결정(investment decisions)이 재무관리에서 가장 중요한 의사결정으로 간주되는 이유는 기업이 투자의사결정을 잘 수행한다면 주식가치를 극대화시킬 수 있는 반면에, 실패할 경우는 바로 기업의 도산으로 이어지기 때문이다.

자본예산
기업의 투자결정을 수행하는 데 필요한 토지, 건물 및 설비 등의 고정자산에 대한 지출인 자본지출에 대한 계획을 나타낸 표

투자에는 실물투자와 금융투자가 있는데, 자본예산은 실물투자 중에서도 고정자산에 대한 투자와 관련된다. **자본예산**(capital budget)은 기업의 투자결정을 수행하는 데 필요한 토지, 건물 및 설비 등의 고정자산에 대한 지출인 자본지출(capital expenditure)에 대한 계획을 나타낸 표이며, 자본예산 편성(capital budgeting)은 투자안을 분석하고 어떤 투자안을 자본예산에 포함시킬 것인가를 결정하는 전체과정을 말한다. 자본예산(capital budgeting)은 자산에 대한 투자

결정 중 특히 1년 이상 그 효과가 지속되는 투자, 즉 고정자산에 대한 투자결정으로서 새로운 설비의 도입, 교체, 확장 등에 대한 투자가 자본예산의 대상이 된다.

2. 투자결정의 종류와 성격

투자결정은 크게 전술적인 것과 전략적인 것의 2가지로 구분될 수 있다.

전술적 투자결정(tactical investment decision)은 일반적으로 비교적 적은 자금을 필요로 하며 기업의 과거 관행을 크게 벗어나지 않는다. 예를 들면, 현대자동차가 새로운 기계공구의 구입을 고려하는 것은 전술적 결정에 속한다.

전략적 투자결정(strategic investment decision)은 거액의 자금을 필요로 하며 기업의 과거 관행과는 크게 벗어날 가능성이 있다. 전략적 투자를 채택하면 그 기업의 기대수익 및 위험이 크게 변화할 것이다. 예를 들면, 삼성항공주식회사가 초음속 민간여객기를 개발하려는 계획은 전략적 결정에 속한다. 만일 삼성항공이 이 여객기를 개발하는 데 실패한다면, 그 회사의 존속 자체가 위태로워질 것이다. 전략적 결정은 상세한 수량적 분석보다는 오히려 최고경영자의 직관에 의존하는 경우도 자주 볼 수 있다.

3. 투자의사결정 조직

자본예산 편성의 행정적 측면을 보면, 투자안의 제안은 상향식 과정(bottom-up process)을 거치기도 하고, 하향식 과정(top-down process)를 거치기도 한다.

상향식 과정의 경우, 투자안의 제안이 생산 현장인 공장에서 나오고, 이러한 투자안이 사업부 책임자에게 제출되어 검토를 받고, 회사의 재무관리 담당자(corporate controller)가 투자안을 취합하여 자본예산을 편성한다. 제안된 자본예산은 최고경영자와 기획 및 재무분석 담당자에 의해 검토되고, 최종적으로 이사회에 제출되어 승인을 받는다.

하향식 과정은 최고경영자로부터의 제안이 사업부 관리자나 공장 관리자에게 전달되어 실행에 옮겨진다. 예를 들어, 공장 A와 B의 관리자들은 규모의 경제를 실현하기 위하여 두 공장을 폐쇄하고 새로운 공장 C에서 생산을 통합하는 안을 제시하지 못할 것이다. 이러한 제안은 최고경영자로부터 나올 수밖에 없다. 전략적 계획수립은 그 기업이 실질적 경쟁 우위를 지닌 영업을 찾아내려는 시도이거나, 또한 매각 또는 처분해야 할 영업을 찾아내려는 시도이다. 따라서 대부분의 기업에서 전략적 계획을 실행하기 위한 자본예산 편성결정은 하향방식으로 이루어진다.

6.2 자본예산의 절차

자본예산
투자로 인한 효과가 장래 1년 이상 걸쳐 장기적으로 실현될 투자결정에 관련된 계획의 수립 과정

자본예산이란 투자로 인한 효과가 장래 1년 이상에 걸쳐 장기적으로 실현될 투자결정에 관련된 계획의 수립 과정이다.

투자대안의 개발→투자안의 현금흐름의 추정과 경제성평가
→최적 투자안의 결정과 자금 조달→통제 및 사후관리

1. 투자목적의 설정

투자환경(경제적, 법적, 사회적, 문화적 환경 등) 변화 면에서의 기회와 위협요인을 분석하고, 기업 내부(시설, 자금, 인력 등) 면에서의 강·약점을 평가하여 구체화된 투자목적 설정한다(예: 자기자본이익률을 15%로 증대, 기업가치 10% 증대 등).

2. 투자 대안들의 검토와 분석

투자안에 대한 아이디어를 얻는 원천으로는 주로 기존 고객, 시장조사, 연구개발부서, 경쟁업체, 생산부서, 제안제도 등이 있다. 이들에 대하여 시장성을

검토하고 기술적 타당성을 평가한다.

3. 투자안의 분류

투자안들은 투자안의 규모, 신규 사업 여부, 전략적 중요성 등에 따라 다음과 같이 분류될 수 있다.

- 대체투자
- 기존 생산능력의 확장을 위한 투자
- 새로운 제품이나 사업진출을 위한 투자
- 안전 및 환경기준을 충족시키기 위한 투자

4. 현금흐름의 추정과 편익 · 비용 분석

각 투자안의 편익(benefit)과 투자비용(cost)을 분석하여 예상되는 현금흐름을 추정한다.

5. 투자안의 경제성 평가

투자안의 기대현금흐름에 대해 시간과 위험을 고려하여 그 투자안이 기업가치 증가에 얼마나 공헌하는지를 여러 가지 경제성 평가방법을 이용하여 평가한다.

투자안의 경제성 분석은 다음 2가지 작업으로 압축된다.

❶ 편익과 비용을 감안하여 예상되는 미래 현금흐름을 추정한다.
❷ 여러 가지 경제성 평가방법을 적용하여 기업가치 증가에 가장 크게 공헌하는 투자안을 채택한다.

구체적인 투자안의 경제성 평가방법은 다음과 같은 방법이 사용된다.

- 회수기간법(Payback period method)
- 회계적 이익률법(Accounting Rate of Return method)
- 순현가법(Net Present Value method)
- 내부수익률법(Internal Rate of Return method)

6. 최적투자안의 결정과 소요자금의 조달

기업가치를 극대화할 수 있는 최적 투자규모와 투자안을 선택한다.

7. 투자 후의 재평가와 통제

투자결과에 대한 모니터와 실제결과가 계획된 결과와 다르면 다른 행동이 취해질 수 있다.

자본시장과 기업가치

주식회사제도의 장점

❶ 다수의 소액자본가들로부터 거액의 산업자금 마련 가능

❷ 소유권(주식) 이전의 편리성(주식시장 존재)

❸ 소유자들의 유한책임(최악의 경우, 보유주식의 포기)

❹ 전문경영체제 확립의 용이성(소유와 경영의 분리 용이성)

기업공개(going public; initial public offering-IPO)

소수의 주주들에게 국한되었던 주식을 일반대중에게 공개적으로 판매하는 조치.

기업가치는 자본비용과 역의 관계에 있음

자본비용이 최소화될 때 기업가치가 최대화된다는 의미. 타인자본과 자기자본의 최적배합은 이들 두 자본의 자본비용의 평균이 최소화되는 경우.

타인자본 비중의 증가가 기업에 미치는 영향은 크게 2가지로 구분

첫째, 타인자본의 사용 대가인 이자비용은 세법상 손비(損費) 인정항목이기 때문에 타인자본의 비중이 높아지면 법인세 감면효과라는 이점이 증가.

둘째, 타인자본의 비중이 높아지면 도산 위험의 증가로 말미암아 도산비용이 증가하는 단점이 있다.

결국 2가지 영향은 반대방향으로 작용하기 때문에, 2가지 영향의 합이 최소가 되도록 부채비율을 유지하여야 한다는 주장.

분산투자(diversification)

❶ 다양한 사업에 진출하거나 다양한 주식에 투자하는 것.

❷ 다양한 사업에 분산투자하면 위험이 감소. 왜냐하면 어느 사업이 잘 안 되

면 다른 사업이 잘될 수도 있기 때문에 평균화현상이 일어나기 때문.

❸ 1990년대까지는 기업경영의 제1목표는 분산투자로 인한 위험감소였음. 왜냐하면 위험이 감소되면 자본비용이 감소되어 기업가치가 증가하기 때문. 특히 1970년대 노벨경제학상을 수상한 갤브레이스(Galbraith) 등 많은 학자들이 분산투자의 이점을 강조하였기 때문에, 전 세계를 막론하고 대기업들(특히 우리나라의 재벌기업들)은 문어발식으로 다양한 사업에 진출하는 것이 유행이었음. 그러나 분산투자는 기업의 핵심역량을 어느 한 사업에 집중시킬 수 없고, 전문성이 없는 분야에 무리하게 투자하는 바람에 경쟁에서 뒤지고 수익성이 저하되어 결국 총체적인 부실로 이어지는 결과를 초래.

❹ 분산투자의 이점이 논리적으로 성립되지 않는다는 말은 아님. 핵심역량이 다양하고 경영능력이 뒷받침된다면(힘든 일이지만) 분산투자의 이점을 배가시킬 수 있다.

❺ 아무리 분산투자를 한다. 해도 감소되지 않는 위험이 있다(예: 경기변동에 의하여 국가경제 전체가 침체되면 어쩔 수 없이 사업 전체가 어려워지며 반대로 국가경제 전체가 활황이 되면 사업 전체가 되살아날 수 있다).

분산투자와 위험감소전략

분산가능위험은 단순히 여러 사업에 골고루 분산하여 투자함으로써 없어지는 위험으로 사업별 위험이라고도 한다. 이에 비해 분산불가능위험은 아무리 여러 사업에 분산하여 투자하더라도 없어지지 않는 위험으로 시장위험(market risk)이라고 부른다. 왜냐하면, 시장에 존재하는 모든 사업에 골고루 투자하더라도 시장 전체의 업(up) 다운(down)으로 인한 위험에서는 벗어날 수 없다는 것이다.

"위기의 월가" 파산에 매각에…미 금융계 근간 휘청

리먼 파산 신청, 메릴 매각, AIG FRB에 400억달러 요청
FRB업계, 대출제도 확대·공동기금 조성 등 긴급조치

2007년 서브프라임모기지(비우량 주택담보대출) 사태로 촉발된 미국 금융시장의 신용경색이 결국 158년 역사의 리먼브러더스를 파산보호를 신청하도록 만드는 등 미국 금융계의 역사와 근간을 뒤흔들고 있다.

리먼에 이어 다음 차례로 지목받던 메릴린치는 14일(현지시간) 뱅크오브아메리카(BOA)에 전격 매각됐고, 손실 확대와 주가 하락으로 궁지에 몰린 AIG는 결국 연방준비제도이사회(FRB)에 지원을 요청하는 등 미 금융기관들이 '사지(死地)'로 내몰리고 있다.

◇ **리먼브러더스 끝내 파산보호 신청**

158년 미국 전통의 투자은행 리먼브러더스가 모기지 사태로 촉발된 위기를 넘기지 못하고 결국 15일 파산 신청을 내기로 했다.

미국 4대 투자은행이었던 리먼은 15일 새벽 발표한 성명을 통해 "이사회가 파산 신청 계획을 승인했으며, 15일 중으로 뉴욕 서던 지구의 파산법원에 낼 것"이라고 말했다.

리먼은 그동안 글로벌 금융 기업들과 매각 협상을 벌여왔으나 유력후보인 바클레이즈가 14일 협상 결렬을 선언하며 협상장에서 철수하는 등 최후의 노력이 실패로 돌아가자 파산 신청의 길로 들어서게 됐다.

바클레이즈 은행은 리먼 인수 후 발생할 잠재적 부실에 대해 미국 정부가 모종의 보장을 해줄 것을 요구했으나, 미 정부는 부정적인 입장을 고수한 것으로 전해졌다.

이에 따라 158년 역사의 리먼은 두 차례의 세계 대전과 10년 전 롱텀캐피털(LTCM) 붕괴 때도 살아남았으나 글로벌 신용 긴축의 위기를 넘기지는 못했다.

모기지 관련 부실 확대로 유동성 위기를 겪은 리먼은 지난 10일 올 3.4분기(6~8월) 39억달러(주당 5.92달러)에

미 금융위기 사태 일지

2007

6. 14 베어스턴스자산운용(BSAM) 산하 헤지펀드 파산 가능성 제기
6. 22 베어스턴스 소속 헤지펀드 2곳 32억달러 긴급 투입
7. 10 무디스, 스탠더드앤푸어스(S&P), 12억달러 규모 모기지담보증권(MBS)에 부정적(Negetive) 등급 부여
7. 18 베어스턴스 헤지펀드 2곳 자본잠식
8. 16 컨트리와이드파이낸셜 115억 달러 긴급 투입
10. 15 씨티그룹 3,4분기 서브프라임 모기지 및 부채담보부증권(CDO) 손실로 22억달러 상각
10. 24 메릴린치 3분기 79억달러 상각 발표

2008

1. 11 BOA, 모지기업체 컨트리와이드 인수
3. 17 JP모건, 베어스턴스 인수
9. 7 美정부, 패니메이, 프레디맥 구제대책 발표
9. 14 BOA 메릴린치 인수
9. 15 리먼브러더스 파산보호 신청 발표

연합뉴스

20080915 / 장선구 기자 sunggu@yna.co.kr

달하는 거액의 손실을 기록했다고 발표한 바 있다.

이 같은 손실 규모는 리먼 역사상 최대 규모로, 전문가들의 예상치 22억달러를 크게 웃돌면서 최악의 위기로 몰렸다.

리먼은 당시 부동산 자산 분사, 자산운용부문의 지분 매각 등을 담은 자구책을 함께 발표했으나 시장으로부터 회복 조치로는 미흡하다는 평을 듣기도 했다.

1850년 독일에서 건너온 세 명의 유대인 이민자들이 설립한 리먼은 월가 최고의 모기지증권 관련 투자은행으로 알려져 왔으며 2.4분기말 현재 650억달러의 모기지 관련 자산을 보유했다.

◇ **메릴린치는 BOA에 전격 매각**

월가에서 리먼 다음 차례라는 지적을 받아온 미국 최대의 증권사 메릴린치도 결국 BOA에 전격 매각됐다.

BOA는 이날 메릴린치를 약 500억달러에 인수키로 했으며 메릴린치의 440억달러 상당의 보통주와 60억달러에 달하는 옵션 등을 인수할 예정이다.

BOA의 케네스 루이스 회장 겸 최고경영자(CEO)는 성명에서 자산관리와 자본시장 등에서 최고의 회사 중 하나인 메릴린치의 인수가 주주들에게 큰 기회를 제공할 것이라면서 이번 인수에 따른 시너지 효과가 가치가 더 높아질 것이라고 밝혔다.

인수 금액은 주당 29달러 수준으로, 이는 메릴린치의 지난 12일 종가인 17.05달러 대비 70% 할증된 가격이나 1년전 주가 대비 3분의 2에 해당하며 지난해 초 최고가 대비로는 절반에 불과한 가격이다.

BOA의 메릴린치 인수는 투자은행 리먼브러더스가 매수자를 찾지 못해 파산 신청을 준비하며 몰락을 향해가는 등 월가의 위기가 고조되는 상황에서 전격적으로 이뤄졌다.

BOA는 지난 12일까지만 해도 리먼브러더스를 인수하는 문제를 논의했지만, 리먼 인수 포기를 선언하고 전격적으로 메릴린치 인수를 결정했다.

월가의 고위 관계자는 중앙은행이 매각을 조율했을 수도 있다며 죽어가는 리먼브러더스를 놔두고 상대적으로 건강한 환자를 구하는 것이 낫다는 판단에 따라 정부가 BOA의 메릴린치 인수를 도왔을 가능성이 있다고 <월스트리트저널>이 보도했다. <연합뉴스>

경영학원론 추천도서

균형성과표

(The Balanced Scorecard: Translating Strategy into Action, Robert S. Kaplan & David P. Norton)

경영자들은 측정이란 문제에 관심이 없었다. 비전이나 전략에만 초점을 두고 있었지만, 이러한 비전과 전략이 어느 정도 달성되고 실행되고 있었는가는 등한시했다. 뛰어난 전략이 제대로 효과를 보지 못하는 이유는 실행과 관련이 있고, 그 핵심에는 통제라는 측정의 문제가 있었다. 전략의 실행 여부와 효과를 제대로 파악하지 못하고, 피드백을 받지 못하니 전략이 제대로 실행되었는지를 파악하기 어려운 것도 당연한 일이다.

하버드대학교의 로버트 캐플란 교수와 롤런노턴연구소의 데이비드 노턴은 이러한 전략과 실행의 괴리를 해결하기 위한 새로운 측정 도구로 균형성과표(Balanced Score Card: BSC)라는 개념을 제시했다. 그동안 기업은 재무적인 측정지표만으로 성과를 측정하려고 했지만, 성과를 제대로 측정하기 위해서는 비재무적인 측정지표도 고려해야 한다.

따라서 균형성과표는 전통적인 재무 지표 이외에 고객지표, 내부 비즈니스 프로세스 지표, 학습과 성장 지표 등 4가지로 구성되어 있다.

(1) 재무지표: 기업의 전략과 실행이 순이익의 개선에 얼마나 기여를 했는가를 나타내는 것으로 투자수익률과 경제적 부가가치(Economic Value Added: EVA) 등이 있다.

(2) 고객 지표: 비전을 달성하기 위해서 고객에서 어떻게 보여야 하는가의 문제로 사업 단위 경영자들이 미래에 좀 더 높은 재무적인 수익을 얻게 될 고객 및 시장에 기반을 둔 전략을 명확히 하는 것으로 고객만족도, 고객 유지율, 시장점유율 등이 대표적이다.

(3) 내부 비즈니스 프로세스 지표: 고객만족과 조직의 재무적인 목표를 달성하는 데 가장 큰 영향을 미치는 내부 프로세스와 관련이 있는데 품질, 대응시간, 원가, 신제품의 도입 등이 해당한다.

(4) 학습과 성장 지표: 조직이 장기적인 성장을 위해서 반드시 구축해야 하는 기반으로 종업원 만족도, 정보 시스템 이용도 등이 해당한다.

이러한 다각도의 측정은 경영자에게 기업의 비전과 전략이 균형 있게 실행되는가의 여부를 판단하는 기준을 제시해준다.

이해와 실천을 위한 경영학원론

제11장

기업가정신과 창업

01| 기업가정신

02| 벤처기업

03| 창업

Principles of Management

나는 특별한 사람은 아니지만, 평범한 삶을 살아온 것 역시 아니다.

나는 원래 가만히 앉아 있는 성격이 아니었을 뿐 아니라, 무슨 일을 하더라도 첫째, 최고, 최대가 아니면 직성이 풀리지 않는 성격이었다.

그래서 평생을 새로운 일, 어려운 일을 찾아 생각하고 이루어내면서 살아왔다.

〈이병철 삼성 창업회장〉

미국이 기업가정신을 가장 잘 실천하는 나라라는 주장에 동의하는가?

그것은 아주 위험한 착각이다. 기업가정신을 가장 잘 실천하는 나라는 의심할 여지 없이 한국이다.

〈피터 드러커〉

01 기업가정신

1.1 기업가

기업가정신의 의의를 보기 전에 먼저 기업가의 일반적 특성을 살펴보기로 한다. **기업가**란 사업 아이디어를 구상하여 사업을 운영하기 시작한 사람으로서 그 사업에 대한 조직화, 방향설정, 지휘·감독의 책임을 가진 사람이다. 기업가는 조정자(coordinator), 혁신자(innovator), 위험감수자(risktaker), 중개자(arbitrager)의 역할을 수행한다.

기업가
사업 아이디어를 구상하여 사업을 운영하기 시작한 사람으로서 그 사업에 대한 조직화, 방향설정, 지휘·감독의 책임을 가진 사람이다. 조정자, 혁신자, 위험감수자, 중개자의 역할을 수행함

일반적으로 기업가의 특성은 다음과 같다.

- 사업에 대한 몰입과 확고한 결의, 기회에 대한 집착, 위험·모호성·불확실성의 수용, 창의성·자립심·적응력, 남보다 앞서려는 동기, 리더십, 현실감각과 유머감각이다.
- 또한 창업을 위한 철저한 준비과정이 필요하며 사전에 지식을 습득하여 준비하고 기회를 잘 포착하는 능력을 갖추어야 한다.
- 창업한 신생기업이 성장하려면 기술혁신 능력뿐만 아니라 경영관리능력도 필요하며 기술적 배경을 가진 기업인이 경영지식을 모두 갖기 어려워 서로 보완적 역량을 갖춘 사람들이 팀을 구성하여 창업을 하는 경우가 많다.

표 11-1 기업가와 관리자의 차이

구분	기업가	관리자
개인적 성향	기회를 현실화시키는 통찰력과 타인들을 사업에 동참시키려는 설득력이 강하다.	합리적이고 분석적 판단을 중시하며 실무에 능통하다.
의사결정	새로운 비즈니스를 개시할 때 현재 가용자원의 고려 없이도 시작한다.	현재 상태 유지와 자원에 근거한 의사결정을 중시한다.
위험 인식	현실 안주를 거부하고 여러 가지 위험을 감수하며 자신의 비전을 실현한다.	주어진 목표와 상응한 보상에 의해 동기가 부여되며, 불확실성과 위험을 기피하는 성향이 강하다.

1.2 기업가정신(Entrepreneurship)

조지 길더의 『기업의 정신』에 의하면, “기업인들은 그들 자신을 주고, 그들의 시간, 부, 잠을 희생한다. 그들은 오랜 세월을 희생하고, 모든 이윤을 재투자하며, 전 재산을 저당 잡힌다. 자신이 지닌 아이디어에 대한 신념에서 그들의 삶을 바친다. 그들이 신념과 돈과 희생을 오랫동안 쏟아붓는 것은 얼른 보기에 낭비요, 심연의 바다 속으로 사라지는 헛수고 같아 보이지만, 어쨌든 신비롭게 응집된다. 계산이나 예측의 지평을 넘어 마침내 산을 움직인다. 모든 계획과 기대를 넘어 엄청난 밀물처럼 입증의 물결의 몰려온다. 그것은 비합리적인 과정이다. 그러나 이것이 바로 기업인의 역사적인 경험이며 끊임없이 희생하는 자본주의의 기적이다”라고 하고 있다.

기업가정신은 혁신의 기회를 감지하는 능력과 위험을 무릅쓰고 새로운 것을 시도하고자 결단하는 능력으로, 불확실한 미래에 도전하고 이에 몰입하며 불굴의 정신과 필사의 자세로 이를 성취하는 것이다. 조직의 모든 요소들에 대해 혁신적인 사고를 하며 자아욕구가 강하여 가치에 근거한 창조적인 활동을 하는 것이다. 그리하여 기업가에게는 인간의 일상적인 미덕 가운데서도 용기를 가지고 창의적으로 도전하는 정신이 일차적으로 요구된다.

또한 기업가정신에는 용기, 정열과 함께 혜안과 과학적 사고가 내포되어 있다. 기업가는 불가능에 직면해서도 엄청난 위험을 용기 있게 걸머지는 망각 속의 영웅이며 발전의 원천이다. 한 기업, 나아가 한 나라 경제의 성공 여부는 경제의 궁극적 자산인 기업가의 용기와 신념에 달려 있으며, 개발도상국에 있어서 경제발전의 가장 큰 애로는 기업가와 기업가정신의 부재다.

우리나라를 비롯한 아시아의 신흥공업국들이 빈곤의 악순환이라는 고리를 끊을 수 있었던 것도 이들 나라에 훌륭한 기업가들이 있었기 때문이다.

기업가정신은 제품, 공정, 생산요소, 시장, 조직 등에서 다양한 혁신을 일으키며, 기업가의 핵심적 역할은 혁신 특성이다. 기업가정신은 개인적으로 높은 성취욕구, 자유의지, 위험감수 등의 특성을 가지며 가정환경과 교육수준 등의 배경요인도 포함된다.

1.3 기업가정신(Entrepreneurship)의 정의

과거에 일반적으로 사용되던 기업가정신의 개념은 현대의 벤처창업이나 기업성장을 설명할 때 사용되는 의미와는 다소 다른 뜻으로 쓰였다.

기업가정신이라는 용어는 초창기의 기업가, 모험군인, 탐험가, 건축가, 상인 등을 뜻하는 17세기의 프랑스어 entrepreneur에서 유래되었고, 이후 신대륙의 경제발전에 중요한 원동력이 되었다. 기업가의 주된 역할은 사업 기회를 포착하고 이것을 사업화하여 가치 있는 무언가를 창출하는 것이다. 기업가 활동에 있어서 창조성은 필수적인 요소이며, 기업가정신은 이러한 창조적 아이디어를 실천하는 과정이므로 중요하다. 창조성이 새로운 아이디어를 만들어내는 과정이라면, 기업가정신은 그 아이디어를 실천하여 혁신을 일으키는 인간적·조직적 과정이다. 새로운 아이디어의 실천에는 반드시 개인 및 조직의 상호 작용과 협력이 필요하다. 기업가정신은 이러한 인간적·조직적 과정 전체를 조율하고 총괄하는 과정이라 할 수 있다. 지금까지 많은 학자들에 의해 사용되어 왔으나, 아직 공통된 정확한 정의는 없는 실정이다. 다만 지금까지 학자들이 내린 정의들을 검토할 때 크게 2가지로 분류해볼 수 있다.

첫째, 경제 기능적 접근에 의한 정의로서 기업가정신의 경제적 기능에 초점을 맞추었다. 예를 들자면 18세기 Richard Cantillon은 기업가정신을 불확실한 가격에 상품을 구입하여 불확실한 가격으로 매도함으로써 발생하는 위험의 부담으로 정의하였다. 19세기에 들어와 Jean B. Say는 이 정의에 생산의 기능을 첨가하였다. 즉 기업가는 자본가와 달리 생산의 기능을 담당함으로써 이윤을 창출한다고 하였다. 즉 제품혁신 생산공정 혁신, 시장혁신, 생산요소혁신, 조직혁신 등 다양한 혁신을 담당하여야 하는 것이 기업가의 핵심역할이라고 간주하였다.

둘째, 기업가의 개인 특성으로 기업가정신을 정의하였다. 이러한 정의는 개인 기업가의 사회 심리적 특성에 초점을 맞춘 것이다. 예를 들면 성취욕구, 자유 실천의지, 위험감수성향 등 심리적 특성을 강조하기도 하였으며, 가정환경과 교육수준 등 사회적 배경요인을 중시하였다.

그런데 위의 2가지 정의 방법은 각기 장점과 단점을 모두 가지고 있으며 어느 한 접근방법이 우월하다고 할 수 없다. 실제로 기업가정신을 기업가의 인간적 특성을 배제한 채 경제적 기능만으로 정의하기에는 많은 문제가 있다. 또한 기업가의 개인적 특성만으로 기업가정신을 이해하기에는 복잡한 현실을 충분히 설명하기 어렵다. 최근 이러한 문제점을 인식하여 보다 종합적으로 **기업가정신**을 설명하려는 시도가 있다. 예를 들자면 Hisrich & Brush의 정의이다. "기업가정신이란 위험부담과 그에 상응하는 보상을 전제로 하여 가치 있는 그 무엇을 새로이 창조하는 과정이다." 또한 Kao는 다음과 같이 정의하였다. "기업가정신이란 사업기회의 인지, 위험부담의 적절한 관리, 적절한 자원 동원의 기술을 통하여 가치를 창출하려는 시도이다." 따라서 기업가정신은 위험과 불확실성 아래에서 창조성과 혁신을 통하여 기회로부터 새로운 경제적 가치를 창출하는 것이라고 볼 수 있다.

기업가정신
- 위험부담과 그에 상응하는 보상을 전제로 하여 가치 있는 그 무엇을 새로이 창조하는 과정(Hisrich & Brush)
- 사업기회의 인지, 위험부담의 적절한 관리, 적절한 자원 동원의 기술을 통하여 가치를 창출하려는 시도(Kao)
- 위험과 불확실성 아래에서 창조성과 혁신을 통하여 기회로부터 새로운 경제적 가치를 창출하는 것

1.4 기업가정신(Entrepreneurship)의 중요성

경제활동을 하는 사람들은 많은 경우 독자적으로 사업을 일으킴으로써 경제적 부를 누리고 성취감을 맛보려는 욕구를 가지고 있다. 이러한 욕구는 산업발전과 자본주의 사회의 성장에 원동력이 되어왔다. 또한 기존기업들도 급속한 환경변화에 대응하여 보다 혁신적이고 도전적 자세를 견지하려 하고 있다. 이 책에서 다루고자 하는 기업가정신은 바로 이와 같은 개인의 창업활동과 기존 기업들의 혁신적 행위를 주 내용으로 한다.

지금 세계는 대량생산 위주의 산업사회로부터 지식위주의 '지식산업사회'로 바뀌고 있다. 지금 우리가 소유하고 있는 지식의 90%는 불과 30년 이전에 창출된 것이며 앞으로 10~15년이 지나면 지식의 양은 지금의 2배가 될 것이라고 한다. 이렇게 급격히 증가하는 지식을 적절히 활용함은 사업성패에 중요한 영향을 미칠 것이다. 따라서 새로운 지식을 창출하고 위험을 무릅쓰고 그것을 사업화하거나 사업에 반영하는 의지와 행동(기업가정신)은 개인 및 기업 차원에서뿐만 아니라 경제발전 차원에서 매우 중요해지고 있다

기업가정신에 대한 개념은 기업이 처해 있는 국가의 상황이나 시대에 따라 바뀌어왔다. 따라서 기업가정신을 한마디로 정의하기는 어렵다. 그러나 어느 시대 어떤 상황에서든 기업가가 갖추어야 할 본질적 정신은 별로 다르지 않다.

기업은 이윤의 획득을 목적으로 운용하는 자본의 조직단위이기 때문에 생존을 위해서는 먼저 이윤을 창출해야 한다. 동시에 기업은 이윤을 사회에 환원한다는 점에서 사회적 책임도 가지고 있다. 따라서 기업을 이끌어가는 기업가는 이윤을 창출하면서도 사회적 책임을 잊지 않는 정신을 가지고 있어야 한다. 다시 말해 올바른 기업가정신을 가지기 위해서는 언제나 이 두 가지가 전제되어야 한다.

기업가정신
새로운 생산방법과 새로운 상품개발을 기술혁신으로 규정하고, 기술혁신을 통해 창조적 파괴에 앞장서는 기업가를 혁신자로 봄(슘페터)

기업가정신과 관련된 대표적 학자로는 미국의 경제학자 슘페터(Joseph Alois Schumpeter)를 들 수 있다. 그는 새로운 생산방법과 새로운 상품개발을 기술혁

신으로 규정하고, 기술혁신을 통해 창조적 파괴(creative destruction)에 앞장서는 기업가를 혁신자로 보았다.

그는 혁신자가 갖추어야 할 요소로 ① 신제품 개발 ② 새로운 생산방법의 도입 ③ 신시장 개척 ④ 새로운 원료나 부품의 공급 ⑤ 새로운 조직의 형성 ⑥ 노동생산성 향상 등을 꼽았다.

전통적인 의미의 기업가정신 역시 슘페터의 정의와 크게 다르지 않다. 미래를 예측할 수 있는 통찰력과 새로운 것에 과감히 도전하는 혁신적이고 창의적인 정신이 전통적 개념의 기업가정신이다. 현대에는 이러한 전통적 의미의 기업가정신에 ① 고객제일주의 ② 산업보국 ③ 인재 양성 ④ 공정한 경쟁 ⑤ 근로자 후생복지 ⑥ 사회적 책임의식까지 겸비한 기업가를 진정한 기업가로 보는 견해가 지배적이다. 이러한 기업가정신은 경제구조의 고도화에 따라 기업가의 창의와 혁신이 필요하게 되었고, 글로벌 경제로 인한 경쟁의 심화로 환경변화의 신속한 대처, 혁신적 행동 및 의사결정의 필요성이 증대되면서 더욱더 중요성을 가지게 되었다.

'기업가정신 주간'

최근의 기업광고 가운데 현대그룹을 창업한 고 정주영 명예회장의 광고가 눈길을 끈다. 맨주먹으로 유럽에 날아가 차관을 얻고, 배를 수주했던 당시를 설명한다. 불과 몇 초 동안의 영상이지만 불굴의 도전정신과 두둑한 자신감이 인상적이다. '시련은 있어도 실패는 없다'며, 불가능을 무릎꿇게 했던 그는 기업가정신이 충만했던 대표적인 경영자로 꼽힌다.

우리 경제가 이토록 짧은 기간에 도약할 수 있었던 것은 기업가정신이 충만했던 경영인들이 많았기 때문이다. 반도체 산업이라는 거대한 모험을 감행하고, 황무지에서 철강산업을 일구고, 유화산업을 개척한 사람들은 상상력과 창조성이 뛰어난 경영인들이었다. 피터 드러커가 명저 『넥스트 소사이어티』에서 '기업가정신이 가장 충만한 나라가 한국'이라고 지칭한 것도 이들과 무관치 않다.

이런 기업가정신이 퇴색했다고 여기저기서 야단이다. 기업들이 현금을 쌓아두고도 좀체 투자를 하지 않는다고 한다. 미래의 변화에 대응하려는 도전정신이 사라졌다는 것이다. 변화와 혁신을 추구해 나갈 때, 차세대가 풍요로워진다는 사실을 감안하면 이는 여간 큰 문제가 아니다.

급기야 정부가 사라진 기업가정신을 지피겠다고 나섰다. 지식경제부는 오는 10월 30일부터 11월 9일까지를 '기업가정신 주간'으로 정하고, 기업들이 진취적인 기업가정신을 발현할 수 있는 계기를 만들겠다고 발표했다. 이 행사에서는 '한국 경제를 빛낸 기업인'을 선정해 발표하는데, 반(反)기업 정서를 의식해서라고 한다. 이왕이면 경영활동에 걸림돌이 되는 여러 제약들을 싹 걷어내는 정부의 결단도 함께 이루어지면 더욱 좋을 성싶다.

대만의 기업인들은 두 개의 명함을 가지고 다닌다고 한다. 하나는 현재의 명함이고, 또 하나는 미래에 자신이 창업할 회사의 명함이다. 기업가정신이 살아 움직인다는 얘기다. 투자를 주저하고 일자리가 줄어들수록 기업가정신이 더욱 아쉬워진다. 정 명예회장에 대한 향수는 그래서 더욱 진해지는 것 같다.

<한국경제>

02 벤처기업

왜 벤처기업인가?

벤처기업이 처음 등장한 곳은 미국이다. 1950년대부터 미 항공우주국(NASA)을 중심으로 군사, 우주개발 등에서 기술을 축적한 전문가들이 벤처비즈니스의 기업화를 추진하였다. 1960년대에는 반도체산업의 발달로 실리콘밸리를 중심으로 수많은 벤처기업이 탄생하였고, 1970년대 말부터 유전공학, 개인용 컴퓨터 등 첨단기술을 중심으로 한 벤처비즈니스가 태동하기 시작했다. 1990년대에 접어들면서 정보통신과 PC 분야로 확산된 벤처기업은 마이크로소프트, 넷스케이프와 같은 급성장 신화를 낳았다. 이 과정에서 벤처기업은 미국 경제에 크게 이바지했다. 첨단산업을 주도해 미국 경제의 구조조정과 고도화를 선도했다. 또 리스트럭처링으로 대기업에서 밀려난 인력을 흡수하면서 신규 고용을 창출했다.

미국의 벤처기업은 정부의 정책적 배려나 지원에 기대지 않고 투자자들과 벤처기업가들이 자력으로 시장원리를 활용하여 성장해왔다는 데 특징이 있다. 일본이나 우리나라의 경우는 미국보다 벤처비즈니스의 발달이 늦었는데, 그것은 기술개발이 주로 정부의 지원으로 유도되었기 때문이다.

오늘날 벤처기업이 본격적으로 대두된 이유는 산업구조의 변화에서 찾을 수 있다. 즉 섬유, 철강, 자동차, 유통 등을 중심으로 하는 공업사회에서 반도체,

전자공학, 생명공학, 소프트웨어, 정보통신과 같은 정보화사회로 변화한 것이 벤처기업의 출현을 촉진시켰다. 또한 국경을 초월한 무한경쟁이라는 환경에 대응하기 위해서는 기술혁신을 통한 고수익과 고성장 전략을 취할 수밖에 없다는 점도 중요하다. 어쨌건 급격한 기업환경의 변화 속에서 벤처기업이 미래의 경쟁력을 선도할 중심에 있다는 것만은 분명하다.

2.1 벤처기업

벤처기업(Venture Business)은 정확하게 그 개념이 확정된 용어는 아니다. 벤처기업에 대한 학술적으로 명확한 개념 정의는 없고, 국가마다 상이한 개념이 적용되고 있다. 모험기업, 지식 집약적 중소기업, 연구 개발형 기업, 하이테크 기업 등의 용어도 혼용되고 있다. 미국에서도 High Risk, High Return, Venture Capital로부터 투자받은 기업 등으로 다양하게 말한다. 일본에서는 기술개발투자비가 전체 매출액의 3% 이상이고 설립한 지 5년 미만의 특정 중소기업자로 정의하기도 한다(<그림 11-1> 참조). 타 국가에서는 "신사업", "기술 집약산업", "첨단 기술산업"으로 다양하게 규정하고 있다. 원래 미국에서 발생한 연구개발, 디자인개발형의 소기업이 원류이다. 미국의 Venture Business는 자생적으로 생성된 풍부한 Venture Capital과 높은 기술력을 바탕으로 기술혁신의 선도적 역할을 수행해왔고 고용 창출 등 경제적 측면에 크게 기여하고 있다.

벤처기업
고도의 기술력, 첨단기술을 가지고 고수익과 고성장을 추구하는 비교적 소규모이나 유망하고 창조적인 기업. 사업에 도전하는 모험적인 중소기업으로 고위험과 고성과를 그 특징으로 함

일반적으로 **벤처기업**이란 고도의 기술력, 첨단기술을 가지고 고수익과 고성장을 추구하는 비교적 소규모이나 유망하고 창조적인 기업을 말한다. 즉, 새로운 아이디어와 기술, 노하우를 자산으로 사업에 도전하는 모험적인 중소기업으로 고위험과 고성과를 그 특징으로 한다.

벤처기업이라는 용어가 일반화되기 이전 전통적인 기업 활동방식은 구매, 생산, 판매 활동 등을 통하여 이익을 창출하고 그 이익을 주주들에게 배당하는 것이었다. 그러나 벤처기업은 이러한 전통적인 기업 활동방식을 탈피하여

그림 11-1 벤처기업의 개념

일반적 개념	
• 벤처기업에 대한 학술적으로 명확한 개념 정의가 없음 • 국가마다 상이한 개념 적용 - 미국 : High Risk, High Return, Venture Capital로부터 투자받은 기업 - 타 국가 : "신사업", "기술집약산업", "첨단기술산업"으로 다양하게 규정	
미 국	〈중소기업투자법〉에서 "위험성이 크나 성공할 경우 높은 기대 수익이 예상되는 신기술 또는 아이디어를 독립기반 위에 영위하는 신생기업(New business with high risk-high return)"으로 규정
일 본	〈중소기업의 창조적 사업활동 촉진에 관한 임시조치법〉에서 "중소기업으로서 R&D 투자비율이 총매출액의 3% 이상인 기업, 창업 후 5년 미만인 기업"을 규정
OECD 국가	"R&D 집중도가 높은 기업" 또는 "기술혁신이나 기술적 우월성이 성공의 주요 요인인 기업"을 규정

미래의 기업가치를 중심으로 한 기업 활동에 중점을 두고 있으며, 벤처기업에 투자하는 투자자들 역시 현재보다는 미래의 기업가치를 평가하고 투자를 결정하고 있다.

1998년 12월 30일에 개정된 '벤처기업 육성에 관한 특별조치법'에 따르면 벤처기업이란 중소기업기본법 제2조의 규정에 의한 중소기업 중 일정 범위에 해당하는 기업을 말하는데, 2006년 6월 기존의 벤처기업 확인제도를 민간 중심의 시장에 의한 선별방식으로 개편하였다. **벤처기업**을 <표 11-2>와 같이 ① 벤처 투자기업 ② 연구개발기업 ③ 기술평가 보증·대출기업 등으로 나누어 정의하고 있다.

벤처기업
벤처 투자기업, 연구개발기업, 기술평가 보증·대출기업

세계적으로 성공한 벤처기업의 특징은 창업자들이 비교적 젊고, 학력수준이 높으며, 연구 중심지인 대학 연구소 등 지식산업이 인접한 곳에서 시작되는 경우가 많고, 오로지 기술과 아이디어 하나만을 가지고 설립되는 회사라는 점을 꼽을 수 있다.

벤처기업은 높은 위험을 기업가와 공동으로 부담하면서 높은 자본 이득을 추구하는 모험자본이 뒷받침되지 않고는 탄생하기 어렵다. 이 때문에 정부는

표 11-2 우리나라 벤처기업 기준

벤처 유형	기준요건(각 항목 모두 충족 요함)	확인기관
벤처투자기업	① 벤처투자기관으로부터 투자받은 금액이 자본금의 10% 이상일 것 ※벤처투자기관: 창업투자회사(조합), 신기술금융사(조합), 한국벤처투자조합, 한국벤처투자(주), 기업은행, 산업은행 ② 투자금액이 5천만원 이상일 것 ③ 상기 ①, ②의 투자내역을 확인요청일 직전 연속하여 6개월 이상 유지할 것	한국 벤처 캐피탈 협회
연구개발기업	① 기술개발촉진법 제7조 규정에 의한 기업부설연구소 보유(필수) ② 업력에 따라 아래 기준에 부합할 것 –창업 3년 이상 기업: 확인요청 분기의 직전 4분기 연구개발비가 5천만원 이상이고, 매출액대비 연구개발비 비율 일정기준 이상일 것 –창업 3년 미만 기업: 확인요청 분기의 직전 4분기 연구개발비가 5천만원 이상일 것(연구개발비 비율 적용 제외) ③ 연구개발기업 사업성평가기관으로부터 사업성 우수평가	중진공, 기보
기술평가보증기업 기술평가대출기업	① 기보의 보증 또는 중진공의 대출을 순수신용으로 받을 것 ② 상기 ①의 보증 또는 대출금액 각각 또는 합산금액이 8천만원 이상이고, 당해 기업의 총자산에 대한 보증 또는 대출금액 비율이 5% 이상일 것(단, 10억 이상 보증(대출)시 비율 적용 배제) ③ 기보 또는 중진공으로부터 기술성이 우수한 것으로 평가	중진공, 기보

첨단 중소기업 형태인 벤처기업을 국가적으로 육성하기 위해 모험자본의 공급원으로서 역할을 하는 창업투자회사의 업무에 대한 각종 규제를 완화시켜주고, 벤처기업 종사자들에게 스톡옵션제를 시행하고 벤처기업이 상장하거나 장외등록할 경우 주식취득 또는 양도세를 전액 비과세함은 물론 벤처기업들로 이루어진 코스닥시장에 외국인 투자가 가능하도록 하고 있다.

2.2 벤처기업의 특징과 성격

벤처기업의 일반적 특징은 다음과 같다.

❶ 기술 창업가가 기술혁신의 아이디어를 상업화하기 위해 설립한 신생기업

이다.

❷ 지식집약적인 기업으로 주로 정보통신, 전기전자, 유전공학, 의료기기, 영상 멀티미디어 분야가 주를 이루고 있다.

❸ 성공할 경우 매우 높은 이익이 기대되지만 상대적으로 위험부담도 크다. 첨단기술이 필요한 개척분야의 기업이다.

❹ 기술혁신의 템포가 빠른 기업으로 총매출액 대비 기술개발비의 비율이 높다.

❺ 새로운 사업에 도전하려는 왕성한 기업가정신과 모험심이 가장 잘 발현된 창업의 한 형태이다.

❻ 소자본으로 창업할 수 있는 중소기업의 형태를 취한다.

❼ 기본 시스템을 제외하고는 외부자원을 이용하는 경우가 많다.

❽ 지적재산권의 비중이 높다.

벤처기업의 특성을 집약하여 보면, 첫째 기술집약적이고 연구개발비가 높다. 둘째, 매출액 증가율과 고용 증가율이 높다. 셋째, 국가별로 그 특성이 다르다. <표 11-3>과 <표 11-4>를 통해 그 특성을 살펴보도록 한다.

표 11-3 기술집약적이고 연구비가 높다(1999)

구분	벤처기업	중소기업	대기업
R&D투자비/매출액(%)	33.7	0.3	2.1
기술인력(%)	51.0	2.7	0.3

표 11-4 매출액증가율과 고용증가율이 높다(1998, %)

구분	벤처기업	중소기업	대기업
매출증가율	71.2	△2.0	2.0
경상이익률	4.0	0.6	△2.9
수출증가율	61.5	△1.0	△4.2
고용증가율	25.3	△2.3	8.7

자료: 남영호, "벤처기업 활성화 방안", 대한경영학회, 2000.

표 11-5 각국의 벤처기업의 특성 비교

구분	미국	일본	한국
발생시기	1960년대	1970년대	1980년대
형태	독립 벤처	기업 내 벤처	독립 벤처
소유구조	창업자≠경영자	소유경영, 세습형	소유경영
대상분야	첨단기술에 약 80% 치중	첨단기술에 24% 치중, 유통부문, 서비스업의 지원이 상대적으로 큼	한국의 기술수준, 기술조건에서 기술집약제품, 지식집약적 산업에도 증가
지원시기	기업화 초기단계 34%, 성장단계 54%, 기타 12%	성장단계, 공개 직전 단계에의 지원이 많음	국내시장 기준에서 도입기, 성장단계, 선진국 기준에서는 성장단계, 성숙단계
대상기업	중소기업, 기설기업에 대한 투자가 많음	중소기업, 11~15년 경과된 기업에의 투자가 많음	중소기업, 신설기업 투자도 있음, 장외등록 직전단계
회수기간	3~4년 이내(벤처캐피털)	5~10년 경과(벤처캐피털)	3~7년 정도

자료: 홍성도, 『벤처기업 창업경영론』, 학문사, 1998.

2.3 벤처 창업자의 실패 유형

1997년 11월, 국내 경제에 위기가 오면서 전통적인 제조기업이 연일 쓰러졌지만 고부가가치 기술을 중심으로 한 벤처기업은 화려하게 등장했다. 특히 벤처기업은 종전의 대기업과 재벌 중심 경제구조의 대안으로 부각했다. 이후 6년째인 2003년, 벤처기업 혹은 창업기업들의 모습은 양극화되고 있다. 안정적인 수익모델을 기반으로 급속하게 성장하고 있는 벤처기업이 있는 반면 이미 쓰러졌거나 쓰러져가고 있는 창업기업들이 매우 많다.

실패한 창업자들의 유형 10가지

❶ 유형1: 판로개척 실패형

나름대로 좋은 기술로 우수한 제품을 개발했지만, 판로개척에 실패했다. 사실 최근 벤처기업들의 가장 큰 문제는 기술이나 자금부족이기보다 생산된 제품을 판매할 유통경로를 제대로 확보하지 못하고 있다는 것이다.

대형백화점이나 할인점에서 주로 대기업 혹은 일부 중소기업이 생산한 제품만을 취급하고 있으며, 벤처기업들이 생산한 제품의 입점을 외면하는 데에도 그 원인이 있다 할 것이다. 이와 더불어 많은 창업자들은 좋은 제품만 생산하면 저절로 잘 팔릴 것이라고 생각한다. 그러나 유통이 확보되지 않는 상태에서 제품을 생산하는 것은 모래 위에 집을 짓는 것과 같다.

❷ 유형2: 수익모델 부재형

창업은 했지만 뚜렷한 수익모델이 없다. 벤처기업들의 약 50%가 컴퓨터와 인터넷 분야에서 창업을 하는데, 매월 고정적인 수익을 확보할 수 있는 아이템을 찾는 것이 쉽지 않다. 예를 들어 초창기에는 웹호스팅 서비스만으로도 상당한 수익이 보장됐지만 웹호스팅 비용이 점점 낮아지면서 서버 임대료도 제대로 지급 못하는 창업자가 많다.

❸ 유형3: 과도한 개발비 투자형

한 바구니에 달걀을 한꺼번에 담지 말라는 말도 있다. 특정 사업분야에 지나치게 많은 돈을 투자한 경우를 말한다. 물론 개발 및 마케팅에 성공한 경우는 많은 수익을 기대할 수 있지만, 개발에 실패하는 경우는 회사의 존립에 치명타가 될 수 있다. 한때 채팅, 모바일(mobile) 혹은 게임분야가 각광을 받으면서 너도나도 뛰어들었지만 정작 성공한 벤처기업은 10%도 되지 않는다.

❹ 유형4: 무경험형

젊은 혈기만 믿고 무작정 창업에 뛰어드는 경우이다. 대학을 졸업하고도 취업을 못하는 20대가 늘면서 지난 2000년부터 청년창업이 급증했다. 하지만 청년 창업의 42.6%에서 매출이 전혀 없는 것으로 조사됐다. 대학 강의실에서 배운 지식으로 무작정 창업 현장에 뛰어들었으나 정작 얻은 것은 가계파산과 신용불량자라는 낙인뿐이다.

❺ 유형5: 고객감동 실패형

창업을 한 이후 고객과의 끊임없는 마찰로 결국 고객으로부터 외면을 받는 유형이다. 최근 일부 인터넷 사이트에는 고객들로부터의 불평이나 의견을 듣지 않기 위해 아예 게시판을 운영하지 않고 있다. 또 지나치게 영리만을 추구한 나머지 비용을 절감하기 위해 값싼 자재를 사용하거나 고객과의 약속을 제대로 지키지 않는 경우가 많다.

❻ 유형6: 법률지식 부족형

비록 좋은 기술이나 아이디어를 갖고 있지만, 법률적인 지식이나 지적재산권에 대한 이해가 부족하여 낭패를 보는 벤처기업들이 많다. 많은 돈을 투자하여 우수한 제품을 개발하였지만 국내에서는 법률적으로 허용이 되지 않아서 결국 도산을 한 경우이다.

❼ 유형7: 경영관리능력 부족형

벤처기업 창업자의 65.1%가 이공계열 출신이라는 통계도 있듯 벤처경영에 대한 지식이 부족한 창업자가 많다. 직원관리, 마케팅 및 유통계획의 수립, 재정관리 등에 있어 많은 문제가 드러나면서 회사 경영이 악화되는 경우이다. 특히 창업 멤버 간 갈등으로 인해 하루아침에 회사 업무가 마비되거나 일부 직원들이 뛰쳐나가 경쟁 회사를 만드는 사례도 많다.

❽ 유형8: 조기 시장 진입형

아무리 좋은 아이디어를 갖고 있어도 시장 진입에 대한 타이밍이 매우 중요한데, 시장이 미처 성숙되기도 전 시장에 너무 일찍 진입해 수익성을 확보하지 못한 경우이다. 하지만 뒤늦게 진입한 후속 기업들은 사업이 번창하고 있다. 사실 포털사이트들의 수익성이 좋아지면서 인터넷 포털사이트들이 우후죽순으로 등장하고 있지만, 후속 진입기업은 개발비용만 날린 채 수익은 거의 없다. 이러한 경우는 인터넷쇼핑몰의 경우도 예외가 아니다.

❾ 유형9: 현실 안주형

기존에 개발한 기술에 지나치게 의존하여 새로운 기술 개발을 도외시하는 벤처기업들이 매우 많다. 1998년 홈페이지 및 인터넷쇼핑몰을 개발하는 기술로 벤처기업으로 지정되는 경우가 많았다. 그러나 이는 요즈음 대학교에서도 교육될 정도로 고급기술이 못 된다.

⑩ 유형10: 창업분야 지식 부족형

창업한 분야에 대해 전문적인 지식을 갖추지 못하고 있거나 이해가 부족, 사업을 정상적으로 진행하지 못하는 경우이다. 예를 들어, 프랜차이즈 본사를 창업하면 가맹점으로부터 가맹비와 더불어 원재료 공급으로 인해 많은 수익을 확보할 수 있을 것으로 생각하지만, 그에 못지 않게 본사 책임도 무겁다. 또 가맹점이 어느 정도 확보되지 못하면 물류 및 관리비용이 수익을 초과하여 결국 본사가 도산하는 경우도 많다. (김영문)

2.4 벤처기업 관련 유형들

1. 분사(Spin-off)

가장 전형적인 형태로서 개별 기업가가 독립적으로 벤처기업을 창업하여 운영하는 것이다. 개별 기업가는 대학, 연구소, 기업에서 일하다가 그들이 가지고 있는 기술을 상업화하기 위해 자신의 사업을 시작하는 경우가 많다. 이때 개별 기업가들의 전 직장을 인큐베이터조직이라고 하며 여기서 떨어져 나왔다는 의미에서 스핀오프라고 표현한다.

2. 합작 벤처(New Style Joint Venture)

중소규모의 벤처기업들은 고도의 기술을 제공하고 대기업은 자본과 판매망 또는 기술개발 결과의 활용과 적용에 역점을 두는 경우이다.

3. 벤처 합병(Venture Merging)

대기업이 전략적 필요에 의해 벤처기업을 흡수 합병하여 자회사나 사업부로 운영하는 것을 말한다.

4. 사내벤처(Internal Venture)

대기업이 회사 내부에 모험자본을 마련해놓고 기업 내부의 종업원들에게 사업 아이디어를 제안하게 하여 벤처기업을 스스로 하거나 참여하도록 하는 방식이다. 최근 대기업들이 적극적으로 추진하고 있는 전략으로서 기업 내부에서 기업가정신을 발현하여 새로운 사업을 개발하는 것이다.

사내벤처는 대규모 기업조직 내에서 내부자원을 독특한 방식으로 활용하여 제품이나 서비스, 기술 등을 만들어내는 상대적으로 작고 효율적인 혹은 반자율적인 사업단위를 개발하는 것이다. 사내벤처는 과거와는 다른 새로운 방식의 신규 사업 개발형태라고 할 수 있다.

대규모 기업이 사내벤처에 관심을 갖는 이유는 급격한 시장환경의 변화에 적응하기 위해서이다. 사내벤처는 경영의 다각화를 쉽게 해주며, 또한 시장경험을 할 수 있는 기회와 능력을 제공해준다는 점 때문에 필요성이 더욱 커지고 있다.

5. 벤처캐피털(Venture Capital)

벤처캐피털은 벤처기업을 창업하는 회사의 기술과 사업 전망에 기대를 걸고 투자하는 자금이다. 이런 자금을 가지고 전문적으로 투자하는 회사를 벤처캐피털 회사라 하고 벤처 자본가는 이런 돈을 운영하는 사람이다. 벤처캐피털은 원칙적으로 자본참여만 할 뿐 경영에는 참여하지 않는다.

벤처캐피털은 주식 소유와 자본 이득을 원하는 돈이다. 따라서 투자한 회사가 실패하면 회수할 수 없다. 이 점에서 은행에서 이자 소득을 목표로 빌려주는 융자와 그 성격이 다르다. 우리나라에서도 1974년 한국기술진흥주식회사

(KTAC)가 설립된 이래 중소기업창업지원법과 신기술사업 금융지원법 등 벤처캐피털 육성법에 따라 많은 창업투자회사가 활동 중이다.

벤처캐피털이 회사에 투자하는 형태는 몇 가지가 있다. 첫째, 사업 초기나 회사의 성장 과정에서 자본금으로 직접 투자하는 방식, 둘째, 벤처자본주식회사와 기업 간의 계약에 의해서 일정한 이자율로 발행된 사채를 이수하는 방식(전환사채), 셋째, 투자자가 회사에서 발행한 사채를 인수하는데, 이때 회사는 별도로 신주 인수권을 투자자에게 준다(신주인수권부 사채). 이 밖에 한국종합기술금융에서 취급하는 조건부 융자, 중소기업창업투자회사에서 취급하는 약정투자 방식이 있다.

6. 벤처기업 육성(Venture Nurturing)

벤처캐피털과 같이 벤처기업에 자본 참여를 하지만 다른 점은 경영에 참여한다는 것이다. 그러나 경영권 확보 자체를 목적으로 하기보다는 경영관리가 미숙한 벤처기업을 정상적으로 운영하기 위한 과도기적 지원육성이 일반적이다.

2.5 우리나라의 벤처기업 지원제도

벤처기업 지원제도는 정부가 벤처기업을 육성, 지원하기 위해 시행하는 제도들이다. 따라서 벤처기업 창업에 관심 있는 사람들은 자사에 유리한 지원제도는 무엇인지 보기로 한다.

1. 입지지원제도

공장을 지을 수 있는 입지를 싸게 공급해주는 것이다. 정부가 직접 나서서 국가공단 혹은 지방공단과 같은 공업단지를 조성하고 이를 싼값에 분양하거나 정부를 대신하여 그런 공업단지를 조성하고자 하는 개인 또는 단체에게 많은 혜택을 주어 공장입지를 원활히 확보할 수 있도록 지원한다.

2. 지적재산보증제도

벤처기업의 활성화 방안으로 벤처기업의 기술능력을 평가하여 이를 담보로 자금을 이용할 수 있도록 하는 제도이다. 기술담보제도는 담보력이 취약한 중소기업에 유리한 조건으로 기술개발 자금을 지원하는 것이다.

3. 조세지원제도

창업기업이 조금이라도 자금부담을 덜고 빠른 시간 내에 뿌리를 내릴 수 있도록 각종 세금을 감면해주는 제도이다. 투자촉진을 위한 조세지원, 수출 지원을 위한 조세지원, 산업합리화를 통산 조세지원 등이 있다.

4. 행정지원

상담지원, 정보지원, 기술지도, 인력지도 등 창업자 혹은 중소기업자에게 각종 행정적 편의를 제공해주는 제도이다. 행정지원을 담당하는 기관으로는 중소기업진흥공단, 중소기업협동조합, 생산기술연구원 등이 있다.

5. 주식 옵션(Stock Option)제도

벤처기업 임직원에게 회사의 주식을 저렴한 가격에 살 수 있는 권리를 주는 제도로 벤처기업이 기술 및 경영 인력을 확보하기 위한 수단으로 이용하고 있다. 임직원에게 혁신적인 보상을 해줌으로써 장기간 회사에 근무할 수 있게 하고 주인의식을 가지고 일할 수 있도록 유도한다. 주식 옵션으로 산 주식에 대해서는 양도소득세 등이 감면된다.

6. 벤처캐피털(Venture capital)

벤처기업에 자본을 투자하는 업무를 전담하는 투자회사를 통해 창업과 기술에 관한 정보를 모을 수 있다. 이 중에는 한국기술진흥금융, 한국종합기술금융 등과 같이 창업 투자와 융자를 병행하는 신기술사업 금융회사도 있고, 그 외에 투자만을 전문으로 하는 창업투자회사가 있다.

7. 창업보육센터(Business incubator)

신생기업을 육성하기 위해 창업에 관한 각종 지원시설을 이용할 수 있도록 해준다. 사무실, 통신시설 등을 저렴하게 이용할 수 있게 하고 창업 절차와 회사 경영에 관해 도움을 받을 수도 있다.

8. 코스닥(KOSDAQ) 시장

유가증권시장에 상장하기 전에 주식을 거래할 수 있는 코스닥시장은 상장조건이 유가증권시장만큼 까다롭지 않기 때문에 유망한 벤처기업이 자금을 조달할 수 있는 제도이다. 벤처기업이 코스닥에 상장하기 위해서는 일정한 조건을 갖추어야 한다.

9. 벤처기업육성에 관한 특별조치법

1997년 9월에 제정 발표된 벤처기업육성에 관한 특별법은 벤처기업에 자금과 인재를 원활히 공급할 수 있도록 여러 가지 면에서 혜택을 주는 것을 골자로 하는 법안이다.

2.6 벤처기업 경영전략

벤처기업들은 일반적으로 기술개발에 치중하는 경향이 있다. 그러나 기술적인 우위에도 불구하고 실패하는 벤처기업도 많다. 자금운영이나 마케팅을 소홀히 해서는 아무리 우수한 기술력이 있다하더라도 시장에서 성공할 수 없기 때문이다.

벤처기업 경영자는 연구개발뿐만 아니라 생산과 마케팅, 인사, 재무 등 기업경영의 모든 부문을 총괄할 수 있어야 한다. 아이디어와 의욕 못지않게 강력한 기업가정신을 가지고 인재를 구하고 시장을 공략해 나가야 한다.

벤처기업이 창업되어 성숙되기까지는 일정한 발전단계를 거친다. 이를 기업의 수명주기라는 관점에서 정리해보면 연구개발 단계, 창업 단계, 성장 단계, 확장 단계, 성숙 단계로 구분할 수 있다. 이러한 각 단계마다 해결해야 할 경영 과제가 다르고 단계별로 자금의 용도나 조달방법도 달라진다. 벤처기업은 성장과정에 따라 다양한 문제들에 직면하게 되고 이에 따른 경영전략, 경영관리 능력이 요구된다.

1. 창업기

신제품이나 기술을 기업화하기 위해 사업을 시작하는 초기에는 자본과 인재가 부족한 것이 보통이다. 높은 위험이 따르는 단계이므로 투자자를 모으는 것이 가장 어려운 문제이다. 기업 설립 단계에서 치밀한 계획과 실행이 필요하고, 경영상의 위험을 관리하는 전략이 요구된다.

2. 성장 초기

신제품이나 신기술이 시장 진입에 성공하여 시장을 점차 확대하면서 성장해 나가는 단계이다. 그러나 아직 경영의 틀이 완전히 잡혔다고 보기는 어렵다. 자본축적이 충분히 이루어지지 않아 재무구조가 취약하다. 판매와 마케팅에 초점을 맞추어 관리해 나가면서 손익분기점에 도달할 때까지 기업의 조직을 안정시켜야 다음 단계로 도약할 수 있다.

3. 안정적 성장기

시장에서 제품의 수요가 증가하고 이익이 발생하기 시작하는 시기이다. 수요가 늘어나면 자칫 조직과 관리면에서 느슨해질 수 있다. 적절한 재무관리시스템을 구축하고 조직적인 제품생산 및 재고관리를 해야 한다. 한편 기업의 시스템화를 염두에 두고 경험 있는 경영진의 충원을 고려해야 한다.

4. 확장기

기업의 규모가 커지고 자본축적이 어느 정도 이루어진다. 이 단계에서의 가장 중요한 과제는 동종업계 또는 다른 업종에서 신규참가한 회사와의 경쟁에서 우위를 점하는 것이다. 신제품을 추가하는 등 다각화를 모색하게 되며 인적자원의 재교육, 재배치를 통해 분산된 관리체제를 완성해 나간다. 경영자는 장기적인 안목에서 투자 전략을 세워 성공의 대가가 창업자와 투자자들에게 돌아가도록 계획을 세워야 한다.

5. 성숙기

사적 기업에서 다수 주주에 의한 공적 기업으로 전환되는 시기이다. 이 단계에서는 조직의 재정립, 인재충원, 새로운 경영전략의 검토 등이 필요하다. 주식을 상장하는 데 따른 영향과 공적기업으로서의 사회적 책임에 대해서도 고민해야 한다. 조직의 관료화와 경직화가 나타날 위험이 있다. 조직을 활성화하기 위해 사내벤처나 위험관리제도의 도입이 필요하다. 또 벤처기업의 특성상 하루가 다르게 신기술이 쏟아져 나온다. 뛰어난 기술력을 가진 회사와 전략적 제휴 관계를 맺어 경쟁력을 강화하는 것이 좋다.

2.7 벤처 창업의 형태

벤처기업을 설립하려면 신기술(첨단기술), 창업자본, 전문경영인 등의 세 가지 요소가 있어야 한다. 따라서 벤처기업의 창업형태도 이들 세 가지 요소가 어떻게 결합되었는가에 따라 나뉜다.

로버트(W. Robert)는 벤처 창업의 형태를 다음과 같이 분류하고 있다.

1. 독립형 벤처기업

벤처기업의 전형적 형태로 첨단기술을 확보한 창업자가 대기업, 대학 및 연구소에서 독립해 벤처캐피털과 결합하는 것이다. 벤처캐피털 회사는 창업자가 갖고 있는 특허나 노하우 등의 기술력을 평가한 후 투자를 하며, 벤처 창업자에게 취약한 영업, 경영, 기술지도 등을 지원한다. (기술창업자+벤처캐피털)

2. 전문형 벤처기업

전문형 벤처기업은 독립형보다 분업의 원리에 충실한 형태로, 창업자가 기술개발에 주력하기 위해 또는 창업자의 경영능력 부족으로 전문경영인을 영입하는 경우다. 대부분의 경우 전문경영인은 벤처 케피털 회사가 추천하고 기술창업자가 동의하는 형태를 띠게 된다. (기술창업자+전문경영인+벤처캐피털)

3. 합작형 벤처기업

합작형은 창업 초기 기술창업자와 자본창업자가 결합해 창업한 후 벤처캐피털을 끌어들이는 형태다. 이 형태는 기술창업자가 기술개발에 주력하고 자본가가 경영을 맡는 것이 보편적이며, 기술창업자와 자본가 사이에 대립이 발생하면 벤처캐피털 회사가 중재를 하게 된다. (기술창업자+자본가+벤처캐피털)

4. 복합형 벤처기업

복합형은 기술창업자와 자본가, 전문경영인, 벤처캐피털 회사가 모인 형태로, 이해관계인이 많아 다소 복잡한 형태다. 일반적으로 내부의견이 충돌될 때 벤처캐피털 회사가 중재해 이견을 조종하는 경우가 많다. (기술창업자+자본가+전문경영인+벤처캐피털)

5. 기술 도입형 벤처기업

자본가가 연구기관이나 개인발명가 또는 해외로부터 특허 등의 지적재산권을 도입해 창업하는 경우다. 일반적으로 자본가가 기술을 도입해 창업한 후 벤처캐피털을 끌어들이는 형태를 띤다. 이 경우 필요에 따라 전문경영인이 참가하기도 한다. (기술을 도입한 자본가+벤처캐피털, 기술을 도입한 자본가+전문경영인+벤처캐피털)

6. 합병형 벤처기업

자금력이나 경영능력이 부족한 벤처기업을 대기업이 전략적 필요에 따라 흡수·합병하는 형태다. 흡수·합병된 벤처기업은 자회사나 사업부로 편입되어 운영된다. 벤처기업의 기술력과 대기업의 자본 및 경영력이 유기적으로 결합한 경우다. (벤처기업+대기업)

7. 사내형 벤처기업

대기업이 사내에 벤처캐피털을 조성해 기업 내부의 종업원이 개발한 기술이나 아이디어로 벤처 창업을 하게 하는 형태이다. 이는 기존의 사업을 확장하거나 새로운 사업을 추진할 때 프로젝트팀 형태로 운영된다. (대기업 사원인 기술창업자+사내벤처캐피털)

8. 경영 참가형 벤처기업

벤처캐피털 회사가 벤처기업에 자금을 투자하는 것은 독립형 벤처기업과 같

경영 참가형 벤처기업
벤처캐피털 회사가 기술창업자를 영입해 자회사 형태로 벤처기업을 운영

으나 이 경우에는 경영에도 직접 참여한다는 점이 다르다. 즉 벤처캐피털 회사가 기술창업자를 영입해 자회사 형태로 벤처기업을 운영하는 것이다. (기술창업자)

03 창업

3.1 창업

창업이란 전혀 새로운 사업을 시작(Start-up)하거나 타인의 사업을 인수(Buyout)하여 새로이 사업을 시작하는 것을 말한다. 이윤 획득을 목표로 하여 기업가가 사업 아이디어를 가지고 사업자금을 투자 또는 조달하여 수익을 창출하는 사업체를 결성하는 행위를 창업이라 한다. 좀 더 구체적으로 표현하면 창업이란 재화와 서비스를 생산, 판매하는 시스템을 새로 만드는 과정이며, 기업가로서 자질이나 능력을 갖춘 개인이나 집단이 사업기회를 포착한 후 사업목표를 설정하고 자본, 노동력, 설비를 확보하여 사업을 시작하는 것을 말한다. 이와 달리 새로운 제품을 생산하거나 서비스를 제공할 목적으로 굳이 기업을 설립하지 않고, 사업부 또는 사내 팀조직 등으로 새로운 경영활동을 수행할 경우도 있다. 이처럼 기존 경영활동과는 다른 새로운 경영활동을 수행하기 위해 다각화하거나 변신하는 것도 넓은 의미의 창업 개념에 포함된다. 참고로 정부의 창업 지원법상 창업이 아닌 경우는 다음과 같다.

창업
전혀 새로운 사업을 시작하거나 타인의 사업을 인수하여 새로이 사업을 시작하는 것

❶ 타인의 사업을 승계하여 동종 사업을 계속하는 경우
❷ 법인 전환, 조직 변경 후 동종 사업을 계속하는 경우

❸ 폐업 후 사업을 개시하여 동종 사업을 계속하는 경우

〈John Kao의 창업기업가의 공통적 특성〉

- 집중적인 몰입 결단력, 인내
- 성취와 성장에 대한 열망
- 기회 및 목표지향성
- 주도성의 발휘와 개인적 책임감
- 끈질긴 문제해결
- 현실주의와 유머 감각
- 피드백의 추구와 활용
- 내적 통제 소재
- 계산된 위험부담과 추구
- 지위와 권력에 대한 낮은 욕구
- 성실성과 신뢰성

〈Timmons & Stevenson의 창업기업가의 공통적 특성〉

- 새로운 기회를 추구하는 데 반응이 빠르고 유연하며 적응성이 높음
- 비전을 실현하는 능력
- 새로운 기술을 배우고 투자하는 데 적극적인 자세
- 우수한 사람들을 끌어모으고 이들에게 동기를 부여하며 유지하는 능력

1. 창업을 하게 되는 동기

창업 동기는 크게 경제적 동기와 비경제적 동기로 나눌 수 있다. 가장 기본적인 동기는 돈을 벌겠다는 경제적 목적이다. 대부분의 창업자들은 투자한 자원보다 더 많은 수익을 기대하고 창업을 한다.

이러한 창업 동기에는 이윤추구의 경제적 동기, 자아실현의 개인적 동기, 사회적 책임을 다하기 위한 사회적 동기, 새로운 아이디어를 사업화하기 위한 전략적 동기 등이 있다.

창업을 위한 비경제적 동기를 구체적으로 보면 다음과 같다.

첫째, 자아실현 욕구다. 경력을 쌓거나 자신의 기업을 직접 경영해보고 싶은 욕구, 명성 등 자기사업을 운영함으로써 자기의 꿈을 실현하고자 하는 개인적 동기에서 창업을 하는 것이다. 둘째, 사회적 동기로 자신에게 숨어 있는 사업가적 능력을 발휘함으로써 사회에 봉사하려는 의도에서 창업을 하는 경우다. 셋째, 자신의 아이디어를 상업화하려는 전략적 동기에서 창업이 이루어진다. 물론 이 가운데 어느 한 가지 목적 때문이 아니라 여러 가지 동기가 복합적으로 작용하여 창업을 하는 경우가 일반적이다.

2. 창업의 특성

- 창업의사 결정은 보통 위험이 따르는 불확실성하에서 이루어진다.
- 창업 시에는 다양한 종류의 자원이 필요하다.
- 창업은 본래 위험부담적 속성을 지니고 있는데, 이는 불확실성과 위험하에서 의사결정이 이루어지는 과정을 거치기 때문이다.

창업을 하는 데 가장 중요한 요소로 창업자, 사업 아이디어, 창업자원 등 3가지를 들 수 있다.

창업자

창업과정을 주도하는 주체는 **창업자**이다. 창업자는 창업 계획을 세우고, 창업에 따르는 위험을 떠맡고, 창업 후 성공적인 기업경영이 이루어지도록 하는 책임을 맡는다. 물론 창업자 혼자서 모든 일을 하는 것은 아니다. 크게 본다면 새로운 제품이나 서비스를 생산하고 판매할 우수한 인력도 모두 창업자의 범주에 속한다. 그러나 이들을 적재적소에 활용하는 능력 또한 창업자가 갖추어야 할 능력이다.

창업자
창업과정을 주도하는 주체

창업은 기본적으로 불확실성과 위험이 따르는 모험적 속성을 가지고 있다. 일반적인 기업을 경영하는 것과는 또 다른 능력이 요구된다. 예측하기 힘든 미래를 내다보고 의사결정을 내려야 하고 과감한 사업추진력이 있어야 한다.

그런 만큼 창업자의 강인한 기업가정신이 필요하다. 창업자는 창업 이전에 치밀하게 계획을 세우고, 전문가들의 자문을 받아 타당성과 경제성을 분석하는 데 많은 노력을 해야 한다.

사업 아이디어

창업을 통해 어떤 제품이나 서비스를 생산할 것인지, 구체적인 사업 내용이 있어야 한다. 창업 아이디어는 충분한 시장수요를 가지고 있어야 한다. 시장수요란 고객들이 그 제품을 구입할 때 지불하는 돈의 가치보다 더 큰 효용가치를 제공할 때 생겨난다. 곧 기능, 용도, 간편성, 경제성 등의 측면에서 제품력을 갖추고 있는 제품이나 서비스라야 창업했을 때 성공할 수 있는 것이다.

창업 자원

창업 아이디어를 구체적인 상품이나 서비스로 변환하기 위해 필요한 자본, 기술, 기계 또는 설비, 재료 및 부품, 건물 등을 말한다. 창업에 성공하기 위해서는 창업자나 창업 아이디어 못지않게 우수한 창업자원을 확보하는 것이 중요하다.

3.2 창업의 절차

창업의 형태나 규모에 관계없이 창업은 일반적으로 다음과 같은 과정을 거쳐 이루어진다.

1. 창업 아이디어 개발

창업 아이디어는 창업의 성패를 좌우하는 가장 중요한 요소이다. 창업 아이디어는 첫째, 기존 제품이나 서비스를 탐색하여 얻을 수 있다. 다른 기업, 또는 외국의 사례를 연구하여 그것을 다소 변형시켜 새로운 사업 아이디어로 응용하는 것이다. 둘째, 새로운 제품이나 서비스를 찾는 방법이 있다. 아직까지 충족되지 않은 소비자의 욕구가 무엇인지 잠재 수요를 탐색하는 것이다. 소비자의 욕구를 파악할 때는 마케팅 회사, 광고대행사, 업계 관계자, 신문 및 잡지, 연구보고서 등에서 나오는 각종 정보를 참고로 한다.

2. 창업 아이디어 평가 기준

창업 아이디어를 개발했으면 이러한 아이디어를 평가할 기준을 세워 구체적인 사업계획을 세우는 데 기초가 될 아이디어를 선별해야 한다. 아이디어를 평가하는 기준은 크게 3가지로 나누어 볼 수 있다.

첫째, 시장분석 방법이다. 사업을 시작하기 전에 생산하고자 하는 제품 및 서비스 시장의 크기와 성장 잠재력은 어느 정도인지, 유사한 제품의 수요 추이는 어떠했는지 등을 통계 자료를 기본으로 분석한다. 아이디어를 실제 제품으로 만들어 시장에 내놓을 경우 제품의 특징과 품질은 어떠하고 기존 제품과 경쟁해서 우위를 점할 수 있는지 여부를 평가하는 것이다.

둘째, 제품의 제조능력과 시설 등을 포함한 생산 가능성에 대한 기술적 분석도 이루어져야 한다.

셋째, 수익분석이다. 새로운 사업이 향후 수년간의 영업활동으로 적정한 수익성과 안정적인 현금 흐름을 보장할 수 있을지 여부를 검토하는 것이다. 즉, 예상되는 위험과 제품의 경제적 가치를 고려하여 제품분석과 시장분석을 바탕으로 아이디어를 최종 평가하는 작업이라고 할 수 있다.

3. 창업전략 선택

창업 아이디어에 대한 시장분석, 제품분석, 수익분석이 끝난 후 사업 전망이 밝다고 평가되면 구체적인 사업 계획을 수립한다. 이 단계에서는 사업계획서를 수립하는 것이 가장 중요하다. 그러나 그 이전에 창업전략을 분명히 결정해야 한다. 사업 아이디어의 내용 및 성격을 고려하여 앞에서 설명한 3가지 방법 중 어떤 방법이 좋은지 정한다.

4. 구체적인 사업계획 수립

새롭게 창업할 기업의 전체상을 그려보는 것이 중요하다. 사업개요, 시장현황, 판매계획, 생산계획, 설비투자, 인력 및 조직계획, 재무 및 자금계획, 일정계획 등 사업추진의 각 단계별로 고려해야 할 모든 사항에 대해 미리 예상해 보는 것이 필요하다. 법인기업을 설립하고자 할 경우에는 법률 절차에 따라 인허가 및 신고, 등록이 필요하다.

5. 사업 개시

사업계획을 수립하여 법률적 절차를 모두 마치고 나면 계획된 일정에 따라 실행에 옮겨 사업을 시작한다. 막상 사업을 시작하면 환경의 불확실성으로 인해 계획과 현실이 서로 다른 경우가 자주 발생한다. 이러한 문제는 기업가정신을 발휘하여 능동적으로 대처해 나가야 한다.

3.3 사업 타당성 분석

아이디어나 기술력을 가진 벤처기업가가 창업을 하기 위해서는 일반적으로 착상단계→계획단계→실행단계의 3단계를 거친다. 착상단계는 사업 아이템을 선택하는 것이다. 보유기술이나 아이디어의 시장성과 경쟁력을 꼼꼼히 살피는 것이 중요하다. 독창적 기술력을 갖췄다 하더라도 시장이 형성되지 않는다면 무용지물이다. 또 선택한 업종이 정부 지원을 받을 수 있는 업종에 해당하는지 여부를 살핀다. 창업 아이템이 결정되면 구체적인 사업성을 검토하고 사업계획을 수립한다. 사업성 타당성 검토는 <그림 11-2>와 같이 기업가 분석, 시장성 분석, 기술성 분석, 재무성(수익성) 분석을 중심으로 이루어진다.

그림 11-2 사업 타당성 분석

기업가 평가	시장성 평가	기술성 평가	재무성 평가
- 경영능력 - 사업배경 - 경영자 성향	- 수요 예측 (정상적, 정량적) - 시장동향 - 경쟁자 - 제품성 - 매출계획	- 기술특성 - 기술개발 능력 - R&D 투자 - 대표자 기술 장악력	- 추정 재무제표 - 사업의 경제성 - 손익분기점 분석

〈사업 타당성 분석의 필요성〉

- 사업계획의 객관성을 높이고, 사업 시작 전 위험요소 확인이 가능
- 제약요소와 문제점을 파악함으로써 창업 기간 단축이 가능
- 기업가가 사업의 기술성, 시장성, 수익성 등을 파악해봄으로써 해당 업종에 대한 학습의 기회 제공
- 기업가의 경영능력 향상과 장애요인에 대한 보완 조치 마련을 가능하게 함

그림 11-3 재무성 평가

재무성 평가의 흐름

총소요자금 추정
↓
자금조달 계획
↓
추정 손익계산서 작성
↓
추정 대차대조표 작성
↓
민감도 분석 및 손익분기점 분석
↓
사업 추진 의사결정

표 11-6 기업가 평가

	주요 항목	평가 내용
기업가	통찰력과 예측능력	• 산업 변화에 대한 인지 정도 • 경쟁규칙의 변화 방향에 대한 인지 정도 • 경쟁우위 창출 방향의 유무
	지배구조	• 창업자 지분 정도 • 스톡옵션 분배 계획
	신뢰성	• 주변의 평가 • 개인의 재무적 신용도 • 내적통제요소
	개인적 네트워크	• 학력으로 구축된 관계 • 창업 이전 경험으로 구축된 관계 • 창업과정에서 구축된 관계
	창조성	• 아이디어 개발/신규 사업기회 포착 능력
	모험심	• 위험을 감안한 모험 능력
	실천력	• 평소 목표달성 정도 • 목표에 대한 몰입 정도
경영능력	위기 대응 및 조직관리 능력	• 위험 감지와 대처 능력 • 의사소통 유형 • 핵심 인력 유치 방안
	비전 제시 능력	• 공유 비전의 유무 • 비전 달성 방법 제시 정도
	분석력	• 경쟁자 분석/시장기회 분석 능력
	기획력	• 사업계획 구체화/미래 사업 기획 능력
	조직력	• 조직 구축과 관리 능력 • 조직 내부 갈등관리 능력
	포용력	• 종업원의 실수를 용서해줄 수 있는 정도 • 창조적 실패를 장려할 수 있는 능력
사업배경	창업 동기	• 창업의 실질적 동기 • 창업의 적절성 • 기술권리와 관련한 문제 발생 가능성
	성장단계	• 기업의 향후 성장 가능성 • 기업 상장 원동력
	외부 투자자에 대한 인식	• 회계처리의 투명성 • 외부자본에 대한 배당의지 여부 • 기업공개 계획/추진의지 여부

표 11-7 시장성 평가

평가 요소	평가 방법
가격 및 품질 경쟁력	• 경쟁제품 및 수입품과의 비교 • 자사제품의 비교우위 요인 도출
시장 현황 및 수요 전망	• 일반적인 시장 현황 • 시장 규모 및 전망 • 판매영역별, 고객별 잠재수요 분석 • 국내 제품 및 대체, 유사품에 대한 수급 실적 • 시장의 특성 및 구조 분석 • 소비자 특성 및 변화 추세 분석
매출 계획	• 시장 개척 및 판매 계획의 실현 가능성 분석 • 시장점유율 분석 • 판매량 증감요인 분석 및 영역별 판매 전망
제품 분석	• 제품의 강약점 분석 • 제품의 라이프사이클 및 보급률 분석 • 제품원가 및 마케팅 비용 분석 • 마진율 및 가격 분석
경쟁자 분석	• 재무상태 비교 • 생산 능력 및 실적 비교 • 주요 경쟁요소 비교 • 전략 집단 분석

표 11-8 기술성 평가

평가 요소	평가 방법
기술적 특성	• 기술상의 차별성 • 경쟁제품 및 수입품과의 기술 차이, 성능 비교 • 외부 연구기관의 자문 • 신기술 관련 인증, 심사 등의 시험자료 활용 • 동 업계와 산업별 단체 또는 기술에 대한 분석
기술개발 능력	• 기술 인력의 과거 개발 실적 • 회사의 개발기술 보유 내용
R&D 투자	• R&D 투자비율 • 총인원 대비 기술인력의 비율
대표자의 기술 장악력	• 대표자의 기술개발 능력 • 핵심 기술인력의 이탈 가능성 • 신규 인력 확보 노력

3.4 사업계획서

사업계획서는 원칙적으로 창업을 준비하는 기업가가 준비한다. 그러나 기업가가 모든 사업계획을 세울 수 없을 때는 법률가, 회계사, 마케팅 전문가 등 주변 사람들의 도움을 받아야 한다.

사업계획서
투자자, 은행가, 종업원, 고객, 컨설턴트 등 여러 사람을 위해 작성되는 것이므로, 이들 각기 다른 목적을 가진 대상에 맞춰 정확하고 설득력 있게 써야 함

사업계획서는 투자자, 은행가, 종업원, 고객, 컨설턴트 등 여러 사람을 위해 작성되는 것이다. 따라서 이들 각기 다른 목적을 가진 대상에 맞춰 정확하고 설득력 있게 써야 한다. 동업자나 후원자를 찾기 위한 자료인지, 외부자금을 조달하는 데 적절한지, 공장설립 허가용인지, 또는 대외홍보용인지를 구분해 작성한다. 사업계획서를 작성할 때 유의할 점은 다음과 같다.

첫째, 사업계획서의 1차 목표는 창업자의 창업 아이디어를 제3자에게 납득시키는 것이다.

둘째, 객관성이 결여되어서는 안 된다. 실현 가능성이 희박해 보이는 계획서는 신뢰성에 큰 타격을 줄 수 있다. 전문기관의 증빙자료를 근거로 시장조사와 매출액 추정이 이루어져야 한다.

셋째, 평범한 계획서는 투자자의 관심을 끌지 못한다. 사업의 핵심 내용을 강조하는 것이 좋다. 사업계획서의 형식과 편집도 중요하다.

넷째, 지나치게 전문적인 내용이나 용어는 피하고 누가 읽어도 이해될 수 있도록 단순하면서도 보편적인 내용으로 구성한다.

다섯째, 사업계획에 잠재되어 있는 문제점과 위험 요소를 심층 분석하여 예상치 못한 사정으로 창업이 지연되지 않도록 점검한다.

사업계획이 수립되면 회사설립 및 사업자등록을 마쳐야 한다. 개인기업의 경우에는 세무서에 사업자등록을, 법인기업은 관할지방법원 등기소에 법인설립등기 후 세무서에 사업자등록을 한다. 이제 벤처기업의 창업 과정이 마무리된 것이다.

〈사업계획서의 형식〉

1. 표지
   1) 회사명 및 주소
   2) 창업자들의 이름과 주소
   3) 사업의 기대효과
   4) 사업전개방향
   5) 필요자금 조달 방법
   6) 본 보고서의 비밀보장 요구 관련 문안

2. 요약
   3~4페이지 분량의 사업계획서 요약

3. 산업분석
   1) 미래의 추세
   2) 경쟁자 분석
   3) 시장 세분화

4. 사업설명서
   1) 제품
   2) 서비스
   3) 사업 규모
   4) 기술 개발계획
   5) 사무실 장비와 인적자원
   6) 창업자의 인적사항

5. 생산계획
   1) 제조공정(하청업체와의 관계)
   2) 공장 부지
   3) 기계와 설비
   4) 원자재 공급자의 이름

6. 마케팅 계획
   1) 가격정책
   2) 유통정책
   3) 촉진
   4) 제품예상
   5) 통제

7. 조직계획
   1) 소유형태
   2) 동업자나 주요 주주의 신상명세서
   3) 경영자의 권한
   4) 조직 및 인력구성의 특징
   5) 교육훈련계획

8. 위험의 평가
   1) 사업의 약점 평가
   2) 신기술의 등장 가능성
   3) 대처방안의 제시

9. 재무계획
   1) 이전의 수입상태
   2) 현금흐름
   3) 과거의 재무제표
   4) 손익계산 분석
   5) 자금의 원천

10. 부록
   각종 문서, 시장조사 자료, 계약관계 등에 관한 서류

성공하기 위한 벤처 경영 원칙들

벤처 경영 7계명

전인미답-틈새시장을 노려라

1994년 7월 인터넷이라는 말이 생소하던 때 인터넷 사업을 시작한 것이 1차 성공비결이었다. 마이크로소프트(MicroSoft), 넷스케이프(NetScape)도 남들이 하지 않는 사업에 뛰어들어 성공했다. (허진호, 아이네트 대표)

결재라인은 3단계를 넘지 말라

실무자 아이디어가 최고경영자에 전해지는 데 하루 이상 걸리거나 결재서류에 도장이 4개 이상 찍히면 그 회사는 망한다. 의사결정은 실무자-사장, 실무자-중간책임자-사장으로 단순화해야 한다. (장영승, 나눔기술 사장)

연구개발비는 매출액의 15%선을 유지하라

자금집행의 제1순위는 신기술 개발이다. 연구개발비와 고급 엔지니어는 많을수록 좋다. 매출액의 15%는 필수조건이다. (김승범, 나다기연 사장)

공장과 생산인력을 없애라

매년 수십만 개의 컴퓨터 그래픽카드를 만들지만 공장도 없고 생산 직원도 없다. 조립생산은 외주를 주고 회사의 에너지를 핵심기술 개발에 집중한다. (김광수, 두인전자 사장)

직원 중 5%는 항상 교육을 시켜라

1등 인력에서 1등 제품이 나온다. 직원 중 5%는 항상 교육을 받고 있어야 한다. 우리는 매출액의 2%를 직원교육비로 쓴다. (정문술, 전 미래산업 사장)

한국은 좁다, 세계로 가자

제품만 좋으면 샘플 하나로 수백만 달러어치의 수주를 받는 세상이다. 국내시장보다 세계시장에서 먼저 이기겠다는 전략을 지어야 한다. (안영경, 핸디소프트 사장)

회사 이름에 명예를 걸어라

회사의 발전이 곧 기업가의 인격이다. 눈앞의 이익에만 얽매이지 말고 회사, 제품, 브랜드에 자신의 명예를 걸고 달려들어라. (오봉환, 가산전자 사장)

성공하는 벤처기업의 10가지 철칙

창업자는 후발주자라는 역경을 딛고 일어서야 한다. 그만큼 색다른 아이디어를 밑바탕으로 철저한 시장조사가 선행돼야 성공할 수 있다. 일본의 경제주간지 <다이아몬드>는 최근 "성공하는 벤처기업의 10가지 철칙"이란 제목으로 창업자들이 명심해야 할 <십계명>을 꼽았다.

세계 최고가 될 만한 기술과 노하우를 갖춰야 한다

기존 업체들과 확실하고 강력한 차별화를 이루지 않으면 자칫 별 볼일 없이 문을 닫게 된다.

틈새시장이나 새로운 개념을 노려라

세계시장은 넓으므로 진공상태에 있는 시장을 집중공략하는 아이템이라야 한다.

양질의 한정된 상품을 우선하라

처음부터 사업범위를 넓히지 말고 반복적인 수주가 가능하도록 소량이지만 우수한 상품개발이 필요하다.

시장동향과 라이벌 경쟁조건을 명확히 파악하라

일단 창업을 한 뒤 다른 회사의 신규참여를 배제할 수 있는 블록을 형성하는 것이 필요하다.

새로운 비즈니스 모델을 구축하라

신기술과 새로운 서비스는 구태의연한 경영전략으로는 되지 않는다.

기술 및 상품개발에서 독불장군은 망하기 쉽다

혼자 힘만으로 모두 하겠다고 고집하기보다는 개발단계부터 대학연구소의 두뇌를 빌리고 소비자들도 공동 참여한다는 의식을 주는 게 좋다.

기회이익의 최대화보다는 기회손실의 최소화에 주력하라

처음부터 과욕을 부리지 말고 초기엔 손실발생을 막으면서 재정안정을 기해야 한다.

빠른 속도로 사업 전개가 가능해야 한다

사원들을 주주화시키는 방법으로 우수인재를 확보하여 빨리 사업을 시작해야 한다.

불투명한 시장상황을 순발력과 통제력으로 커버하라

창업회사들은 불투명한 시장 상황 속에서 유연성 있는 의사결정을 내릴 수 있는 체제가 필요하다.

과감한 의사결정과 결코 포기하지 않는 힘이 중요하다

쉽게 포기하려면 아예 창업을 하지 않는 게 낫다.

벤처기업을 위한 10계명

깊고, 빠르게 대응하라

벤처기업이란 전문화사회가 낳은 보배다. 그런 만큼 고유한 전문분야를 확보해야 한다. 또한 시장변화 및 기술발전에 따라 민첩하게 대응하는 것이 무엇보다 중요하다. 왜냐하면 벤처기업은 첨단기술 집약형, 고부가가치형 사업이기 때문이다. 벤처기업은 백화점식 구색 갖추기가 아니라, 신속하고 깊이 있게 대응해야 생존을 보장받을 수 있다.

틈새시장을 개척하라

아무리 튼튼한 벤처기업도 대기업과의 정면승부에서 이길 장사는 없다. 설사 첨단기술을 먼저 확보했더라도 지속적인 게임에서는 결코 승리자가 될 수 없다는 이야기다. 따라서 벤처기업은 대기업이 뛰어들 수 없는 틈새시장을 노려야 한다. 대기업이 대형 리무진 버스라면 벤처기업은 고성능 터보 엔진을 단 오토바이다. 8차선 대로에서는 경쟁이 될 수 없지만 골목길에선 승산이 있다. 대형 버스가 갈 수 없는 골목길을 찾아 손님을 태워라. 골목길로라도 열심히 달리면 먼저 고지를 점령할 수 있다.

아웃소싱을 적극 활용하라

작은 것은 아름답다. 규모의 미학에 빠진 사람은 벤처기업에 도전할 자격이 없다. 최소의 설비, 최소의 인력으로 기업을 유지하라. 밖으로 눈을 돌리면 최신 생산설비와 고급인력은 얼마든지 많다. 아웃소싱을 적극 활용하는 지혜가 필요하다. 욕심을 버리는 것이 벤처 창업의 성공비결이다.

벤처캐피털을 적극 활용하라

벤처 창업자는 첨단기술로 무장한 사람이다. 그런 만큼 벤처캐피털을 두려워할 이유가 없다. 아무리 거대자본도 기술이 없으면 무용지물이기 때문이다. 경영권에 너무 연연하지 말고 벤처캐피털을 적극 활용하라. 구멍가게의 완벽한 사장보다 유망 벤처기업의 50%짜리 사장이 훨씬 낫다. 기술력이 준비되어 있다면 자신감을 갖고 벤처캐피털에 도전하라.

연구개발에 집중 투자하라

첨단기술로 무장하라. 기술이 없으면 벤처기업도 없다. 창업 초기에는 적어도 총매출액의 10% 이상을 연구개발비로 투자해야 한다. 한번 첨단기술을 획득했다고 해서 기업이 유지되는 것은 아니다. 오늘의 신기술도 내일이면 낙후기술이 될 수 있기 때문이다. 벤처기업의 성패는 첨단기술의 개발에 달려 있다. 꾸준히 기술을 개발하고 관리하라. 기술개발에 대한 열정 없이 '성공'이라는 이름의 화려한 미래는 결코 열리지 않는다.

직원 교육과 훈련에 전력하라

기업의 최고 자산은 유능한 직원이다. 직원 교육에 적극 투자하라. 교육투자를 대기업의 전유물로 생각하는 사람은 벤처기업을 경영할 자격이 없다. 교육과 훈련은 기술개발의 첫걸음이며, 비용절감의 첩경이기 때문이다. 철새 직원이 무서워 교육투자를 못한다면 곰팡이 무서워 장을 못 담그는 것과 무엇이 다른가. 직원이 무능하면 기업도 결코 발전할 수 없다.

계획성과 효율성을 높여라

계획성과 효율성을 높일 수 있도록 운영하라. 빠르다는 것은 한편으로 무계획적이기 쉽다는 의미다. 그런 만큼 벤처기업은 확실한 프로그램을 갖고 운영해야 한다. 벤처기업이라고 해서 계획성이 없어도 되는 것은 아니기 때문이다. 또한 벤처기업이 작은 이유는 효율성을 높이기 위해서다. 결제라인을 세 단계 이내로 줄이고, 현장의 목소리에 귀를 기울여라. 실무자의 아이디어가 최고경영자에게 전달되는 데 하루 이상 걸리고, 결재서류에 도장을 네 개 이상 찍어야 한다면 그 기업은 망한다.

스톡옵션 제도를 적극 활용하라

첨단기술은 우수 인력에서 나온다. 그런 만큼 벤처기업은 우수 인력을 유치하기 위한 제도적 장치를 마련해야 한다. 스톡옵션과 같은 종업원 보상제도가 필요하다는 이야기다. 종업원에게 주식을 배정함으로써 성공의 과실을 종업원에게도 안겨주는 것이다. 스톡옵션제도는 종업원을 기업의 주인으로 만든다는 점에서도 커다란 힘을 발휘한다. 노사가 하나 되어 운명공동체로 거듭나기 때문이다. 벤처기업이 성공하기 위해서는 이익을 독점하겠다는 생각을 버리고 종업원과 함께하겠다는 공익정신을 발휘해야 한다.

한국은 좁다, 세계화에 주력하라

벤처기업은 위기를 기회로 만드는 기업이다. 그래서 모험 기업이다. IMF 위기는 곧 벤처기업의 기회다. 그런 만큼 호연지기를 갖고 눈을 세계로 돌려라. 고환율시대의 수출은 기업을 살찌게 한다. 수출을 통해 기업도 키우고 나라 경제도 살리자.

정부의 지원제도를 적극 활용하라

현재도 벤처기업 육성을 위한 지원제도가 많지만 앞으로 더욱 봇물을 이룰 예정이다. 각종 정부지원을 적극 활용하라. 이것은 하늘이 주신 선물이니 고맙게 받고 많은 돈을 벌어 사회에 환원하자.

GM을 키운건 기업가정신, 그리고 열정…

난세는 영웅을 만들어내고, 영웅은 천하를 통일한다. 기업의 세계도 마찬가지다. 100년 전 미국 자동차 산업은 춘추전국의 시대였다. 500여 기업이 새로운 운송수단 시장을 차지하기 위해 각축을 벌였다.

그러나 포연이 걷혔을 때 미국 자동차 시장의 맹주는 '투기의 귀재'로 불렸던 윌리엄 듀런트가 세운 제너럴모터스(GM)가 차지했고, 천하 통일의 대업은 '경영의 천재'로 일컬어지는 알프레드 슬론에게 돌아갔다. 이 책은 미국 자동차 산업과 GM의 역사를 듀런트와 슬론이라는 걸출한 두 인물의 인생역정과 경영철학을 통해 재조명한다.

저자의 말처럼 듀런트와 슬론은 '더 이상 다를 수 없을 정도로' 너무나도 대조적이다. 듀런트는 부유한 집안 출신이었지만, 고등학교를 중퇴하고 외할아버지의 제재소에서 일을 시작해 30대에 미국 최대의 마차회사를 일궈낸 타고난 세일즈맨이었다. 지치지 않는 열정과 원대한 포부를 지녔고, 호화 저택에서 고급 시가를 피우며 상류사회 생활을 즐겼다.

듀런트는 새롭게 떠오르는 자동차 시장을 거머쥐기 위해 남들처럼 자동차나 엔진을 만드는 대신 자동차회사와 부품회사를 사들였고, 1904년에 인수한 뷰익을 발판으로 1908년 GM을 세웠다. 1909년 캐딜락을 사들이는 등 기업인수에 돈을 아끼지 않았던 듀런트는 그러나 무리한 사업확장으로 1910년 은행 채권단에 의해 쫓겨난다. 듀런트는 1911년 시보레와 함께 시보레 자동차를 만든 뒤 5년간의 와신상담 끝에 GM의 최대주주로 등극, 화려하게 부활한다.

▲ 일러스트= 박상훈 기자 ps@chosun.com

그러나 이 역시 오래 못 간다. 1920년 경기 부진과 포드 자동차의 가격인하 공세에 밀려 GM은 이해 3월 4만2000대였던 판매량이 11월에는 1만3000대로 떨어졌다. 재고도 눈덩이처럼 불어났다. 뷰익과 캐딜락을 제외한 생산라인은 전부 가동을 중단했고, 11월에는 은행에서 단기어음으로 8300만달러를 차입해야 했다. 듀런트는 12월 은행 측의 사임 요구를 받아들여야 했고, 다시는 GM으로 돌아오지 못했다. 그는 1921년 듀런트 자동차를 설립해

재기를 노렸지만 끝내 실패했다. 1929년의 주식시장 붕괴로 큰 타격을 입은 듀런트는 1936년 전 재산 250달러를 신고하며 개인파산을 신청했고, 1947년 세상을 떠날 때까지 슬론과 GM의 임원들이 보내준 생활비로 연명해야 했다.

듀런트가 물러난 뒤 이사회에서 신임 회장으로 임명된 피에르 뒤퐁은 슬론에게 회사 운영을 맡겼고, 슬론은 기적처럼 GM을 회생시켰다. 듀런트가 물러날 당시 GM의 미국 시장점유율은 12%로 포드의 42%에 크게 뒤졌지만, 슬론이 GM을 떠난 1957년에는 52%로 경쟁업체들을 압도했다. "GM에 좋은 것은 미국에도 좋다"는 말이 회자된 것도 슬론이 GM을 이끌던 1950년대 초였다. 슬론의 결정적인 전략은 모델T에 안주했던 포드에 맞서 소비자들이 자신의 소득수준과 취향에 맞춰 스스로 차종을 결정할 수 있도록 다양한 모델을 선보인 것이었다.

슬론은 넉넉하지 않은 집안 출신이었지만 MIT를 최우등으로 3년 만에 졸업했다. 그는 늘 GM이라는 기업조직과 경영전략만 생각했고, 어떤 취미도 갖지 않았다. 술과 담배는 전혀 하지 않았고, 골프도 치지 않았다.

슬론은 1916년 자신이 운영하던 베어링 공장을 GM이 인수하면서 듀런트와 처음으로 인연을 맺었고, 1930년대에는 그의 보유 주식만으로 거부가 됐으나 죽을 때까지 단 한 주의 GM 주식도 팔지 않았다(그의 재산은 대부분 메모리얼 캐터링 슬론 암센터와 MIT 경영대학원인 슬론 스쿨 등에 기부됐다).

GM의 영광은 모두 슬론에게 돌아갔고, 듀런트의 흔적은 GM에서 거의 찾을 수 없다. 그러나 이 책의 진짜 주인공은 듀런트다. 저자는 21세기 미국 경제의 활로를 슬론이 아닌 듀런트에서 찾는다. 끊임없이 변화하는 기업환경에서 듀런트가 처음으로 선보였던 기업인수와 수직계열화는 슬론이 GM을 세계 최대의 자동차 기업으로 키워내는 데 가장 중요한 요소였다. 반면 슬론의 경영이론은 경직된 기업구조를 고착화해 빠른 의사결정을 막고 환경변화에 적응하기 어려운 조직을 만들었다는 지적이다.

그러나 이보다 더 중요한 것은 기업가정신이다. 듀런트는 우리나이로 여든이 되던 1940년 새로운 벤처기업을 시작한다. GM의 본거지인 미시간 주 플린트에 18레인 규모의 볼링장과 드라이브인(drive-in) 햄버거 체인점 1호를 개장한 것이다. 그는 볼링이 곧 미국 중산층이 즐기는 최고의 가족 스포츠가 될 것이며, 볼링을 즐기는 가족은 기존의 레스토랑에서 저녁을 먹지 않을 것이라고 내다봤다. 그의 예상은 적중해 20년 뒤 미국에는 볼링 열풍이 불었고, 맥도날드 같은 햄버거 체인점은 전국적인 기업이 됐다.

그러나 듀런트는 자신의 마지막 벤처기업을 시작한 지 2년 만에 심장발작을 일으켰고, 결국 볼링장과 햄버거 체인점을 50개 이상 만들겠다는 마지막 꿈도 물거품으로 돌아갔다. GM은 지금 쇠락해가는 미국 제조업체의 상징이다. 70년 이상 지켜왔던 세계 자동차 업계 1위의 자리를 일본 도요타 자동차에게 내주었고, 지난해에는 채권 신용등급이 정크본드 수준으로 떨어지는 수모를 당하기도 했다. 그러나 듀런트가 가졌던 기업가정신과 열정이 있는 한 GM은 물론 미국 경제는 쉽게 무너지지 않을 것이라는 게 이 책이 전해주는 메시지다.

<조선일보>

경영학원론 추천도서

좋은 기업을 넘어… 위대한 기업으로

(Good to Great: Why Some Companies Make the Leap… and others Don't, Jim Collins)

이 책의 저자 짐 콜린즈는 좋은 것은 위대한 것의 적이라고 보았다. 대다수의 기업들은 위대해지지 않는다. 대부분이 제법 좋은 기업일 뿐이다. 과거의 광범위한 데이터를 통해 좋은 기업에서 위대한 기업으로 도약한 기업들과 도약에 실패했거나, 설사 성공했더라도 그 성과를 지속하지 못한 기업들을 서로 비교하여 평범한 좋은 기업에서 위대한 기업으로 도약한 기업들의 특징을 찾아냈다. 바로 규율 있는 사람들, 규율 있는 사고, 규율 있는 행동의 3가지다. 첫째, 규율 있는 사람들은 단계 5의 리더십과 일보다 사람을 중시하라는 교훈을 담고 있다. 규율 있는 사람들이란 좋은 기업을 위대한 기업으로 만든 리더들로 조용하고, 지나치게 나서고 새로운 비전을 제시하기보다는 링컨과 소크라테스같이 적임자를 적절한 자리에 배치하는 일을 먼저 시작한 사람들이다. 둘째, 규율 있는 사고란 복잡한 행동을 하는 여우가 아닌 단순한 행동을 하는 고슴도치같이 깊은 열정을 가지고 한 우물을 파는 것이다. 셋째로 규율 있는 행동은 규율을 지니고 있는 사람들이 규율을 바탕으로 행동을 하기 때문에 별다르게 지나친 통제를 할 필요가 없다는 점을 역설적으로 강조했다.

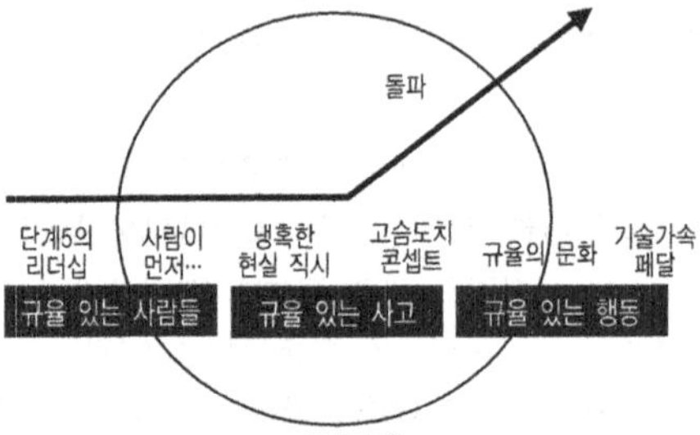

이 책에서는 위의 그림과 같이 앞서 언급한 3가지 개념을 기반으로 하여 거대하고 무서운 플라이 휠을 한 바퀴 한 바퀴 돌리듯이 앞으로 정진하는 추진력을 축적해야 한다고 강조하고 있다. 좋은 회사에서 위대한 회사로의 변환은 지속적이고 일관된 노력이 필요한 것이다.

이해와 실천을 위한

경영학원론

제12장

디지털 경영환경과 e-비즈니스

Principles of Management

01 디지털 기술경영 환경의 패러다임

1.1 정보지식 혁명과 디지털 기술

앨빈 토플러는 제1의 물결을 농업혁명, 제2의 물결을 산업혁명, 제3의 물결을 정보지식혁명이라고 구분하였다. 농업혁명에 의해 원시수렵생활은 토지와 노동을 중심으로 한 공동체 협력생산 형식으로 변모한다. 산업혁명은 공장의 자본과 기술을 중심으로 도시화와 노동자 계층의 등장을 불렀다. 그리고 최근의 제3의 물결은 지식과 정보가 새로운 경제 원리로 자리 잡고 디지털 기술과 접목되면서 매우 빠른 속도로 경제·경영환경을 변화시키고 있다.

지식(knowledge)과 자료(data), 정보(information)는 약간씩 차이가 있다. 관찰이나 실험 조사로 얻은 사실을 자료라고 한다면, 정보란 자료를 특정 목적에 맞게 가공하여 가치를 창출하는 데 기여할 수 있는 것을 말한다. 더 나아가 지식은 정보를 좀 더 활용 목적에 맞게 가공하고, 축적한 것이다. 단순히 아는 차원이 아니라, 상황에 맞게 활용된 살아 있는 지식이 경제적인 가치를 창출할 수 있는 것이다.

최근의 정보통신혁명은 컴퓨터와 정보통신기기의 가격을 크게 낮추어 많은 사람들이 쉽게 접할 수 있도록 했다. 특히 인터넷의 등장과 더불어 그 파급효과는 더욱 커졌다. 정보통신 기술과 디지털 기술혁명은 규제완화의 힘을 입어 신경제(New Economy)의 시대를 열었으며, 낮은 인플레이션과 낮은 실업률이라는 두 마리 토끼를 한꺼번에 잡을 수 있는 계기가 되었다.

이러한 정보통신혁명에는 기존의 아날로그 방식이 아닌 디지털 기술이 큰 역할을 하였다. 디지털 기술은 0과 1의 이진수로 이루어진 정보로, 먼 거리까지 정보의 손실 없이 전달이 가능하고, 디지털 정보의 변형과 가공이 유리하다는 장점이 있다. 따라서 제품 간 융합(convergence)이 용이해졌고, 그 결과 제품 간의 영역을 넘어서 산업 간 융합의 시대를 열게 되었다.

1.2 제품과 서비스의 변화

디지털경제는 인터넷을 중심으로 유·무선통신 네트워크, 컴퓨터 등 디지털 기기와 다양한 소프트웨어와 같은 디지털 정보기술을 바탕으로 정보와 지식이 경쟁력의 원천이 되는 경제이다. 디지털이란 아날로그 방식과 달리 0과 1로 표현하는 신호에 기반을 두어 제품 간 데이터의 전송과 기술 간 결합을 용이하게 하는 특성이 있다. 디지털카메라로 찍은 사진을 컴퓨터를 이용해 쉽게 전송할 수도 있고, 프린터를 이용해 간단히 인쇄할 수도 있다. 또한 카메라 기술과 통신기술도 디지털 기술을 이용하여 쉽게 결합할 수 있는데, 이것이 디지털카메라폰이다. 전통적인 형식을 갖춘 책과 음반은, 음반의 경우 디지털화되어 음악파일로 다운받기 쉽게 되었고, 책의 경우도 전자책(e-book)으로 점차 대체되고 있다.

이러한 디지털화는 콘텐츠 자체의 변화뿐만 아니라 인터넷 쇼핑몰, 커뮤니티 웹사이트 등을 통해서 쉽게 생성과 전송이 가능한 새로운 형태의 서비스를 창출하고 있다. 최근에는 교육과 접목하여 가상 교육서비스로 활용되고 있다.

1.3 산업구조의 변화

디지털화된 제품, 네트워킹, 컴퓨터, 정보통신기기는 기업의 경쟁력의 핵심으로 자리 잡게 되어, SI(System Integration), IT컨설팅, IT 솔루션 제공업체와 같은 새로운 산업이 등장하는 원동력이 되었다. 이러한 새로운 IT 관련 산업의 등장뿐만 아니라, 인터넷을 기반으로 한 새로운 닷컴 기업들도 등장하였다. 야후와 네이버, 구글과 같은 정보검색 서비스, 인터넷 쇼핑몰, 인터넷 서점 등 기존에 없었던 새로운 형태의 서비스가 그것이다. 그리고 기존의 오프라인 기업들은 기능을 온라인으로 확장시켜 물리적인 공간과 시간 그리고 인력의 부담을 절감하는 성과를 보이고 있다.

이러한 새로운 산업구조로의 이행은 전통적인 오프라인 기업들에게는 도전이 아닐 수가 없다. 초기에는 굴뚝(bricks-and-mortar)기업과 인터넷(clicks)기업 간에 갈등이 초래되기도 했지만, 최근에는 e-비즈니스 환경에 빠르게 대응하려고 노력하는 형태를 보이고 있다. 특히 기업 간에는 전략적 제휴를 바탕으로 M&A가 활발해지고 있으며, 업종별로는 산업별 영역의 구분이 의미를 상실하게 되었다. 최근 국내 은행들이 보험회사와의 전략적 제휴를 통해서 보험상품을 판매하는 **방카슈랑스**(Bancassurance: 은행(banque)과 보험(assurance)의 결합어)를 도입한 것은 은행, 보험, 증권의 영역별 칸막이가 없어졌음을 의미한다.

방카슈랑스
은행과 보험의 결합어

1.4 기업의 가치창출 메커니즘 변화

CRM

인터넷과 디지털 혁명이 몰고 온 비즈니스 환경의 변화는 고객 중심의 소비자주권을 좀 더 향상시키는 결과를 가져왔다. 인터넷을 통한 정보의 확산은 소비자들에게 제품을 구입하기 이전에 가격을 손쉽게 비교할 수 있도록 도와주었고, 또한 기존 사용자들의 제품 후기와 경험담을 얻을 수 있어 거래할 때 판매자들에 대해서 더 높은 협상력(bargaining power)을 갖게 하였다. 반면 기업들은 소비자의 불만과 제안 사항에 대해서 빠르게 대응할 수 있게 되었다.

결국 기업의 가치창출 메커니즘은 과거의 가격경쟁, 품질경쟁에서 한발 더 나아가 소비자와의 관계를 더욱 중시하게 되었다. 이렇게 고객만족, 고객감동을 통한 공감대 형성전략을 **고객관계관리**(Customer Relationship Management: CRM)라고 한다.

고객관계관리
고객만족, 고객감동을 통한 공감대 형성전략

ERP

기업의 입장에서 정보시스템의 도입은 단순히 자동화의 차원에서 벗어나 기업의 프로세스 개선 차원으로 확산되었다. 고객의 반응에 빠르게 대응하기 위한 정보시스템의 구축으로 고객과의 관계를 좀 더 개선하기 위해서 기업의 다양한 프로세스를 통합적으로 관리하려는 시도가 등장하였는데, 이를 **전사적 자원관리**(Enterprise Resource Planning: ERP)라고 한다.

전사적 자원관리
고객과의 관계를 좀 더 개선하기 위해서 기업의 다양한 프로세스를 통합적으로 관리하려는 시도

SCM

ERP 시스템이 통합적 데이터베이스를 기반으로 하여 기업의 기능들을 지원하는 자원들을 효과적으로 상호 연동할 수 있도록 해주는 내부 시스템이라면, 기업의 외부 관계에 초점을 둔 정보시스템을 **공급망 관리**(Supply Chain Management: SCM)라고 한다. 앞에서 소개한 고객의 반응을 분석하여 관계를 유지하는 데 활용하기 위한 CRM과 더불어 SCM은 자사의 입력물과 산출물에 관계된 기업들의 비즈니스를 도와주는 역할을 담당한다.

ERP 시스템
통합적 데이터베이스를 기반

공급망 관리
기업의 외부 관계에 초점을 둔 정보시스템

이러한 디지털 경영환경에서 기업은 가치창출 메커니즘의 인식 변화로 전통적 투입요소인 인적·물적 자원보다 지식의 중요성을 강조하게 되었고, 기업이 보유한 엄청난 지식의 가치에 대한 체계적인 관리와 활용에 따라서 성과는 크게 달라졌다. 이처럼 기업의 핵심역량과 경쟁력이 지식에 있다는 점을 간파하고, 체계적으로 구축관리하려는 시도를 **지식경영**(Knowledge Management: KM)이라고 한다.

지식경영
기업의 핵심역량과 경쟁력이 지식에 있다는 점을 간파하고, 체계적으로 구축관리하려는 시도

1.5 기업 간 전략적 협력 네트워크 활성화

인터넷을 기반으로 한 네트워크는 기업 간 상호협력 관계를 보다 강화하고, 특히 원자재 구입부터 가공, 제품생산과 유통, 고객과의 관계에 이르기까지 공급 사슬 간 경제주체들 간의 상호협력을 증진시키고 있다. 이들 서비스 제공업체를 비롯한 인터넷 기업 같은 수많은 콘텐츠 제공업체들이 상호 어떤 관계를 맺는가가 성공의 중요 요인이 된 것이다. 대표적인 성공업체인 인터파크와 같은 기업은 각종 물품의 조달에서부터 배송에 이르기까지 유통물류업체와의 중요성을 한층 강화하였다. 기업들은 아웃소싱과 자체 공급이라는 문제로 고민을 하는 경우가 많다. 만일 시장에서 필요한 기능을 조달하는 것이 자체에서 생산·공급하는 경우보다 비용이 저렴하다면 아웃소싱을 하게 된다. 이러한 아웃소싱도 관련 업체들과의 협력관계가 중요하다는 것을 보여준다. 더우기 비즈니스 과정이 복잡해지고, 기술과 소비자의 욕구가 빛의 속도로 변화하는 디지털 환경에서는 경쟁에서 살아남기 위해 적과의 동침까지 고려해야 하는 상황이 발생하기도 한다.

02 e-비즈니스와 전자상거래

2.1 e-비즈니스의 등장

e-비즈니스는 개인, 조직 또는 개인과 조직 간의 거래에 있어서 기술이 매개 역할을 하여 교환을 용이하게 하는 조직 내 혹은 조직 간의 전자적 기반의 모든 활동을 의미한다. 전자상거래는 기업의 다양한 비즈니스 프로세스 중에서 상품과 서비스의 교환과 관련한 상거래만을 의미하는데 e-비즈니스에 비해서 상대적으로 하위의 개념으로 보는 경우가 일반적이다. 인터넷의 폭발적인 확산으로 인해서 기업들이 인터넷을 활용하여 홈페이지를 구축하고 상품과 서비스에 대한 정보를 제공하면서 관련기술의 축적과 더불어 e-비즈니스는 크게 성장하게 되었다.

e-비즈니스는 고성능의 비즈니스 모델을 창출하기 위한 비즈니스 프로세스를 비롯하여, 엔터프라이즈 애플리케이션, 조직 구조 등의 복잡 다양한 결합을 말한다. e-비즈니스를 기반으로 한 전자상거래는 효과적으로 실행될 수 있지만, e-비즈니스로 이행해간다는 것은 그렇게 쉬운 일이 아니다. 왜냐하면 기업의 역량에서 문화에 이르기까지 전체 조직을 새롭게 바꾸는 의사결정이기 때문이다. <그림 12-1>에서는 기본적인 e-비즈니스의 형태를 보여주고 있다.

그림 12-1 기본적인 e-비즈니스 개관

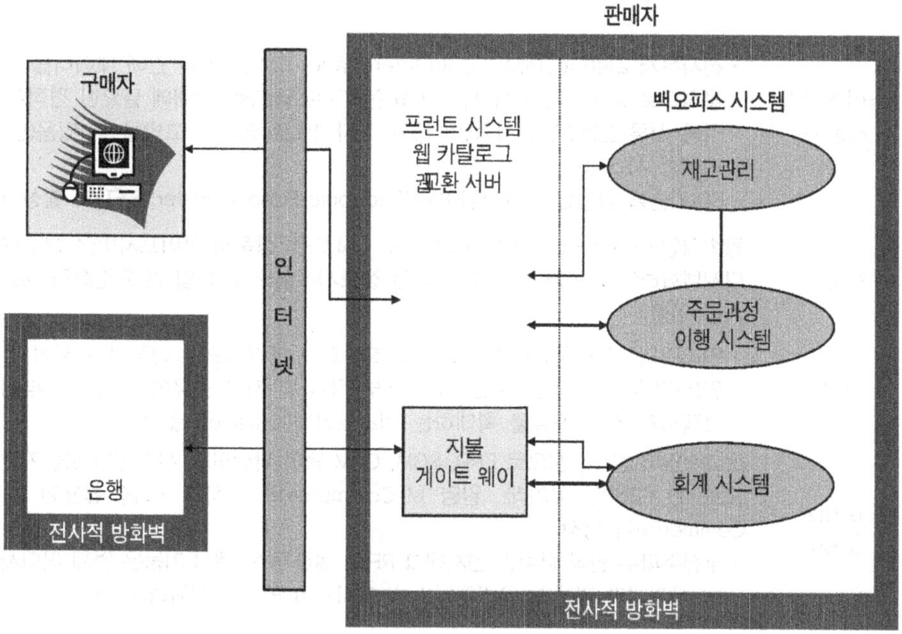

자료: John Gaunt et al. (Editor), *E-Business technology forecast*, Price waterhouse, 1999.

2.2 e-비즈니스의 개념과 성장과정

e-비즈니스는 전자상거래(electronic commerce), 인터넷 비즈니스 등과 같이 혼용되어 사용하고 있다. e-비즈니스란 개인과 기업, 정부 등 개별 경제주체들이 디지털 기술에 기반을 두고 전자적으로 정보를 교환하기 위해서 경제활동 수행하는 것으로 정의할 수 있다. 이러한 디지털 기술을 기업의 내부적인 측면보다는 외부와의 상업적 거래에 초점을 두어 정의한 것이 전자상거래이다. 따라서 e-비즈니스는 전자상거래보다 좀 더 광범위한 개념이라고 할 수 있다.

e-비즈니스의 성장과정을 시대별로 구분하여 <표 12-1>과 같이 정리할 수 있다.

표 12-1 e-비즈니스의 성장과 진화과정

시대	특징	설명
1970년대	e-비즈니스 태동기 EDI	· 전자문서교환(Electronic Data Interchage: EDI)은 기업 간에 데이터를 효율적으로 교환하기 위해 지정한 표준화 시스템으로, 거래에 필요한 견적서, 각종 서류(신용장, 선하증권) 등을 전자적으로 쉽게 주고받을 수 있음(단, 폐쇄형 시스템) · EDI기술을 활용한 전자자금이체(Electronic Fund Transfer: EFT)가 활성화
1980년대	CALS	광속경영(Commerce At Light Spee: CALS)은 상품의 라이프사이클 정보를 디지털화하여 경영에 활용한 기업 간 정보시스템으로, 산업 간 표준화와 개방화를 이룸
1990년대	EC	· 인터넷의 상용화와 대중화로 e-비즈니스가 본격적으로 성장하는 시기 · 인트라넷(intranet)을 통한 기업 내부 직원 간 자료 공유에서 기업 외부의 고객까지 자료 공유를 확대하는 익스트라넷(extranet) 활용
2000년대	e-Biz u-Biz	초고속인터넷의 성장으로 ERP, SCM, CRM 등이 확산되고, 무선인터넷을 기반으로 한 모바일 상거래, 일명 M-Commerce와 디지털 TV를 활용한 T-Commerce가 등장 · 무선주파수 인식 장치인 전자태그 RFID, 블루투스, 센서 기능은 언제 어디서나 상거래가 가능한 유비쿼터스 비즈니스(u-Biz)로 진화하게 됨

2.3 e-비즈니스의 구성요소

e-비즈니스의 구성요소를 Turban(2003)에 따르면, 크게 지원요소와 구성요소로 나눌 수 있다.

1. e-비즈니스의 지원요소

e-비즈니스의 응용분야를 활성화하고 발전시키는 데 필요한 것으로 인적요소와 정부의 정책, 마케팅과 광고 그리고 공급사슬로 나눌 수 있다.

인적요소

e-비즈니스에 참여하는 개인과 참여조직을 의미하는데, 판매자, 구매자, 중개상, 관리자 등을 포함한다. 이들은 전략적 제휴와 협력관계로 경쟁관계를 형

성한다.

공공정책

정부의 e-비즈니스 정책으로 각종 세금, 전자서명 등 보완정책, 계약 등 법률행위 효력, 개인 프라이버시, 기술표준화 문제가 해당한다.

마케팅과 광고

e-비즈니스도 오프라인처럼 마케팅과 광고가 중요한 역할을 한다. 고객과의 대면접촉은 줄어들 수 있겠지만, 의사소통, 시간, 공간 같은 고객과 접촉하는 면적은 더욱 확대되기 때문이다.

공급사슬

물류와 비즈니스가 여기에 해당된다. e-비즈니스상에서는 디지털 상품인 음악파일, 전자책(e-book) 등이 아닌 경우는 구매자가 온라인을 통해서 구입을 결제하는 경우라도 물류 기능은 여전히 중요할 수밖에 없다. 오히려 배송서비스에서 불만이 생기면, 기업의 이미지와 평판에 부정적인 영향이 미치고, 그 결과 고객의 충성도는 떨어지게 된다.

2. e-비즈니스의 기반요소

e-비즈니스 공통서비스

e-비즈니스에서 거래와 관련한 기술적인 측면으로 제품 선택의 목록, 결제를 위한 보안 스마트카드와 인증 시스템, 전자지불 시스템 등 거래의 호환을 위한 기술적 표준요소가 대표적이다.

메시지 전달과 정보유통 요소

네트워크를 통한 정보와 메시지의 상호전달에는 EDI, HTTP, e-mail, 채팅

등이 포함된다. 다양한 네트워크 형태와 멀티미디어는 정보전달 및 거래의 신뢰 확보에 중요한 역할을 한다.

멀티미디어 콘텐츠와 네트워크 출판요소

웹상에서의 콘텐츠 출판 기술은 정보를 표현하기 위한 표준 언어인 XML(eXtensible Markup Language)와 자바(JAVA), ASP(Active Service Page) 같은 프로그램을 기반으로 한다.

네트워크 요소

인터넷을 통한 정보 전달을 위해서 인터넷망, PC 통신망, 케이블 TV망, 수신통신망, 사설 LAN, 인트라넷(Intranet), 익스트라넷(Extranet)을 필요로 한다.

2.4 e-비즈니스의 특징

디지털을 기반으로 한 기술 기반(technology-based)

e-비즈니스에 의해 정보를 디지털화한 디지털 상품이 거래되고, 커뮤니케이션, 상품과 서비스의 교환, 전자주문의 경우도 디지털 방식에 의한 인터넷 거래나 EDI(Electronic Data Interchange), 전자뱅킹이 가능해졌다. 전통적인 거래에서는 고객이 상점의 점원이나 매니저 등과 직접적인 면대면(face-to-face)방식이나 혹은 전화를 이용하여 거래하였으나, 오늘날에는 기술을 매개로 한 전자적인 거래가 가능해짐으로써 스크린 대면 방식(screen-to-face)으로 전환되고 있다. 거래뿐만 아니라 기업의 의사결정에 있어서도 가상의 상점, 고객의 경험을 감지, 인터넷 사이트를 통한 콘텐츠의 제공과 같은 기술적인 측면에서 의사결정이 중요해졌다. 따라서 디지털 비즈니스 환경하에서 기술이 의사결정과 보다 밀접한 관계를 지니게 되었다.

디지털 음악 사례

많은 음악 관련 기업들이 금융과 컴퓨터 기술을 이용하여 중간단계를 파괴하고 소비자에게 직접 유통하는 방식으로 바꾸고 있다. 이전에는 음악 상품이 소비자에게 전달되는 과정이 매우 길고 복잡하였고, 중간단계에서 부가가치의 일부를 가져가기 때문에 가격이 그 만큼 증가할 수밖에 없었으나, 인터넷을 이용하여 원하는 음악 상품을 다운받는 MP3와 같은 방식으로 전환되면서 저렴하고 효율적이 되었다.

최근에는 냅스터와 같은 P2P(peer-to-peer) 방식을 통한 사용자들 간의 직접적 공유가 문제로 제기되고 있지만 디지털 저작권 관리(Digital Right Management: DRM)와 같은 방법으로 유료화가 진행 중이다. 이러한 엔터테인먼트 산업에서 공급망과 관련한 중간 단계의 중개자들이 어떻게 새롭게 진화할지 주목된다.

실시간 반응을 통한 고객과의 상호작용

대부분의 인터넷상의 상거래는 커뮤니티를 통한 소비자와의 상호작용에 기반을 둔 셀프-서비스 모델을 이용한다. 이러한 셀프 서비스는 검색과정, 다양한 사이트의 방문 시간, 가격과 제품의 비교, 구매의사결정, 고객과의 정보 교환 등에 있어서 고객이 주도권을 가진다. 반면에 기업은 고객의 반응을 실시간 감지할 수 있게 되었는데, 따라서 기업에게는 고객이 무엇을 원하는지 제대로 파악하는 것이 다른 어느 때보다 전략적으로 중요해졌다.

시간과 공간의 초월

인터넷 홈페이지를 통한 상점의 개설은 1주일 7일, 하루 24시간, 1년 365일 언제든 시간에 구애받지 않으며 인터넷이 가능한 공간에서는 쉽게 접근이 가능하기 때문에 시공간의 제약을 극복하게 되었다.

2.5 e-비즈니스 유형과 고객 인터페이스 구축

1. e-비즈니스 유형

e-비즈니스의 범주는 사업주체에 따라 이론상으로 여러 가지로 분류할 수 있다. 그러나 여기서는 대표적인 것만 살펴보기로 한다.

B2B(기업 간 거래)

B2B는 두 기업 간의 거래에서 발생하는 것으로 구매와 조달, 공급업체관리, 재고관리, 채널관리, 영업활동, 지출관리, 서비스와 지원에 인터넷을 활용하여 비용을 절감할 수 있다. 더 나아가 인터넷을 통해서 새로운 판매 채널을 형성할 수 있으므로 훨씬 적은 비용으로 마케팅이 가능하다.

B2C(기업과 소비자 간 거래)

B2C는 아마존(Amazon), 야후(Yahoo), 스왑(Shwab)과 같은 기업과 소비자 간의 거래를 말한다. 인터넷상의 광고와 카탈로그를 통해서 주문을 하며, 컴퓨

그림 12-2 거래주체별 e-비즈니스 유형

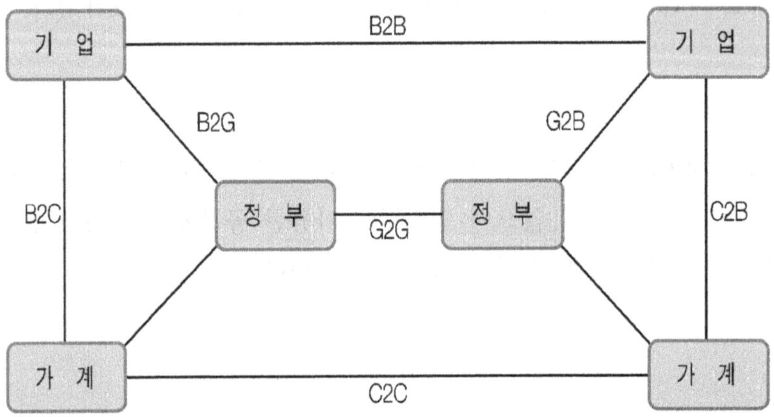

자료: John Gaunt et al. (Editor), 같은 책.

터, 서적, 카드, 꽃 배달에서 온라인 금융업무까지가 포함된다. 특히 물류센터의 구축과 인터넷의 보안 기술이 발달하면서 크게 성장하였다.

C2C(소비자 간 거래)

C2C는 두 고객 간 혹은 고객들 사이에서 이루어지는 거래를 말한다. 거래를 위해 판매자와 구매자가 직접 거래를 할 수도 있지만, 경매(교환)사이트인 e-Bay처럼 제3자가 관련될 수도 있다. 중고자동차나 지역신문인 벼룩시장 같은 곳에서 소비자들이 자신의 물건을 올리고 매매하는 경우도 대표적인 예이다.

C2B(소비자와 기업 간 거래)

C2B는 소비자들이 기업에 대해서 집단을 형성하여 힘을 모으는 경우를 말한다. 소송과 관련하여 변호인 집단을 형성하는 것처럼 경제적 동기와 사회적 동기에 의해서 협상력을 높이기 위한 방편으로 기업과의 거래에 활용된다.

G2C(정부와 소비자 간 거래)

G2C는 최근에 점차 활발한 거래를 보이고 있는 것으로, 의료보험의 지급이나 세금 납부와 환불 등의 행정 서비스를 전자적으로 활용하는 것을 들 수 있다. 온라인을 통해서 오프라인보다 효율적으로 이용되고 각종 낭비를 절감하고 소비자의 만족을 높일 수 있다.

G2B(정부와 기업 간 거래)

G2B는 일반기업과 정부 간에 이루어지는 사업 유형으로, 정부의 공공자원을 일반기업이 구매하거나 기업의 세금 납부를 전자적으로 하는 것이 해당된다.

2. 고객인터페이스 구축

디지털경제하에서 새로운 비즈니스 모델은 과거와는 전혀 다른 경쟁방식을 출현시켰다. 따라서 경영진들은 주목표인 고객들의 가치가 어디에 있는가에 먼저 관심을 가져야 한다. 고객과의 인터페이스를 어떻게 구축하는가는 기업이 인터넷상에서 사업을 성공적으로 이끄는 중요한 기준이 된다. 일반적으로 비즈니스 모델은 4부분으로 구성되어 있다. 고객에 대한 가치제공, 정보제공, 특유한 방어 가능한 자원시스템, 재무모델이다.

고객에 대한 가치제공

목표하는 세분시장을 고르고 고객에게 제공할 핵심 요소를 선택하여 경쟁기업보다 고객에게 혜택을 주는 것을 말한다.

정보제공

제품과 서비스에 수반한 정보를 고객에게 제공하는 것을 의미한다.

자원시스템

기업이 시장에 제품과 서비스를 제공할 때에 다른 경쟁자와는 다른 방식으로 제공하고 지원하는 능력을 의미한다.

재무모델

기업이 수익을 창출하고 가치를 통해 성장하는 다양한 방법들을 포함한다.

기업이 효과적인 인터넷 사이트를 운영하기 위해서 고객과의 인터페이스를 구축할 때 고려해야 할 요소를 7가지로 구분한 것을 7C라고 한다. <그림 12-3>은 7c에 대한 설명이다.

그림 12-3 고객 인터페이스 구축방법과 7C

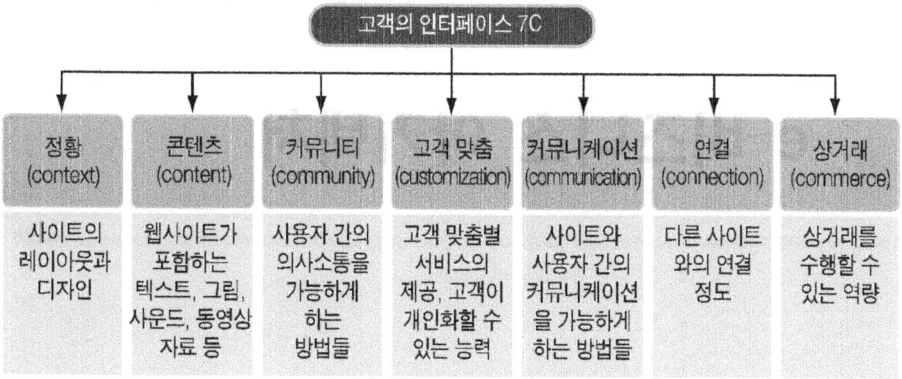

자료: Jeffrey F. Rayport, Bernard J. Jaworski, Jeffrey Rayport, *E-Commerce*, McGraw-Hill/Irwin, 2000.

03 e-비즈니스 아키텍처

3.1 비즈니스 아키텍처의 의의

1. 비즈니스 아키텍처의 필요성

기업이 e-비즈니스를 통해서 경쟁적인 우위를 확보하기 위해서는 먼저 많은 장벽들을 제거해야 한다. 만일 20년 전에 만들어진 컴퓨터를 사용하는 낡은 비즈니스 방식은 빠른 비즈니스 사이클의 변화에 적응하기 어렵고, 변화의 속도에서 뒤처져 지속적인 혁신을 이루지 못하게 된다. 또한 유연하지 못한 프로세스로 인해 고객의 니즈에 즉각적인 반응을 하지 못해 거대한 손실을 보거나 주어진 기회를 상실하여 결국에는 파산을 할 수도 있다. 과거의 실패한 기업 사례를 보면 급격하게 변화하는 비즈니스 환경에 얼마나 잘 적응하는가의 문제가 얼마나 중요한지를 교훈으로 얻을 수 있다. 따라서 급격한 비즈니스 환경 변화에 대응하기 위해서 애플리케이션 아키텍처를 어떻게 구축하여야 하는지, 또한 급격한 기술적인 변화에 맞춘 신제품을 얼마나 빨리 출시하고 있는지, 고객이 요구의 변화에 얼마나 빠르게 애플리케이션 아키텍처를 구축하는가는 중요한 관심사가 되고 있다.

빌 게이츠는 "오늘날 비즈니스는 기업이 정보를 어떻게 관리하는가의 문제를 빼고는 실제로는 거의 차별성이 없다. 한 가지 중요한 점은 기업이 정보를 어떻게 관리하는가에 따라 승자가 될 수도 있고, 패자가 될 수도 있다"라고 정보관리의 중요성을 언급했다. 결국에는 이러한 정보를 관리하는 방법은 주문과 재고관리, 재무, 고객 서비스 등의 애플리케이션을 어떻게 구축하는가의 문제로 귀결된다.

2. 비즈니스 애플리케이션의 진화

비즈니스 애플리케이션의 진화과정은 <그림 12-4>에서 잘 보여주고 있다. 제1단계는 단순화(simplification) 및 분리화(segmentation)이다. 이 단계는 주문개시와 같은 프로세스에 초점을 맞추어 업무 지향적인 단순화로 생산성의 향상을 가져왔다. 그러나 업무 중심적이다 보니 프로세스들 간의 단절이 생겨, 프로세스가 느려지거나 유연하지 못하여 많은 실수를 유발하게 되었다.

제2단계는 재통합(reintegration)과 변형(transformation)이다. 업무 중심의 애플리케이션이 정보기술의 발달과 더불어 기능적으로 통합되면서 진화한 것이다. 그러나 빠른 글로벌 경쟁에 보다 유연하게 적응하기 위해서 제3단계의 기능적 횡단면 통합(cross-functional integration)으로 진화하였다. 한 조직 내의 활동은 외부의 변화가 계속 진행됨에 따라 서로 상이한 기능적 조정과정이 필요하다. 이러한 애플리케이션은 서로 다른 형태를 지니고 있지만, 관련성이 있기 때문에 기업의 전체 시스템차원에서 관리해야 한다는 것이다. 이와 같은 패키지화된 애플리케이션은 개별 기업이 복잡한 애플리케이션을 개발하는 데 많은 돈을 투입하는 것보다는 이미 완성된 애플리케이션을 구입하고 그것을 고객의 요구와 변화에 적응하는 데 초점을 둔다.

현대의 비즈니스 디자인은 잘 통합된 애플리케이션에 의해서 구축된다. 기

그림 12-4 비즈니스 애플리케이션의 진화

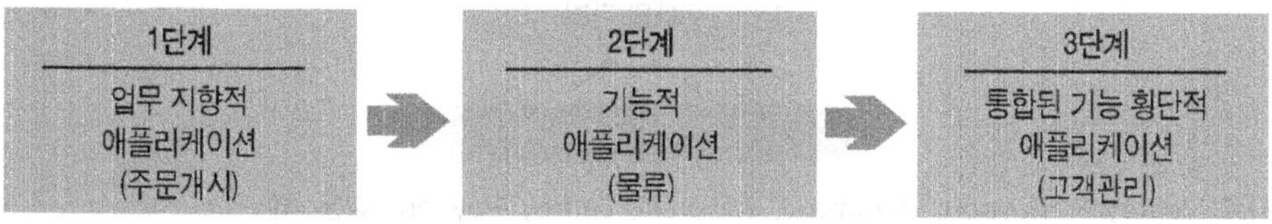

업의 애플리케이션은 여러 애플리케이션을 위해서 공통의 플랫폼을 제공하는 기능을 보유하고 있다. 전사적 자원관리(ERP), 고객관계관리(CRM), 공급망관리(SCM)를 표준적인 예로 들 수 있다. 이러한 기업의 애플리케이션은 1990년대 정보기술을 이용하면서 크게 발전하기 시작했는데 최근에는 웹에 기반을 둔 복잡한 일련의 애플리케이션을 통합하는 방식으로 진화하고 있다. 통합된 애플리케이션 아키텍처는 아마존닷컴과 같이 고객에게 뛰어난 서비스를 제공하기 위해서 더욱 풍부한 고객의 경험을 활용하여 웹사이트와 백오피스 시스템(재고관리, 주문 프로세싱, 재무, 고객서비스와 같은 운영의 중심 역할을 하는 시스템)을 통합하려는 시도를 하고 있다. <그림 12-5>에서는 이러한 e-비즈니스 아키텍처를 전체적으로 잘 보여주고 있다.

그림 12-5 e-비즈니스 아키텍처

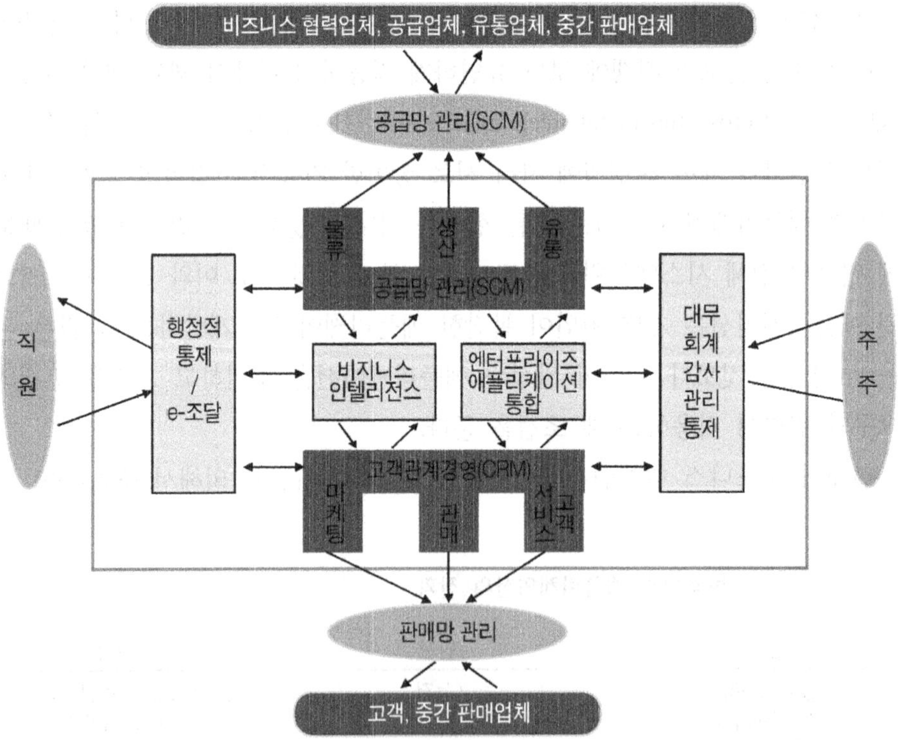

자료: Jeffrey F. Rayport, Bernard J. Jaworski, Jeffrey Rayport, 같은 책.

3.2 전사적 자원관리(Enterprise Resource Planning: ERP)

1. ERP의 도입

판매점, 콜센터 혹은 인터넷을 통해서 고객이 물건을 구입하게 되면, 기업의 판매, 회계 물류 등의 애플리케이션은 자동적으로 작동한다. 1980년대 후반에 도입되기 시작된 ERP는 미국 <포춘> 500대 대부분의 기업들이 실행하기 위해서 노력했다. 경쟁업체들이 20년 이상 지난 낡은 백오피스 시스템을 사용하고 있는 반면에 마이크로소프트, 코카콜라, 시스코, 노키아 등과 같은 세계적인 기업들이 지닌 공통점 중의 하나는 전사적 자원관리라 불리는 백본(backbone)을 통해서 재고감소, 사이클 타임 축소, 가격인하 등 전반적인 운영 측면에서 향상을 가져왔다는 점이다.

ERP는 기업의 핵심프로세스인 생산, 주문절차, 재고관리, 창고관리, 회계처리, 임금지급 등을 단일화해 기업 부서들 간의 데이터 교환을 원활하게 한다. 최근에는 ERP 솔루션의 가격인하로 대규모의 기업에서만 제한적으로 사용되는 것이 아니라 닷컴 기업들인 중소기업에 있어서도 고객들에게 온라인상에서의 제품주문과 가격 배송조회 등을 통한 효율적이고 수준 높은 서비스를 제공하게 되었다.

SAP, 오라클(Oracle), 피플소프트(PeopleSoft), 애드워드(J. P. Edwards)와 같은 기업들은 ERP의 선도적인 제공업체들이며 e-비즈니스에 부응하여 계속적으로 솔루션을 발전시키고 있다. ERP를 도입하여 성공한 사례들은 점차 많아지고 있다. 대표적으로 제너럴모터스(GM)는 ERP를 통해 낡은 인프라를 갱신하며 전 세계적으로 퍼져 있는 재무 데이터와 비즈니스 프로세스들을 표준화하고 비용절감을 시도했다. 새로운 자동차 모델을 설계하고 신규 공장을 건설하는데 컴퓨터시스템을 활용하여 비용을 축소한 것이다.

2. ERP의 진화

표준적인 ERP 프레임을 형성하는 기업들은 기술 측면뿐만 아니라 기업의

그림 12-6 ERP 진화

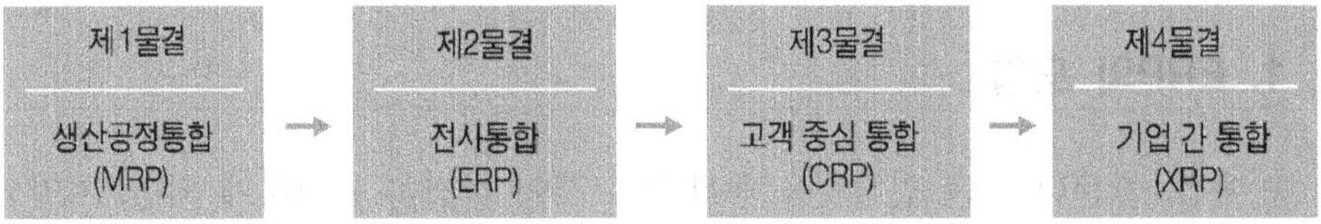

내외적인 구성체들까지 점진적으로 통합해가는 추세이다. ERP시스템을 구성하는 다양한 애플리케이션은 원자재 수요의 예측, 공장유지 계획, 판매와 재고 정보 추적 등을 실행하는 모듈들이 포함되어 있어 이러한 시스템을 통합하면 현재 사업에서 어떤 일이 진행되고 있는지를 쉽게 파악할 수 있다. ERP가 진화해온 과정들을 간단히 살펴보면 <그림 12-6>에서 보여주는 바와 같이 생산공정통합(MRP) 단계에서 전사적 통합(ERP) 단계로, 더 나아가 고객 중심 통합(CRP)과 기업 간 통합(XRP)으로 발전하고 있음을 알 수 있다.

제1단계: 생산공정통합(Material Reuirement Planning: MRP)

ERP의 기원은 1960년대 재고관리와 통제 소프트웨어 패키지라고 할 수 있다. 1970년대에 들어서면서 자재소요량 계획(MRP)과 유통자원계획(Distribution Resource Planning: DRP)이 등장하게 되었고, 1980년대에는 생산과 유통의 범위로 확장되어 기업의 다른 기능들을 폭넓게 자동화한 MRPⅡ가 개발되었다.

제2단계: 전사적 자원계획(Enterprise Resource Planning: ERP)

낡은 시스템을 대체하고, 통제 범위를 넓히고, 전사적인 기능 통합의 향상이 포함된 핵심적인 비즈니스의 동인들에 의해 MRP에서 ERP로 진화하였다. 특히 많은 기업들은 이질적이고 분권화된 시스템을 가지고 있어 재무 애플리케이션과 생산 애플리케이션과 같은 다양한 기능들 사이에 의사소통이 어려웠던 점을 통합시킬 수 있게 되었다. 더욱이 2000년에 들어서면서 Y2K의 대비를 하는 와중에 전격적으로 ERP가 많이 채택되었다.

제3단계: 고객 중심의 통합(Customer-Centric Resource Planning: CRP)

인터넷의 확산과 더불어 온라인과 오프라인의 적절한 조합을 찾기 위해 SAP, 피플소프트(PeopleSoft), 반(Bann) 등을 포함한 수많은 ERP 소프트웨어 판매업자들은 고객 중심적 자원계획(CRP)제공업체로 변화하였다. 전자상거래에서 주문 생산 모델과 주문 실현 모델은 고객들이 원하는 물건을 원하는 가격으로 선택할 수 있도록 해주고 있는데 기존의 ERP 솔루션들은 계획, 생산, 주문예측의 비즈니스 상황에 맞게 설계되어 있기 때문에 한계가 있었다. 따라서 고객의 가치와 효과성, 서비스 향상이라는 목표를 향해 고객 중심적인 계획과 실시간 계약을 통해 전통적인 ERP의 가정을 바꿀 필요가 생긴 것이다. 무선통신사업분야의 에릭슨(Ericsson)은 글로비아(Glovia)로부터 CRP를 도입하여 한 시간이나 걸리던 판매 주문 처리의 리드 타임이 10분으로 줄었고, 18시간 정도 걸리던 생산 스케줄 작성 시간을 30분으로 줄여 전체 주문의 98%를 제시간에 배달할 수 있게 되었다.

제4단계: 기업 간 통합(Extended Resource Planning: XRP)

e-비즈니스 장점 중의 하나는 기업의 파트너들이 마치 하나의 단일 기업처럼 통합되어 상호 이득을 얻을 수 있다는 것이다. 조직 내부의 등뼈 역할을 하던 ERP의 기능을 고객과 공급업체, 더 나아가 사업 파트너까지 영역을 넓힌 것이 확장된 자원계획(Extended Resource Planning: XRP)이라고 한다. 재고의 감소, 전략적 가격 정책의 촉진, 사이클 타임의 향상, 고객만족의 증가란 목표를 달성하기 위해서 거래 파트너들 간의 통합을 유도하는 것이다. <그림 12-7>에서는 산업시대와 정보/고객 중심시대를 통합하는 모습을 보여주고 있다. 전통적인 ERP는 인적자원, 재무, 재고, 주문과정 등과 관련한 업무상의 활동을 처리하는 데 장점이 있지만, 미래의 지속적인 계획 시스템을 구축하는 데 생기는 단점이 있었다. 따라서 이러한 단점을 인공지능 의사결정을 기능을 통해서 XRP시스템은 극복하려는 것이다. ERP에서 XRP로 이동하는 데는 기업들의 정보 장벽을 허무는 일이 중요하다. 공급망의 실행과 판매망의 관리업무가 기

그림 12-7 산업시대와 정보/고객 중심시대의 통합

업의 외부 이미지를 나타내기 때문이 이들 업무도 XRP를 지원해야 하고, 실시간 공급망 관리를 위해서 내부와 외부의 비즈니스 활동들에 대한 통합이 중요하다.

3. ERP의 적용 사례

미국의 콜게이트팔모리브(Colgate Palmolive Co.)는 구강 청정제, 치약, 칫솔 등의 구강 보호제품에서 세계적인 기업으로 자리를 구축했고, 베이비케어, 방취제, 샴푸, 비누 등의 인체 보호제품 분야에서도 주요한 생산업체이다. 이 회사는 경쟁력 확보방안으로 지속적인 합리화를 위해 적시에 데이터에 접근하여 운영 자본을 최소화하고 비용을 감소시키기 위해서 ERP에 투자하였다. 특히 미국 사업부는 경쟁사보다 1년 정도 앞서 1996년에 SAP R/3을 설치하여 수익성 향상을 가져왔다. 전 세계적인 표준화된 제품 및 포장의 구매로 인한 효율성 향상을 통해 대규모의 비용절감을 이룬 것이다.

3.3 고객관계관리(CRM: Customer Relation Management)

1. CRM의 개념

손님은 왕이란 말이 있다. 오늘날과 같이 고객이 마우스 클릭 하나로 쉽게 다른 인터넷 상점으로 이동하기 쉬운 상황에서는 과거 어느 때보다도 기업 입장에서는 고객이 실망하면 바로 다른 기업으로 이동해 갈지도 모른다는 긴장을 하지 않을 수 없다. 이처럼 변덕스러운 고객을 어떻게 붙잡아야 하는가는 기업이 생존하기 위한 필수적인 관심사이다. 따라서 고객지향적인 기업은 끊임없이 높아만 가는 고객들의 서비스에 대한 기대 수준을 충족시켜주고, 지속적으로 고객과의 관계를 유지하기 위해 노력해야 한다. 왜냐하면 새로운 고객에게 제품과 서비스를 판매하는 것은 기존 고객을 대상으로 판매하는 경우보다 6배나 많은 비용이 들기 때문이다. 이와 같이 고객들이 원하는 것을 적시에 제공해주기 위한 프로세스 리엔지니어링, 조직변화, 인센티브 프로그램 등 기업의 전반에 걸친 변화가 필요한데, 이 모든 것을 포함하는 것이 CRM (Customer Relation Management)이다.

CRM
고객들이 원하는 것을 적시에 제공해 주기 위한 프로세스 리엔지니어링, 조직변화, 인센티브 프로그램

기업은 보다 경쟁이 치열해지는 환경 속에서 성공하기 위해 고객을 위한 가치를 창출해야 한다. 1980년대 비용절감과 다운사이징은 기업의 재무적 수익과 주가에는 긍정적인 영향을 미쳤다. 그러나 1990년대에 들어서면서 기업의 감축으로 인한 고객과의 접촉을 상실하게 되었다는 점을 반성해야 했다. 그 후 많은 기업들은 고객을 중심으로 한 성장에 초점을 두기 시작했다. 인터넷의 등장으로 인해 기업은 고객과의 오프라인에서 접촉할 기회를 상실하게 되어 고객이 떠나가거나 고객의 충성도가 낮아질 것을 우려한다. 이에 대비하여 기업은 다양한 방식으로 고객의 욕구를 충족시키기 위해서 판매, 마케팅, 서비스 통합으로 보다 나은 고객관계 경영을 이루고자 노력하고 있다.

2. CRM의 목적

고객 지향적이란 의미는 고객과의 모든 접점에서 지속적이고 신뢰할 만한

상호작용을 유지한다는 의미이다. CRM은 비즈니스 전략이자 통합 프레임워크를 의미하는 것으로 실제적으로 도입하기 위해서는 자동화된 고객 서비스와 현장 서비스, 판매와 마케팅을 포함한 일련의 통합된 애플리케이션이 필요하다. 이러한 CRM은 고객의 생애수익(customer lifetime revenue)을 더 높이기 위해서 고객과의 계속적인 관계를 유지하려고 하고, 이러한 기존고객과의 유지는 기업의 수익 증가로 이어질 수 있다. CRM 애플리케이션은 정보통신 기술의 발전과 더불어 대기업뿐만 아니라 중소 규모 기업들도 저렴한 비용으로 판매, 마케팅, 회계 등에서 고객에게 정보를 제공할 수 있게 되었다.

3. CRM의 3국면

시간이 경과함에 따라서 기업과 고객들 간의 친밀감과 이해의 수준은 변화한다. 이에 맞추어 CRM도 고객의 확보(acquiring), 강화(enhancing), 유지(retention) 단계로 나누어볼 수 있다.

신규고객 확보 단계

고객과의 새로운 비즈니스를 한다는 것은 불안감, 망설임, 두려움과 기대감 등 다양한 감정이 교차한다. 웹사이트를 방문한 고객이 어떤 제품을 구입할지를 망설이면서 제품에 대한 추가적인 상세한 정보를 원해 게시판에 글을 남기거나 메일을 보냈을 때, 바로 신속하게 전화를 걸어 상담해준다면 그 고객은 감동을 할 것이다. 그리고 이렇게 감동을 받은 고객이 주위의 친구나 동료들에게 이러한 사실을 전달한다면 그 보이지 않는 이득은 매우 커질 것이다. 이와 같이 고객의 요청에 대해서 즉각적인 반응을 하기 위해서 복잡하지만 계획과 조정을 통하여 미리 판매 및 서비스 통합시스템을 구축하는 것이 필요하다.

기존고객 강화 단계

좋은 관계를 유지한 경우라도 시간이 지남에 따라서 좀 더 발전적으로 나아갈 수도 있고 그렇지 않을 수도 있다. 따라서 항상 고객의 관심사에 귀를 기울이고 불만사항이나 발생하는 문제를 해결하기 위해 계속적으로 노력을 해야 한다. 고객들은 다양한 이유로 도움을 요청하는데 제품의 수리와 반품뿐만 아니라, 쿠폰이나 선물은 있는지, 제조업체의 리베이트는 얼마인지, 배달일정은 어떻게 되는지 등에 신속하게 응답해야 한다. 오늘날의 기업들은 콜센터를 두어 고객들의 문제나 관심에 대해 효과적이고 신속한 답변을 해주고 있다. 이런 서비스는 고객과의 관계를 보다 견고하게 해주는 역할을 한다.

4. 고객 중심의 통합 CRM

정보통신기술이 발달하면서 고객의 라이프사이클과 고객의 상호작용을 중심으로 한 통합적인 애플리케이션에 대한 수요가 증가하게 되었다. 기존의 CRM이 마케팅 부서, 판매부서 등 특정 기능 영역 안에서 내부의 프로세스에만 초점을 두었다고 하면 새로운 통합형 CRM은 고객의 요구를 중심으로 비즈니스 프로세스를 조직화하는 것이다. 고객만족이라는 기업의 전체적인 목표 위에 고객을 동일하게 취급하는 것이 아니라 차별화를 통해서 끌어들이는 것이다. 고객 라이프사이클을 충분히 파악하기 위해서는 서비스 활동, 자원 활동, 콜센터 관리, 현장서비스를 통해서 핵심적인 CRM 프로세스의 역량을 뽑아 업셀링, 크로스 셀링, 직접 마케팅, 고객 서비스와 지원, 현장 서비스 고객의 유지관리 등의 모든 활동에 적용시켜야 한다. 따라서 기업이 CRM의 핵심 프로세스 역량이 무엇인가를 우선 명확하게 한다는 전략을 수립하는 것은 대단히 중요하다.

5. 차세대 CRM

비즈니스의 기술적 추세는 통합(integration)과 융합(convergence)이 이슈가 되고 있다. 고객과 보다 친밀해지기 위해서는 고객에 대한 정보를 데이터화하여 관계를 더욱 명확히 하고 차별화된 서비스를 제공하는 것이다. 고객접촉관리(contact management)를 통해서 다양하게 들어오는 고객들의 문의사항과 계약

내용에 대한 서비스를 신속하게 처리하기 위해서 전사적으로 상호작용해야 한다. 고객 지향적인 환경 구축을 위해서 기업은 고객의 불만이 들려오기 전에 미리 서비스를 시작해야 하고 고객과의 모든 접점에서 귀를 기울여야 한다. 특히 팩스, 전자우편, 비디오, 인터넷, 기존 전화와 같은 다양한 의사소통 채널을 다룰 수 있는 역량을 구축해야 하고 우월한 고객 서비스를 제공하기 위해서는 인터넷과 웹을 통한 통합적인 셀프서비스를 제공해야 한다. 이를 위해서는 콜센터나 웹과 같이 고객과 직접 접촉하는 지점인 인터넷, 콜센터, 판매상점, 자동인출기, 매점, 일대일 판매 등 다각적인 채널을 활용해야 한다. 콜센터는 고객 접촉의 주요한 성장 영역 중의 하나로 고객들에 대한 지원, 질의와 답변, 거래의 절차 과정에 대한 안내를 해주는 곳이다. 웹의 경우는 인터넷의 성장과 더불어 셀프서비스로 진화해가면서 온라인으로 실시간 채팅을 통한 답변도 가능하게 되어 고객의 충성심 구축을 위한 핵심으로 자리를 잡아가고 있다. <그림 12-8>에서는 기업이 단순하게 CRM 인프라를 구축하는 것으로는 충분하지 않고 애플리케이션의 통합과 더불어 고객의 접촉지점에서의 다양한 채널을 통해 역동적인 특성에 관심을 기울여야 함을 보여주고 있다.

그림 12-8 CRM 인프라 인프라스크럭처와 채널 인터페이스

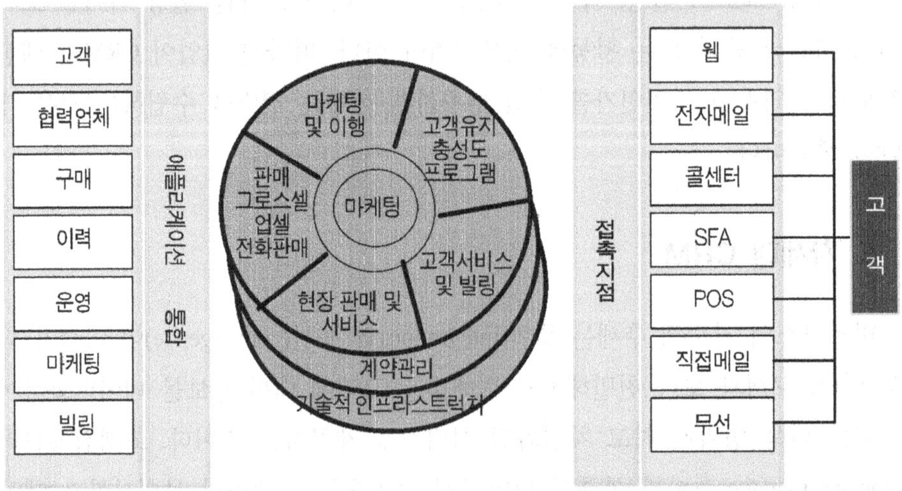

자료: *e-Business 2.0; Roadmap for Success*, Ravi Kalakota and Marcia Robinson, Addison-Wesley Professional, 2000.

3.4 판매망 관리

1. 판매망 관리의 진화

비즈니스에서 제일 중요한 것이 판매이다. 판매기술은 고객이 원하고 필요로 하는 것을 적시에 제공하는 예술이라고 할 수 있다. 최근의 e-비즈니스는 셀프서비스와 무선 판매와 같은 새로운 판매 채널을 제공하고 있다. 다양한 채널을 통해서 판매자와 구매자 사이의 정보를 빨리 전달하면서 구매자가 빨리 의사결정을 내리도록 하기 위한 효과적인 채널구축은 기업의 수익을 극대화하는 데 중요한 역할을 한다. 최근의 기술적인 환경의 변화와 더불어 판매채널의 변화는 실시간 판매, 일대일 판매, 셀프서비스 판매 등으로 진화해가고 있다.

판매망 관리는 모든 채널에 걸쳐 판매를 보다 효과적으로 도와주는 애플리케이션 프레임워크이다. 기업의 전체 판매 프로세스에 추가로 이전의 판매기능을 연계하여 초기의 고객 접촉에서부터 분류 주문에 이르기까지 판매 사이클을 통합한다. 그 결과 기존 채널들의 효과성 향상과 더불어 새로운 수익 채널을 창출하게 된다.

판매망 관리는 다각적인 채널 환경하에서 구축된 통합적인 주문 프로세스이다. 구매 프로세스를 향상시키고 판매원과 고객이 원하는 정보를 제공하여 고

그림 12-9 판매 프로세스의 진화과정

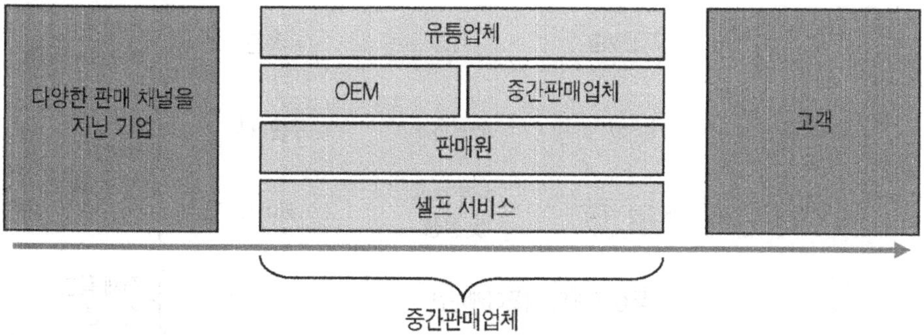

자료: Ravi Kalakota and Marcia Robinson, 같은 책.

객과 판매원 간의 프로세스를 단축시키는 것이다. 기업들은 리드타임 관리, 요소들의 배치, 가격의 설정과 같이 분리되어 있는 업무의 자동화뿐만 아니라 마케팅에서 물류 부문까지 주문 획득을 전체적으로 바라볼 수 있는 통합된 인프라를 구축하는 것이다.

2. 판매망 관리의 필요성 증가

기업들이 주문을 받기 위해서는 제품특성, 가격변화, 주문의 입력과 전달에 관한 정보를 고객들에게 제공하는 직접적인 상호작용이 필요하다. 전통적인 비즈니스와는 달리 e-비즈니스는 기능적 측면에서 횡단면적인 부서 간의 프로세스를 중심으로 판매망 관리를 한다는 특징이 있다. 초기의 판매 프로세스는 고객의 요구에 초점을 맞추었지만 최근에는 전면적인 프로세스를 통해서 성과기준을 산출하고, 더 나아가 기능적 부서들 간의 장벽을 허물고 있다. 기업들의 입장에서 판매망 관리의 필요성이 증가하고 있는 이유는 다음과 같다.

첫째, 높은 수준의 서비스, 빠른 변경 조치, 맞춤화된 제품과 서비스에 대한 고객들의 요구가 증가하면서 판매 프로세스의 구조는 복잡해지고 있기 때문이다. 고객들은 대량 생산에서 맞춤화된 자신만이 원하는 제품과 서비스를 요구하는 시간에 즉시 제공받기를 원한다. 이러한 고객의 취향 변화로 인해서 기

그림 12-10 주문 라이프사이클

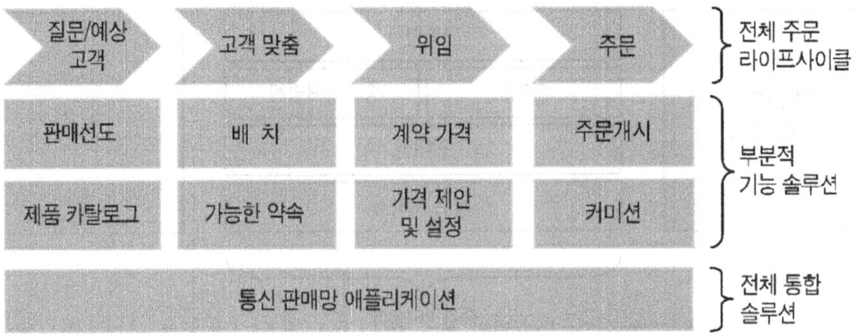

자료: Ravi Kalakota and Marcia Robinson, 같은 책.

업들은 셀프 서비스 주문 방식을 도입하기도 한다. 고객은 인터넷을 통해서 구입하고자 하는 자동차의 신모델을 직접 보면서 특성을 살펴보고 가격까지 비교한 후 구매 의사를 결정하고 관련 서류작업까지 손쉽게 마칠 수도 있다.

둘째, 제품과 서비스의 고객 맞춤화가 증가하면서 주문에 따른 오류가 많이 발생하고 있는데, 이것은 기업의 입장에서 비용의 부담으로 전가된다. 따라서 비용을 줄이기 위해서 기업들은 제품 정보에 대한 불충분한 접근, 낡고 부정확한 백오피스, 유용한 제품에 대한 부정확한 정보 제공, 주문 입력과 처리에서 타이핑 오류 등으로 인해서 생기는 문제를 줄려고 노력한다.

셋째는 제품의 라이프사이클이 짧아지고, 신제품이 출시되는 속도도 빨라지자 기업은 이에 대비하여 항상 새로운 정보를 지니고 있어야 하고, 주문 프로세스와 시간적 효율성에 대해 증가하는 고객의 요구에 대응하기 위해서이다. 판매담당자들뿐만 아니라 최종 사용자들도 제품과 사용정보의 급격한 변화를 따라잡고, 최신제품에 대한 정보를 일괄적으로 수집하고, 이들 정보에 쉽게 접근하려는 요구가 증가하고 있다.

3. 판매망 인프라의 중요 요소들

e-비즈니스 시대에 판매망 프로세스는 성공적인 주문 획득 프로세스를 위해서 개별적인 업무들을 모두 통합적으로 관리한다는 것이다. 주문 입력 및 주문 관리가 포함된 인터넷 관계관리, 판매구성시스템, 가격제안 및 설정, 제안서 및 명세서 생성시스템, 판매보상시스템이 하나로 통합되었다.

인터넷 관계관리(Internet Relationship Management: IRM)는 고객과의 상호작용을 관리하여 수익 창출을 위해 인터넷을 이용하는 것이다. 정교하고 풍부한 정보를 담은 웹사이트를 통해서 기업들은 개인에게 맞춤화된 판매 플랫폼을 통해서 고객 접촉의 경험을 판매로 연결시킬 수 있게 되었다.

인터넷 관계관리
고객과의 상호작용을 관리하여 수익 창출을 위해 인터넷을 이용

4. 시스코의 판매망 관리 사례

시스코(Cisco Systems)는 1996년 라우터의 판매 방법을 바꾸기 위해서 새로

운 시도를 하였다. 시스코는 다양한 네트워킹 제품들에 대한 개인이나 소매점, 기업에 판매하는 중간 판매자들의 주문요구를 충족시키기 위해서 자동화를 시도하였다. 정확한 수요예측, 생산계획의 합리화, 라우터의 주문과 배달 사이에서의 리드타임을 축소하여 전체적인 운영 프로세스 내부로 통합하려고 하였다. 그 결과 시스코는 단계적인 접근방법을 사용하여, 사람들이 구매 주문서를 팩스로 발송하고 전화로 판매원들과 흥정하여 제품에 대한 판매와 배달기간을 변경하는 점차 진화하는 모습을 보이게 된다.

<그림 12-11>에서 보여주는 바와 같이, 제1단계는 일방향으로 고객 정보 서비스를 제공해주는 정보센터를 구축하여 가격, 제품정보, 주문현황에 대한 정보를 제공한다. 제2단계는 상호네트워킹 제품센터를 구축하여 모든 제품에 대해서 고객 스스로가 분류하고 주문 가능하도록 했다. 제3단계는 고객 맞춤 단계로 제품과 서비스를 맞춤화하여 개별 고객들에게 효율적이고 독특한 서비스를 제공한다. 현재는 제4단계에 와 있는데 고객과의 특별한 관계를 강화하기 위한 프로세스를 진행한다. 고객과의 상호작용을 합리화하고, 주문 오류를 줄이면서 고객에 대한 정보를 이용하여 맞춤화된 주문을 구축하는 것이다. 이와

그림 12-11 시스코의 아키텍처 변화

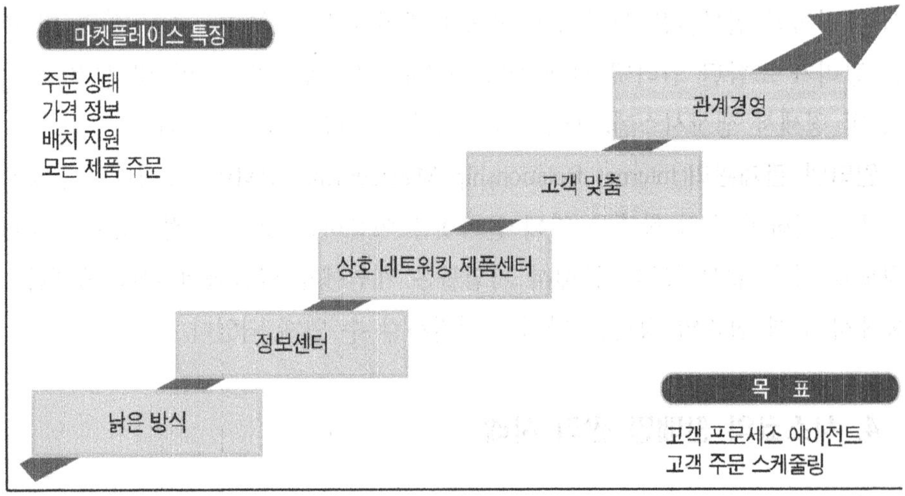

자료: Ravi Kalakota and Marcia Robinson, 같은 책.

같은 노력으로 시스코는 주문리드타임을 3일 이상 단축시키고, 더욱 개별화된 고객 서비스와 자원을 통해 경쟁우위의 역량을 구축할 수 있게 되었다.

3.5 공급망 관리(Supply Chain Management: SCM)

1. SCM의 정의

오늘날 기업들은 시장의 수요에 즉각적으로 대응하는 속도를 높여야 한다. 고객의 주문을 바로 실현하겠다는 비전을 가지고 설립된 델컴퓨터(Dell Computer Corporation)는 유연한 공급망을 통해서 고객이 주문한 지 48시간 이내에 제품을 배달할 수 있다. 공급망을 따른 정보의 원활한 흐름이 바로 그 역량의 원천이다. 반면에 1999년 크리스마스 시즌 동안에 토이즈알어스(Toys R Us)는 12월 24일 전에 접수되었던 구매 주문은 물론이고 12월 10일 이전에 주문한 것도 제대로 이행하지 못하였다. 그 이유는 예기치 못한 온라인 주문을 과소평가하였기 때문이다. 그 결과 고객의 불만족과 집단소송, 협상 등의 문제를 일으키게 되었다. 결국에는 주문한 물품이 제시간에 도착하지 못하면 토이즈 매장에서 100달러 상당의 물품을 구입할 수 있는 옵션을 제공하였지만 뒤늦은 후회는 소용없었다.

공급망이란 제품이 생산되고 고객들에게 전달되기까지의 모든 과정을 말한다. 구체적으로 말하면 기업이 투입요소를 이용해 제품을 생산·배달하기 위해 거래하는 파트너들과의 관계를 유지하는 복잡한 네트워크 관계이다. SCM(Supply Chain Management)은 비즈니스 거래에 참여하는 제품의 흐름, 수요예측과 주문전달, 배달상태를 보고하는 정보의 흐름과 신용카드와 같은 결제를 통한 재무의 흐름을 모두 일컫는다.

SCM
비즈니스 거래에 참여하는 제품의 흐름, 수요예측과 주문전달, 배달상태를 보고하는 정보의 흐름과 신용카드와 같은 결제를 통한 재무의 흐름

2. SCM의 도입과 전략적 목적

1980년대는 운송 관리자가 구매, 원자재, 창고 등의 판매주문과정을 생산 및

그림 12-12 공급망 프로세스 개요

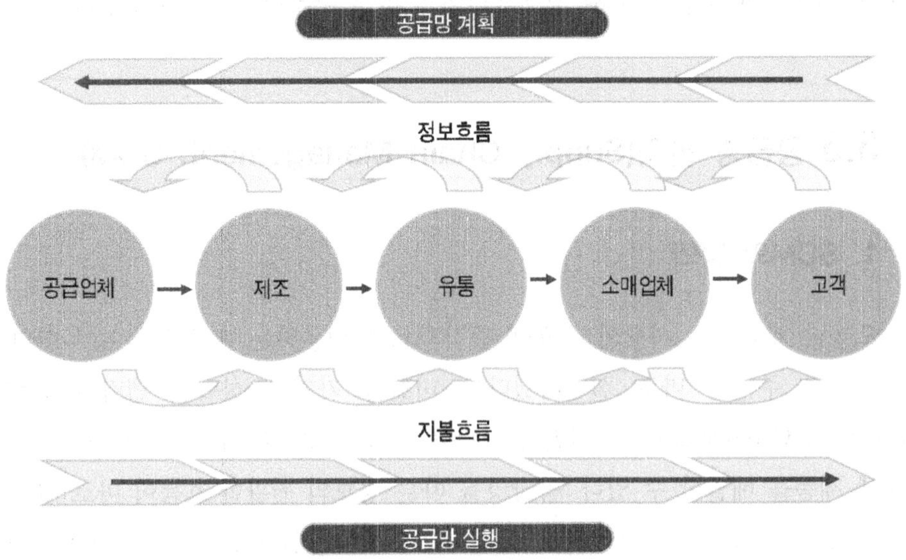

자료: Ravi Kalakota and Marcia Robinson, 같은 책.

유통과정에 연계하여 일을 해야 했다. 1990년대에 들어서는 SCM은 물류 관리의 폭을 더욱 확대하였다. 내부 프로세스에서 외부 프로세스로 초점이 이동해 가면서 기업들은 파트너와 관계가 더욱 효과적일수록 치열한 경쟁에서 승리할 수 있다는 점을 깨달았다. 조직 간의 프로세스 통합을 위해 재고비용, 운송비용, 조정비용 등의 주문 배달 프로세스의 총비용을 최소화하는 것이 공급망 프로세스의 목적이 되었다.

지금은 다양한 기술과 프로세스의 혁신으로 공급망 프로세스의 단계를 줄이려고 노력하고 있다. 아마존닷컴(Amazon.com)과 페덱스(FedEx)는 『해리포터와 불의 잔』이란 책을 유통하기 위해서 SCM을 통합하였다. 이 책은 발매되기도 전에 아마존을 통해서 예약된 주문량이 35만 20권이라는 역사상 가장 큰 규모의 주문을 받게 되었다. 그러나 문제는 주문 규모였는데 이를 하루 만에 배달해야만 한다는 것이다. 그러나 아마존과 거래하던 페덱스는 그 다음 날 바로 무려 25만 권을 배달하는 데 성공하였다. 이러한 성공의 배경에는 페덱스가 배달 전 아마존과 기업의 컴퓨터시스템을 통합하고, 상표준비, 배달 데이터의 확보 등을 통해서 유통과정을 순조롭게 준비하였기 때문에 가능하였다. 이처럼 공급망은 적절한 제품을 적절한 장소에 제때 맞춰 공급할 수 있는가에 따라서 고객을 만족시키고 그 결과 더 많은 수요를 창출할 수 있게 된다.

3. 인터넷을 통한 SCM

SCM은 궁극적으로 기업 간 통합이다. 식품산업의 나비스코(Nabisco)는 기업 중심 모델로서 점차 협력적이고 파트너 지향적인 모델로 진화해가고 있다. 또한 소비재 제품을 생산하는 프록터앤드갬블(The Procter & Gambles Company)은 다음 단계의 협력업체 중심의 대표적인 예로 들고 있다. 첨단기술 산업인 인텔, 델컴퓨터는 대량 맞춤화(mass customization)를 통해서 소비자와 직접 연결하여 좀 더 합리적인 공급망 모델을 창출하고 있다.

그림 12-13 공급망의 3가지 전략

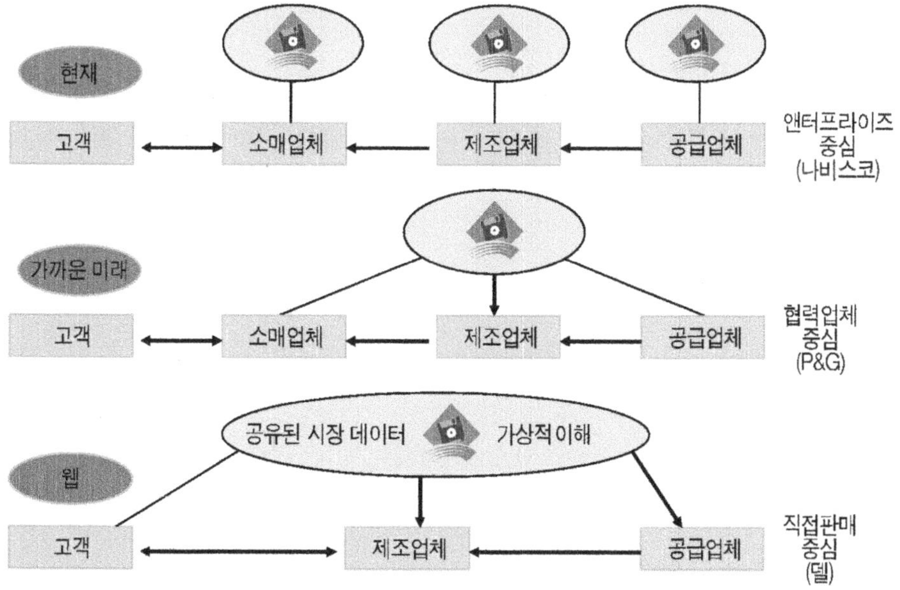

자료: Ravi Kalakota and Marcia Robinson, 같은 책.

어느 기업도 재고가 너무 많기를 원하지 않는다. 그러나 오늘날 고객들은 주문마다 요구조건을 달리하며 예측할 수 없는 구매 옵션을 요구하고 있으며 기업들도 이러한 주문 사이클에 대응하기 위해서 노력하고 있다. 대표적인 기업인 델컴퓨터는 주문제작 시나리오 안에서 무재고 모델(zero-inventory)전략을 사용해서 성공을 거두고 있다. 앞으로 더욱 향상된 공급망 프레임워크를 위해서는 의사소통의 프로세스를 활성화하여 정보 공유와 업무를 재편성하고, 더욱 용이하도록 제품과 프로세스를 꾸준히 재설계하도록 노력해야 할 것이다.

SCM은 최신 유행하는 것 그 이상이 될 것이다. 비즈니스를 수행하는 새로운 방법으로 훌륭한 공급망의 구축을 위해서는 효과적인 전략, 지속적인 관리 노력, 기업의 태도와 문화 그리고 조직 구조의 변화가 요구된다.

6100개 품목 온라인 거래…농촌 유통혁명

농촌도 사이버 시대를 맞고 있다. 2001년 시작한 정부의 정보화마을 사업은 전자상거래 활성화와 인터넷 이용 증가 및 농촌 체험관광 등 정보화에 크게 기여했다. 하지만 소득 증대 효과는 아직 저조한 편이다. 2009년 정부는 정보화가 부진한 마을을 솎아내고 농촌의 사이버 경쟁력을 강화하기로 했다.

경북 김천시 직지사 인근의 양각 1, 2리 주민들은 요즘 전자상거래의 위력을 실감 중이다. 올해 마을 전체 자두 판매량의 10%가 가까운 8500만원어치를 전자상거래로 팔았다. 이 마을은 2003년 정보화마을로 선정돼 '김천양각자두마을'이라는 이름으로 마을 홈페이지(yanggak.invil.org)를 열고 전자상거래를 시작했다. 첫해 매출액은 1만6000원. 홍보도 안 됐지만 주민들 스스로 "물러서 터지기 쉬운 자두를 어떻게 배달하느냐"며 거부감을 보였다.

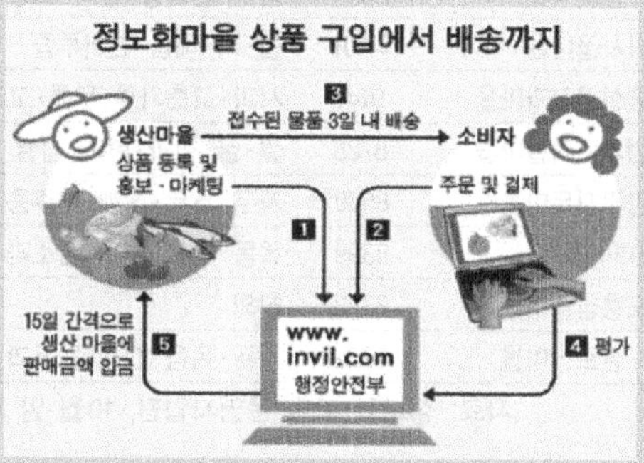

하지만 2005년 "이왕 생긴 마을 홈페이지를 활용해 보자"며 주민들이 뜻을 모은 뒤 상황이 달라졌다. 최상급·상급 자두만 쓰되 스펀지로 낱개 포장하고, 인터넷 예약자를 추첨해 선풍기·USB(이동식 저장장치)를 선물하는 등 고객 관리에 나섰다. 단골이 늘기 시작하면서 매출도 덩달아 올랐다. 신준태(66) 정보화마을 운영위원장은 "주민들이 농사는 서서 짓더라도 판매는 컴퓨터 앞에 앉아 편하게 하자고 너스레를 떨곤 한다"고 마을 분위기를 전했다.

농촌마을에 사이버 유통 혁명이 불고 있다. 전자상거래 매출이 새로운 유통 경로로 떠오르고 있는 것이다. 인터넷을 통한 농민·소비자 간 직거래는 2002년 전자상거래 사이트인 인빌쇼핑(www.invil.com)이 문을 열면서 본격화됐다. 여기서 구입할 수 있는 농수축산물은 한 해 6100여가지. 전국 243개마을이 참여한다.

이들 마을의 올해 전자상거래 매출 총액은 지난달 말까지 45억원에 불과하다. 2001년부터 8년간 총 사업비 1500억원이 투입된 데 비하면 초라하다. 내년 목표액은 60억원이다. 그러나 일부 마을이 전자상거래를 새로운 '판매 루트'로 적극 껴안으면서 쏠쏠한 성과를 내고 있다.

◆ **싹 보이는 전자상거래**=제주도 서귀포시 상예마을은 풍부한 일조량 덕에 최고 품질로 평가받는 감귤과 한라봉이 주 수입원이다. 이 마을의 178가구 400여주민은 대부분 연령이 50대 이상이다. 그러

나 이 마을은 올 들어 지난달 말까지 1억1500만원어치를 전자상거래로 팔았다. 오프라인 매출액과 비슷한 규모다. 마을의 전자상거래는 전산·회계직 경험이 있는 허연희(37) 씨가 지난해 홈페이지(sangye.invil.org) 관리자로 들어오면서 본격화됐다. 허씨는 인터넷에 생소한 마을 어르신들을 찾아다니며 동참을 호소했고, 적은 물량의 주문도 허투루 대하지 않았다. 마을운영위원회 강경식 부위원장은 "인터넷이 짭짤한 소득을 가져다준다는 소문이 퍼지면서 참여 희망 농가가 늘고 있다"고 말했다.

올해 전자상거래 매출이 5000만원을 넘긴 마을은 24곳으로 전체 정보화마을(388개)의 6% 수준이다. 24곳 중 1억원을 넘긴 마을은 5곳이다. 그나마 지난해 14곳, 2곳에서 늘어난 것이다.

정보화마을 운영사업단의 오성택 팀장은 "단골 증가 등 눈여겨볼 만한 변화가 있다"고 말했다. 한 해 네 차례 이상 전자상거래를 이용한 사람이 2006년 4000명, 지난해 7000명, 올해 1만명으로 늘어났다는 것이다. 오 팀장은 "단골 증가 속도와 전자상거래 매출 증가 속도가 비슷하다"며 "이런 추세라면 수년 내 전자상거래가 새로운 유통 경로로 자리 잡을 수 있을 것"이라고 말했다.

2008년 전자상거래 매출 상위 10개 마을

순위	마을이름	매출액(만원)	판매 상품
1	충남 태안 볏가리마을	2억5938	쌀·생녹용·고사리·미숫가루
2	경북 청송 주왕산사과마을	1억6165	사과·고구마·국화차
3	제주 서귀포 상예마을	1억1516	감귤·한라봉·갈치·고등어
4	전북 임실 박사골마을	1억101	쌀·배·배즙·산머루즙
5	충남 예산 중실골사과마을	9147	사과·고춧가루·두릅·고추
6	충북 청원 청개구리쌀마을	8728	쌀·꿀·한과·현미·찹쌀
7	경북 김천 양각자두마을	8589	자두·호두·참깨·메주콩
8	제주 김녕해녀마을	8399	옥돔·삼치·갈치·활소라
9	경북 성도 도흥참외마을	8383	참외
10	제주 서귀포 알토산마을	8222	감귤·옥돔·천혜향·용과

자료: 정보화 마을 운영사업단, 10월 말 현재

◆ **정보화 마을**=정보화 사각지대인 농촌 지역에 인터넷을 보급하고, 이를 통해 농가 소득을 늘리기 위한 목적으로 2001년 행정자치부(현 행정안전부)가 시작했다. 현재 전국에 338개의 마을이 있다. 정보화마을로 선정되면 초고속 인터넷망·PC를 갖춘 마을정보센터와 마을 홈페이지 개설 비용 등으로 3억원가량이 지원된다. 주민들은 전자상거래를 통해 지역 특산품과 농촌 체험 상품을 팔 수 있다.

<중앙일보>

경영학원론 추천도서

기업 해체와 인터넷 혁명

(Blown to Bits: How the New Economics of Information Transformations Strategy, Philip Evans & Thomas S. Wurster)

『기업해체와 인터넷 혁명』은 오프라인 기업들의 입장에서 인터넷이 가져온 정보혁명의 파급효과를 설명하고 있다. 미국의 아메리칸항공은 SABRE(Semi Automated Business Research Environment)라는 예약 시스템을 통해서 경쟁사보다 높은 수준의 정보 활용 능력을 발휘하였다. 월마트는 상품의 공급업자들과 함께 EDI(Electronic Data Interchange)를 통해 기업 간 거래 데이터를 공유해 재고 회전율을 높였다. 이처럼 정보를 교환하기 위한 채널들의 등장으로 정보의 윤택성과 도달성이란 문제를 동시에 해결하게 되었다. 정보의 윤택성이란 교환되는 정보의 질을 나타내는 것으로 신뢰성 있는 양질의 정보가 얼마나 많이 고객들에게 실시간으로 전달되는가를 의미하고, 도달성이란 정보를 교환하는 사람들의 숫자의 측면에서 얼마나 많은 사람들에게 정보를 제공할 수 있는가를 나타낸다. 이 책에서 저자들은 기업들이 자신의 기업 활동을 정보라는 측면에서 재검토할 것을 요구한다. 인터넷 혁명이 산업구조는 물론 기업의 조직구조까지를 해체할 수 있게 되었음을 경고한다. 인터넷을 활용하는 기업은 훨씬 저렴한 비용으로 신뢰성 있는 기업 간 관계를 구축할 수 있기 때문에 아웃소싱은 더욱 확산될 것으로 전망했다. 정보통신기술은 개별기업뿐만 아니라 산업구조를 변경시켜 경쟁우위의 원천을 아예 바꾸어놓고 있다. 이제 경쟁과 협력의 코피티션(co-petition) 전략은 기업이 변화하는 환경에 대처하는 최선의 방법이 되었다.

제13장
경영 혁신

피터 드러커의 경영론

혁신의 정의

혁신은 기존의 자원(Resources)이 부(富)를 창출하도록 새로운 능력을 부여하는 활동이다. 페니실린도 한때는 자원이 아니라 병균일 뿐이었다. 영국의 미생물학자 플레밍의 노력에 의해 페니실린이라는 곰팡이는 가치 있는 자원이 되었다.

혁신

경영자는 끊임없이 창조적 역할을 수행하고 혁신에 의해 고객을 창조해야 한다. 고객창조를 위해서는 혁신이 요구된다. 혁신은 기업의 모든 면에서 추진되어야 한다. 제품 가격에서, 디자인에서, 판매기술에서, 그밖에 경영 조직 및 관리 방법에서도 혁신이 필요하다.

기업 경영의 모든 면에서 환경에 순응할 뿐만 아니라 적극적으로 경제조건을 변혁하고 환경을 창조적으로 혁신하는 목적은 무엇인가? 종래라면 이익의 극대화를 위해서라고 생각했을 것이다.

이에 비해 드러커는 그 목적을 기업의 유지 존속을 위해서라고 했다. 그리고 이익에 대해서는 ① 기업이 유지 존속하기 위한 제경비, ② 기업의 발전과 확대에 필요한 장래 비용, ③ 고객 창조에 필요한 경비 등을 충당하는 데 필요한 최소한의 이익이라는 개념을 제시하고 있다.

경영자의 역할

피터 드러커의 경영론은 자유로운 산업사회에서 경영과 경영자의 자세에 대해서 거론하고 있다. 자유 경쟁 체제의 경제에서는 기업이 경쟁에서 이겨 성공을 거두든가 혹은 기업이 존속할지 여부를 결정하는 것은 경영자의 능력과 실행력이다. 비전의 설정은 경영자의 역할 중 가장 중요한 것이다. 경영자라면 다음 3가지 물음에 곧바로 대답할 수 있어야 한다.

1. 우리 회사의 사업은 무엇인가?
2. 우리 회사의 사업은 어떠해야 하는가?
3. 우리 회사의 사업의 장래는 어떻게 해야 할 것인가?

고객 창조

피터 드러커는 "사업의 단 하나의 분명한 목적은 고객의 창조다"라고 말한다. 고객 창조란 앉아서 고객을 기다리는 것이 아니라 적극적으로 고객을 찾아내고 그 요구를 실현하는 시장 활동, 즉 마케팅을 하는 것이다. 시장조사를 기초로 고객이 요구하는 제품 및 서비스를 창출하고 판촉활동을 통해 파는 일련의 활동이다.

01 경영 혁신

1.1 경영혁신의 개념

경영학의 이론과 접근 방법은 그 시대의 산업 현장에서 당면한 문제를 해결하기 위하여 발전되어왔다. 고객은 좋은 물건을 값싸고 빠르게 구매하는 데 관심이 있을 뿐이지 그 회사의 내부 사정에는 관심이 없다.

결국 기업 현장에서의 당면한 과제는 어떻게 하면 제품을 싸고 좋게 그리고 빠르게 서비스할 것인가의 문제라 할 수 있다. 지금도 세계 각국에서는 이 문제를 해결하기 위하여 여러 가지 혁신적인 프로그램들을 개발하고 있다. **경영혁신**이란 조직의 목적을 달성하기 위하여 새로운 생각이나 방법으로 기존업무를 다시 계획하고 실천하고 평가하는 것을 말한다. 이러한 경영혁신은 새로운 제품이나 서비스, 새로운 생산 공정기술, 새로운 구조나 관리시스템, 조직구성원을 변화시키는 새로운 계획이나 프로그램 등을 의도적으로 실행함으로써 기업경영을 본질적으로 변화시키는 것이 경영혁신의 목적이다.

경영혁신
조직의 목적을 달성하기 위하여 새로운 생각이나 방법으로 기존 업무를 다시 계획하고 실천하고 평가하는 것

Michael Porter에 의하면 경영혁신의 배경에는 1980년대 후반부터 시작된 미국의 일본 따라잡기 노력이 기폭제가 되었다. 미국의 일본 따라잡기 노력은 다양한 경영혁신의 형태로 나타났다.

1.2 경영혁신 기법의 특징

과거의 **경영혁신 기법**은 경험곡선, 품질관리, 전략사업단위, 기업문화가 중심이 되었으나 현대에는 리스트럭처링, 다운사이징, 벤치마킹, 리엔지니어링 등 다양한 혁신 기법들이 등장하고 있다.

경영혁신 기법
리스트럭처링, 다운사이징, 벤치마킹, 리엔지니어링 등 다양한 혁신 기법

이러한 경영혁신 기법의 일반적으로 다음과 같은 특징을 갖는다.

❶ 시대에 따라 유행하는 경영혁신 기법이 달라진다(피터드러커 → 경영자: 유행에 민감).

❷ 그 당시 경영환경을 반영한다.

❸ 만병통치약과 같은 경영혁신 기법은 없다(경영자의 신중한 기법 선택).

02 리엔지니어링과 고객만족

2.1 리엔지니어링(Reengineering)의 배경

기업의 성장과 발전단계에서 일어나는 현상 중의 하나는 조직구성과 업무처리 형태가 한 번 고착되면 환경이 변화하더라도 기업 자체는 변화하려 하지 않는 타성에 놓이게 된다는 것이다. 이미 고착되어버린 관료제의 단점을 제거하고 경영혁신을 실시하여 변화와 도전을 추구하지 않으면 안 된다. 새 패러다임에 의해 창조성과 자율성을 존중하고 각 구성원 간의 상호작용과 정보교환이 원활하게 이루어지도록 기업을 네트워크화해야 한다. 이 같은 활동과 변화를 리엔지니어링이라 한다. 즉 **리엔지니어링**이란 이익, 품질, 서비스, 속도와 같은 기업의 핵심적 성과를 획기적으로 향상하기 위해 기업 활동의 프로세스를 근본적으로 재검토하고 원천적으로 재설계하는 것을 의미한다.

리엔지니어링
이익, 품질, 서비스, 속도와 같은 기업의 핵심적 성과를 획기적으로 향상하기 위해 기업 활동의 프로세스를 근본적으로 재검토하고 원천적으로 재설계하는 것

리엔지니어링의 핵심 내용은 다음과 같다.

❶ 피라미드식 계층구조의 축소
❷ 서비스와 품질의 개선
❸ 조직 내 의사소통의 촉진과 정보의 공유
❹ 고객만족 중심경영

2.2 리엔지니어링의 개념(Business Process Reengineering: BPR)

리엔지니어링(Reengineering)은 1990년대 무렵 미국에서 확립되어 주목을 받고 있는 경영기법 가운데 하나이다. 리엔지니어링은 지금까지의 업무 방식을 단순히 개선 및 보완하는 차원이 아닌 업무의 흐름을 근본적으로 재구성, 고객만족이라는 대명제의 전제하에서 이루어진다. **리엔지니어링**이란 업무를 처리하는 방식을 근본적으로 개선하고 업무 프로세스 자체를 바꿈으로써 경영 효율을 높이는 방법이다. 리엔지니어링에서 말하는 업무 구조의 근본적인 개선이란 업무를 개발, 구매, 제조, 물류, 판매 등의 기능별로 파악하여 효율화하는 것이 아니다. 비즈니스 프로세스, 즉 사업별로 업무의 흐름마다에 조직의 수평적인 효율화, 고성능화를 꾀하는 것이다.

리엔지니어링
업무를 처리하는 방식을 근본적으로 개선하고 업무 프로세스 자체를 바꿈으로써 경영 효율을 높이는 방법

2.3 리엔지니어링의 목적

미국 기업들이 리엔지니어링 또는 공정혁신을 주장하기 훨씬 이전부터 일본의 기업들은 지속적으로 끊임없이 공정을 개선시켜왔다. 일본은 특히 제품개발, 배달, 세일즈, 마케팅 등 중요한 영역에서 신속하고 효과적인 프로세스를 개발하였다.

비즈니스 리엔지니어링의 목적은 한마디로 고객만족이다. 경쟁이 치열해지고 고객의 입장에서 선택 폭이 넓어졌기 때문에, 기업은 고객에게 좋은 품질의 제품이나 서비스를 빠르게 공급하지 않으면 안 되었다. 고객을 만족시키기 위해서 제품의 납기 단축, 신제품 개발기간 단축 등과 같이 빠른 대응으로 고객의 요구에 응답하지 않으면 안 되었다.

2.4 리엔지니어링의 성공조건

미국의 경제잡지 <포춘>의 분석에 의하면 리엔지니어링 기법을 추진한 미국 기업 중 50~70%가 처음 의도했던 획기적인 성과를 얻지 못했다고 한다. 이 같은 실패의 주원인은 초기 성과에 안주하거나, 최고경영층의 인식 부족, 실천에 대한 소홀 등과 같은 요인들이다. 따라서 리엔지니어링이 성공하려면 다음과 같은 것이 필요하다.

❶ 기업의 가치창조를 위한 현상타파적 사고가 필요하다.

❷ 한 부서의 문제점을 임시방편적으로 해결할 것이 아니라 문제 해결의 근본책을 강구하여야 한다.

❸ 정보처리기술을 이용한 프로세스혁신이 필요하다.

❹ 최고경영자의 강력한 의지와 지원, 종업원에 대한 철저한 재교육이 필요하다.

다시 말하면 비즈니스 리엔지니어링과 같이 기존의 모든 경영원칙을 타파하고 모든 것을 다시 시작하는 경영혁신의 경우, 도입 초기에 혼란과 불안을 초래하게 되므로 조직 내의 거부반응이 있게 마련이다. 따라서 경영자의 확고한 의지와 추진력 없이는 비즈니스 리엔지니어링은 성공적으로 진행할 수 없게 된다.

2.5 리엔지니어링의 효과

A라는 회사가 있다. 이 회사는 PC사업에 대해 물류업무를 중심으로 하는 업무의 재편성을 단행했다. 이 회사의 자회사인 판매회사는 전국적으로 여러 지방도시에 판매 거점을 가지고 각각의 지역에서 PC를 판매하고 있다. 판매

거점이 있는 도시마다 물류 센터를 두고 이곳에 제품을 보관한다. 제품은 A사의 생산거점인 B사업소에서 제조되어 이 사업소 내에 있는 창고에서 각 지방의 물류센터로 배송된다. A사에서는 이 물류 프로세스를 대폭 개혁해 판매회사가 전국에 흩어져 있는 각 지방의 물류 센터를 없애고 B사업소의 창고에서 곧바로 소비자에게 배달하는 방법으로 바꾸었다. 이렇게 함으로써 판매회사는 제품 재고를 가지고 있지 않아도 되고, 물류비용을 대폭 줄일 수 있다. 지금까지 판매회사의 물류 센터에서 담당했던 수리 및 사후 서비스도 B사업소로 집약시킨다. 또 이에 따라 판매회사를 관리하는 조직체제도 개선되었다. 그 결과 제조 및 판매 관리비를 30% 이상 절감하게 되었다.

리엔지니어링(reengineering)은 1990년대 초에 등장한 기법으로, 과거와 같은 기능식 위계조직으로는 제품 품질, 서비스, 속도 등에 까다로워진 고객을 만족시킬 수 없다는 사고하에 등장한 기법으로 기존의 경영활동을 무시하고 기업의 부가가치를 산출하는 활동을 완전히 백지 상태에서 새롭게 구성하는 경영혁신기법이다.

이러한 새로운 운영방식은 계층의 복잡성으로 인해 의사결정 지연을 초래하는 기능 중심의 수직적 사고에서 고객에게 신속히 반응하는 프로세스 중심의 수평적 사고로 전환할 것을 요구한다. 수평적 사고란 구매→생산→판매→애프터서비스→고객만족과 같이 부가가치를 창출하는 가치창출 프로세스를 중심으로 실행 방법을 바꾸는 기법이다.

리엔지니어링은 그 적용대상에 따라 3가지 유형으로 분류할 수 있다. 예컨대 생산공정과 같은 기능 부문에 적용되는 비용절감형 리엔지니어링과, 특정 사업부의 프로세스에서 경쟁기업과 동등 수준을 유지하는 형태, 그리고 마지막으로 기업 전체의 프로세스를 새롭게 구성하는 이른바 환경창조형 리엔지니어링이다. 이와 같은 리엔지니어링은 경영의 내용 중 실행 부문에 적용되어 경영활동을 변화시키는 경영혁신 기법으로 기능, 사업부, 기업 전체에 적용할 수 있다.

03 리스트럭처링

3.1 경영혁신과 구조조정(Restructuring)

리스트럭처링, 즉 구조조정이라는 단어가 경제, 경영 분야에서 쓰이기 시작한 것은 1981년 미국 레이건 대통령이 공급 중심의 경제정책을 채택하면서부터다. 그러다가 1990년대에 들어와 경영을 혁신하는 수단으로써 사용되기 시작했다. 1995년을 전후로 당시 유행하던 리엔지니어링이 점차 퇴조하고 리스트럭처링(구조조정)이 경영혁신 기법의 주류로 떠오르기 시작했다. **구조조정**이란 시스템이나 조직을 새로운 방법으로 조정하는 것이다.

구조조정
시스템이나 조직을 새로운 방법으로 조정하는 것

우리나라 기업들은 비용구조, 조직구조에서 많은 변화를 시도하고 있다. 손익계산서상에서 손해를 줄이거나 이익을 극대화하기 위한 노력으로 손익구조조정, 비용 항목을 변화시키는 것이 비용 구조조정이다. 조직구조에서도 구조조정이 일어난다. 채용규모 축소, 임금 삭감, 재교육, 전환 배치, 계열사 파견, 명예퇴직, 정리해고 등을 통해 인력구조조정을 시도한다. 한편 팀제를 도입하거나 유사한 부서를 통폐합함으로써 조직의 효율성을 높이고, 경영진과 사원 사이의 의사결정 단계를 줄이는 조직구조 재설계 등은 조직 구조조정이라 할 수 있다. 이 밖에 제품 구조조정, 시장 구조조정, 재무 구조조정, 사업 구조조정 등 리스트럭처링은 기업의 모든 경영 분야에 적용될 수 있다.

구조조정의 올바른 순서는 비용, 인력 등 잔가지가 아니라 뿌리와 큰 줄기에서부터 시작하는 것이다. 아래에서부터 시작해야 한다. 지금 우리 회사가 벌이고 있는 사업 중 무엇을 없애고, 무엇에 집중 투자할 것인가에서부터 구조조정이 시작되어야 한다.

먼저 큰 규모로 사업구조를 조정하고, 한계사업을 정리하여 재원을 확보해야 한다. 그 다음에는 확보한 재원으로 재무구조를 조정하고, 그 수준에 맞는 제품과 시장구조를 조정한다. 그리고 새로운 사업구조에 맞는 조직 형태를 갖추고, 인력을 재조정해야 한다. 이렇게 되면 비용구조와 손익구조는 자연스럽게 조정된다.

기업이 임금, 복리후생비, 교육훈련비, 연구개발비를 조금 줄인다고 해서 당장 재무구조가 건실해지는 것은 아니다. 먼저 사업구조와 재무구조가 조정되어야 불필요한 사업에 들어가는 비용이 줄어들고, 부채에 대한 이자 부담도 줄게 되므로 근본적인 재무 구조조정이 이루어지게 되는 것이다.

구조조정(Restructuring)

시스템이나 조직을 새로운 방향으로 조정하는 것(business restructuring)으로, 기업 차원의 구조조정은 사업포트폴리오 개편, 부채비중감소와 같은 자본구조 변화, 조직구조의 혁신, 보상과 인센티브제도 개혁, 기업문화 혁신 등을 의미한다.

- **수동적 Restructuring**: 성장성 희박한 사업분야의 축소/폐쇄, 중복사업의 통폐합, 기구인원의 감축, 부동산 같은 소유자산의 매각처분 등
- **적극적 Restructuring**: 국내외의 유망기업과 제휴하여 신기술을 개발시킨다거나 전략적으로 다른 사업 분야와 공동사업을 추진하는 방법 등

2.2 리스트럭처링

기업을 활성화하기 위해서는 비용 절감과 투자 확대 양면에서 사업의 틀을

그림 13-1 구조조정이 일어나는 이유

1. 정부의 과도한 규제(중복규제 등으로 자원배분의 비효율성)
2. 금융산업의 비효율성(대출심사기능 약화)
3. 경영지식의 부재(전략적 사고능력 부재로 상호모방적 전략과 투자의 우선순위 무시)
4. 관료주의적 기업조직과 문화(연공서열 중시, 중층적 의사결정단계)

재구축할 필요가 있다. 최근 우리 기업의 체질 개선을 위해 가장 시급한 과제로 구조조정을 꼽고 있다. 흔히 구조조정을 인원을 감축하는 것으로 잘못 이해하는 경우가 많은데 구조조정은 기업 재구축, 즉 리스트럭처링의 개념으로 봐야 한다. 리스트럭처링이란 회사의 사업의 기본적 구조를 재구축하여 회사의 존속・성장을 도모하는 것이다. 즉 **리스트럭처링**(restructuring)은 기업이 장기적으로 치열한 경쟁에서 살아남아 경쟁우위를 확보하기 위하여 의도적이고 계획적으로 사업 구조를 재구축하는 것이다.

리스트럭처링
기업이 장기적으로 치열한 경쟁에서 살아남아 경쟁우위를 확보하기 위하여 의도적이고 계획적으로 사업 구조를 재구축하는 것

제품, 사업의 편성을 변경하고, 사업의 생산・판매・개발 시스템을 구조적으로 변혁하고 재편성한다. 예를 들면, 실적이 나쁜 사업에서 철수하고 성장성이 높은 기존사업과 신규 사업에 힘을 쏟는 구조로 바꾼다, 생산을 분리하여 외주로 돌린다, 판매부문을 별도의 판매회사를 만들어 바꾼다, 설비를 폐기하거나 인원을 감축함으로써 고정비용을 줄인다.

리스트럭처링은 다음과 같이 설명할 수 있다.

❶ 급변하는 국제적 환경 속에서 기업이 생존, 성장해 나가기 위해서 기업의 미래상인 '비전'을 사업구조 차원에서 구체화시키는 경영혁신 기법

❷ 기업 비전을 구체화하기 위해 계획되고 의도된, 과감하고 급진적인 성격의 사업구조 조정 전략

❸ 제시된 비전 구체화→비전 달성을 위한 수단적 지침 제공→전사적 차원에서 미래지향적 자원배분 기준 제공

3.3 리스트럭처링의 방식

리스트럭처링의 방식
철저한 비용 절감, 기존사업 또는 신규사업에 투자를 확대하는 것

리스트럭처링에는 2가지 방식이 있다.

첫 번째는 철저한 비용 절감이다. 과잉설비의 폐기, 불량자산 처리, 채산성이 낮은 사업에서 철수 및 정리, 잉여인원 감축, 유휴자산 처분, 차입금 변제 등 사람, 물자, 돈을 줄일 수 있는 만큼 줄이는 것이다. 심각한 경제위기를 겪으면서 우리나라의 많은 기업들이 이런 방식을 채택했다.

두 번째 방식은 기존사업 또는 신규사업에 투자를 확대하는 것이다. 즉, 기존사업의 경쟁력을 강화하기 위해 생산, 마케팅, 개발에 투자하고, 신제품·신사업 개발, 시장 참여에 대한 투자를 감행하는 것이다. 이것은 비용절감에 비해 전향적인 리스트럭처링이다.

유럽이나 미국에서는 리스트럭처링을 주로 기업 및 사업의 매각, 매수, 합병을 통해 실시하는 경우가 많다. 리스트럭처링(restructuring)은 급변하는 국제경제환경 속에서 기업이 생존, 성장해 나가기 위해 기업의 미래상인 비전을 사업구조 차원에서 구체화시키는 경영혁신 기법이다. 즉, 비전이 추상적인 기업의 미래지향점이라면 리스트럭처링은 어떠한 사업구조를 통해서 비전을 달성할 것인가에 대한 해답을 제시함으로써 구체적으로 기업의 미래상을 그려내는 것이다.

리스트럭처링은 사업다각화 및 재무 리스트럭처링과 혼동되어 사용되고 있다. 이를 비교하여 보면 사업다각화는 기업을 둘러싼 외부환경 분석에 입각해 새롭게 나타나는 사업 기회에 자원을 배분함으로써 기존 사업영역의 확장을 도모하는 일상적인 기획활동의 산물이고, 재무 리스트럭처링은 1980년대에 우수한 재무구조를 가진 기업이 기업사냥꾼들에 의해 인수 대상으로 선택되던 것을 막기 위해 불필요한 고정자산 및 유가증권 매입, 자사주 확보, 부채규모 증대 등과 같은 방법을 통해 재무구조 내용이 외부에 노출되는 것을 막는 제도이다. 이에 반해 리스트럭처링은 기업 비전을 구체화하기 위해 계획되고 의도된, 또한 과감하고 급진적인 성격의 사업구조 조정전략으로서 사업다각화

그림 13-2 사업구조조정과 재무구조조정의 방법

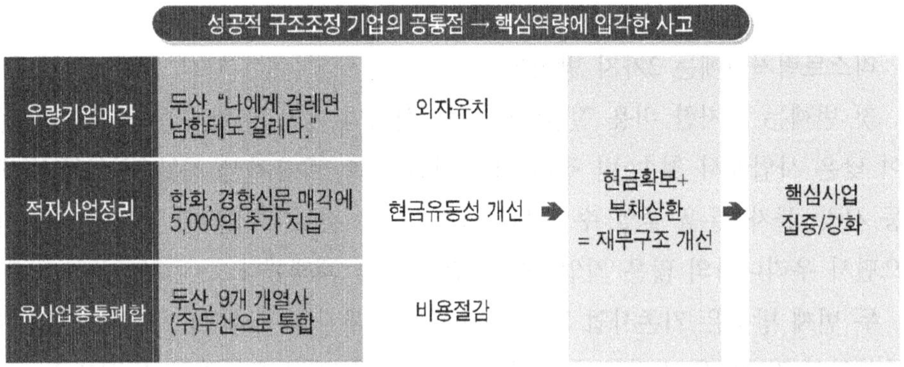

개념이나 재무 리스트럭처링과는 근본적으로 다르다. 따라서 리스트럭처링은 제시된 비전을 사업구조 차원에서 구체화하고 비전 달성을 위한 수단적 지침을 제공하는 동시에 전사적 차원에서 미래지향적 자원배분 기준을 제공하는 데 초점을 둔다.

기업 구조조정의 단계(GE의 사례)

제1단계 최고경영자의 교체	제2단계 사업 포트폴리오의 조정	제3단계 조직 구조조정	제4단계 새로운 기업문화의 창출
• 1981년 당시 44세인 Jack Welch가 회장으로 선임됨 • 당시 GE는 350개의 사업부를 가진 콩글로 머릿임	• 전 세계 시장 점유율이 1위 또는 2위가 아닌 모든 사업을 매각함. • 퇴출사업 단위의 매각 대금으로 핵심사업을 강화하는 인수합병을 함	• 조직 슬림화 • 사업부장에게 권한 위양	• 업적별 보너스제 • 워크아웃제도 • 주식옵션제도

①		②		③		④
최고경영자 교체	→	사업포트폴리오 조정	→	조직구조조정	→	기업문화 변혁

❶ 최고경영자 교체: 기업전략의 수정과 패러다임의 변화 가능해짐.

❷ 사업 포트폴리오 조정: 세계시장점유율 1, 2위 아닌 사업 매각, 사업부 축소(350개 → 13개) = 핵심역량에 투자

❸ 조직구조조정: 기획조정실(스태프조직정리), 사업부장에게 책임/권한 위임

❹ 기업문화 변혁: 능력 있는 관리자에게 업적별 보너스 지급, 워크아웃제도 실시(종업들이 관리자들과 대화하는 공제회제도), 속도, 단순함, 자신감 갖춘 기업문화 정착

한국기업의 구조조정 추진 과정

외환위기 이후 정부는 금융환경 및 제도의 정비를 위하여 금융산업의 구조조정과 정부규제의 철폐를 단행하여 각종 제도를 정비하였다. 부실금융기관은 퇴출시키고, 부실채권을 매입하였고, 은행 간의 합병과 해외매각을 통해 금융산업의 효율성을 높이려고 하였다.

또한 정부의 인력을 감축시키고, 인허가의 규제를 철폐하여 정부의 개입을 많이 축소시켰다. 이러한 제도의 정비는 주주의 권리를 보호하고 기업지배구조와 투명성을 강조한 것으로 볼 수 있다. 구체적으로는 개별기업 차원과 업종별로 기업의 구조조정을 단행하였다. 그러나 시장의 자율적 기능에 의해서라기보다 정부 주도로 기업의 구조조정이 이루어졌다는 측면에서 비판적인 시각도 많다.

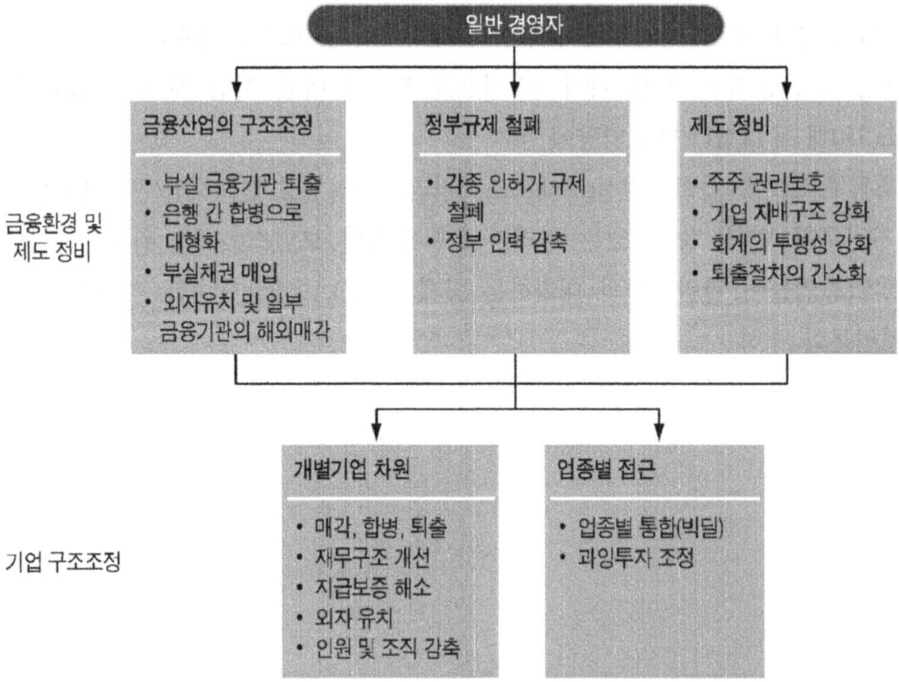

04 다운사이징

2차 세계대전 이후 두 차례의 유가파동과 1980년 초반의 스태그플레이션, 그리고 일본을 비롯해 가격경쟁력을 갖춘 후발 개발도상국들이 미국 시장을 잠식함에 따라 미국을 비롯한 유럽 기업들의 경쟁력은 급속도로 약화되었다. 이러한 위협에 직면한 미국 기업들은 경제환경의 변화 속에서 살아남기 위해 비대한 관리층과 비효율적인 조직을 바꿔야 했다. 이에 따라 분권화, 슬림화, 프로세스를 통합화하는 다운사이징이 등장했다.

일반적으로 **다운사이징**(Downsizing)이라면 정보시스템 구축의 한 분야라고 인식되지만, 넓은 의미에서의 다운사이징은 조직 규모 및 조직 구성원에 대한 조직 다운사이징도 포함한다. 즉, 다운사이징은 효율적인 네트워크 운영을 위한 정보주권의 분권화인 정보시스템 다운사이징과 리스트럭처링의 일부분으로 조직의 슬림화 재정비 차원에서 이루어지는 조직 다운사이징으로 나눌 수 있다. 정보시스템 다운사이징은 경영의 내용 중 실행 부문에 관련되는 정보흐름을 기업 전체 차원에서 분산시키는 기법으로, 이를 실현하기 위해서는 PC의 성능 향상 등 하드웨어의 발달, 분산처리기술, 접속기법, 네트워크 기술의 발달 등 성숙된 정보통신 기술이 선행되어야 하는데, 이러한 기술적 장애 요소는 이제 대부분 제거되어 다운사이징을 실천하는 데 충분한 조건을 마련해 주고 있다.

다운사이징
정보시스템 구축의 한 분야라고 인식되지만, 넓은 의미에서의 다운사이징은 조직 규모 및 조직 구성원에 대한 조직 다운사이징도 포함

05

벤치마킹

5.1 벤치마킹(Benchmarking)

벤치마킹
지속적인 개선 활동을 지원하고 경쟁상 이점을 확보하는 데 필요한 정보를 수집하기 위한 수단으로 기업의 내부 활동 및 기능, 혹은 관리능력을 다른 기업과 비교해 평가, 판단하는 것

벤치마킹(benchmarking)이란 지속적인 개선 활동을 지원하고 경쟁상 이점을 확보하는 데 필요한 정보를 수집하기 위한 수단으로 기업의 내부 활동 및 기능, 혹은 관리능력을 다른 기업과 비교해 평가, 판단하는 것이다. 성과 차이를 비교하여 학습하고 부단히 자기혁신을 추구하게 된다.

기업의 성과는 시장에서 경쟁기업과 비교되지만 이는 기업 활동의 결과물인 제품이나 서비스에 대한 평가이지 제품이나 서비스를 만들어내는 각 프로세스에 대한 평가는 아니다. 제품과 서비스를 만들어내는 각 기업의 프로세스는 비교 기준이 없기 때문에 자사의 프로세스가 효율적인지를 판단할 수 없다. 따라서 기업 내부 프로세스에 경쟁 개념을 도입하여 경쟁기업 프로세스와 비교하여 지속적으로 자사의 프로세스를 개선하려는 노력이 바로 벤치마킹의 본질이다.

벤치마킹을 통해 기업들은 크게 2가지의 이점을 얻을 수 있다. 첫째, 경쟁적 벤치마킹의 결과로 고객의 필요를 파악하거나 해당 산업의 동태적 변화를 이해할 수 있다. 둘째, 다른 회사가 유사한 프로세스를 더 높은 성과 수준에서 실행할 수 있었다는 점을 인정하게 된다. 더 나아가 우수한 회사의 예를 통하

여 자사의 유사한 프로세스가 궁극적으로 달성할 개선 목표에 대한 비전을 갖게 되며, 이와 함께 이러한 프로세스의 개선을 위해 보다 현실적이고 실현가능한 목표를 세우게 된다. 이처럼 벤치마킹은 모든 경영혁신 기법에 범용적으로 병행하여 사용할 수 있으며 기업 활동의 기준 및 목표를 제공함으로써 계속적인 경영혁신을 지원하는 기법이다. 한편 성공적인 벤치마킹을 위해서는 최고경영자의 지원, 벤치마킹 대상 회사와의 접촉 가능성, 프로세스의 문제점과 그 근본원인을 파악하기 위한 능력을 지닌 유능한 벤치마킹 팀, 꾸준한 조사와 강인한 인내력 등이 반드시 필요하다.

5.2 벤치마킹의 본질과 목적

벤치마킹의 본질은 기업 내부 프로세스에 경쟁 개념을 도입하여 경쟁기업 프로세스와 비교하고 지속적으로 자사의 프로세스를 개선하려는 노력이라고 할 수 있다. 그리고 벤치마킹의 목적은 다음과 같이 정리할 수 있다.

❶ **경영노하우와 첨단 기술정보 수집**
❷ **시장변화 동향 예측**: 선두기업의 전략 방향 참고
❸ **새로운 아이디어 창출**: 관리기법, 프로세스, 작업 터득
❹ **자기경쟁력, 서비스 향상 방법 파악**: 경쟁기업 또는 초우량기업 비교
❺ **조직의 목표설정에 도움**: 우량기업의 성과 파악하여 목표 설정

06 블루오션

6.1 블루오션(Blue Ocean)의 의의

프랑스 유럽경영대학원 인시아드의 김위찬 교수와 르네 마보안(Renee Mauborgne) 교수가 1990년대 중반 가치혁신(value innovation) 이론과 함께 제창한 기업 경영전략론이다. 블루오션(푸른 바다)이란 수많은 경쟁자들로 우글거리는 레드오션(red ocean: 붉은 바다)과 상반되는 개념으로, 경쟁자들이 없는 무경쟁시장을 의미한다.

이 경영전략은 『블루오션 전략(Blue Ocean Strategy)』으로 2005년 2월 미국에서 출간된 이후 한국 내 정 · 재계에 '블루오션' 바람을 불러 일으켰고, 정 · 재계 리더들이 탐독한다는 소식이 알려지면서 공무원들과 대기업 임직원들 사이에 화제가 되기도 했다. 블루오션전략의 핵심은 붉은(red)피를 흘려야 하는 경쟁시장에서 예전의 업종, 고객 개념에 얽매이지 말고 경쟁이 없는 새로운 시장, 즉 푸른 바다(blue ocean)와 같은 신시장을 개척하자는 메시지다. 여기서 시장은 레드오션과 블루오션이라는 단어로 분류하여 사용했다.

레드오션은 이미 잘 알려져 있는 시장, 즉 기존의 모든 산업을 말한다. 레드오션에서 산업 경계가 이미 정의되어 있고 이를 수용하고 있어서 게임의 경쟁 법칙이 잘 알려져 있다. 따라서 레드오션의 회사들은 기존 시장 수요의 점유율을 높이기 위해 경쟁사보다 우위에 서려고 노력한다.

그러므로 시장에 경쟁사들이 많아질수록, 수익과 성장에 대한 전망은 어두워진다. 결국 제품들은 일용품으로 전락하고, 무자비한 경쟁에 의해 시장은 핏물로 가득 찬 레드오션이 되어버리고 만다. **블루오션**은 알려져 있지 않은 시장, 즉 현재 존재하지 않아서 경쟁에 의해 더럽혀지지 않은 모든 산업을 말한다. 블루오션에서 시장 수요는 경쟁에 의해 얻어지는 것이 아니라 창조에 의해서 얻어진다. 이런 곳에는 높은 수익과 빠른 성장을 가능케 하는 엄청난 기회가 존재한다.

블루오션
알려져 있지 않은 시장, 즉 현재 존재하지 않아서 경쟁에 의해 더럽혀지지 않은 모든 산업

그리고 게임의 법칙이 아직 정해지지 않았기 때문에 경쟁은 무의미하다. 따라서 블루오션은 아직 시도된 적이 없는 광범위하고 깊은 잠재력을 가진 시장을 비유하는 표현이다. 다시 말해 블루오션은 높은 수익과 무한한 성장이 존재하는 파워풀한 시장이다.

6.2 블루오션전략(Blue Ocean Strategy)

블루오션전략은 산업혁명 이래로 기업들이 끊임없이 거듭해온 경쟁의 원리에서 벗어나, 발상의 전환을 통해 고객이 모르던 전혀 새로운 시장을 창출해야 한다는 전략이다. 이 새로운 시장은 차별화와 저비용을 동시에 추구함으로써 기업과 고객 모두에게 가치의 비약적 증진을 제공하는 시장으로, 다른 기업과 경쟁할 필요가 없는 무경쟁시장이다. 쉽게 말해 기존의 치열한 경쟁시장 속에서 시장점유율을 확보하기 위해 애쓰는 것이 아니라, 매력적인 제품과 서비스를 통해 자신만의 독특한 시장, 곧 싸우지 않고 이길 수 있는 시장을 만들어내는 전략을 말한다.

블루오션전략의 핵심은 붉은 피를 흘려야 하는 경쟁시장(Red Ocean)에서 예전의 업종이나 고객 개념에 얽매이지 않고, 발상의 전환을 통해 그 해답을 제시하고 있는데 '경쟁자를 이기는 최선의 방법으로 경쟁하지 않고 경쟁자가 없

는 새로운 시장을 창출해 내자'는 것으로, 블루오션(Blue ocean)이란 신시장을 의미한다.

블루오션전략
실행단계에서 공정한 절차가 매우 중요한데 3E로 표현되는 참여, 설명, 명확성에 대한 기대 등으로 구성

블루오션전략은 실행단계에서 공정한 절차가 매우 중요한데 3E로 표현되는 참여(Engagement), 설명(Explanation), 명확성에 대한 기대(Expectation clarity) 등으로 구성된다. 이러한 전략 체계화 절차는 직원들의 태도를 신뢰와 자의적 참여정신으로 바꾸고 그들의 행동을 자발적 협조 상태로 바꾸어놓는다. 마지막으로 전략 성과는 기대치를 초과하게 된다. 이러한 일련의 과정을 거쳐 직원들의 동기를 자극하고 경영리스크를 극복할 수 있다.

블루오션전략에는 기회를 최대화하고 리스크(Risk)를 최소화하는 6가지 원리가 있다.

첫 번째는 시장경계를 재구축하고, 두 번째는 수치가 아닌 보다 큰 그림에 초점을 맞추고, 세 번째는 새로운 것을 제공하기 위해 기존수요를 뛰어넘고, 네 번째는 견고한 비즈니스 모델을 구축하기 위해서 전략적 순서를 올바르게 설정하고, 다섯 번째는 블루오션전략 실행의 조직적 장애를 넘어서고, 마지막으로 블루오션전략을 실행하는 사람들의 동기부여를 해야 한다. 또한 블루오션을 창출하기 위해서는 '가치혁신'이 강조되고 있는데 새로운 가치를 제공하지 못하면 새로운 시장을 만들 수 없기 때문이다.

단지 커피만이 아닌 커피 마시는 분위기를 파는 미국의 스타벅스, 어른을 위한 서커스로 대박을 터뜨린 캐나다의 시르크 뒤 솔레이유, 맥주 애호가들을 위한 와인으로 성공한 호주의 카셀라 와인즈 등 모두가 전략적 발상 전환으로 가치를 혁신하는 데 성공한 기업들이다. 경영자들은 이와 같은 다양한 개념과 방법론을 통해서 현재의 시장을 새롭게 바라볼 수 있고, 또 이를 통해서 경쟁에 직면하지 않고 새로운 기회의 시장을 효과적으로 창출하는 전략을 구상해 볼 수 있을 것이다.

한국 기업의 경영혁신운동의 특징

1990년대부터 본격화하여 단시간에 한꺼번에 도입되어 WTO체제 출범, OECD 가입, 외환위기와 IMF체제와 같이 한국 기업이 당면한 시대적 변화에 많은 영향을 받고 있다.

1980년대까지는 일본의 경영혁신 기법 위주로 도입되었고, 1990년대 들어 미국의 경영혁신 기법 위주로 급속히 대체되었다.

외국은 1970년대 성장성, 1980년대 수익성, 1990년대 장기적 경쟁력 확보를 목표로 도입된 반면에 한국은 1990년대 중반까지는 성장성, 1990년대 후반에는 수익성과 장기적 경쟁력 확보를 목표로 뒤늦게 도입, 1990년대 한국의 기업은 국제화, 세계화, 개방화에 초점이 맞추어져 있다.

한국 기업은 이에 대응 제2도약의 기회로 만든다는 목표하에 공격경영, 초우량기업, 세계경영을 표방하고 구체적으로 신규사업의 영역확장, 해외시장 등 미개척 시장진출, 매출의 획기적 증가 등과 같이 매출극대화, 성장위주 전략을 추진하였다. 유행기법은 고객만족, 리엔지니어링, 벤치마킹, 성장전략 등이 인기가 있었다.

1990년대 후반 IMF 사태는 시련기로 한국 기업은 사업구조조정, 경쟁력 강화, 투명경영, 글로벌 스탠더드 등의 도입으로 근본적 패러다임의 변화를 요구받게 되었다. 내부적으로 체질개선, 외부적으로 기업개혁의 압력에 직면하여 성장전략은 퇴조하고 아웃소싱, 전략적 제휴, ERP, 지식경영이 급속히 도입되어 주류를 이루었다. EVA, 주주가치, 스톡옵션, SCM 등이 인기가 있었다.

우리나라 기업들은 내외부 가치사슬 전반에 걸친 혁신보다는 업무 개선과 같은 기업 내부 프로세스 혁신에 더 많은 노력을 기울였다.

위기 이후 생기는 기회, 혁신해야만 붙잡는다

◆ 2009 다보스포럼 ◆

'리더십부터 마케팅까지 혁신으로 사고하기, 다양한 구성원으로 혁신팀 만들기, 우수사례 보상 위한 콘테스트 개최, 소비자를 혁신의 기초로 삼기….'

기업이 혁신활동을 하기 위해 실천해야 할 덕목으로 2009년 세계경제포럼(다보스포럼)이 '혁신을 통한 성장'이라는 세션을 통해 제시한 것들이다.

이 세션에는 크리스 고팔라크리시난 인포시스 최고경영자(CEO), 윌리엄 호킨스 메드트로닉 CEO, 허미니아 아이바라 인시아드 교수 등 혁신경영에 정통한 사람들이 참여했다.

세계경제 위기로 기업들이 비용 절감에 나서고 있다. 하지만 단순히 비용만 절감해서는 위기 이후 시장에서 새롭게 생겨나는 기회를 잡을 수 없다. 기업이 위기에서 살아남고 위기 이후에도 지속적으로 성장하기 위해서는 미리미리 혁신활동을 통해 효율성을 높여야 한다.

이에 따라 경제위기지만 혁신활동을 제대로 하는 기업들에는 미래가 있다고 믿는 사람들이 적지 않다. 또 경제위기는 기업이 혁신할 수 있도록 유도하기도 한다.

그렇다면 기업이 위기 속에서도 혁신활동을 지속해 나가기 위해서는 어떤 덕목을 실천해야 할까.

우선 리더십부터 업무 절차, 마케팅까지 모든 것을 혁신적으로 사고하는 것이 필요하다. 예를 들어 중국의 한 회사는 세탁기에 대한 인식이 높지 않은 시골에서 매출을 높이기 위해 해당 제품을 '감자 씻는 기계'로 소개해 팔기도 했다. 소비자 눈높이에 맞춰 마케팅 활동을 혁신한 것이다.

역사적으로 효율성을 높일 수 있다고 검증된 방법의 혁신팀을 구성할 필요도 있다. 예를 들어 한 부류의 사람들로 구성된 팀보다는 다양한 조직의 사람들로 구성된 팀, 신참과 고참이 섞인 팀 등이 더 높은 효율을 낸다.

직원들이 스스럼없이 혁신 아이디어를 낼 수 있는 분위기를 만드는 것도 경영자들이 신경 써야 할 부분이다. 혁신을 남의 일처럼 여기거나 아이디어 내는 것을 꺼려하는 분위기로는 지속적으로 효율성을 높여나가기 어렵다.

직원들이 업무를 개선하거나 필요 없는 것을 바꿔 비용을 절감했을 때는 적절히 보상받도록 하는 시스템을 갖춰야 한다. 이런 우수 사례에 대한 보상을 위해 콘테스트 등을 만드는 것도 직원의 혁신 의지를 높일 수 있는 방법이다.

혁신을 위해 기업이 실천해야 할 덕목

- 리더십에서 마케팅까지 모든 분야 혁신으로 사고하기
- 다양한 구성원으로 혁신팀 만들기
- 혁신 아이디어를 스스럼없이 낼 수 있는 분위기 만들기
- 적절한 보상 시스템과 우수 사례 보상 위한 콘테스트 만들기
- 거대한 것만 찾지 말고 매장·현장의 혁신부터 챙기기
- 직원들에게 효율성 높이는 구체적 목표치 제시하기
- 소비자를 혁신의 기초로 삼기

혁신을 거대한 것으로만 생각하지 말고 현장에서부터 어떻게 업무를 개선할 수 있을지 생각해야 한다. 소위 말하는 '매장·현장 혁신'이 기업 전체 혁신의 바탕이 된다는 얘기다. 특히나 이런 매장·현장

혁신을 통해 업무 절차를 효율적으로 개선하는 것은 요즘 같은 경기 침체기에 특히 유용할 수 있다.

직원들에게 효율성을 높일 수 있는 구체적 목표치를 제시해주는 것도 혁신활동을 촉진시킬 수 있다. 경영자는 직원에게 효율성을 10% 올리거나 비용을 10% 줄이자고 말하는 것에 대해 주저하지 말아야 한다.

혁신은 소비자에게서 나온다는 것을 잊지 말아야 한다. 한 티셔츠 회사는 홈페이지 이용자가 올린 셔츠 디자인을 인터넷상에서 투표를 거친 후 제품화하기도 했다.

혁신도가 높은 아이디어일수록 그것이 효과를 내도록 하기 위해 조직화하는 데 많은 자원이 들어간다는 것을 인식하는 것도 중요하다. <매일경제>

경영학원론 추천도서

초우량 기업의 조건
(In Search of Excellence: Lessons from America's Best-Run Companies, Thomas J. Peters & Robert H. Waterman)

1982년에 출간된 『초우량 기업의 조건』은 톰 피터스와 로버트 워터먼에게 명성을 안겨준 초대형 베스트셀러이다. 성공한 기업의 사례를 분석하여 경영의 원리를 파악한 이 책은 미국식 경영 스타일과 합리주의적 사고방식의 한계를 지적했다. 62개의 초우량기업을 대상으로 발견한 8가지의 공통점을 끄집어낸 것이다. 간단하게 그 조건들을 살펴보면 다음과 같다.

(1) **실행을 중시**: 초우량기업들은 전략을 분석적으로 수립하여 실행을 뒤로 미루지 않고 바로 옮긴다. 계획을 수립하는 데 시간을 낭비하지 않고 행동으로 옮기는 실행을 중시한다.

(2) **고객과의 밀착**: 초우량기업들은 고객으로부터 끊임없이 배우려고 한다. 최상의 품질과 신뢰성, 애프터서비스를 통해서 고객의 신뢰를 얻어낸다. 또한 고객의 눈높이에 맞추어 기업의 활동을 수행한다.

(3) **기업가정신과 자율성 강조**: 초우량기업들은 기업의 모든 구성원들의 행동을 일일이 간섭하고 통제하려고 하지 않는다. 가능한 자율성을 최대한 보장해줌으로써 그들이 지닌 아이디어를 마음껏 표출하려는 동기를 부여한다. 이러한 자율성과 기업가정신에 입각하여 구성원들이 업무에 최대한 몰입할 수 있는 여건을 마련해준다.

(4) **사람을 중시**: 초우량기업은 말단의 평범한 사원들에게도 우호적인 분위기를 제공해 생산성의 향상을 도모한다.

(5) **가치관에 근거한 실천**: 초우량기업은 최고 경영진에서부터 현장에 이르기까지 조직의 분위기가 역동적이며 활기에 차 있다. 기업의 문화가 지속 가능한 경쟁우위를 제공한다는 점을 강조하면서 공유가치를 중시 여긴다.

(6) **주력업종에 매진**: 초우량기업은 다각화를 하더라도 관련 다각화를 선호하고, 가능한 기본적으로 주력업종에 충실하려는 경향이 강하다. 자신이 가장 잘 알고 있는 사업 분야에서 탁월한 성과를 이룰 가능성이 높은 것은 당연하다.

(7) **간소한 조직 지향**: 초우량기업은 조직구조와 시스템이 매우 단순하면서 관리도 최소한의 인원으로 이루어지고 있다. 따라서 급변하는 환경에 적절하게 대처하기 쉽다.

(8) **강함과 온건함을 동시에 지닌 규율**: 초우량기업들은 중앙집권과 분권화를 동시에 추구하는 경향이 있다. 권한과 책임의 이양을 통해서 현장에서 제품개발팀에 이르기까지 어느 정도 자율성을 보장해준다. 하지만 기업의 이념을 구성하고 핵심가치를 보존한다는 점에서는 광신적이라고 할 만큼 중앙집권적인 통제를 부여한다.

초우량기업과 평범한 기업의 차이는 별로 없을 수도 있다. 그렇지만 초우량기업들은 이미 알고 있고 해야 할 일을 제대로 실행할 수 있는 추진력이 있다는 점이 가장 큰 특징이라고 할 수 있다.

찾아보기

가

나

다

라

마

바

사

아

자

차

카

타

파

하

기타

A

B

C

D

E

F

G

H

I

J

K

L

M

N

O

P

R

S

T

U

V

W

저자약력

임우진(林佑珍)

성균관대 졸업
연세대 경제학 석사
중앙대 경영학 박사
한국투신 펀드매니저
한일투신, 동양증권, 에스엠테크 등 임원 역임
PSP course 연수(SMI, Texas, U.S.A.)
중앙대 겸임교수
국세공무원교육원 강의
경북대 경상대 교수(초빙)

주요 논문 및 저서

"한국의 자본자유화 추진전략에 관한 연구"
"A study on The Efficiency of The Korea Securities Companies in Cyber Trading"
『증권 투자론』 외 다수

장선구(張先求)

성균관대 경제학과 졸업
성균관대 경제학 박사
영국 런던 정경대(LSE), 네덜란드 틸버그대학교(Tilberg Univ.),
미국 버지니아폴리텍(Virginia PolyTech)에서 연수
경영사학회, 산업경제학회, e-비즈니스학회 활동
웅지세무대학 회계정보학과 교수
건국대, 홍익대 출강 중

주요 논문 및 저서

"신용카드 시장의 구조에 입각한 카드사의 네트워크 확대전략이 성과에 미친 영향"
"e-비즈니스 기반의 매스커스터마이제이션 가치 창출 전략"
"기업의 사회적 책임(CSR) 개념의 진화과정과 신통합적 접근법"
『WIDE 경제학』 그 외 다수

이해와 실천을 위한 **경영학원론(2판)**

2006년 10월 31일 초판 1쇄 발행
2008년 02월 15일 초판 4쇄 발행
2016년 02월 10일 2판 3쇄 인쇄
2016년 02월 20일 2판 3쇄 발행

저 자: 임우진 · 장선구

발행인: 정광식
발행처 : **비앤엠북스**
서울시 금천구 가산동 319번지 호서대벤처타워 B1-103
등 록 2004.12.29. / 제313-2004-00298호
전 화 2627-5710, 팩스 2627-5720
이메일 bmbooks@paran.com

정가 25,000원 ISBN 978-89-91879-64-5